BIBLIOGRAPHIA PATRISTICA
XX/XXI

PATRISTISCHE KOMMISSION
DER AKADEMIEN
DER WISSENSCHAFTEN IN DER
BUNDESREPUBLIK DEUTSCHLAND

BIBLIOGRAPHIA PATRISTICA

XX/XXI

WALTER DE GRUYTER · BERLIN · NEW YORK

1981

BIBLIOGRAPHIA PATRISTICA

INTERNATIONALE PATRISTISCHE BIBLIOGRAPHIE

In Verbindung mit vielen Fachgenossen

herausgegeben von

Wilhelm Schneemelcher

XX/XXI

Die Erscheinungen der Jahre

1975 und 1976

WALTER DE GRUYTER · BERLIN · NEW YORK

1981

ISBN 3 11 008653 0

VORWORT

Der vorliegende Doppelband der Bibliographia Patristica mit den Neuerscheinungen der Jahre 1975 und 1976 unterscheidet sich in Aufbau und Anordnung nicht von den vorhergehenden Bänden. Trotz verstärkter Bemühungen bleibt der zeitliche Abstand zwischen den Berichtsjahren und dem Erscheinen des betreffenden Bandes unser Hauptproblem. Allen Schwierigkeiten zum Trotz geht die Arbeit an der Bibliographia Patristica weiter; in Kürze wird das Manuskript des folgenden Doppelbandes mit den Neuerscheinungen der Jahre 1977 und 1978 fertiggestellt und in die immer wieder langwierige Druckphase kommen.

Zu danken habe ich für die Hilfe von: K. Aland – Münster; G. Astruc-Morize – Paris; G. Bartelink – Nijmegen; A. Bastiaensen – Nijmegen; J. B. Bauer – Graz; B. Bradley – Dublin; H. Chr. Brennecke – Tübingen; I. Coman – Bukarest; A. Davids – Nijmegen; Y.-M. Duval – Paris; J.-C. Fredouille – Toulouse; G. Garitte – Louvain; B. Grabar – Zagreb; E. A. Livingstone – Oxford; W. Myszor – Piastów; E. F. Osborn – Melbourne; H. Riesenfeld – Uppsala; W. Rordorf – Peseux; M. Schatkin – Princeton; R. Trevijano – Salamanca; I. Zonewski – Sofia.

Dank gebührt auch den treuen Mitarbeitern der Arbeitsstelle Bonn, insbesondere Herrn Dipl. Theol. Radu Constantin Miron, der die Redaktion des Bandes übernommen hat.

Die Bibliographia Patristica braucht nach wie vor die freundliche Mitarbeit aller Patristiker. Ich bin deshalb für jeden Hinweis auf Arbeiten in entlegenen Zeitschriften und Reihen dankbar.

Bad Honnef, den 7. April 1981
Böckingstraße 1

Wilhelm Schneemelcher

HINWEISE FÜR DEN BENUTZER

1. Zeitraum. Die obere zeitliche Grenze ist für den Osten das 2. Nicänische Konzil (787), für den Westen Ildefons von Toledo († 667).

2. Die Aufnahme der Titel erfolgt nach den im Bibliothekswesen üblichen Normen. Slawischen, rumänischen und ungarischen Titeln ist eine Übersetzung beigefügt.

3. Die Verfasservornamen sind im allgemeinen so angeführt, wie sie bei den Veröffentlichungen angegeben sind. Lediglich in Abschnitt IX (Recensiones) und im Register werden grundsätzlich nur die Anfangsbuchstaben genannt.

4. In Abschnitt III/2, der die Kirchenschriftsteller in alphabetischer' Reihenfolge aufführt, finden sich alle Arbeiten, die sich mit einzelnen Kirchenschriftstellern befassen, einschließlich der Textausgaben.

5. Verweise. Kommt ein Titel für mehrere Abschnitte in Frage, so ist er lediglich unter einem Abschnitt vollständig angegeben, während sich unter den anderen nur der Autorenname findet und in eckigen Klammern auf die Nummer verwiesen wird, unter welcher der vollständige Titel zu suchen ist.
Bei Verweisen nach Abschnitt I/10 b ist das Wort und bei Verweisen nach III/2 oder III/3 b der Kirchenschriftsteller bzw. Heilige angegeben, unter dem der entsprechende Titel zu finden ist.

6. Bei Rezensionen ist stets auf den Jahrgang unserer Bibliographie und die Nummer des rezensierten Werkes verwiesen. Kurze Buchanzeigen bleiben unberücksichtigt, ebenso Rezensionen von Büchern, die vor 1956 erschienen sind.

INHALTSVERZEICHNIS

ABKÜRZUNGSVERZEICHNIS

AAG	Abhandlungen zur alten Geschichte
AAPh	Arctos. Acta philologica Fennica. Nova series. Helsinki
AArchHung	Acta Archaeologica Academiae Scientiarum Hungaricae. Budapest
AASN	Atti della Accademia di Scienze morali e politiche della Società nazionale di Scienze, Lettere ed Arti di Napoli. Napoli
AASOR	Annual of the American School of Oriental Research in Jerusalem. New Haven
AAug	Analecta Augustiniana. Roma
AB	Analecta Bollandiana. Bruxelles
Abba	Abba Salama. Addis-Abeba
ABourg	Annales de Bourgogne. Dijon
ABret	Annales de Bretagne. Faculté des lettres de l'université de Rennes. Rennes
AcAbo	Acta academiae Aboensis. Ser. A: Humaniora
AcAnt	Acta Antiqua Academiae Scientiarum Hungaricae. Budapest
AcArO	Acta ad archaeologiam et artium historiam pertinentia. Oslo
ACCV	Anales del Centro de Cultura valenciana. Valencia
AcIt	Accademie e Biblioteche d'Italia. Roma
ACl	L'antiquité classique. Bruxelles
AClass	Acta Classica. Verhandelingen van die klassieke vereniging van Suid-Africa. Cape Town
Acme	Acme. Università di Stato di Milano. Milano
AcOK	Acta Orientalia. København
ACR	American Classical Review. New York
ACW	Ancient Christian Writers
ADA	Arquivo do Distrito de Aveiro. Aveiro (Portugal)
ADSSW	Archiv für Diplomatik, Schriftgeschichte, Siegel- und Wappenkunde. Münster, Köln
AE	Annales de L'Est. Faculté des lettres de l'université de Nancy. Nancy
AEAls	Archives de l'église d'Alsace. Strasbourg
Aeg	Aegyptus. Rivista Italiana di Egittologia e di Papirologia. Milano
AEHESHP	Annuaire de l'École pratique des Hautes Études, IVe section, Sciences historiques et philologiques. Paris
AEHESR	Annuaire de l'École pratique des Hautes Études, Ve section, Sciences religieuses. Paris
AEKD	Archeion Ekkles, kai Kanon. Dikaiu
AEM	Anuario de Estudios medievales. Barcelona
Aevum	Aevum. Rassegna di Scienze Storiche, Linguistiche e Filologiche. Milano

AFC	Anales de Filología Clásica. Buenos Aires
AFH	Archivum Franciscanum Historicum. Ad Claras Aquas (Florentiae)
AFLC	Annali della Facoltà di Lettere, Filosofia e Magistero dell'Università di Cagliari. Cagliari
AFLF	Annali della Facoltà di Lettere e Filosofia. Napoli
AFLP	Annali della Facoltà di lettere e filosofia. Perugia
AfO	Archiv für Orientforschung. Graz
AFP	Archivum Fratrum Praedicatorum. Roma
AFUM	Annali della Facoltà di Filosofia e Lettere dell' Università Statale di Milano. Milano
AG	Analecta Gregoriana. Roma
AGF—G	Veröffentlichungen der Arbeitsgemeinschaft für Forschung des Landes NRW — Geisteswissenschaften
AGLB	Aus der Geschichte der lateinischen Bibel. Freiburg
AGPh	Archiv für Geschichte der Philosophie. Berlin
AHAMed	Anales de Historia antigua y medieval. Facultad de Filosofía. Universidad de Buenos Aires. Buenos Aires
AHC	Annuarium historiae conciliorum. Amsterdam
AHD	Archives d'histoire doctrinale et littéraire du moyen âge. Paris
AHDE	Anuario de Historia del Derecho español. Madrid
AHP	Archivum historiae pontificiae. Roma
AHR	The American Historical Review. Richmond, Virginia
AHSJ	Archivum historicum Societatis Jesu. Roma
AIA	Archivo Ibero-americano. Madrid
AIHS	Archives internationales d'histoire des sciences. Nouvelle série d'Archeion. Paris
AION	Annali dell'Istituto Orientale di Napoli, Sez. ling. Roma
AIPh	Annuaire de l'Institut de Philologie et d'Histoire Orientales et Slaves. Bruxelles
AJ	The Archaeological Journal. London
AJC	American Jewish Committee. Annual Report
AJPh	American Journal of Philology. Baltimore
AKG	Archiv für Kulturgeschichte. Münster, Köln
AKK	Archiv für katholisches Kirchenrecht. Mainz
AktAthen	Aktines. Athen
ALBO	Analecta Lovaniensia Biblica et Orientalia
Alfa	Alfa. Marilia (Brasil)
ALGHL	Arbeiten zur Literatur und Geschichte des hellenistischen Judentums. Leiden
ALMA	Archivum latinitatis medii aevi. Bruxelles
Altamira	Altamira. Santander (España)
Altt	Das Altertum. Berlin
Alvernia	Alvernia. Calpan (México)
ALW	Archiv für Liturgiewissenschaft. Regensburg
AM	Annales du Midi. Revue archéologique, historique et philologique de la France méridionale. Toulouse
AMAPat	Atti e Memorie dell'Accademia Patavina di Scienze, Lettere ed Arti. Padova

AMATosc	Atti e Memorie dell'Accad. Toscana La Colombaria. Firenze
AmBenR	The American Benedictine Review. Atchison, Kansas
Ambr	Ambrosius. Milano
Ampurias	Ampurias. Revista de Arqueología, Prehistoria y Etnología. Barcelona
AmSlav	The American Slavic and East European Review. New York
AMSM	Atti e Memorie della Deputazione di Storia Patria per le Marche. Ancona
AMSPR	Atti e Memorie della Regia Deputazione di Storia Patria per l'Emilia e la Romagna. Bologna
An	Antiquitas
AN	Aquileia nostra. Bolletino dell'Associazione nazionale per Aquileia. Aquileia
AnAcBel	Annuaire de l'Académie Royale de Belgique. Bruxelles
AnAl	Antichità altoadriatiche. Udine
AnAmHist	Annual Report of the American Historical Association. Washington
AnAnk	Annales de l'Université d'Ankara. Ankara
AnBodl	Annual Report of the Curators of the Bodleian Library. Oxford
AnCan	L'année canonique. Paris
AnColFr	Annuaire du Collège de France. Paris
AnCra	Analecta Cracoviensia. Krakau
AncSoc	Ancient Society. Louvain
AndNewQ	Andover Newton Quarterly. Newton Centre, Mass.
AnDomingo	Anales de la Universidad de Santo Domingo. Ciudad Trujillo
AnFen	Annales Academiae Scientiarum Fennicae. Helsinki
Ang	Angelicum. Roma
AnGer	Anales del Instituto de Estudios Gerundenses. Gerona (España)
AnglThR	Anglican Theological Review. Evanston, Ill.
AnHisp	Anales de la Universidad Hispalense. Sevilla
Anima	Anima. Freiburg (Schweiz)
AnMont	Analecta Montserratensia. Montserrat (Barcelona)
AnMurcia	Anales de la Universidad de Murcia. Murcia
AnMus	Anuario musical. Barcelona
AnParis	Annales de l'Université de Paris. Paris
AnSaar	Annales Universitatis Saraviensis. Saarbrücken
AnSan	Anales de la Facultad de Teología. Santiago de Chile
Ant	Antonianum. Roma
AntAb	Antike und Abendland. Berlin
Anthol	Anthologica annua. Roma—Madrid
AnthropBarc	Anthropologica. Barcelona
Antichthon	Journal of the Australian Society for Classical Studies. Sydney
AnTo	Anales Toledanos
AntRev	The Antioch Review. Yellow Springs (Ohio)
ANTT	Arbeiten zur neutestamentlichen Textforschung. Berlin
AnV	Annales valaisannes. Monthey (Schweiz)
AnVal	Anales Valentinos. Revista de Filosofia y Teología. Valencia
AnVlat	Analecta Vlatadon
AnzAlt	Anzeiger für die Altertumswissenschaft. Innsbruck

AOAW	Anzeiger der österreichischen Akademie der Wissenschaften in Wien. Philos.-hist. Klasse. Wien
AOS	American Oriental Series
AP	Archeion Pontu. Athen
ApBar	Apostolos Barnabas. Cypern
Aph	Archives de philosophie. Paris
Apollinaris	Apollinaris. Commentarium juridico-canonicum. Roma
APQ	American Philosophical Quarterly
APraem	Analecta Praemonstratensia. Abdij Tongerloo (Prov. Antwerpen)
Arabica	Arabica. Revue des études arabes. Leiden
ArAg	Archivo agustiniano. Madrid
ArAm	Archivio ambrosiano
ARBB	Académie Royale de Belgique. Bulletin de la classe des lettres et des sciences morales et politiques. Bruxelles
ÅrBergen	Universitetet i Bergen. Årbok, historisk-antikvarisk rekke. Bergen
ArBiBe	Archives et Bibliothèques de Belgique. Archief- en Bibliotheekwezen in Belgie. Bruxelles-Brussel
Arbor	Arbor. Revista general de Investigación y Cultura. Madrid
ArBu	The Art Bulletin. New York
Arch	Der Archivar. Düsseldorf
Archaeology	Archaeology. New York, N.Y.
Archivum	Archivum. Revue internationale des archives. Paris
ArchPal	Archivio Paleografico Italiano. Roma
ArCreus	Archivo bibliográfico de Santes Creus. Santes Creus (Tarragona)
ArDroitOr	Archives d'histoire du droit oriental. Revue internationale de droit de l'antiquité. Bruxelles
ArEArq	Archivo español de Arqueología. Madrid
ArEArt	Archivo español de Arte. Madrid
Argensola	Argensola. Huesca (España)
ArGran	Archivo teológico granadino. Granada
ArHisp	Archivo hispalense. Sevilla
ÅrKob	Årbog for Københavns universitet. København
ArLeón	Archivos leoneses. León
ArLing	Archivum Linguisticum. London
ArLund	Arsberättelse. Bulletin de la Société Royale des Lettres de Lund. Lund
Armeniaca	Armeniaca. Mélanges d'études arméniennes St. Lazare-Venise
ArOr	Archiv Orientální. Praha
ArOviedo	Archivum. Oviedo
ArPap	Archiv für Papyrusforschung und verwandte Gebiete. Leipzig
ArPh	Archiv für Philosophie. Stuttgart
ArR	Archeologické rozhledy. Praha
ARSP	Archiv für Rechts- und Sozialphilosophie. Meisenheim (Glan)
ArSR	Archives de sociologie des religions. Paris
ArSS	Archivio Storico Siciliano. Palermo
ArSSO	Archivio Storico per la Sicilia Orientale. Catania
ArStoria	Archivio della Società Romana di Storia Patria. Roma
ArTeoAg	Archivo Teológico Agustiniano. Valladolid

ArtlPh	Arts libéraux et philosophie au moyen âge Montreal. Paris
AS	Archaeologia Slovaca. Bratislava
ASCL	Archivio Storico per la Calabria e la Lucania. Roma
ASD	Annali di Storia del Diritto. Milano
ASE	Anglo-Saxon England. Cambridge
ASI	Archivio Storico Italiano. Firenze
ASL	Archivio Storico Lombardo. Milano
ASNSP	Annali della Scuola Normale Superiore di Pisa. Lettere, Storia e Filosofia. Firenze
ASNU	Acta Seminarii Neotestamentici Upsaliensis. Uppsala
ASOC	Analecta Sacri Ordinis Cisterciensis. Roma
ASPN	Archivio Storico per le Provincie Napoletane. Napoli
ASPP	Archivio Storico per le Provincie Parmensi. Parma
Asprenas	Asprenas. Napoli
ASPugl	Archivio Storico Pugliese. Bari
AST	Analecta Sacra Tarraconensia. Barcelona
ASTI	Annual of the Swedish Theological Institute in Jerusalem. Leiden
ASUA	Academia Regia Scientiarum Upsaliensis. Uppsala
ASUAn	Academia Regia Scientiarum Upsaliensis. Annales. Uppsala
AT	Apostolos Titos. Herakleion
AteRo	Atene e Roma. Firenze
AThANT	Abhandlungen zur Theologie des Alten und Neuen Testaments. Zürich
AThD	Acta Theologica Danica. Kopenhagen
Athena	Athena. Athen
AThGlThAthen	Archeion tu Thrakiku Laografiku kai Glossiku Thesauru. Athen
AThijmG	Annalen van het Thijmgenootschap. Baarn
AtKap	Ateneum Kapłanskie. Włocławek
AtPavia	Athenaeum. Studi Periodici di Letteratura e Storia dell'Antichità. Pavia
AtTor	Atti dell'Accademia delle Scienze di Torino. Torino
AtVen	Atti dell'Istituto Veneto di Scienze e Lettere. Venezia
AUB	Annales Universitatis Budapestinensis. Budapest
AUC	Acta Universitatis Carolinae. Series a): iuridica, philologica, philosophica, historica. Praha
AUG	Acta Universitatis Gotoburgensis. Göteborg
AugR	Augustinianum. Rom
AugSt	Augustinian Studies. Villanova University, Villanova, Pa. 19085
Augustiniana	Augustiniana. Tijdschrift voor de studie van Sint Augustinus en de Augustijnenorde. Leuven
Augustinus	Augustinus. Madrid
Ausa	Ausa. Publicada por el Patronato de Estudios Ausonenses. Vich (Barcelona)
AusBR	Australian Biblical Review. Melbourne
AusCRec	Australasian Catholic Review. Sydney
AUSS	Andrews University Seminary Studies. Berrien Springs (Michigan)
AUU	Acta Universitatis Upsaliensis. Uppsala
AV	Archivio Veneto. Venise

AvOslo	Avhandlinger utgitt av det Norske Videnskaps-Akademi i Oslo. Oslo
AVTRW	Aufsätze und Vorträge zur Theologie und Religionswissenschaft. Berlin
AWR	Aus der Welt der Religion. Gießen
AZ	Archivalische Zeitschrift. München
AzTh	Arbeiten zur Theologie. Stuttgart
BAB	Bulletin de la Classe des Lettres de L'Académie Royale de Belgique. Bruxelles
BAC	Biblioteca de Autores Cristianos
Bages	Bages. Manresa (Barcelona)
BAL	Berichte über die Verhandlungen der sächsischen Akademie der Wissenschaften. Philol.-hist. Klasse. Leipzig
BALux	Bulletin des antiquités luxembourgeoises. Luxembourg
BaptQ	Baptist Quarterly. London
BASOR	Bulletin of the American Schools of Oriental Research. New Haven (Conn.)
BAug	Bibliothèque Augustinienne. Paris.
BBA	Berliner byzantinische Arbeiten. Berlin
BBB	Bonner biblische Beiträge
BBEr	Bulletin de la Bibliothèque d'Erevan (Banber Matenadarani)
BBGG	Bolletino della Badia Greca di Grottaferrata. Grottaferrata (Roma)
BBMP	Boletín de la Biblioteca Menéndez Pelayo. Madrid
BBR	Bulletin de l'Institut Historique Belge de Rome. Bruxelles
BCRH	Bulletin de la Commission Royale d'Histoire. Bruxelles
BCRI	The Bulletin of Christian Research Institute (Meiji Gakuin Daigaku Kirisutokyo Kenkyujo Kiyo). Tokyo
BEC	Bibliothèque de l'école des chartes. Paris
Belfagor	Belfagor. Rassegna di varia umanità. Firenze.
Benedictina	Benedictina. Rom
BEP	Bulletin des études portugaises et de l'Institut Français au Portugal. Coimbre
Berceo	Berceo. Logroño (España)
BEThL	Bibliotheca ephemeridum theologicarum Lovaniensium. Louvain
BEU	Bibliotheca Ekmaniana Universitatis Regiae Upsaliensis. Uppsala
BFS	Bulletin de la Faculté des Lettres de Strasbourg. Strasbourg
BGDST	Beiträge zur Geschichte der deutschen Sprache und Literatur. Tübingen
BGEHA	Bibliografía general española e hispano-americana. Madrid
BGL	Bibliothek der griechischen Literatur
BH	Bibliografía hispánica. Madrid
BHisp	Bulletin hispanique. Bordeaux
BHRHT	Bulletin d'information de l'Institut de recherche et d'histoire des textes. Paris
BHTh	Beiträge zur historischen Theologie. Tübingen
BíbArch	Biblical Archaeologist. New Haven (Conn.)
BibbOr	Bibbia e Oriente. Milano

BiBe	Biblische Beiträge. Einsiedeln
BibHR	Bibliothèque d'Humanisme et Renaissance. Genève
Bibl	Biblica. Roma
BiblBelg	Bibliographie de Belgique. Bruxelles
BiblFrance	Bibliographie de la France. Paris
BiblHisp	Bibliotheca hispana. Revista de Información y Orientación bibliográficas. Sección primera y tercera. Madrid
Bibliofilia	Bibliofilia. Rivista di Storia del Libro e delle Arti Grafiche. Firenze
BiblOr	Bibliotheca Orientalis. Leiden
Biblos	Biblos. Coimbra
BiblSacr	Bibliotheca sacra. Dallas (Texas)
BiblSup	Biblioteca Superiore. La Nuova Italia. Firenze
BibRevuo	Biblia Revuo
BibSt	Biblical Studies (Seishogaku Ronshu). Tokyo
BibThBul	Biblical Theology Bulletin. Albany, New York
BiChu	Bible and Church (Seisho To Kyokai). Tokyo
BICS	Bulletin of the Institute of Classical Studies of the University of London. London
BIEH	Boletín del Inst. de Estudios helénicos. Barcelona
BIFAO	Bulletin de l'Institut Français d'Archéologie Orientale. Le Caire
BIFG	Boletín de la Institución Fernán González. Burgos (España)
BijFTh	Bijdragen. Tijdschrift voor filosofie en theologie. Meppel
BIHR	Bulletin of the Institute of Historical Research. London
BiKi	Bibel und Kirche. Stuttgart-Bad Cannstatt
BiLe	Bibel und Leben. Düsseldorf
BIMT	Bulletin de l'Institut des Manuscrits de Tiflis. Tiflis
BISIAM	Bollettino dell'Istituto Storico Italiano per il Medio Evo e Archivio Muratoriano. Roma
BiTransl	The Bible Translator. London
BiViChret	Bible et vie chrétienne. Abbaye de Maredsous (Belgique)
BiZ	Biblische Zeitschrift (N. F.). Paderborn
BJRL	Bulletin of the John Rylands Library Manchester. Manchester
BK	Bedi Kartlisa (Revue de Kartvélologie). Paris
BKA	Bibliothek der klassischen Altertumswissenschaften
BKM	Byzantina keimena kai meletai. Thessaloniki
BKP	Beiträge zur klassischen Philologie. Meisenheim
BL	Bibel und Liturgie. Wien
BLE	Bulletin de littérature ecclésiastique. Toulouse
BLSCR	Bollettino Ligustico per la Storia e la Cultura Regionale. Genova
BMAPO	Boletin del Museo arqueológico provincial de Orense. Orense
BMGelre	Bijdragen en mededelingen uitgegeven door de Verenigung Gelre. Arnhem
BMGN	Bijdragen en mededelingen betreffende de geschiedenis der Nederlanden. 's-Gravenhage
BMGS	Byzantine and modern greek studies.
BMHG	Bijdragen en mededelingen van het historisch genootschap te Utrecht. Utrecht
BMm	Bulletin monumental. Paris

BMRAH	Bulletin des musées royales d'art et d'histoire. Bruxelles
BNJ	Byzantinisch-Neugriechische Jahrbücher. Athen
BodlR	Bodleian Library Record. Oxford
Boek	Het Boek. Den Haag
Bogoslovl'e	Bogoslovl'e. Beograd
BolArchPal	Bollettino dell'Archivio paleografico italiano. Roma
BolArq	Boletín arqueológico. Tarragona
BolAst	Boletín del Instituto de Estudios Asturianos. Oviedo (España)
BolBarc	Boletín de la Real Academia de Buenas Letras de Barcelona. Barcelona
BolBogotá	Boletín del Instituto Caro y Cuervo. Bogotá
BolClass	Bollettino del Comitato per la Preparazione dell'Edizione Nazionale dei Classici Greci e Latini. Roma
BolComp	Boletín de la Universidad Compostelana. Santiago de Compostela
BolCórd	Boletín de la Real Academia de Córdoba de Ciencias, Bellas Letras y Nobles. Córdoba
BolDE	Boletín de Dialectología española. Barcelona
BolFilChile	Boletín de Filología. Universidad de Chile. Santiago de Chile
BolFilLisb	Boletín de Filología. Lisboa
BolGien	Boletín del Instituto de Estudios Giennenses. Jaén (España)
Bol Granada	Boletín de la Universidad de Granada. Granada
BolItSt	Bollettino delle Pubblicazioni Italiane Ricevute per Diritto di Stampa. Firenze
BolOrense	Boletín de la Comisión de Monumentos históricos y artísticos de Orense. Orense
BolPaís	Boletín de la Real Sociedad Vascongada de Amigos del País. San Sebastián
BolPiacentino	Bollettino Storico Piacentino. Piacenza
BonnBK	Bonner Beiträge zur Kirchengeschichte
BOR	Biserica Ortodoxă Română. București
BPhM	Bulletin de la Société internationale pour l'étude de la philosophie médiévale. Louvain
BPHP	Bulletin philologique et historique du Comité des Travaux Historiques et Scientifiques. Paris
BRAE	Boletín de la Real Academia española. Madrid
BragAug	Bracara Augusta. Braga
BRAH	Boletín de la Real Academia de la Historia. Madrid
BrethLife	Brethren Life and Thought. Chicago (Ill.)
Bridge	The Bridge. A Yearbook of Judaeo-Christian Studies. New York
BrinkBoeken	Brinkman's cumulatieve catalogus van boeken
BrNBibl	The British National Bibliography
Brotéria	Brotéria. Lisboa
BSAL	Boletín de la Sociedad Arqueológica Luliana. Palma de Mallorca (España)
BSAN	Bulletin de la Société des antiquaires de Normandie. Caen
BSAO	Bulletin de la Société des Antiquaires de l'Ouest et des Musées de Poitiers. Poitiers
BSAP	Bulletin de la Société des Antiquaires de Picardie. Amiens

BSCC	Boletín de la Sociedad Castellonense de Cultura. Castellón de la Plana (España)
BSEAA	Boletín del Seminario de Estudios de Arte y Arqueología. Universidad de Valladolid. Valladolid (España)
BSEB	Byzantine Studies — Études Byzantines. University of Pittsburgh and Temple University. Pittsburgh
BSEPC	Bulletin de la Société d'Études de la Province de Cambrai. Lille
BSL	Bulletin de la Société de Linguistique de Paris. Paris
BSNAF	Bulletin de la Société des Antiquaires de France. Paris
BSNES	Bulletin of the Society for Near Eastern Studies in Japan (Oriento), Tokyo Tenrikyokan. Tokyo
BSOAS	Bulletin of the School of Oriental and African Studies. London
BSRel	Biblioteca di scienze religiose. Brescia
BSSAA	Bollettino degli Studi Storici, Artistici e Archeologici della Provincia di Cuneo. Cuneo
BStudLat	Bollettino di Studi latini. Periodico quadrimestrale d'informazione bibliografica. Napoli
BT	Benedictijns Tijdschrift. Bergen, Abdij Egmond
BTAM	Bulletin de théologie ancienne et médiévale. Louvain
BThom	Bulletin Thomiste. Toulouse
BTSAAM	Bulletin trimestriel de la Société Académique des Antiquaires de la Morinie. Saint-Omer (France)
BulArchCopte	Bulletin de la Société d'Archéologie Copte. Le Caire
BulBudé	Bulletin de l'association Guillaume Budé. Paris
BulHel	Bulletin de correspondance hellénique. Paris
BulOr	Bulletin d'études orientales. Paris
BulSiena	Bollettino Senese di Storia Patria. Siena
Burgense	Burgense. Seminario metropolitano. Burgos
BurlM	Burlington Magazine for Connoisseurs. London
ByFo	Byzantinische Forschungen. Internationale Zeitschrift für Byzantinistik. Amsterdam
ByN	Byzantina Neerlandica
Byslav	Byzantinoslavica. Praha
ByZ	Byzantinische Zeitschrift. München
Byzan	Byzantion. Bruxelles
Byzantina	Byzantina. Thessaloniki
BZG	Basler Zeitschrift für Geschichte und Altertumskunde. Basel
BZNW	Beihefte zur Zeitschrift für die neutestamentliche Wissenschaft. Berlin
CaAr	Cahiers archéologiques. Paris
CahEA	Cahiers des Études Anciennes. Montréal
CaHist	Cahiers d'histoire. Lyon
CaHM	Cahiers d'histoire mondiale. Neuchâtel
CaJos	Cahiers de Joséphologie. Montréal
CalTJ	Calvin Theological Journal. Grand Rapids. Michigan
CanHR	Canadian Historical Review. Toronto
Carinthia	Mitteilungen des Geschichtsvereins für Kärnten. Klagenfurt

CarkV	Cărkoven vestnik. Sofija
Carmelus	Carmelus. Commertarii ab Instituto Carmelitano editi. Roma
CaSion	Cahiers sioniens. Paris
Cass	Cassiciacum. Eine Sammlung wissenschaftlicher Forschungen über den heiligen Augustinus und den Augustinerorden, sowie wissenschaftlicher Arbeiten von Augustinern aus anderen Wissensgebieten. Würzburg
Cath	Catholica. Jahrbuch für Kontroverstheologie. Münster
CathEd	Catholic Educational Review. Washington
CathMind	Catholic Mind. New York
CathSt	Catholic Studies (Katorikku Kenkyu). Tokyo
CB	The Classical Bulletin. Saint Louis, Mo., Department of Classical Languages at Saint Louis University
CBNT	Coniectanea biblica. New Testament Series. Lund
CBQ	The Catholic Biblical Quarterly. Washington
CC	La Città Cattolica. Roma
CCER	Cahiers du cercle Ernest-Renan
CCH	Československý časopis historický. Praha
CChr	Corpus Christianorum
CCM	Cahiers de civilisation médiévale. Poitiers
CD	La Ciudad de Dios. Madrid
CdR	Classici delle religioni. Torino
CE	Chronique d'Égypte. Bulletin périodique de la Fondation égyptologique Reine Élisabeth. Bruxelles
CEA	Collection d'Études Anciennes. Paris
CEFMC	Centro de Estudios de Filosofia medieval. Buenos Aires
Celtiberia	Celtiberia. Soria
Celtica	Celtica. Dublin
Centaurus	Centaurus. København
CF	Collectanea Franciscana. Roma
CFC	Cuadernos de Filología. Facultad de Filosofía y Letras. Universitas Complutensis. Madrid.
CFH	Classical Folia. Worcester, Mass.
CGS	Collections Les grandes Civilisations
CH	Church History. Chicago, Ill.
CHE	Cuadernos de Historia de España. Buenos Aires
ChH	Church History. Wallingford, Pa.
ChicS	Chicago Studies. Mundelein, Illinois
Chiron	Chiron. Mitteilungen der Kommission für alte Geschichte und Epigraphik des Deutschen Archäologischen Instituts. München.
Choice	Choice. Chicago, Ill.
ChQR	Church Quarterly Review. London
CHR	The Catholic Historical Review, Washinton
ChrCent	Christian Century, Chicago, Ill.
ChrCris	Christianity and Crisis. New York
Christus	Christus. Paris
ChronEg	Chronique d'Égypte. Bruxelles
ChrSt	Christian Studies (Kirisutokyogaku). Tokyo

ChrToday	Christianity Today. Washington
ChryS	Chrysostomos-Studien
CHS	Church in History Series. London
ChTh	Church and Theology (Kyokai To Shingaku), The Tohoku Gakuin University Review. Sendai
CiCult	Ciencia y Cultura. Caracas
Ciencias	Las Ciencias. Madrid
CiFe	Ciencia y Fe. Buenos Aires
Cistercium	Cistercium. Revista monástica. Revista española de espiritualidad, historia y doctrina. Abadía de la Oliva. Carcastillo (Navarra)
CitNed	Cîteaux. Commentarii Cistercienses. Westmalle (Belgie)
CJ	Classical Journal. Lawrence, Kansas
Clair-Lieu	Clair-Lieu. Tijdschrift gewijd aan de geschiedenis der Kruisheren. Diest (Belgie)
Claretianum	Claretianum Commentaria Theologica. Pontificia Universitas Lateranensis: Institutum Theologiae Vitae Religiosae. Rom
ClBul	Classical Bulletin. Chicago
Clergy	The Clergy Review. London
ClPh	Classical Philology. Chicago
CM	Classica et mediaevalia. København
CN	Conjectanea neotestamentica. Uppsala
CNM	Časopis národního musea. Praha
CO	Het christelijk Oosten en hereniging. Nijmegen
COCR	Collectanea Ordinis Cisterciensium Reformatorum. Westmalle (Belgique)
ColBi	Collectanea Biblica. Madrid
ColBrugGand	Collationes Brugenses et Gandavenses. Brugge-Gent
ColCist	Collectanea Cisterciensia. Scourmont (Belgien)
Collationes	Collationes. Vlaams Tijdschrift voor Theologie en Pastoral. Gent
Colloquium	Colloquium. Auckland, New Zealand; ab 1972 in Australien
CollSR	Collection de sociologie religieuse. Paris
ColSal	Colloquium salutis. Wrocław
Commentary	Commentary. American Jewish Committee. New York
Communio	Communio. Commentarii Internationales de Ecclesia et Theologia. Studium Generale O.P., Granada (Spanien)
Communion	Communion. Taizé, Frankreich
Compostelanum	Compostelanum. Instituto de Estudios Jacobeos. Santiago de Compostela
Concilium	Concilium. Internationale Zeitschrift für Theologie. Mainz, Einsiedeln-Zürich, Wien
ConciliumT	Concilium. Revue internationale de théologie. Tours
Concord	Concordia Theological Monthly. St. Louis (Miss.)
Confer	Confer. Revista de vida religiosa. Conferencia Española de Religiosos. Madrid
Confrontations	Confrontations. Tournai. Früher: Revue diocésane de Tournai
CongQ	Congregational Quarterly. London
Conimbriga	Conimbriga. Revista do Instituto de Arqueologia da Faculdade de Letras. Coimbra

ConsJud	Conservative Judaism. New York
Cont	Continuum. Chicago, Ill.
ConviviumTor	Convivium. Torino
COS	Cambridge Oriental Series. London
CoTh	Collectanea Theologica. Warszawa
CQ	The Classical Quarterly. Oxford
CR	Classical Review (N.S.). Oxford
CRAI	Comptes rendus des séances de l'académie des inscriptions et belles lettres. Paris
Crisis	Crisis. Revista española de Filosofía. Madrid
Cross	Cross Currents. New York
CrossCr	Cross and Crown. St. Louis, Missouri
CSCO	Corpus scriptorum Christianorum orientalium. Louvain
CSEL	Corpus scriptorum ecclesiasticorum Latinorum
CSG	Collana di Studi greci
CSR	Christian Scholar's Review. Wenham, Mass.
CStClA	California Studies in Classical Antiquity. Berkeley
CStR	Collana di storia religiosa. Napoli
CT	La Ciencia Tomista. Salamanca
CThM	Calwer theologische Monographien. Stuttgart
CTSA	Catholic Theological Society of America. Proceedings
CuadFC	Cuadernos de Filología Clásica. Madrid
CuadGal	Cuadernos de Estudios gallegos. Santiago de Compostela
CuadManch	Cuadernos de Estudios manchegos. Ciudad Real
Cuad Mon	Cuadernos Monásticos. Conferencia de Comunidades Monásticas del Cono Sur. Abadía de Santa Escolástica. Victoria (Buenos Aires). Argentina
CUAPS	Catholic University of America Patristic Studies.
CUC	Cahiers universitaires catholiques. Paris
CultBib	Cultura Bíblica. Madrid/Segovia
CultNeolat	Cultura neolatina. Modena
CumBook	The Cumulative Book Index. New York
CV	Communio viatorum. Praha
CW	Classical World. New York
DA	Deutsches Archiv für Erforschung des Mittelalters. Köln—Graz
DanskBog	Dansk bogfortegnelse. København
DaTIndex	Dansk tidsskrift-index. København
Davar	Davar. Buenos Aires
DC	Doctor Communis. Roma
DChrArHet	Deltion tes Christianikes Archaiologikes Hetaireias. Athen
DE	Diritto Ecclesiastico. Milano
DHA	Dialogues d'histoire ancienne. Paris
Diak	Diakonia. Bronx, N.Y.
Diakon	Diakonia. Der Seelsorger. Internationale Zeitschrift für praktische Theologie. Mainz
Diakonia	Diakonia. Zeitschrift für Seelsorge. Olten

DialEc	Diálogo Ecuménico. Centro de Estudios Orientales y Ecuménicos Juan XXIII. Universidad Pontificia. Salamanca
Didaskalia	Didaskalia. Revista da Faculdade de Teologia de Lisboa. Universidade Catolica Portuguesa. Lisboa
DipOrthAth	Diptycha Orthodoxias. Athen
DissAbstr	Dissertation Abstracts. A Guide to Dissertations and Monographs available in microfilm. Ann Arbor (Michigan)
Divinitas	Divinitas. Roma
DLZ	Deutsche Literaturzeitung für Kritik der internationalen Wissenschaft. Berlin
DocLife	Doctrine and Life. Dublin
Dodone	Dodone. Epistemoniki Epeteris tes Philosophikes Scholes tu Panepistemiu Ioanninon. Ioannina
Dom	Dominicana. Washington
DR	Downside Review. Downside Abbey (Bath)
DrewG	Drew Gateway. Madison, New Jersey
DtBibl	Deutsche Bibliographie. Wöchentliches Verzeichnis. Frankfurt am Main
DThP	Divus Thomas. Commentarium de Philosophia et Theologia. Piacenza (Italia)
DtNBibl	Deutsche Nationalbibliographie. Leipzig
DtPfrBl	Deutsches Pfarrerblatt. Essen
DTT	Dansk teologisk tidsskrift. København
DuchKult	Duchovna Kultura. Sofija
DuchPast	Duchovní pastýř. Praha
DumPap	Dumbarton Oaks Papers. Washington
DunR	The Dunwoodie Review. Younkers, N.Y.
DurhamUni	The Durham University Journal. Durham
Durius	Durius. Valladolid
DVM	Deltion Vivlikon Meleton
DVSHFM	Det kgl. danske Videnskapernes selskab. Hist.-Filol. Medd. København
DZPh	Deutsche Zeitschrift für Philosophie. Berlin
EA	Erbe und Auftrag. Beuron
EAbul	Estudios Abulenses. Avila
EAg	Estudio Agustiniano. Valladolid (Spanien)
EBib	Estudios Bíblicos. Madrid
EC	Études classiques. Namur
Eca	Eca. San Salvador
ECallao	Estudios. Callao (Argentina)
ECarm	Ephemerides carmeliticae. Roma
EChR	Eastern Churches Review
Eckart	Eckart. Witten
ECl	Estudios Clásicos. Madrid
EcumR	The Ecumenical review. Genève
EDeusto	Estudios de Deusto. Deusto (España)
Edjmiatsin	Edjmiatsin. Erevan

EE	Estudios Eclesiásticos. Salamanca/Madrid
EEBS	Epeteris tes Hetaireias Byzantinon Spudon. Athen
EF	Estudios Franciscanos. Barcelona
ÉgliseTh	Église et Théologie. Ottawa
EHR	English Historical Review. London
EHRel	Études d'histoire des Religions. Strasbourg
Eidos	Eidos. Madrid
Eirene	Eirene. Studia Graeca et Latina. Praha
EJC	Ephemerides iuris canonici. Roma
EJos	Estudios Josefinos. Valladolid
EkklAthen	Ekklesia. Athen
EL	Ephemerides liturgicae. Roma
ELKZ	Evangelisch-Lutherische Kirchenzeitung. Berlin
ELul	Estudios Lulianos. Palma de Mallorca (España)
EMaria	Estudios marianos. Madrid
EMC	Échos du Monde classique. Classical News and Views. Ottawa
EMerced	Estudios. Estudios, Notas y Bibliografía especialmente sobre la Orden de la Merced en España y América. Madrid
Emerita	Emerita. Boletín de Língüística y Filología clásica. Madrid
EMSIVD	Editiones Monumentorum Slavicorum Veteris Dialecti
EMZ	Evangelische Missionszeitschrift. Stuttgart
Enc	Encounter. Indianapolis
Enchoria	Enchoria. Zeitschrift für Demotistik und Koptologie
Eos	Eos. Commentarii Societatis Philologae Polonorum. Wrocław, Ossolineum
EP	Ἕλληνες Πατέρες τῆς Ἐκκλησίας
EpAth	Epistemonike Epeteris tes Philosophikes Scholes tu Panepistemiu Athenon. Athen
EPh	Ekklesiastikos Pharos. Alexandria
EphMariol	Ephemerides mariologicae. Madrid
EPRO	Études préliminaires aux religions orientales dans l'Empire romain. Leiden
EpThAth	Epistemonike Epeteris tes Theologikes Scholes tu Panepistemiu Athenon. Athen
EpThes	Epistemonike Epeteris tes Philosophikes Scholes tu Panepistemiu Thessalonikes. Thessaloniki
EpThThes	Epistemonike Epeteris tes Theologikes Scholes tu Panepistemiu Thessalonikes. Thessaloniki
Eranos	Eranos. Acta philologica Suecana. Uppsala
Erasmus	Erasmus. Speculum scientiarum. Darmstadt, Aarau
ErJb	Eranos-Jahrbuch. Zürich
ERL	English recusant literature 1558—1640. Menston
EscrVedat	Escritos del Vedat. Anuario. Instituto Pontificio de Teología. PP. Dominicos. Valencia (España)
ESeg	Estudios Segovianos. Segovia (España)
ESH	Ecumenical Studies in History. Richmond, Va.
Esprit	Esprit et vie. Langres
Espíritu	Espíritu, Conocimiento, Actualidad. Barcelona

EsSt	Essays and Studies (Tokyo Joshi Daigaku Ronshu). Tokyo
EstH	Estudos Historicos. Faculdade de Filosofia, Ciencias e Letras. Marilia (Brasil)
EstMet	Estudios de Metafisica. Valencia
EstRo	Estudis románics. Barcelona
Et	Études. Paris
EtF	Études franciscaines. Paris
EtGreg	Études grégoriennes. Solesmes
ETGuatemala	Estudios teológicos. Instituto Teológico Salesiano. Guatemala.
EThL	Ephemerides theologicae Lovanienses. Louvain
EtPh	Les Études Philosophiques. Paris
ETrin	Estudios Trinitarios. Publicación del Secretariado Trinitario. Salamanca
EtRoussil	Études roussillonnaises. Perpignan
EtThR	Études théologiques et religieuses. Montpellier
Euhemer	Euhemer. Przegląd religioznawczy. Warszawa
EuntDoc	Euntes Docete. Roma
Euphorion	Euphorion. Zeitschrift für Literaturgeschichte. Heidelberg
Euphrosyne	Euphrosyne. Revista de Filología classica. Lisboa
EvangQ	Evangelical Quarterly. Grand Rapids, Michigan
Evid	Evidences. Paris
EvQ	Evangelical Quarterly. London
EvTh	Evangelische Theologie. München
ExpR	Expository and Homiletic Review. Cleveland (Ohio)
ExpT	The Expository Times. Edinburgh
Fabula	Fabula. Zeitschrift für Erzählforschung. Berlin
FaCh	Fathers of the Church
FC	Filosofický časopis. Praha
FCB	Slovenský Filosofický časopis. Bratislava
FDA	Freiburger Diözesan-Archiv. Freiburg i. Br.
FilBuenosA	Filología. Buenos Aires
FilLet	Filologia e Letteratura. Napoli
Filos	Filosofia. Torino
FilVit	Filosofia e Vita. Torino
FLisboa	Filosofia. Lisboa
FMSt	Frühmittelalterliche Studien. Berlin
FoFo	Forschungen und Fortschritte. Berlin
Foi	Foi et vie. Paris
FoiTemps	La Foi et le Temps
ForumTheo	Forum theologicum. Härnösand
Foun	Foundations. Rochester, N.Y.
Franc	Franciscana. Sint-Truiden (Belgique)
Francia	Francia. München
FrBogotá	Franciscanum. Revista de las ciencias del espíritu. Universidad de San Buenaventura. Bogotá. Columbia

FrSt	French Studies. Oxford
FS	Franziskanische Studien. Werl
FSt	Franciscan Studies. St. Bonaventure, New York
FSUSub	Florentinae studiorum universitatis. Subsidia
FThSt	Freiburger theologische Studien. Freiburg
FTS	Frankfurter Theologische Studien. Frankfurt
FZPT	Freiburger Zeitschrift für Philosophie und Theologie. Freiburg
GB	Grazer Beiträge. Graz
GBA	Gazette des beaux arts. New York, Paris
GCFI	Giornale Critico della Filosofia Italiana. Firenze
GCS	Die griechischen christlichen Schriftsteller der ersten Jahrhunderte
GDA	Godišnik na duchovnata akademija. Sofija
GeiLeb	Geist und Leben. Zeitschrift für Askese und Mystik. Würzburg
Genava	Genava. Genf
GermB	Germanische Bibliothek
GGA	Göttingische gelehrte Anzeigen. Göttingen
GiorFil	Giornale Italiano di Filologia. Napoli
GJ	The Geographical Journal. London
GlB	Glasul Bisericii. Bucureşti
Glotta	Glotta. Göttingen
GM	Giornale di Metafisica. Genova
Gn	Gnomon. München
GNT	Grundrisse zum Neuen Testament. Göttingen
GöAB	Göppinger Akademische Beiträge
GöO	Göttinger Orientforschungen
GötAr	Göteborgs högskolas arsskrift. Göteborg
GöThA	Göttinger theologische Arbeiten. Göttingen
GP	Gulden Passer. Antwerpen
GR	Greek and Rome. Oxford
Greg	Gregorianum. Roma
GregPalThes	Gregorios ho Palamas. Thessaloniki
GrOrthThR	The Greek Orthodox Theological Review. Brookline (Mass.)
GrRoBySt	Greek, Roman and Byzantine Studies. San Antonio (Texas). Durham (N.C.)
GTT	Gereformeerd theologisch tijdschrift. Amsterdam
Gy	Gymnasium. Zeitschrift für Kultur der Antike und humanistische Bildung. Heidelberg
HA	Handes Amsorya. Monatsschrift für armenische Philologie. Wien
Ha	Hermathena. A Series of Papers on Literature, Science and Philosophy. Dublin
Habis	Habis. Universidad de Sevilla. Arqueología, Filología clásica. Sevilla
HarvAsia	Harvard Journal of Asiatic Studies. Cambridge (Mass.)
HarvClassPhil	Harvard Studies in Classical Philology. Cambridge (Mass.)
HarvDS	Harvard Divinity School. Bulletin. Cambridge (Mass.)

HC	Historicky časopis. Bratislava
Helikon	Helikon. Rivista di tradizione e cultura classica. Messina
Hell	Hellenika. Saloniki
HellAgAthen	Hellenochristianike Agoge. Athen
Helmántica	Helmántica. Universidad Pontificia. Salamanca
Her	Hermes. Zeitschrift für klassische Philologie. Wiesbaden
HerE	Hermes. Zeitschrift für klassische Philologie — Einzelschriften. Wiesbaden
Hermeneus	Hermeneus. Tijdschrift voor de antieke Cultuur. Culemburg.
HervTSt	Hervormde teologiese studies. Pretoria
Hesp	Hesperia. Journal of the American School of Classical Studies at Athens. Athen
Hespéris	Hespéris-Tamuda. Paris
HeythropJ	The Heythrop Journal. Heythrop College, Oxen et Oxford
HFSKob	Historisk-filologiske skrifter. Det kgl. danske videnskabernes Selskap. København
Hispania	Hispania. Revista española de Historia. Madrid
HispAnt	(früher: HispAlava) Hispania Antiqua. Valladolid
HistEsp	Historia de la Espiritualidad. Barcelona
HistJ	Historical Journal. Cambridge
HistJud	Historia Judaica. New York
Historia	Historia. Zeitschrift für alte Geschichte. Wiesbaden
History	History. London
HistoryT	History Today. London
HistRel	Histoire des religions. Paris
HistReli	History of Religions. Chicago (Ill.)
HistTh	History and Theory. Middletown (Conn.)
HJ	Historisches Jahrbuch. München, Freiburg
HKG(J)	Handbuch der Kirchengeschichte. Hrsg. von Hubert Jedin. Freiburg i. B. u. a.
HKZMTL	Handelingen der Koninklijke Zuidnederlands Maatschappij voor Taalen Letterkunde. Brussel
HlasPrav	Hlas pravoslaví. Praha
HLD	Heiliger Dienst. Salzburg
Ho	Hochland. München
HokB	Hokusei Bulletin (Hokusei Ronshu). Hokusei Gakuen University, Sapporo
Horizon	Horizon. New York
HR	Hispanic Review. Philadelphia
HS	Hispania Sacra. Madrid
HSHT	Historica. Les sciences historiques en Tchécoslovaquie. Praha
HSt	Historické štúdie. Bratislava
HThR	Harvard Theological Review. Cambridge (Mass.)
HTK	Historisk tidsskrift. København
HUCA	Hebrew Union College Annual. Cincinnati (Ohio)
Humanidades	Humanidades. Salamanca
Humanitas	Humanitas. Revista de la Facultad de Filosofia y Letras. Tucumán (Argentina)

HumanitasBr   Humanitas. Brescia (Italia)
HumanitasCoim   Humanitas. Coimbra. Portugal
HumChrCu   Humanities, Christianity and Culture (Jinbunkagaku Kenkyu: Kirisutokyo To Bunka). Tokyo
HVF   Handelingen van de Vlaams Filologencongressen. Gent
HVSLA   Humanistiska vetenskappsamfundet i Lund. Årsberättelse. Lund
HVSUA   Humanistiska vetenskappsamfundet i Uppsala. Årsbok. Uppsala
Hyp   Hypomnemata. Göttingen
HZ   Historische Zeitschrift. München

IC   Ius Canonicum. Universidad de Navarra. Pamplona
IES   Indian Ecclesiastical Studies. Belgaum, India
IF   Indogermanische Forschungen. Berlin
IH   Information historique. Paris
IHS   Irish Historical Studies. Dublin
IKZ   Internationale kirchliche Zeitschrift. Bern
IL   L'Information littéraire. Paris
IlCl   Ilustración del Clero. Revista mensual publicada por los Misioneros Hijos del Corazón de Maria. Madrid
Ilerda   Ilerda. Lérida
IM   Imago mundi. Leiden
IMU   Italia medioevale e umanistica. Padova
IndCultEsp   Indice cultural español. Madrid
IndHistEsp   Indice histórico español. Barcelona
IntRMiss   International Review of Mission. N.Y., Geneva
IntZErz   Internationale Zeitschrift für Erziehungswissenschaft. 's-Gravenhage
IPhQ   International Philosophical Quarterly. New York
Iraq   Iraq. London
Irénikon   Irénikon. Chevetogne (Belgique)
IRSH   International Review of Social History. Assen
IsExJ   Israel Exploration Journal. Jerusalem, Israel
Isis   Isis. Cambridge (Mass.)
Islam   Der Islam. Straßburg, Berlin
ISRPR   Istituto di scienze religiose. Pensatori regiosi. Padova
Istina   Istina. Boulogne (Seine)
Itinerarium   Itinerarium. Braga (Portugal)
ITQ   The Irish Theological Quarterly. Maynooth (Ireland)
Iura   Iura. Rivista Internazionale di Diritto Romano e Antico. Napoli
IZBG   Internationale Zeitschriftenschau für Bibelwissenschaft und Grenzgebiete. Stuttgart

JA   Journal asiatique. Paris
JAACr   The Journal of Aesthetics and Art Criticism. Baltimore (Maryland)
JAAR   Journal of the American Academy of Religion. Waterloo, Ontario
JAC   Jahrbuch für Antike und Christentum. Münster
JACE   Jahrbuch für Antike und Christentum. Ergänzungsband
JAOS   Journal of the American Oriental Society. Baltimore

JARCE	Journal of the American Research Center in Egypt. Boston
JBAA	The Journal of the British Archaeological Association. London
JbBerlin	Jahrbuch der deutschen Akademie der Wissenschaften zu Berlin. Berlin
JbGö	Jahrbuch der Akademie der Wissenschaften in Göttingen. Göttingen
JbKönigsberg	Jahrbuch der Albertus-Universität zu Königsberg (Pr.) Überlingen
JBL	Journal of Biblical Literature. Philadelphia
JBMainz	Akademie der Wissenschaften und der Literatur. Jahrbuch. Mainz
JBR	The Journal of Bible and Religion. Brattleboro (Vermont)
JbrMarbg	Jahresbericht. Westdeutsche Bibliothek. Marburg
JCeltSt	Journal of Celtic Studies. Philadelphia
JChrSt	The Journal of Christian Studies (Kirisutokyo Ronshu). Tokyo
JChSt	Journal of Church and State. Waco, Texas
JCS	Journal of Classical Studies. (Japan)
JDAI	Jahrbuch des deutschen archäologischen Instituts. Berlin
JEA	Journal of Egyptian Archaeology. London
JEcclH	Journal of Ecclesiastical History. London
JEcSt	Journal of Ecumenical Studies. Philadelphia, Penn.
JEGP	The journal of English and German philology. Urbana
JEOL	Jaarbericht van het Vooraziatisch-Egyptisch Genootschap „Ex Oriente Lux". Leiden
JES	Journal of Ecumenical Studies. Pittsburgh
JETS	Journal of the Evangelical Theological Society. Denver (Colorado)
JGO	Jahrbücher für die Geschichte Osteuropas. München
JHChr	The Journal of History of Christianity (Kirisutokyoshigaku), Kanto Gakuin University, Yokohama
JHI	Journal of the History of Ideas. Lancaster (Pa.)
JHPH	Journal of the History of Philosophy. Berkeley. Los Angeles
JHS	Journal of Hellenic Studies. London
JHSCW	Journal of the Historical Society of the Church in Wales. Cardiff
JJur	The Journal of Juristic Papyrology. New York
JKGV	Jahrbuch des Kölnischen Geschichtsvereins. Köln
JLH	Jahrbuch für Liturgik und Hymnologie. Kassel
JMP	Journal of the Moscow Patriarchate. Moskau
JNES	Journal of Near Eastern Studies. Chicago
JOBG	Jahrbuch der Österreichischen Byzantinischen Gesellschaft. Graz—Köln
JPastCare	Journal of Pastoral Care. Kutztown (Pa.)
JPH	Journal of Philosophy. New York
JQR	The Jewish Quarterly Review. Philadelphia
JR	The Journal of Religion. Chicago
JRAS	Journal of the Royal Asiatic Society of Great Britain and Ireland. London
JReSt	Journal of Religious Studies (Shukyo Kenkyo), University of Tokyo. Tokyo
JRH	The Journal of religious history. Sydney
JRS	Journal of Roman Studies. London

JRTh	Journal of Religious Thought. Washington
JS	Journal des savants. Paris
JSb	Jazykovedný sborník. Bratislava
JSS	Journal of Semitic Studies. Manchester
JSSR	Journal for the Scientific Study of Religion. New-Haven (Conn.)
JStJ	Journal for the study of Judaism. Leiden
JTh	Journal of Theology (Shingaku). Tokyo
JThCh	Journal for Theology and Church. N.Y., N.Y.
JThS	Journal of Theological Studies. Oxford
Jud	Judaism. New York
JuFi	Južnoslovenski Filolog. Beograd
JVictoria	Journal of Transactions of the Victoria Institute. London
JWCI	Journal of the Warburg and Courtauld Institutes. London
KÅ	Kyrkohistorisk årsskrift. Stockholm
Kairos	Kairos. Zeitschrift für Religionswissenschaft und Theologie. Salzburg
KBANT	Kommentare und Beiträge zum Alten und Neuen Testament. Düsseldorf
KE	Kerk en eredienst. s'-Gravenhage
Kêmi	Kêmi. Paris
Kleronomia	Kleronomia. Thessaloniki
Klio	Klio. Beiträge zur alten Geschichte. Berlin
KlT	Kleine Texte für Vorlesungen und Übungen. Begründet von H. Lietzmann
KoinAthen	Koinonia. Athen
Kriterium	Kriterium Belo Horizonte (Brasil)
KřR	Křest'anská revue. Praha
KT	Kerk en theologie. 's-Gravenhage
KuD	Kerygma und Dogma. Göttingen
Kyrios	Kyrios. Vierteljahresschrift für Kirchen- und Geistesgeschichte Osteuropas. Berlin
Labeo	Labeo. Napoli
Lampas	Lampas. Culemborg
Language	Language. Journal of the Linguistic Society of America. Baltimore
Latinitas	Latinitas. Roma
Latomus	Latomus. Revue d'études latines. Bruxelles
Lau	Laurentianum. Roma
Laval	Laval théologique et philosophique. Quebec
LCC	The Library of Christian Classics
LEC	Les Études Classiques. Namur
Lecároz	Lecároz. Navarra
Leodium	Leodium. Liège
LFilol	Listy filologické. Praha
Libr	Librije. Bibliographisch Bulletijn voor Godsdienst, Kunst en Kultuur. Uitgegeven door de St.-Pietersabdij van Steenbrugge
LibriRiv	Libri e Riviste. Roma

LicFr	Liceo Franciscano. Revista de Estudio e Investigación. Colegio Teológico Franciscano. Santiago de Compostela
Ligarzas	Universidad de Valencia. Facultad de Filosofía y Letras. Departamento de Historia Medieval.
LingBibl	Linguistica Biblica. Bonn
Liturgia	Liturgia. Monasterio de Sto. Domingo. Silos (Burgos)
LJ	Liturgisches Jahrbuch. Münster
LMyt	Lesbiaka. Deltion tes Hetaireias Lesbiakon Meleton. Mytilene
LnQ	The Lutheran Quarterly. Gettysburg (Pa.)
LO	Lex Orandi. Paris
LQF	Liturgiewissenschaftliche Quellen und Forschungen
LR	Lettres romanes. Louvain
LS	Lingua e Stile. Milano
LSD	Litteraria. Štúdie a dokumenty. Bratislava
LUÅ	Lunds universitets årsskrift. Lund
Lum	Lumen. Lisboa
Lumen	Lumen. Facultad de Teología del Norte de España – Sede de Vitoria. Früher: Lumen. Seminario Diocesano. Vitoria.
Lumenvitae	Lumen vitae. Revue internationale de la formation religieuse. Bruxelles
LumK	Lumen. Katolsk teologisk tidsskrift. København
LumVi	Lumière et vie. St. Alban-Leysse
LusSac	Lusitania sacra. Lisboa
Lustrum	Lustrum. Internationale Forschungsberichte aus dem Bereich des klassischen Altertums. Göttingen
LuthRund	Lutherische Rundschau. Hamburg
LuthRundbl	Lutherischer Rundblick. Wiesbaden
LW	Lutheran World. Genève
Lychnos	Lychnos. Uppsala
MA	Moyen-âge. Bruxelles
MAAL	Mededelingen der Koninklijke Nederlandse Academie van Wetenschappen. Afdeling Letterkunde. Amsterdam
MAB	Mededelingen van de koninklijke Vlaamse Academie voor Wetenschappen, Letteren en Schone Kunsten van België. Klasse de Letteren. Brussel
MAb	Misión Abierta al servicio de la fe. Madrid
MAev	Medium aevum. Oxford
MAH	Mélange d'archéologie et d'histoire. École Française de Rome. Paris
Maia	Maia. Firenze
MaisonDieu	La Maison-Dieu. Paris
MakThes	Makedonika. Syngramma periodikon tes Hetaireias Makedonikon Spoudon. Thessaloniki
Manresa	Manresa. Revista de Información e Investigación ascética y mística. Barcelona
Manuscripta	Manuscripta. St.-Louis (Missouri)
Marianum	Marianum. Roma

MarSt	Marian Studies
Mayéutica	Mayéutica. Publicación cuatrimestral de los Padres Agustinos Recoletos. Marcilla (Navarra)
MBTh	Münsterische Beiträge zur Theologie. Münster
MCom	Miscelánea Comillas. Comillas (Santander)
MDOG	Mitteilungen der Deutschen Orient-Gesellschaft zu Berlin. Berlin
MDom	Memorie Domenicane. Firenze
MEAH	Miscelánea de Estudios Arabes y Hebraicos. Granada.
Meander	Meander. Revue de civilisation du monde antique. Warszawa
MEH	Medievalia et Humanistica: Studies in Medieval and Renaissance Culture. Cleveland (Ohio)
MelitaTh	Melita theologica. Malta
MennQR	Mennonite Quarterly Review. Goshen (Ind.)
MenorahJ	The Menorah Journal. New York
MEPRC	Messager de l'Exarchat du Patriarche russe en Europe Centrale. Paris
MEPRO	Messager de l'Exarchat du Patriarche russe en Europe Occidentale. Paris
MF	Miscellanea franciscana. Roma
MGH	Monumenta Germaniae historica
MH	Museum Helveticum. Basel
MHisp	Missionalia Hispanica. Madrid
MHum	Medievalia et Humanistica. Boulder (Colorado)
MIDEO	Mélanges de l'Institut Dominicain d'Études Orientales du Caire. Dar Al-Maaref
Millars	Millars. Castellón
MIÖGF	Mitteilungen des Instituts für österreichische Geschichtsforschung. Graz
MIOr	Mitteilungen des Instituts für Orientforschung. Berlin
MitrArd	Mitropolia Ardealului. Sibiu
MitrBan	Mitropolia Banatului. Timişoara
MitrMold	Mitropolia Moldovei şi Sucevei. Iaşi
MitrOlt	Mitropolia Olteniei. Craiova
MLatJB	Mittellateinisches Jahrbuch. Köln/Düsseldorf
MLR	Modern Language. Baltimore
MM	Miscellanea mediaevalia. Berlin
MmFor	Memorie Storiche Forogiuliesi. Udine
Mn	Mnemosyne. Bibliotheca classica Batava. Leiden
MNHIR	Mededelingen van het Nederlands Historisch Instituut te Rome. 's-Gravenhage
MO	Le Monde oriental. Uppsala
ModCh	Modern Churchman. London
ModS	The Modern Schoolman. St. Louis (Mo.)
MonStud	Monastic Studies. Pine City, N.Y.
MontCarm	El Monte Carmelo. Burgos (España)
Month	The Month. London notes. Baltimore
MPhL	Museum Philologum Londiniensis. Amsterdam
MPTh	Monatsschrift für Pastoraltheologie. Göttingen

MR	The Minnesota Review. Minneapolis
MRSt	Mediaeval and Renaissance Studies. London
MS	Mediaeval Studies. Toronto
MSAHC	Mémoires de la société archéologique et historique de la Charente. Angoulème
MSHDI	Mémoires de la société pour l'histoire du droit et des institutions des anciens pays bourguignons, comtois et romands. Dijon
MSLC	Miscellanea di studi di letteratura cristiana antica. Catania
MSR	Mélanges de science religieuse. Lille
MSSNTS	Monograph Series. Society for New Testament Studies. Cambridge
MT	Museum Tusculanum. København
MThSt	Münchener Theologische Studien. München
MThZ	Münchener theologische Zeitschrift. München
Mu	Le Muséon. Revue d'études orientales. Louvain
MuAfr	Museum Africum. Ibadan, Nigeria
MüBPR	Münchener Beiträge zur Papyrusforschung und antiken Rechtsgeschichte
Muscan	Museo canario. Madrid
Museum	Museum. Maandblad voor philologie en geschiedenis. Leiden
MUSJ	Mélanges de l'Université Saint-Joseph. Beyrouth
Musl	The Muslim World. Hartford (Conn.)
MusPont	Museo de Pontevedra
MüStSpr	Münchener Studien zur Sprachwissenschaft. München
MVVEG	Mededelingen en verhandelingen van het Vooraziatisch-Egyptisch Genootschap „Ex Oriente Lux". Leiden
NábR	Náboženska revue církve československé. Praha
NAG	Nachrichten der Akademie der Wissenschaften in Göttingen. Göttingen
NAKG	Nederlands archief voor kerkgeschiedenis. Leiden
Namurcum	Namurcum. Namur
NatGrac	Naturaleza y Gracia. Salamanca
NBA	Norsk bokfortegnelse. Årskatalog. Oslo
NC	La Nouvelle Clio. Bruxelles
NDid	Nuovo Didaskaleion. Catania (Italia)
NedKath	Nederlandse katholieke stemmen
NedThT	Nederlands theologisch tijdschrift. 's-Gravenhage
NiceHist	Nice historique. Nice
Nicolaus	Nicolaus. Bari
NMES	Near and Middle East Series. Toronto
NMS	Nottingham Medieval Studies. Nottingham
NotesRead	Notes and Queries for Readers and Writers. London
NovaVet	Nova et vetera. Freiburg (Schweiz)
NovTest	Novum Testamentum. Leiden
NPh	Neophilologus. Groningen
NPM	Neuphilologische Mitteilungen. Helsinki
NRiSt	Nuova Rivista Storica
NRTh	Nouvelle revue théologique. Tournai

NS	The New Scholasticism. Baltimore. Washington
NSJer	Nea Sion. Jerusalem
NStB	Neukirchner Studienbücher
NTA	Neutestamentliche Abhandlungen. Münster
NTS	New Testament Studies. Cambridge
NTSJ	New Testament Studies in Japan (Shinyakugaku Kenkyu). Seiwa College for Christian Workers, Nishinomiya
NTT	Norsk teologisk tidsskrift. Oslo
Numen	Numen. International Review for the History of Religions. Leiden
NVA	Det norske videnskaps-akademi. Avhandlinger, Hist.-filos. klasse. Oslo
NyKT	Ny kyrklig tidskrift. Uppsala
NYRB	New York Review of Books. Milford, Conn.
NZMW	Neue Zeitschrift für Missionswissenschaft. Schöneck-Beckenried
NZSTh	Neue Zeitschrift für systematische Theologie. Berlin
OBO	Orbis biblicus et orientalis
OCA	Orientalia Christiana Analecta. Roma
ÖAKR	Österreichisches Archiv für Kirchenrecht. Wien
ÖAW	Österreichische Akademie der Wissenschaften. Philos.-hist. Klasse Kleine Denkschriften
OECT	Oxford Early Christian Texts. Oxford
ÖF	Ökumenische Forschungen. Freiburg/Br.
ÖstBibl	Österreichische Bibliographie. Wien
OGE	Ons geestelijk erf. Tielt (Belgie)
OiC	One in Christ. Catholic Ecumenical Review. London
OL = OrthL	
OLP	Orientalia Lovaniensia Periodica. Louvain
OLZ	Orientalistische Literaturzeitung. Berlin
One Church	One Church. Youngstown, Ohio
OP	Opuscula Patrum. Roma
OrAc	L'orient ancien illustré. Paris
OrCath	Orbis catholicus. Barcelona
OrChr	Oriens Christianus. Wiesbaden
OrChrP	Orientalia Christiana Periodica. Roma
OrhPBl	Oberrheinisches Pastoralblatt. Karlsruhe
Oriens	Oriens. Journal of the International Society for Oriental Research. Leiden
Orientalia	Orientalia. Roma
Oriente	Oriente. Madrid
OrLab	Ora et Labora. Revista liturgico-pastoral e beneditina. Mosteiro de Singeverga. Roriz (Portugal)
OrP	Orient Press, Bolletino Bibliografico di Studi Orientalistici. Roma
Orpheus	Orpheus. Catania (Italia)
OrSuec	Orientalia suecana. Uppsala
OrSyr	L'orient syrien. Paris
OrtBuc	Ortodoxia. Bucureşti
OrthL	Orthodox Life. Jordanville/N.Y.

OrthVer	Orthodoxy. Mt. Vernon, New York
OstkiSt	Ostkirchliche Studien. Würzburg
OTM	Oxford Theological Monographs. Oxford
OTS	Oudtestamentische studien. Leiden

PA	Památky archeologícké. Praha
Paid	Paideuma. Mitteilungen zur Kulturkunde. Frankfurt a. M.
Paideia	Paideia. Genova
Paix	Paix. Message du monastère orthodoxe français St-Nicolas de la Dalmerie.
Pal	Palestra del Clero. Rovigo (Italia)
PalExQ	Palestine Exploration Quarterly. London
Pallas	Pallas. Fasc. 3 des Annales, publiées par la Faculté des Lettres de Toulouse. Toulouse
PalLat	Palaestra latina. Barbastro (España)
Pan	Pan. Studi dell'Istituto di Filologia latina dell'Università di Palermo. Palermo
PapyBrux	Papyrologia Bruxellensia. Brüssel
PapyCast	Papyrologia Castroctaviana. Barcelona
Par	La Parola del Passato. Rivista di Studi Classici. Napoli
ParLit	Paroisse et Liturgie. Brugge
ParOr	Parole de l'Orient. Kaslik (Liban)
Past	Past and Present. London
Pastbl	Pastoralblätter. Stuttgart
PatrMediaev	Patristica et Mediaevalia. Buenos Aires
Pazmaveb	Pazmaveb. Venezia
PBFL	Piccola biblioteca filosofica Laterza. Bari
PBrSchRome	Papers of the British School at Rome. London
Pel	Le Parole e le idee. Napoli
Pelop	Peloponnesiaka. Athen
Pensamiento	Pensamiento. Madrid
Pentecostés	Pentecostés. Revista de ciencias morales. Editorial El Perpetuo Socorro. Madrid
Perficit	Perficit. Salamanca
PerkinsJ	Perkins School of Theology Journal. Dallas, Tex.
Personalist	The Personalist. An International Review of Philosophy, Religion and Literature. Los Angeles
Perspec	Perspective. Pittsburgh (Penn.)
PersTeol	Perspectiva Teológica. Faculdade de Teologia. Universidade de Vale do Rio dos Sinos. Sâo Leopoldo (Brasil)
PFDUNCJ	Publicaciones de la Facultad de derecho de la Universitad de Navarra. Co. juridica. Navarra
Phil	Philologus. Zeitschrift für das klassische Altertum. Berlin, Wiesbaden
Philol	Philologica Pragensia. Praha
Philosophy	Philosophy. The Journal of the Royal Institute of Philosophy. London

PhilTo	Philosophy Today. Celina (Ohio)
PhJb	Philosophisches Jahrbuch der Görresgesellschaft. München
PhLit	Philosophischer Literaturanzeiger. München, Basel
PhMendoza	Philosophia. Universidad nacional de Cuyo. Mendoza
PhNat	Philosophia naturalis. Meisenheim/Glan
Phoenix	The Phoenix. The Journal of the Classical Association of Canada. Toronto
PhoenixL	Phoenix. Bulletin uitgegeven door het Vooraziatisch-Egyptisch genootschaap „Ex Oriente Lux". Leiden
Phoibos	Phoibos. Bruxelles
PhP	Philosophia Patrum. Interpretation of Patristic texts. Leiden
PhPhenRes	Philosophy and Phenomenological Research. Buffalo
PhRef	Philosophia reformata. Kampen
PhRh	Philosophy and Rhetoric. University Park, Pa.
Phronesis	Phronesis. A Journal for Ancient Philosophy. Assen
PhRu	Philosophische Rundschau. Tübingen
PierLomb	Pier Lombardo. Novara (Italia)
Pirineos	Pirineos. Zaragoza (España)
Platon	Platon. Deltion tes Hetaireias Hellenon Philologon. Athenai
PLS	Perspectives of Religious Studies
PMAPA	Philological Monographs of the American Philological Association. Cleveland
PMLA	Publications of the Modern Language Association of America. New York
PO	Patrologia Orientalis
POK	Pisma Ojców Kościola. Poznán
PPol	Il pensiero politico. Rivista di Storia delle idee politiche e sociali. Firenze
PQ	Philological Quarterly. Iowa City
PR	The Philosophical Review. Ithaca (N.Y.)
PraKan	Prawo Kanoniczne. Warszawa
PravM	Pravoslavnaja Mysl'. Praha
PravS	Pravoslavný sborník. Praha
PrincBul	The Princeton Seminary Bulletin. Princeton (N.J.)
ProcAmJewish	Proceedings of the American Academy for Jewish Research. New York
ProcAmPhS	Proceedings of the American Philosophical Society. Philadelphia
ProcBritAc	Proceedings of the British Academy. London
ProcIrAc	Proceedings of the Royal Irish Academy. Dublin
ProcVS	Proceedings of the Virgil Society. London
Prometheus	Prometheus. Rivista quadrimestrale di studi classici. Firenze
PrOrChr	Proche orient chrétien. Jerusalem
Protest	Protestantesimo. Roma
Protéus	Proteus. Rivista di filosofia. Roma
ProvHist	Provence historique. Marseille
Proyección	Proyección. Granada
PhilosQ	The Philosophical Quarterly. University of St. Andrews, Scots Philos. Club

Prudentia	Prudentia. Auckland, New Zealand
PrViana	Príncipe de Viana. Pamplona
PS	Palestinskij Sbornik. Leningrad
PSBF	Pubblicazioni dello studium biblicum Franciscanum. Jerusalem
PSBFMi	Pubblicazioni dello studium biblicum Franciscanum. Collectio minor. Jerusalem
PSIL	Publications de la section historique de l'Institut Grand-Ducal de Luxembourg. Luxembourg
PSP	Pisma Starochrzešcijańskich Pisarzy
PTA	Papyrologische Texte und Abhandlungen. Bonn
PThSt	Pretoria theological studies. Leiden
PTS	Patristische Texte und Studien
PublCopt	Publications de l'Institut Français d'Archéologie Orientale. Bibliothèque d'études coptes. Cairo
PublIOL	Publications de l'Institut Orientaliste de Louvain.
PublMen	Publicaciones del Instituto Tello Téllez de Meneses. Palencia
QFIAB	Quellen und Forschungen aus italienischen Archiven und Bibliotheken. Tübingen
QFLS	Quaderni di Filologia e letteratura siciliana. Catania
QIFG	Quaderni dell'Istituto greco. Università di Cagliari. Cagliari
QJS	Quarterly Journal of Speech. New York
QLP	Les Questions liturgiques et paroissiales. Mont-César (Belg.)
QU	Quaderni dell'Umanesimo. Roma
Quaerendo	Quaerendo. A quarterly journal from the Low Countries devoted to manuscripts and printed books. Amsterdam
QUCC	Quaderni Urbinati di Cultura Classica. Urbino
QVChr	Quaderni di „Vetera Christianorum"
RA	Revue archéologique. Paris
RAAN	Rendiconti dell'Accademia di Archeologia, Lettere e Belle Arti di Napoli. Napoli
RaBi	Revista bíblica con Sección litúrgica. Buenos Aires
RABM	Revista de Archivos, Bibliotecas y Museos. Madrid
RaBol	Revista de la Sociedad Bolivariana de Venezuela. Caracas
RaBrFilol	Revista brasileira de Filología. São Paolo
RaBrFilos	Revista brasileira de Filosofía. São Paolo
RaBuenosA	Revista de la Universidad de Buenos Aires. Buenos Aires
RaCórdoba	Revista de la Universidad nacional de Córdoba. Córdoba (Argentina)
RaCuzco	Revista universitaria. Universidad de Cuzco
RaDFilos	Revista dominicana de Filosofia. Ciudad Trujillo
Radovi	Radovi. Zagreb
RaEduc	Revista de Educación. Madrid
RaExtr	Revista de Estudios extremeños. Badajoz (España)
RaFMex	Revista de Filosofía. Departamento de Filosofía. Universidad Iberoamericana. México
RAgEsp	Revista agustiniana de Espiritualidad. Calahorra (Logroño)

RaHist	Revista de Historia. Sao Paolo
RaInd	Revista de Indias. Madrid
RaInteram	Revista interamericana de Bibliografia. Interamerican Review of Bibliography. Washington
RAL	Rendiconti della Reale Accademia Nazionale dei Lincei. Classe di Scienze Morali, Storiche e Filologiche. Roma
RAM = ReHS	
RaMadrid	Revista de la Universidad de Madrid. Madrid
RaNCult	Revista nacional de Cultura. Caracas
RaOviedo	Revista de la Universidad de Oviedo. Oviedo
RaPlata	Revista de Teología. La Plata (Argentina)
RaPol	Revista de Estudios políticos. Madrid
RaPortFilog	Revista portuguesa de Filología. Coimbra
RaPortFilos	Revista portuguesa de Filosofía. Braga (Portugal)
RaPortHist	Revista portuguesa de Historia. Coimbra
RAS	Rassegna degli Archivi di Stato. Roma
RaScienFilos	Rassegna di Scienze Filosofiche. Bari (Italia)
RasF	Rassegna di Filosofia. Roma
RasIsr	Rassegna Mensile di Israel. Roma
RaUCR	Revista de la Universidad de Costa Rica. San José de Costa Rica
RBAM	Revista de la Biblioteca, Archivo y Museo. Madrid
RBen	Revue bénédictine. Abbaye de Maredsous (Belgique)
RBi	Revue biblique. Paris
RBL	Ruch Biblijny i Liturgiczny. Kraków
RBPh	Revue belge de philologie et d'histoire. Bruxelles
RBR	Ricerche bibliche e Religiose. Genova
RBS	Regulae Benedicti Studia. Annuarium internationale. Hildesheim
RC	Religión y Cultura. Madrid
RCA	Rozpravy Československé akademie věd. Praha
RCatT	Revista Catalana de Teología. Barcelona
RCCM	Rivista di Cultura Classica e Medioevale. Roma
RCEduc	(früher: RaCal = Revista Calasancia) Revista de Ciencias de la Educación. Madrid
RDC	Revue de droit canonique. Strasbourg
REA	Revue des études augustiniennes. Paris
Reality	Reality. Dubuque (Iowa)
REAnc	Revue des études anciennes. Bordeaux
REB	Revue des études byzantines. Paris
REBras	Revista eclesiástica brasileira. Petropolis
REC	Revista de Estudios Clásicos. Mendoza
REccDoc	Rerum ecclesiasticarum documenta. Roma
RechAug	Recherches augustiniennes. Paris
RecHist	Recusant History. Bognor Regis (Sussex)
RechSR	Recherches de science religieuse. Paris
REDC	Revista española de Derecho canónico. Madrid
REDI	Revista española de Derecho internacional. Madrid
ReEg	Revue d'égyptologie. Paris
ReExp	Review and Expositor. Louisville (Kentucky)

RefR	Reformed Review. New Brunswick, New Yersey
REG	Revue des études grecques. Paris
Regn	Regnum Dei. Collectanca. Roma
RegnRo	Regnum Dei. Roma
ReHS	Revue d'Histoire de la Spiritualité. Bruxelles
REI	Revue des études islamiques. Paris
REJ	Revue des études juives. Paris
REL	Revue des études latines. Paris
ReLiège	Revue ecclésiatique de Liège. Liège
RelLife	Religion in Life. New York
RelStud	Religious Studies. Cambridge
ReMet	The Review of Metaphysics. New Haven
ReNamur	Revue diocésaine de Namur. Gembloux
RenBib	Rencontres bibliques. Lille
REP	Revista española de Pedagogía. Madrid
RESE	Revue des Études sud-est européennes. Bucureşti
Réseaux	Réseaux. Revue interdisciplinaire de philosophie morale et politique. Mons
REspir	Revista de Espiritualidad. Madrid
ReSR	Revue des sciences religieuses. Strasbourg
RestQ	Restoration Quarterly. Abilene, Texas
Resurrexit	Resurrexit. Madrid
RET	Revista española de Teología. Madrid
ReTournai	Revue diocésane de Tournai. jetzt: Confrontations
RevEidos	Revista de Filosofia Eidos. Córdoba, Argentinien
RF	Razón y Fe. Madrid
RFacDMadrid	Revista de la Facultad de Derecho de la Universidad de Madrid
RFC	Rivista di Filología e d'Istruzione Classica. Torino
RFCRica	Revista de Filosofia. Costa Rica
RFE	Revista de Filología española. Madrid
RFFH	Revista de la Facultad de Filosofía y Humanidades. Córdoba (Argentina)
RFFLMadrid	Revista de la Facultad de Filosofía y Letras. Madrid
RFFLMedellín	Revista de la Facultad de Filosofía. Medellín
RFil	Revista de Filosofia. Madrid
RFN	Rivista di Filosofia Neoscolastica. Milano
RGuimerães	Revista de Guimerães. Guimerães
RH	Revue historique. Paris
RHD	Revue d'histoire de droit.
RHDFE	Revue historique de droit français et étranger. Paris
RHE	Revue d'histoire ecclésiastique. Louvain
RHEF	Revue d'histoire de l'église de France. Paris
RHLag	Revista de Historia (canaria). La Laguna (Canarias)
RHLF	Revue d'histoire littéraire de la France. Paris
RhM	Rheinisches Museum für Philologie. Frankfurt a. M.
RHPhR	Revue d'histoire et de philosophie religieuses. Paris
RHR	Revue de l'histoire des religions. Paris
RHS	Revue d'histoire des sciences et de leurs applications. Paris

RHSpir	Revue d'histoire de la spiritualité. Paris
RHT	Revue d'Histoire des Textes. Paris
RhV	Rheinische Vierteljahrblätter. Bonn
RiAC	Rivista di Archeologia Cristiana. Roma
RiAsc	Rivista di Ascetica e Mistica. Firenze
RiBi	Rivista Biblica. Brescia
RiceInst	Rice Institut Pamphlet. Houston (Texas)
RicLing	Ricerche Linguistiche. Roma
RicRel	Ricerche di Storia Religiosa. Roma
RIDA	Revue internationale des droits de l'antiquité. Gembloux
RIDC	Revista del Instituto de Derecho comparado. Barcelona
RIE	Revista de Ideas estéticas. Madrid
RIEAL	Revista del Instituto de Estudios Alicantinos. Alicante
RiEst	Rivista di Estetica. Torino
RIFD	Rivista internazionale di filosofia del diritto. Milano
RiFil	Rivista di Filosofia. Torino
RiFilRel	Rivista di Studi Filosofici e Religiosi. Roma
RiLit	Rivista Liturgica. Finalpia
RiLSE	Rivista di letteratura e di storia ecclesiastica
RILSL	Rendiconti. Istituto Lombardo di Scienze e Lettere. Classe di Lettere e Scienze Morali e Storiche. Milano
Rinascimento	Rinascimento. Firenze
RIP	Revue internationale de philosophie. Bruxelles
RiStCl	Rivista di Studi Classici. Torino
RiStor	Rivista di Storia, Arte, Archeologia. Alessandria
RivRos	Rivista Rosminiana di filosofia e di cultura. Stresa
RiVSp	Rivista di Vita Spirituale. Roma
RJaver	Revista Javeriana, Signos de los Tiempos. Bogotá (Colombia)
RJAZIU	Rad Jugoslavenske Akademije Znanosti i Umjetnosti. Zagreb
RJC	Revista jurídica de Cataluña. Barcelona
RKZ	Reformierte Kirchenzeitung. Neukirchen (Kr. Moers)
RLA	Revista Litúrgica Argentina. Abadía de San Benito. Buenos Aires
RLC	Revue de littérature comparée. Paris
RM	Revue Mabillon. Ligugé
RMAL	Revue du moyen-âge latin. Paris
RMM	Revue de métaphysíque et de morale. Paris
RN	Revue du nord. Lille
RNS	Rivista Nuova Storica
ROB	Religion och Bibel. Nathan Söderblom-sällskapets årsbok. Lund
RoczFil	Roczniki Filozoficzne
RoczH	Roczniki humanistyczne. (Kathol. Univ. Lubelskiego) Lublin
RoczTK	Roczniki Teologiczno-Kanoniczne. Lublin
RoczTor	Rocznik towarzystwa naukowego w Toruniu. Toruń
RöHM	Römische Historische Mitteilungen. Graz—Köln
ROIELA	Revue de l'Organisation internationale pour l'étude des langues anciennes par ordinateur. Liège
Roma	Roma. Buenos Aires (Argentina)
RomBarb	Romanobarbarica. Contributi allo studio dei rapporti culturali tra mondo latino e mondo barbarico. Roma

RPAA	Rendiconti della Pontificia Accademia di Archeologia. Roma
RPFE	Revue philosophique de la France et de l'étranger. Paris
RPh	Revue de philologie, de littérature et d'histoire anciennes. Paris
RPL	Revue philosophique de Louvain. Louvain
RPM	Revue du Patriarchat de Moscou
RQ	Römische Quartalschrift für christliche Altertumskunde und Kirchengeschichte. Freiburg i. Br.
RQS	Revue des questions scientifiques. Louvain
RQu	Revue de Qumran. Paris
RR	Review of Religion. New York
RRel	Review for Religious. St. Louis, Mo.
RS	Revue de synthèse. Paris
RSA	Rivista storica dell'Antichità. Bologna
RSB	Rivista di Studi Bizantini e Neoellenici. Roma
RSCI	Rivista di Storia della Chiesa in Italia. Roma
RSF	Rivista Critica di Storia della Filosofia. Milano
RSH	Revue des sciences humaines. Lille
RSI	Rivista Storica Italiana. Napoli
RSLR	Rivista di storia e letteratura religiosa. Firenze
RSO	Rivista degli Studi Orientali. Roma
RTCHP	Recueil de travaux. Conférence d'histoire et de philologie. Université de Louvain. Louvain
RThAM	Recherches de théologie ancienne et médiévale. Abbaye du Mont César. Louvain
RThL	Revue théologique de Louvain
RThom	Revue thomiste. Paris
RThPh	Revue de théologie et de philosophie. Lausanne
RThR	The Reformed Theological Review. (Australia)
RUO	Revue de l'université d'Ottawa. Ottawa
SABPh	Sitzungsberichte der deutschen Akademie der Wissenschaften zu Berlin. Klasse für Philosophie, Geschichte, Staats-, Rechts- und Wirtschaftswissenschaft. Berlin
SABSp	Sitzungsberichte der deutschen Akademie der Wissenschaften zu Berlin. Klasse für Sprachen, Literatur und Kunst. Berlin
SAC	Studi di antichità Cristiana. Roma
SacD	Sacra Dottrina. Bologna
Saeculum	Saeculum. Jahrbuch für Universalgeschichte. München, Freiburg i. Br.
SAH	Sitzungsberichte der Heidelberger Akademie der Wissenschaften. Philos.-hist. Klasse. Heidelberg
SAL	Sitzungsberichte der sächsischen Akademie der Wissenschaften zu Leipzig, Philologisch-historische Klasse
Salesianum	Salesianum. Torino
Salmant	Salmanticensis. Salamanca
Salp	Salpinx Orthodoxias. Athen
SALS	Saint Augustine Lecture Series. New York
SalTerrae	Sal Terrae. Santander

SAM	Sitzungsberichte der bayrischen Akademie der Wissenschaften in München. Philosoph.-philol. und hist. Klasse. München
SAP	Sborník archivních prací. Praha
Sapientia	Sapientia. Buenos Aires
Sapienza	Sapienza. Rivista di Filosofia e di Teologia. Milano
SAW	Sitzungsberichte der österreichischen Akademie in Wien. Phil.-hist. Klasse. Wien
SBAG	Schweizer Beiträge zur allgemeinen Geschichte. Bern
SBLDS	Society of Biblical Literature. Dissertation Series
SBLMS	Society of Biblical Literature. Monograph Series
SBR	Sociedad brasileira de Romanistas. Rio de Janeiro
SBS	Sources for Biblical Studies.
SBT	Studies in Biblical Theology. London
SC	Sources chrétiennes
Sc	Scriptorium. Revue internationale des Études relatives aux manuscrits. Anvers et Bruxelles
SCA	Studies in Christian Antiquity. Catholic University of America. Washington
ScCat	La Scuola Cattolica. Milano
ScEs	Science et Esprit. Montréal
SCH	Studies in Church History. American Society of Church History. Chicago
Schild	Het Schild. Apologisch tijdschrift. Leiden
SCHNT	Studia ad Corpus Hellenisticum Novi Testamenti. Leiden
SchwBu	Das Schweizer Buch. Zürich
SchwRu	Schweizer Rundschau. Basel
SCivW	Sources of Civilization in the West
SCO	Studi classici e orientali. Pisa
ScPaed	Scientia paedagogica. Anvers
ScTh	Scripta Theologica. Universidad de Navarra. Pamplona.
SD	Scripta et documenta
SDHI	Studia et documenta historiae et iuris. Roma
SE	Sacris erudiri. Brugge, 's-Gravenhage
SEÅ	Svensk exegetisk årsbok. Uppsala
Seanchas	Seanchas Ardmhacha. Journal of the Armagh Diocesan Historical Society. Maynooth (Ireland)
SEF	Semanas españolas de Filosofía. Madrid
Sefarad	Sefarad. Revista de la Escuela de Estudios hebraicos. Madrid
SelLib	Selecciones de Libros. Actualidad bibliográfica de filosofía y teología. Facultades de Filosofía y Teología S. Francisco de Borja. San Cugat del Vallés (Barcelona)
Seminarios	Seminarios. Estudios y Documentos sobre temas sacerdotales. Salamanca
Seminarium	Seminarium. Città del Vaticano
Semitica	Semitica. Institut d'Études Sémitiques de l'Université de Paris. Paris
SG	Siculorum gymnasium. Facoltà di Lettere e Filosofia dell'Università. Catania (Sicilia)

ShaneQ	The Shane Quarterly. Indianapolis
SHCSR	Spicilegium historicum congregationis SSmi. Redemptoris. Roma
SHE	Studia historico-ecclesiastica. Uppsala
SHG	Subsidia Hagiographica. Bruxelles
SHR	Scottish Historical Review. Edinburgh
SHVL	Skrifter utgivna av kungl. humanistiska vetenskapssamfundet i Lund. Lund
SHVSU	Skrifter utgivna av humanistiska vetenskapssamfundet i Uppsala. Uppsala
SIF	Studi Italiani di Filologia Classica. Firenze
Sileno	Sileno. Rivista di studi classici e cristiani. Catania
Sinite	Sinite. Tejares-Salamanca
SISchul	Schriftenreihe des internationalen Schulbuchinstituts
SJTh	Scottish Journal of Theology. Edinburgh
SKZ	Schweizerische Kirchenzeitung. Luzern
Slavia	Slavia. Praha
SLH	Scriptores Latini Hiberniae
Slovo	Slovo. Zagreb
SM	Studien und Mitteilungen zur Geschichte des Benediktinerordens und seiner Zweige. München
SMLV	Studi Mediolatini e Volgari. Bologna
SMR	Studia Montis Regii. Montreal
SMSR	Studi e Materiali di Storia delle Religioni. Bologna
SNMP	Sborník Národního Musea v Praze (Acta Musaei Nationalis Pragae). Praha
SNVAO	Skrifter utgitt av det norske videnskapsakademi i Oslo. Oslo
SO	Symbolae Osloenses. Oslo
So	Sophia. Rivista Internazionale di Filosofia e Storia della Filosofia. Padova
Sob	Sobornost. London
SOCC	Studia orientalia christiana, Collectanea. Kairo
Sp	Speculum. A Journal of Mediaeval Studies. Cambridge (Mass.)
SPC	Studia philosophiae Christianae. Warszawa
Speculator	Speculator. Oostehout
SPFFBU	Sborník prací filosofické fakulty brněnské university. Brno
SPGAP	Studien zur Problemgeschichte der antiken und mittelalterlichen Philosophie. Leiden
SPh	Studies in Philology. University of North Carolina. Chapel Hill
Spic	Spicilegium sacrum Lovaniense
Spiritus	Spiritus. Cahiers de spiritualité missionaire. Paris
SPLi	Studia patristica et liturgica. Regensburg
SPMe	Studia Patristica mediolanensia
SQS	Sammlung ausgewählter kirchen- und dogmengeschichtlicher Quellenschriften
SR	Studies in Religion/Sciences Religieuses. Revue canadienne. Waterloo. Ontario
SSF	Societas scientiarum Fennica. Commentationes humanarum litterarum. Helsinki

SSHT	Slaskie studia historyczno-teologiczne. Katowice
SST	Studies in Sacred Theology. Catholic University of America. Washington
ST	Studi e Testi
StAcOr	Studia et acta orientalia. Bucureşti
StAns	Studia Anselmiana. Roma
StANT	Studien zum Alten und Neuen Testament. München
StBibF	Studii Biblici Franciscani Liber Annus. Jerusalem
StBiz	Studi Bizantini e Neoellenici. Roma
StBuc	Studii teologice. Bucureşti
StByz	Studia Byzantina. Berlin
StChrRe	Studies in the Christian Religion (Kimsutokyo Kenkyu). Kyoto
StClOr	Studi Classici e Orientali. Pisa
STDJ	Studies on the Texts of the Desert of Judah. Leiden
StEA	Studia Ephemeridis „Augustinianum". Rom
StFr	Studi Francescani. Firenze
StFrancesi	Studi Francesi. Torino
StGen	Studium generale. Berlin—Heidelberg—New York
StGnes	Studia Gnesnensia. Gniezno
StH	Studia historica
StHS	Studia z historii semiotyki
STI	Svensk tidskriftsindex. Stockholm
StIr	Studies. An Irish Quarterly Review. Dublin
StJCA	Studies in Judaism and Christianity in antiquity. University of Notre Dame
StLeg	Studium legionense. León
StLit	Studia Liturgica. Rotterdam
StMC	Studies in Medieval Culture. Kalamazoo
StMe	Studi medievali. Spoleto
StMiss	Studia missionalia. Roma
StMon	Studia Monastica, Abadía de Montserrat. Barcelona
StMor	Studia Moralia. Roma—Paris—Tournai—New York
StMTh	Studies in Medieval Thought (Chusei Shiso Kenkyu), Institute of Medieval Studies, Sophia University. Tokyo
StOr	Studia Orientalia. Helsinki
StOv	Studium Ovetense. Oviedo
StPad	Studia Patavina. Padova
StPap	Studia papyrologica. San Cugat del Vallés (Barcelona)
StPB	Studia post-biblica. Leiden
StPel	Studia Pelplińskie. Pelplin
StPh	Studia philosophica. Basel
StPic	Studia Picena. Fano
STPIMS	Studies and Texts. Pontifical Institute of Medieval Studies. Toronto
Streven	Streven. Maandblad door geestesleven en cultuur. Brussel
StRo	Studi Romani. Roma
Stromata	Stromata-Ciencia y Fe. Buenos Aires
StrPat	Stromata patristica et mediaevalia

StTh	Studia theologica. Oslo
StThF	Studies in Theology (Shingaku Ronshu), Seinan Gakuin University. Fukuoka
StudChr	Studium Christianitatis (Kirisutokyogaku), Hokkaido University. Sapporo
StudClas	Studii Clasice. Bucureşti
StudEnc	Study Encounter. Geneva. N.Y.
Studie o rukopisech	Studie o rukopisech. Praha
StudIs	Studia Islamica. Paris
Studium	Studium. Roma
StudiumAv	Studium. Avila
StudiumM	Studium. Institutos Pontificios de Teología y de Filosofía. O.P. Madrid
StudWarm	Studia Warmińskie
StUrbino	Studi Urbinati di Storia, Filosofia e Letteratura. Urbino
STV	Studia Theologica Varsaviensia. Warszawa
SU	Schriften des Urchristentums
SubMon	Subsidia monastica. Abadía de Montserrat
SvBok	Svensk Bokförteckning. Stockholm
SVict	Scriptorium Victoriense. Seminario diocesano. Vitoria
SVSL	Skrifter utgivna av vetenskapssocieteten i Lund. Lund
SvTK	Svensk teologisk kvartalskrift. Lund
SyBU	Symbolae biblicae Uppsalienses. (Supplementhäften till SEÅ)
Syria	Syria. Paris
SZ	Stimmen der Zeit. Freiburg i. Br.
SZG	Schweizerische Zeitschrift für Geschichte. Zürich
TAik	Teologinen Aikakauskirja. Helsinki
TB	Theologische Bücherei. Neudrucke und Berichte aus dem 20. Jhd. München
TBT	Theologische Bibliothek Töpelmann. Berlin
TC	Traditio Christiana. Texte und Kommentare zur patristischen Theologie. Zürich
Temenos	Temenos. Studies in comparative religion presented by scholars in Denmark, Finland, Norway and Sweden. Helsinki
Teología	Teología. Revista de la Facultad de Teología de la Pontificia Universidad Católica Argentina. Buenos Aires
Teruel	Teruel (Literatura, Arte, Ciencia, Actividades culturales). Teruel
TEsp	Teología espiritual. Valencia
TG	Tijdschrift voor geschiedenis. Groningen
TGL	Tijdschrift voor geestelijk leven. Borgerhout-Antwerpen
ThA	Theologische Arbeiten. Berlin
ThAthen	Theologia. Athen
TheBibleToday	The Bible Today. Collegeville. Minnesota
ThBraga	Theologica. Braga
ThDi	Theology Digest. St. Louis (Missouri)
Theologian	The Theologian
Theology	Theology. London

Theoph	Theophaneia. Beiträge zur Religions- und Kirchengeschichte des Altertums. Bonn
Theoria	Theoria. Lund
ThFen	Theologia Fennica. Helsinki
ThGl	Theologie und Glaube. Paderborn
ThH	Théologie historique. Paris
ThJ	Theological Journal (Shingaku Zasshi), Japan Lutheran Theological College and Seminary. Tokyo
ThLZ	Theologische Literaturzeitung. Berlin
Thom	The Thomist. Washington
Thought	Thought. New York
ThPh	Theologie und Philosophie. Freiburg i. Br.
ThQ	Theologische Quartalschrift. Stuttgart
THR	Travaux d'humanisme et Renaissance. Genua
ThRe	Theologische Revue. Münster
ThRes	Theological resources. London
ThRu	Theologische Rundschau. Tübingen
ThSt	Theological Studies. Washington D.C.
ThStJ	Theological Studies in Japan (Nihon No Shingaku), Kyoto University. Kyoto
ThStN	Theological Studies (Shingaku Kenkyu). Nishinomiya
ThT	Theology Today. Princeton (N.Y.)
ThTS	Theological Today Series
ThViat	Theologia viatorum. Berlin
ThXaver	Theologica Xaveriana. Revista de la Facultad de Teología. Pontificia Universidad Javeriana. Bogotá (Colombia)
ThZ	Theologische Zeitschrift. Basel
TJ	Travaux et Jours. Beyrouth (Liban)
TKTG	Texte zur Kirchen- und Theologiegeschichte. Gütersloh
TLit	Tijdschrift voor liturgie. Hekelgem.
TLS	The Times Literary Supplement. London
TM	Travaux et Mémoires. Paris
TMLT	Toronto medieval Latin Texts
TNTL	Tijdschrift voor Nederlandse taal- en letterkunde. Leiden
TP	Teološki Pogledi (Revue du Patriarcat serbe). Belgrade
TPAPA	Transactions and Proceedings of the American Philological Association. Cleveland
TPh	Tijdschrift voor philosophie. Leuven, Utrecht
TPL	Textus patristici et liturgici. Regensburg
TPQS	Theologisch-praktische Quartalschrift. Linz a.D.
Tr	Traditio. Studies in Ancient and Medieval History, Thought and Religion. New York
TrAmPhilos	Transactions of the American Philosophical Society. Philadelphia
TrConnec	Transactions of the Connecticut Academy of Arts and Sciences. New Haven
Treatises	Treatises (Ronshu). Zentsuji
TRG	Tijdschrift voor rechtsgeschiedenis. Haarlem
TRHS	Transactions of the Royal Historical Society. London

TrPhilol	Transactions of the Philological Society. Oxford
TS	La Terra Santa. Gerusaleme
TSPS	Theses et studia philologica Salamantica
TT	Teologisk Tidskrift
TTh	Tijdschrift voor Theologie. Leuven—Nijmegen
TThQ	Tübinger Theologische Quartalsschrift
TTK	Tidsskrift for teologi og kirke. Oslo
TTKob	Teologisk Tidskrift. København
TTS	Tübinger Theologische Studien. Mainz
TTZ	Trierer Theologische Zeitschrift. Trier
TU	Texte und Untersuchungen zur Geschichte der altchristlichen Literatur
TWAS	Twayne's world authors series
TWK	Tydskrift vir wetenschap en kuns. Bloemfontain (Suid-Africa)
UBTübJb	Universitätsbibliothek Tübungen. Jahresbericht. Tübingen
UCalifClass	University of California Publications in Classical Philology. Berkeley
UCalifSem	University of California Publications in Semitic Philology. Berkeley
UHabana	Universidad de La Habana. La Habana
UM	University Microfilms. Ann Arbor, Michigan
UMC	Xerox University Microfilms. Ottawa
UMéxico	Universidad de México. México
Unitas	Unitas. Revue internationale. Paris
UnitasManila	Unitas. Manila
UnivAnt	Universidad de Antioquía. Antioquía (Colombia)
Universitas	Universitas. Stuttgart
UnivTor	Università di Torino. Pubblicazioni della Facoltà di Lettere e Filosofia. Torino
USa	Una Sancta. Rundbriefe für interkonfessionale Begegnung. Meitingen b. Augsburg
USaFe	Universidad. Santa Fe
USaR	Una Sancta. Chicago
USTBog	Universidad de Santo Tomás. Publicación cuatrimestral de investigación e información. Bogotá. Colombia.
UToronto	University of Toronto Quarterly. Toronto
UUA	Uppsala universitets arsskrift. Uppsala
UZaragoza	Universidad. Zaragoza
VAA	Verhandelingen der Koninklijke Nederlandse Akademie van Wetenschappen, Afdeling letterkunde. Amsterdam
VaQR	Virginia Quarterly Review. Charlottesville, Virginia
VbSal	Verbum salutis. Paris
VCaro	Verbum Caro. Neuchâtel. Erscheint jetzt unter dem Namen ‚Communion'
VD	Verbum Domini. Roma
VDI	Vestnik drevnej istorii. Moskva

VdP	Vocez de Petropolis. Petropolis
Verbum	Verbum. Pontificia Universidade Catolica. Rio de Janeiro (Brasil)
VerC	Veritatem in caritate. 's-Gravenhage, Brussel
Veritas	Veritas. Río Grande (Brasil)
VetChr	Vetera Christianorum. Bari
VF	Verkündigung und Forschung. München
Via	Viator. Medieval and Renaissance Studies. Berkeley, California
Vichiana	Vichiana. Rassegna di Studi Classici. Napoli
VigChr	Vigiliae Christianae. Amsterdam
ViLetras	Virtud y Letras. Manizales (Colombia)
Vivarium	Vivarium. Assen
ViVrem	Vizantijskij Vremennik. Leningrad
VladQ	St. Vladimir's Seminary Quarterly. New York
VoprJaz	Voprosy jazykoznanija. L'vov
VoxTh	Vox theologica. Assen
VS	La vie spirituelle. Paris
VSen	Verba seniorum
VSLA	Vetenskaps-societeten i Lund. Årsbok. Lund
VSob	Vida sobrenatural. Salamanca
VSSuppl	La vie spirituelle. Supplément. Paris
VT	Vetus Testamentum. Leiden
VyV	Verdad y Vida. Madrid
Wending	Wending. 's-Gravenhage
WestThJ	Westminster Theological Journal. Philadelphia
WiWh	Wissenschaft und Weisheit. Düsseldorf
WKGLS	Wissenschaftliche Kommentare zu griechischen und lateinischen Schriftstellern
Word	Word. Journal of the Linguistic Circle of New York. New York
Worship	Worship. Collegeville, Minn.
WSlJb	Wiener slawistisches Jahrbuch. Wien
WSt	Wiener Studien. Zeitschrift für klassische Philologie und Patristik. Wien
WuD	Wort und Dienst. Jahrbuch der theologischen Schule Bethel. Bielefeld
WUNT	Wissenschaftliche Untersuchungen zum Neuen Testament. Tübingen
WuW	Wort und Wahrheit. Monatsschrift für Religion und Kultur. Wien
WZBerlin	Wissenschaftliche Zeitschrift der Humboldt-Universität. Gesellschafts- und sprachwissenschaftliche Reihe. Berlin
WZGreifswald	Wissenschaftliche Zeitschrift der Universität Greifswald. Gesellschafts- und sprachwissenschaftliche Reihe. Greifswald
WZHalle	Wissenschaftliche Zeitschrift der M.-Luther-Universität Halle—Wittenberg. Halle a. S.
WZJena	Wissenschaftliche Zeitschrift der Fr.-Schiller-Universität Jena. Gesellschafts- und sprachwissenschaftliche Reihe. Jena
WZKM	Wiener Zeitschrift für die Kunde des Morgenlandes. Wien

WZLeipzig	Wissenschaftliche Zeitschrift der K.-Marx-Universität Leipzig. Gesellschafts- und sprachwissenschaftliche Reihe. Leipzig
WZRostock	Wissenschaftliche Zeitschrift der E.-M.-Arndt-Universität Rostock. Gesellschafts- und sprachwissenschaftliche Reihe. Rostock
YClSt	Yale Classical Studies. New Haven
Yermo	Yermo. El Paular. Madrid
YJS	Yale Judaica Series. New Haven
YLS	Yearbook of Liturgical Studies. Collegeville (Min.)
YULG	Yale University Library Gazette. New Haven
ŽA	Živa antika. Skopje
ZÄA	Zeitschrift für ägyptische Sprache und Altertumskunde. Berlin
ZAGV	Zeitschrift des Aachener Geschichtsvereins. Aachen
ZAW	Zeitschrift für die alttestamentliche Wissenschaft. Berlin
ZB	Zeitschrift für Balkanologie. Wiesbaden
ZBB	Zeitschrift für Bibliothekswesen und Bibliographie. Frankfurt a. M.
ZBW	Zentralblatt für Bibliothekswesen. Leipzig
ZDMG	Zeitschrift der Deutschen Morgenländischen Gesellschaft. Wiesbaden
ZDPV	Zeitschrift des deutschen Palästinavereins. Stuttgart
ZEE	Zeitschrift für evangelische Ethik. Gütersloh
ZEvKR	Zeitschrift für evangelisches Kirchenrecht. Tübingen
ZGesch	Zeitschrift für Geschichtswissenschaft. Berlin
ZJFK	Zprávy Jednoty klasických Filologu. Praha
ZKG	Zeitschrift für Kirchengeschichte. Stuttgart
ZKTh	Zeitschrift für katholische Theologie. Wien
ZMRW	Zeitschrift für Missionswissenschaft und Religionswissenschaft. Münster
ZNKUL	Zeszyty Naukowe Katolickiego Uniwersytetu Lubelskiego. Lublin
ZNUJ	Zeszyty Naukowe Uniwersytetu Jagiellońskiego. Kraków
ZNW	Zeitschrift für die neutestamentliche Wissenschaft und die Kunde der älteren Kirche. Berlin
ZPE	Zeitschrift für Papyrologie und Epigraphik. Bonn
ZPhF	Zeitschrift für philosophische Forschung. Bonn
ZRGG	Zeitschrift für Religions- und Geistesgeschichte. Köln
ZRPh	Zeitschrift für Romanische Philologie. Tübingen
ZRVI	Zbornik Radova Vizantološkog Instituta. Beograd
ZSavG	Zeitschrift der Savigny-Stiftung für Rechtsgeschichte. Germanistische Abteilung. Weimar
ZSavK	Zeitschrift der Savigny-Stiftung für Rechtsgeschichte. Kanonistische Abteilung. Weimar
ZSavR	Zeitschrift der Savigny-Stiftung für Rechtsgeschichte. Romanistische Abteilung. Weimar
ZSKG	Zeitschrift für schweizerische Kirchengeschichte. Freiburg (Schweiz)
ZSl	Zeitschrift für Slawistik. Berlin
ZSP	Zeitschrift für slavische Philologie. Heidelberg
ZThK	Zeitschrift für Theologie und Kirche. Tübingen

ZurMP   Žurnal Moskovskoj Patriarchi. Moskau = RPMosc = Revue du
               Patriarcat de Moscou
ZVSp   Zeitschrift für vergleichende Sprachforschung auf dem Gebiete der
               indogermanischen Sprache. Göttingen

ΘΠ   ΘΠ. A journal for Greek and early christian philosophy. Leiden

I. Generalia

1. HISTORIA PATROLOGIAE

1 ALAND, KURT *Der Rotas-Sator-Rebus. Seine Diskussion in der Korrespondenz Franz Cumont—Hans Lietzmann und in der Zeit danach. In: Corona Gratiarum II* (cf. 1975/76, 131) 285—343

2 ANGELA, D. *D' XII Convegno di ricercatori sulle origini del cristianesimo in Puglia* — VetChr 12 (1975) 251—256

3 AQUILA, F. DELL' *III^a Giornata di studio sul monachesimo in Puglia* — Nicolaus 4 (1976) 235—241

4 ARTAMENDI, P. *Una nueva biblioteca agustiniana bilingüe* — Augustinus 20 (1975) 119—122

[992] ARTAMENDI, P.: Augustinus

5 AUBINEAU, M. *Un événement scientifique, la Clavis Patrum Graecorum* — RSLR 12 (1976) 210—230

6 BLEHL, VINCENT FERRER *The Patristic Humanism of John Henry Newman* — Thought 50 (1975) 267—274

7 BOLGIANI, F. *Programma di un Congresso internazionale di Studi Ambrosiani* — RSLR 10 (1974) 222—224

8 BRONKHORST, A. J. *De ‚Stiftung zur Förderung der neutestamentlichen Textforschung'* — KT 26 (1975) 159—163

9 CAMILOTTO, JÕAO BATISTA *Jacques-Paul Migne (1800—1875)* — Veritas 80 (1975) 307—320

10 CAPÁNAGA, VICTORINO *Presencia de san Agustín en el pensamiento de A. Muñoz Alonso* — Augustinus 20 (1975) 7—15

11 CAPÁNAGA, VICTORINO *La presencia de san Agustín en el pensamiento de Adolfo Muñoz Alonso* — Crisis 22 (1975) 47—58

12 CAPÁNAGA, VICTORINO *La ontología triádica y trinitaria en S. Augustín y M. F. Sciacca* — RivRos 70 (1976) 361—367

13 CAPÁNAGA, VICTORINO *San Agustín y el P. Feijoo* — StOv 4 (1976) 19—33

14 CAPÁNAGA, VICTORINO *San Agustín y el lulismo* — Augustinus 21 (1976) 3—15

15 CAROZZI, P. A. *Il VII Congresso Internazionale di studi patristici (Oxford, 8—13 sett. 1975)* — StPad 23 (1976) 472—485

16 CILLERUELO, LOPE *A. Muñoz Alonso y M. F. Sciacca, dos agustinólogos desaparecidos* — Crisis 22 (1975) 59—64

17 *Colóquio internacional sobre os apotegmas dos Padres do deserto* — HumanitasCoim 25—26 (1973/74) 283—284

18 DOMINGUEZ DEL VAL, U. *Una nueva colección patristica: Corpus Hispanum* — Didaskalia 5 (1975) 405—410

19 FONTAINE, J. *Congrès international d'Études ambrosiennes à l'occasion du XVIᵉ centenaire de l'élection épiscopale (Milan, 2—7 décembre 1974)* — REA 21 (1975) 202—208

20 GENICOT, L. *Une grande entreprise, la Gallia monastica* — RHE 70 (1975) 39—49

21 HAGEMEYER, ODA *Zweiter Internationaler Regula Benedicti-Kongreß* — EA 52 (1976) 66—76

22 HAMMAN, A. G. *Jacques-Paul Migne. Le retour aux Pères de l'Église* [Le point théol. 16]. Paris: Beauchesne 1975. 179 pp.

23 HUGLO, M. *Le IIIᵉ Colloque nordique de recherche sur la liturgie latine (Hanaholmen, Finlande, 22—24 mai 1975)* — Sc 30 (1976) 251—257

24 JASPERT, B. *Regula-Benedicti-Kongreß in Maria Laach* — StMon 18 (1976) 453—460

25 KNIAZEFF, A.: *L'Institut Saint-Serge. De l'Académie d'autrefois au rayonnement d'aujourd'hui* [Le Point Théologique]. Paris: Beauchesne 1974. 152 pp.

26 LOESER, W. *Im Geiste des Origenes. Hans Urs von Balthasar als Interpret der Theologie der Kirchenväter* [FTS 23]. Frankfurt: Knecht 1976. XIII, 270 pp.

27 LORENZ, RUDOLF *Zwölf Jahre Augustinusforschung (1959—1970)* — ThRu 39 (1974) 95—138; 253—286; 331—364; 40 (1975) 1—41; 97—149; 227—261

28 MARROU, H.-I. *Patristique et humanisme.* In: *Patristique et humanisme* (cf. 1975/76, 174) 25—34

29 MONTES MOREIRA, ANTONIO *No centenario de Migne* — Itinerarium 21 (1975) 458—467

30 MONTES MOREIRA, ANTONIO *VII Congreso Internacional de Estudos Patristicos* — Didaskalia 5 (1975) 411—418

31 MORAL, TOMÁS *Crónica de la XII Semana de Estudios Monásticos* — Yermo 13 (1975) 3—7

32 MOSSAY, J. *Le Colloque international de paléographie grecque et byzantine. Paris, 21—25 octobre 1974* — Byzan 44 (1974) 502—513

33 MURPHY, FRANCIS X. *Chaucer's Patristic Knowledge.* In: *Proceedings of the PMR Conference* (cf. 1975/76, 188)

34 OROZ RETA, JOSÉ *VII Congreso Internacional de Estudios Patristicos (8—13 de Sept. 1975)* — StOv 3 (1975) 331—334

35 OROZ RETA, JOSÉ *En el centenario de Jacques-Paul Migne* — Helmántica 27 (1976) 133—138

36 OROZ RETA, J. *El abate Migne y el resurgir de los estudios patristicos* — Perficit 6 (1975) 193—215

37 ORTALL, JOSÉ *VII Congreso Internacional de Estudios Patristicos (8—13 de sept. 1975)* — Helmántica 27 (1976) 139—144
38 PABLO VI *Carta al Cardenal Pellegrino sobre la necesidad del estudio de los Padres* — Helmántica 27 (1976) 127—131
39 PERIS, JUAN ANTONIO *Coloquio Migne* — Durius 3 (1975) 436
40 PIZZOLATO, L. F. *Congresso internazionale di studi ambrosiani nel XVI centenario della elevazione di S. Ambrogio alla cattedra episcopale (Milano, 2—7 dicembre 1974)* — Aevum 50 (1976) 174—179
41 RASMUSSEN, N. KROGH; VILLADSEN, H. *Nordiske oversaettelser af patristisk litteratur* — LumK 53 (1975) 73—97
42 RICHARD, MARCEL *Corpus Christianorum, Series Graeca.* In: *Corpus Christianorum, Series Graeca* (Verlagsprospekt). Turnhout: Brepols (1976) 4—23 (franz., engl. u. dt.)
43 RISSEL, M. *Rezeption antiker und patristischer Wissenschaft bei Hrabanus Maurus* [Lateinische Sprache und Literatur des Mittelalters 7]. Bern, Frankfurt: Lang 1976. VII, 370 pp.
44 SOLTNER, LOUIS *Migne et Dom Guéranger. La collaboration solesmienne aux débuts de la Patrologie latine* — REA 21 (1975) 317—344
45 STRZELCZYK, J. *Prisma Starochrześcijańskich Pisarzy tom 1—13, Akademia Teologii Katolickiej Warszawa 1969—1974 (Die Reihe PSP)* — Studia Zródłoznawcze 20 (1976) 231—234
46 TOSCANI, G. *Congresso internazionale di studi Ambrosiani* — DThP 78 (1975) 128—132

2. OPERA AD PATROLOGIAM UNIVERSALEM PERTINENTIA

[622] ASSEMANI, J. S.: Palaeographica atque manuscripta
47 BERKHOF, HENDRIKUS/JONG, OTTO JAN DE *Geschiedenis der kerk.* Nijkerk: Callenbach 1975. 346 pp.
48 BROX, NORBERT *Falsche Verfasserangaben. Zur Erklärung der frühchristlichen Pseudepigraphie* [Stuttgarter Bibelstudien 79]. Stuttgart: KBW-Verlag 1975. 132 pp.
49 COURCELLE, P. *Littérature latine* — AFC 75 (1975/76) 515—529
50 COURCELLE, PIERRE *Littérature latine d'époque chrétienne* — AEHESHP 107 (1974—75) 389—398; 108 (1975—1976) 397—403
51 DÍAZ Y DÍAZ, MANUEL C. *La obra literaria de los obispos visigóticos toledanos: supuestos y circunstancias.* In: *De Isidoro al siglo XI* (cf. 1976, 133) 87—116
52 DIBELIUS, MARTIN *Geschichte der urchristlichen Literatur* [Neudruck der Erstausgabe von 1926 unter Berücksichtigung der Änderungen der englischen Übersetzung von 1936]. Hrsg. von FERDINAND HAHN. München: Kaiser 1975. 188 pp.

53 DÖLGER, FRANZ *Die griechische Patrologie*. In: *Hauptwerke der antiken Literaturen* (cf. 1975/76, 157) XLIII—XLVIII

54 FONTAINE, J. *Une province inconnuede la littérature chrétienne d'Espagne, la latinité mozarabe* — REL 53 (1975) 24—26

55 FONTAINE, JACQUES *Romanité et hispanité dans la littérature hispano-romaine des IVe et Ve siècles*. In: *Assimilation et résistance...* (cf. 1975/76, 109) 301—322

56 FONTAINE, J. *Chronique d'histoire et de littérature hispaniques (paléochrétiennes et visigotiques) (1972—1976)* — REA 22 (1976) 402—435

56a HERREN, MICHAEL *The Pseudonymous Tradition in Hiberno-Latin: An Introduction*. In: *Latin Script and Letters* (cf. 1975/76, 171) 121—131

[937] KANNENGIESSER, CH.: Athanasius

57 KASSER, R. *Réflexions sur l'histoire de la littérature copte* — Mu 88 (1975) 375—385

58 LEOPARDI, GIACOMO *Fragmenta Patrum Graecorum. Auctorum historiae ecclesiasticae fragmenta (1814—1815)*. A cura di C. MORESCHINI [Scritti di G. Leopardi inediti o rari 5]. Firenze: Le Monnier 1976. LI, 812 pp.

58a MÖHLER, JOHANN ADAM *Patrologie oder christliche Literärgeschichte*. Aus dessen hinterlassenen Handschriften mit Ergänzungen hrsg. von FRANZ XAVER REITHMAYR. Bd. 1. Die ersten 3 Jahrhunderte. [Nachdruck: Regensburg 1840]. Frankfurt/M.: Minerva 1975. 968 pp.

59 PAPADOPOULOS, STYLIANOS *Pères. Croissance de l'Église, Saint-Esprit* [en grec]. Athènes 1975. 80 pp.

60 PAPADOPOULOS, STYLIANOS *Personnages de l'Église ancienne. Pères, écrivains, saints moines, martyrs, patriarches* [en grec]. Fasc. I. Athènes 1975. 112 pp.

61 PETIT, F. *Les chaînes exégétiques grecques sur la Genèse et l'Exode. Programme d'exploration et d'édition*. In: *Studia Patristica 12* (cf. 1975/76, 199) 46—50

62 PIESZCZOCH, S. *Nowe zadania i perspektywy badawcze teologii patrystycznej (Nouvelles tâches et perspectives d'investigation de la théologie patristique)* — StGnes 1 (1975) 111—136

63 PIESZCZOCH, S. *Informacja na temat opracowywania zarysu teologii patrystycznej (Informations sur le prochain dessein de la théologie patristique)* — StGnes 1 (1975) 275—276

64 QUASTEN, JOHANNES *Patrology. Vol 1: The beginnings of Patristic Literature*. 5. print. Utrecht/Antwerpen: Spectrum Publ. 1975. XVIII, 349 pp.

65 QUASTEN, JOHANNES *Patrology.* Vol. 2: *The Ante-Nicene literature after Irenaeus.* 4. print. Utrecht/Antwerpen: Spectrum Publ. 1975. XI, 450 pp.

66 QUASTEN, JOHANNES *Patrology.* Vol. 3: *The Golden Age of Patristic literature from the Council of Nicaea to the Council of Chalcedon.* 4. print. Utrecht/Antwerpen: Spectrum Publ. 1975. XXV, 605 pp.

67 SCHMID, WOLFGANG *Die Literatur Roms und des Imperium Romanum.* In: *Hauptwerke der antiken Literaturen* (cf. 1975/76, 157) XXI—XLI

68 SCHNACKENBURG, RUDOLF *Die Bedeutung der Vetus-Latina-Forschung für Wissenschaft und Geistesleben* — EA 52 (1976) 327—338

69 SPEYER, W. *Kaiser Nero in der christlichen Legende* — JAC 18 (1975) 87—89

70 ŠPIDLÍK, TH. *L'Orient chrétien dans la patristique et la spiritualité* — Seminarium 15 (1975) 431—444

71 VALLÉE, GÉRARD *Lieu patristique d'une théologie des religions* — ScEs 28 (1976) 55—64

72 VIELHAUER, PHILIPP *Geschichte der urchristlichen Literatur. Einleitung in das Neue Testament, die Apokryphen und die Apostolischen Väter.* Berlin, New York: W. de Gruyter 1975. XIX, 813 pp.

3. BIBLIOGRAPHICA

73 ALDAMA, J. A. DE *Boletín de literatura antigua cristiana* — EE 50 (1975) 287—298

74 *Bibliographia Patristica. Internationale Patristische Bibliographie,* XII—XIII: *Die Erscheinungen der Jahre 1967 und 1968.* Hrsg. von WILHELM SCHNEEMELCHER. Berlin: de Gruyter 1975. XXXVIII, 254 pp.

75 *Bibliographie zur jüdisch-hellenistischen und intertestamentarischen Literatur 1900—1970* [TU 106]. Berlin: Akad.-Verlag 1975. XXXIII, 201 pp.

76 BOGAERT,. P.-M. *Bulletin d'ancienne littérature chrétienne latine, VI* — RBen 85 (1975) 1—28

77 BOURGUET, P. DU *Bibliographie copte, XXIV* — Orientalia 44 (1975) 88—107

[2329] BRAUN, R.; FREDOUILLE, J. C.; PETITMENGIN, P.: Tertullianus

78 BRONKHORST, A. J. *Overzicht van de artikelen en de kronieken in ,Kerk en Theologie' in de eerste 25 jaargangen 1950—1974* — KT 26 (1975) 1—24

79 *Bulletin de spiritualité monastique* — ColCist 37 (1975) 565—620; 38 (1976) 1—134

80 *Bulletin des publications hagiographiques* — AB 93 (1975) 195—235; 405—455; 94 (1976) 183—217; 415—446

81 BURGHARDT, WALTER J. *Literature of Christian Antiquity 1971— 1975* — ThSt 37 (1976) 425—455

[1036] CAPÁNAGA, V.; OROZ RETA, J.: Augustinus

82 CONSTABLE, G. *Medieval monasticism. A select bibliography.* Toronto: Univ. of Toronto Pr. 1976. 171 pp.

[2108] CROUZEL, H.: Origenes

83 *Cumulative Index of Contributors to Studia Patristica, Vols. I—XIV.* In: *Studia Patristica 14* (cf. 1975/76, 201) 497—502

84 DURAND, G. M. DE *Bulletin de patrologie* — RSPhTh 59 (1975) 435—464; 60 (1976) 501—537

85 IBÁÑEZ, JAVIER — MENDOZA, FERNANDO *Boletín de Patrología* — ScTh 7 (1975) 789—823

86 *Internationale Bibliographie zur Regula Benedicti.* Bearb. von B. JASPERT — RBS 3/4 (1974/75) 30—81

87 KANNENGIESSER, CHARLES *Bulletin de Théologique patristique. I. Ouvrages généraux, dictionnaires, mélanges. II. Thèmes doctrinaux. III. Editions nouvelles de textes grecs* — RechSR 63 (1975) 579— 614; 64 (1976) 285—315

88 LAURENTIN, R. *Bulletin sur Marie. Mère du Seigneur* — RSPhTh 60 (1976) 309—345; 451—500

89 LEDOYEN, H. *Bulletin d'histoire bénédictine, IX* — RBen 85 (1975) 1—144; 86 (1976) 145—332

90 LEGRAND, H. M. *Bulletin d'ecclésiologie. Recherches sur le presbytérat et l'épiscopat* — RSPhTh 59 (1975) 645—724

91 MIL, J. *Inhaltsbibliographie der Halbjahrschrift Studia Theologica Varsaviensia für die Jahre 1973—1977; Patrologie* — STV 16 (1978) 287

92 MYSZOR, W. *Gnostycyzm — przegląd publikacji (Gnosticisme — revue des publications)* — STV 13 (1975) 193—230

93 NEUFELD, KARL H.; SALES, MICHAEL *Bibliographie Henri de Lubac S. J. (1925—1974).* Einsiedeln: Johannes-Verlag 1975. 88 pp.

94 PISZCZEK, Z. — WINNICZUK, L. *Antyk w Polsce w 1973 roku. Bibliografia* — Meander 31 (1976) 303

95 *Repertorio de Historia de las Ciencias Eclesiásticas en España, 5. Siglos III—XVI* [Instituto de Historia de la Teología Española. Corpus Scriptorum Sacrorum Hispaniae. Estudios, 5]. Salamanca: Universidad Pontificia 1976. 556 pp.

96 SCHOLER, DAVID M. *Bibliographia gnostica. Supplementa II, III, IV, V* — NovTest 14 (1972) 212—331; 15 (1973) 327—345; 16 (1974) 316—336; 17 (1975) 305—336

97 SCHWINGE, G. *Bibliographische Nachschlagewerke zur Theologie und ihren Grenzgebieten. Systematisch geordnete Auswahl.* München: Verl. Dokumentation 1975. 232 pp.
98 TLÄDER, J. O. *Bibliografisk översikt. Latinsk paleografi, codicologi och diplomatik* — Eranos 73 (1975) 154—168
[1259] VEER, A. C. DE: Augustinus
[1260] VEER, A. C. DE ...: Augustinus

4. SERIES EDITIONUM ET VERSIONUM

ANCIENT CHRISTIAN WRITERS (ACW)

[2066] Vol. 39: Minucius Felix
[2182] Vol. 40: Paulinus Nolanus

BIBLIOTECA DE AUTORES CRISTIANOS (BAC)

[744] Vol. 148: Apocrypha

BIBLIOTHÈQUE AUGUSTINIENNE (BAug)

[975] Vol. 22: Augustinus

COLLANA DI TESTI PATRISTICI

[816] Ambrosius

CORONA PATRUM

[1298] Vol. 1: Barnabae Epistula
[2077] Vol. 2: Novatianus
[1641] Vol. 3: Gregorius Illiberitanus
[1488] Vol. 4: Cyprianus Carthaginiensis

CORPUS CHRISTIANORUM (CChr)

[1487] Vol. 3 A: Cyprianus Carthaginiensis
[2208] Vol. 24: Petrus Chrysologus
[1037] Vol. 36: Augustinus
[971] Vol. 44 A: Augustinus
[885] Vol. 58 A: Anonymus
[2246] Vol. 60: Quotvultdeus
[2998] Vol. 90: Florilegia Biblica Africana
[2410] Vol. 93: Verecundus Iuncensis
[1977] Vol. 105: Iulianus Toletanus

[803] Vol. 108: Auctores, Generalia
[2652] Vol. 149: Concilia, acta conciliorum, canones
[2529] Vol. 162: Liturgica, Generalia

CORPUS SCRIPTORUM CHRISTIANORUM ORIENTALIUM (CSCO)

[1505] Vol. 359/360: Cyrillus Alexandrinus
[893] Vol. 361: Apophthegmata
[1563] Vol. 363/364: Ephraem Syrus
[2687] Vol. 367: Concilia, acta conciliorum, canones
[2688] Vol. 368: Concilia, acta conciliorum, canones

CORPUS SCRIPTORUM ECCLESIASTICORUM LATINORUM (CSEL)

[1590] Vol. 87: Eugippius

ΕΛΛΗΝΕΣ ΠΑΤΕΡΕΣ ΤΗΣ ΕΚΚΛΗΣΙΑΣ (EP)

[1900] Vol. 19: Iohannes Damascenus
[915] Vol. 20: Athanasius
[1673] Vol. 23: Gregorius Nazianzenus
[1674] Vol. 25: Gregorius Nazianzenus

I CLASSICI CRISTIANI

[963] Vol. 228: Athenagoras

PATRISTISCHE TEXTE UND STUDIEN (PTS)

[1901] Vol. 17: Iohannes Damascenus

PATROLOGIA ORIENTALIS

[2274] Vol. 38, 2: Severus Antiochenus
[1562] Vol. 172/173: Ephraem Syrus
[1804] Vol. 174: Iacobus Sarugensis

SOURCES CHRÉTIENNES (SC)

[2089] Vol. 7 bis: Origenes
[1644] Vol. 32 bis: Gregorius Magnus
[2010] Vol. 74 bis: Leo Magnus
[1599] Vol. 215: Eusebius Caesariensis
[2322] Vol. 216/217: Tertullianus

[2266] Vol. 220: Salvianus Massiliensis
[1645] Vol. 221: Gregorius Magnus
[2085] Vol. 222: Origenes
[2649] Vol. 224: Concilia, acta conciliorum, canones
[2092] Vol. 226: Origenes
[2087] Vol. 227: Origenes
[1598] Vol. 228: Eusebius Caesariensis
[1506] Vol. 231: Cyrillus Alexandrinus
[2090] Vol. 232: Origenes
[1534] Vol. 233: Didymus Alexandrinus

TEOLOGIA, FONTI

[1344] Vol. 7: Benedictus Nursinus

5. COLLECTANEA ET MISCELLANEA

99 *Accademia Romanistica Costantiniana. Atti del I Convegno Inter-nazionale, Spello—Foligno—Perudia 18—20 settembre 1973*. Perugia: Libr. Univ. 1975. XV, 451 pp.

100 *Acta philologica Aenipontana 3*. Hrsg. v. R. MUTH. Innsbruck: Universitätsverlag 1976. 124 pp.

101 *Actes de la XIIe Conférence internationale d'Études classiques „Eirene", Cluj-Napoca, 2—7 octobre 1972*. Publ. par IANCU FISCHER. Bucureşti: Ed. Academiei & Amsterdam: Hakkert 1975. 767 pp.

102 *Ambrosius Episcopus. Atti del Congresso internazionale di studi ambrosiani nel XVI centenario della elevazione di Sant'Ambrogio alla cattedra episcopale, Milano 2—7 dicembre 1974*, I; a cura di G. LAZZATI [SPMe 6]. Milano: Università Cattolica del Sacro Cuore 1976. XII, 539 pp.

103 *Ambrosius Episcopus. Atti del Congresso internazionale di studi ambrosiani nel XVI centenario della elevazione di Sant'Ambrogio alla cattedra episcopale, Milano 2—7 dicembre 1974*, II; a cura di G. LAZZATI [SPMe 7]. Milano: Università Cattolica del Sacro Cuore 1976. VII, 464 pp.

104 *Ambrogio nel XVI centenario della sua elezione popolare a vescovo di Milano (374—1974)*. Milano: Provincia 1975. 77 pp.

105 Античность и Византия *(Antike und Byzanz)*. Ответственный редактор Л. А. ФРЕЙБЕРГ. Москва: Издательство «Наука» 1975. 416 cc.

106 *Apophoreta. Für Uvo Hölscher zum 60. Geburtstag*. Hrsg. von A. PATZER. Bonn: Habelt 1975. 205 pp.

107 *Askese und Mönchtum in der Alten Kirche.* Hrsg. von K. SUSO
FRANK [Wege der Forschung 409]. Darmstadt: Wissenschaftliche
Buchgesellschaft 1975. VI, 385 pp.

108 *Aspects of wisdom in Judaism and early Christianity.* Ed.: ROBERT
LOUIS WILKEN [StJCA 1]. Notre Dame, London: Univ. of Notre
Dame Pr. 1975. XXII, 218 pp.

109 *Assimilation et résistance à la culture gréco-romaine dans le monde
ancien. Travaux du VIe Congrès international de la Fédération internationale des Associations d'études classiques. Madrid, septembre
1974.* Par D. M. PIPPIDI. Paris: Les Belles Lettres 1976. 551 pp.

110 *Association Guillaume Budé. Actes du IXe Congrès. Rome 13—18
avril 1973.* Paris: Les Belles Lettres 1975. 1057 pp. en 2 vol.

111 *Ateismo o ricerca di Dio? Atti della Settimana Agostiniana Pavese,
3, Pavia, 25—29 aprile 1971.* Pavia: PP. Agostiniani 1972. 96 pp.

112 *Atti Congresso internazionale di studi varroniani Rieti settembre 1974*
(2 Bände). Rieti: Centro di studi varroniani 1976, 635 pp.

113 *Zum Augustin-Gespräch der Gegenwart I.* Hrsg. v. CARL ANDRESEN
[Wege der Forschung 5]. 2. Aufl. (cf. 1962, 403). Darmstadt: Wiss.
Buchgesellschaft 1975. VII, 458 pp.

114 *Byzantine books and bookmen. A Dumbarton Oaks Colloquium.*
Washington: Dumbarton Oaks Center for Byz. Stud. 1975. XI,
110 pp.

115 *Byzantino-Sicula II. Miscellanea di scritti in memoria di Giuseppe
Rossi Taibbi* [Instituto Siciliano di Studi Bizantini e Neoellenici,
Quaderni 8]. Palermo: 1975. XX, 538 pp.

116 *Chiesa e salvezza.Atti della Settimana Agostiniana Pavese, 5, Pavia,
29 aprile — 6 maggio 1973.* Pavia: PP. Agostiniani 1975. 84 pp.

117 *Christian spirituality. Essays in honour of Gordon Rupp.* Ed. by
PETER BROOKS. London: S. C. M. Press 1975. VI, 346 pp.

118 ΧΡΗΣΤΟΥ, ΠΑΝΑΓΙΩΤΗΣ Κ. *Θεολογικὰ Μελετήματα 1: Ἀρχαὶ τῆς
χριστιανικῆς γραμματείας.* Θεσσαλονίκη: Πατριαρχικὸν Ἵδρυμα
Πατερικῶν Μελετῶν 1973. 278 pp.

119 ΧΡΗΣΤΟΥ, ΠΑΝΑΓΙΩΤΗΣ Κ. *Θεολογικὰ μελετήματα 2: Γραμματεία
τοῦ Δ´ αἰῶνος.* Θεσσαλονίκη: Πατριαρχικὸν Ἵδρυμα Πατερικῶν
Μελετῶν 1975. 278 pp.

120 *Christianity, Judaism and other Greco-Roman Cults. I. The New
Testament. Studies for Morton Smith at sixty.* Ed by M. SMITH and
J. NEUSNER [Studies in Judaism in Late Antiquity 12]. Leiden: Brill
1975. XI, 330 pp.

121 *Christianity, Judaism and other Greco-Roman Cults. II. Early
Christianity. Studies for Morton Smith at sixty.* Ed. by M. SMITH
and J. NEUSNER [Studies in Judaism in Late Antiquity 12]. Leiden:
Brill 1975. VII, 227 pp.

122 *Church, society and politics. Papers read at the XIIIth summer meeting and the XIVth winter meeting of the Ecclesiastical history Society.* Ed. by D. BAKER [SCH 12]. Oxford: Blackwell 1975. XV, 440 pp.

123 *Classica et Iberica. A Festschrift in honor of. Joseph M. F. Marique.* Ed. by P. T. BRANNAN. Worcester, Mass.: College of the Holy Cross Inst. of early christian Iberian Stud. 1975. VIII, 430 pp.

124 *Collectanea papyrologica. Texts published in honour of H. C. Youtie, I.* Ed. by A. E. HANSON. [Papyrologische Texte und Abhandlungen 19]. Bonn: Habelt 1976. XIX, 405 pp.

125 *Our common history as Christians. Essays in honor of Albert C. Outler.* Ed. by JOHN DESCHNER, LEROY T. HOWE and others. New York: Oxford Univ. Press 1975. XXI, 298 pp.

126 *The Computer in Literary and Linguistic Studies. Proceedings of the Third International Symposium.* Ed. by ALAN JONES and R. F. CHURCHHOUSE. Cardiff: The University of Wales Press 1976. VIII, 362 pp.

127 *El Concilio de Braga y la función de la legislación particular de la Iglesia. Trabajos de la XIV Semana Internacional de Derecho canónico, celebrada en Braga bajo el patrocinio del señor Arzobispo Primado.* Salamanca: CSIC: Instituto S. Raimundo de Peñafort 1975. 475 pp.

128 *IV Congresso internazionale di studi Etiopici Roma, 10—15 aprile 1972, 1 et 2.* [Problemi attuali di scienza e di cultura 191.] Roma: Accad. Naz. dei Lincei 1974, 822 et 283 pp.

129 *Los consejos evangélicos en la tradición monástica. XIV Semana de estudios monásticos, Silos, 1973* [Studia Silensia 1]. Abadía de Silos: 1975. 422 pp.

130 *Corona Gratiarum. Miscellanea patristica, historica et liturgica Eligio Dekkers OSB 12. lustra complenti oblata I* [Instrumenta patristica 10]. Brugge: Sint Pietersabdij 1975. XI, 376 pp.

131 *Corona Gratiarum. Miscellanea patristica, historica et liturgica Elegio Dekkers OSB 12. lustra complenti oblata II* [Instrumenta patristica 11]. Brugge: Sint Pietersabdij 1975. 404 pp.

132 *Current Issues in Biblical and Patristic Interpretation. Studies in honor of Merrill C. Tenney presented by his former students.* Ed. by GERALD F. HAWTHORNE. Grand Rapids: Eerdmans 1975. 377 pp.

133 DÍAZ Y DÍAZ, MANUEL C. *De Isidoro al siglo XI. Ocho estudios sobre la vida literaria peninsular.* Barcelona: Ediciones El Albir 1976. 320 pp.

134 DÖLGER, FRANZ JOSEPH *Antike und Christentum. Kultur- und religionsgeschichtliche Studien, Bd. 1.* [Unveränderter Nachdruck der 1. Auflage Münster 1929]. Münster: Aschendorff 1976. 370 pp.

135 DÖLGER, FRANZ JOSEPH *Antike und Christentum. Kultur- und religionsgeschichtliche Studien, Bd. 2.* [Unveränderter Nachdruck der 1. Auflage Münster 1930. Münster: Aschendorff 1976. 375 pp.

135a DÖLGER, FRANZ JOSEPH *Antike und Christentum. Kultur- und religionsgeschichtliche Studien, Bd. 3* [Unveränderter Nachdruck der 1. Auflage Münster 1932]. Münster: Aschendorff 1975. 317 pp., 16 Tafeln

136 DÖLGER, FRANZ JOSEPH *Antike und Christentum. Kultur- und religionsgeschichtliche Studien, Bd. 5* [Unveränderter Nachdruck der 1. Auflage Münster 1936]. Münster: Aschendorff 1976. 326 pp., 16 Tafeln

137 DÖLGER, FRANZ JOSEPH *Antike und Christentum. Kultur- und religionsgeschichtliche Studien, Bd. 6.* [Unveränderter Nachdruck der 1. Auflage Münster 1940—1950]. Münster: Aschendorff 1976. 359 pp., 8 Tafeln

138 DÖRRIE, HEINRICH *Platonica minora* [Studia et testimonia antiqua 8]. München: Fink 1976. 573 pp.

139 *The Ecumenical World of Orthodox Civilization: Russia and Orthodoxy, 3. Essays in honor of Georges Florovsky.* Ed. by ANDREW BLANE and THOMAS E. BIRD. Den Haag: Mouton 1974. 250 pp.

140 *Erziehung und Bildung in der heidnischen und christlichen Antike.* Hrsg. von HORST-THEODOR JOHANN [Wege der Forschung 377]. Darmstadt: Wissenschaftliche Buchgesellschaft 1976. XVIII, 597 pp.

141 *El Espíritu Santo ayer y hoy* [Semanas de Estudios Trinitarios, 9]. Salamanca: Ediciones Secretariado Trinitario 1975. 221 pp.

142 *Essays on the Nag Hammadi Texts in Honour of Pahor Labib.* Ed. by MARTIN KRAUSE. Leiden: Brill 1975. VIII, 315 pp.

143 *L'eucharistie des premiers chrétiens* [Le point théologique 17]. Paris: Beauchesne 1976. 216 pp.

144 EWIG, EUGEN *Spätantikes und fränkisches Gallien. Gesammelte Schriften (1952—1973).* Bd. 1. Hrsg. von HARTMUT ATSMA. Mit einem Geleitwort von KARL FERDINAND WERNER. Zürich—München: Artemis-Verlag 1976. 588 pp.

145 *Exegesis. Problèmes de méthode et exercises de lecture.* Ed. F. BOVON et G. ROUILLER. Paris: Delachaux et Niestlé 1975. 274 pp.

146 *Festgabe Hubert Jedin zum 75. Geburtstag.* Hrsg. von W. BRANDMUELLER und R. BAEUMER [AHC 7]. Paderborn: Schöningh 1975. VIII, 527 pp.

147 *First Annual Byzantine Studies Conference, Cleveland, 24—25 October 1975. Abstracts of Papers.* Byzantine Studies Conference, University of Chicago

148 *Flexion und Wortbildung. Akten der 5. Fachtagung der Indogermanischen Gesellschaft, Regensburg 9.—14. Sept. 1973* hrsg. v. H. RIX. Wiesbaden: Reichert 1975. 389 pp.

149 *Forma Futuri. Studi in onore del Cardinale Michele Pellegrino, raccolti in occasione del suo settantesimo anniversario.* Torino: Bottega d'Erasmo 1975. 1056 pp.

150 FREND, WILLIAM HUGH CLIFFORD *Religion, popular and unpopular in the early Christian centuries* [Collected studies series 45]. London: Variorum Reprints 1976. 390 pp.

151 GAMBER, KLAUS *Liturgie und Kirchenbau. Studien zur Geschichte der Meßfeier und des Gotteshauses in der Frühzeit* [Studia Patristica et Liturgica 6]. Regensburg: Pustet 1976. 158 pp.

152 GARZYA, ANTONIO *Storia e interpretazione di testi bizantini. Saggi e ricerche.* Prefazione di R. CANTARELLA. London: Variorum reprints 1974. 472 pp.

153 *Genethliacon Isidorianum. Miscellanea graeca, latina atque hebraica Isidoro Rodríguez Herrera XIV lustra complenti oblata* [Bibliotheca Salmanticensis XIII, Estudios 11]. Salamanca: Universidad Pontificia 1975. 585 pp.

154 *Gesellschaft. Kultur. Literatur. Rezeption und Originalität im Wachsen einer europäischen Literatur und Geistigkeit. Beiträge L. Wallach gewidmet.* Hrsg. von K. BOSL [Monogr. zur Gesch. des Mittelalters 11]. Stuttgart: Hiersemann 1975. IX, 309 pp.

155 *Gnosis und Gnostizismus.* Hrsg. von K. RUDOLPH [Wege der Forschung 262]. Darmstadt: WB 1975. XVIII, 862 pp.

156 *Gregor von Nyssa und die Philosophie. 2. Internationales Kolloquium über Gregor von Nyssa, Freckenhorst b. Münster 18.—23. September 1972.* Hrsg. v. HEINRICH DÖRRIE, MARGARETE ALTENBURGER, UTA SCHRAMM. Leiden: Brill 1976. XVI, 308 pp.

157 *Hauptwerke der antiken Literaturen. Einzeldarstellungen und Interpretationen zur griechischen, lateinischen und biblisch-patristischen Literatur.* Mit einführenden Essays von WALTER JENS, WOLFGANG SCHMID und FRANZ DÖLGER. Hrsg. v. EGIDIUS SCHMALZRIEDT. München: Kindler 1976. XLVIII, 695 pp.

158 *Histoire de la culture antique* [en russe]. Éd. par V. V. SOKOLOV et A. L. DOBROXOTOV. Moskva Univ. Izdat. 1976. 196 pp.

159 *Homenaje a Fray Justo Perez de Urbel OSB,* vol. 1 [Studia Silensia III]. Abadía de Silos 1976. 658 pp.

160 *Homenaje a Juan Prado. Miscelánea de estudios bíblicos y hebraicos.* Edicón a cargo de L. ALVAREZ VERDES y E. J. ALONSO HERNÁNDEZ. Madrid: Consejo Superior de Investigaciones Científicas 1975. 737 pp.

161 *Hommages à A. Boutemy.* Éd. par G. CAMBIER [Collection Latomus 145]. Bruxelles: Latomus 1976. 451 pp.

162 *Humanisme et foi chrétienne. Mélanges scientifiques du centenaire de l'Institut Catholique de Paris.* Publiés par Y. MARCHASSON et CH. KANNENGIESSER. Paris: Beauchesne 1976. 576 pp.

163 *Images of man in ancient and medieval thought. Studia Gerardo Verbeke ab amicis et collegis dicata.* Éd. par C. LAGA et alii [Symbolae Fac. litterarum et philosophiae Lovaniensis 1. Ser. 1]. Louvain: Leuven Univ. press 1976. VIII, 387 pp.

164 *Jean Chrysostome et Augustin. Actes du Colloque de Chantilly, 22—24 septembre 1974.* Éd. par CHARLES KANNENGIESSER [ThH 35]. Paris: Éd. Beauchesne 1975. 305 pp.

165 *Jesus, Ort der Erfahrung Gottes. Bernhard Welte gewidmet.* Freiburg: Herder 1976. 246 pp.

166 *Jews, Greeks and Christians. Religious cultures in late antiquity. Essays in honor of William David Davies.* Ed. by ROBERT HAMERTON-KELLY and ROBIN SCROGGS. [Studies in Judaism in late antiquity 21]. Leiden: Brill 1976, XIX, 320 S.

167 *Kephalaion. Studies in Greek philosophy and its continuation offered to C. J. de Vogel.* Ed. by J. MANSFELD, L. M. DE RIJK. Assen: Van Gorcum 1975. II, 234 pp.

168 *Die Kirche angesichts der konstantinischen Wende.* Hrsg. von GERHARD RUHBACH [Wege der Forschung 306]. Darmstadt: Wissenschaftliche Buchgesellschaft 1976. XI, 421 pp.

169 *Konzil und Papst. Historische Beiträge zur Frage der höchsten Gewalt in der Kirche. Festgabe für Hermann Tüchle.* Hrsg. von GEORG SCHWAIGER. München: Schöningh 1975. VIII, 287 pp.

170 *Language and texts. The nature of linguistic evidence.* Ed. by H. H. PAPER. Ann Arbor: Center for Coordin. of Anc. & Mod. Stud. Univ. of Michigan 1975. XVI, 204 pp.

171 *Latin Script and Letters A. D. 400—900. Festschrift presented to Ludwig Bieler on the occasion of his 70th birthday.* Edited by JOHN J. O'MEARA and BERND NAUMANN. Leiden: Brill 1976. VIII, 276 pp.

172 LAU, D. *Der lateinische Begriff labor* [Münchener Univ. Schr. R. der Philos. Fak. 14]. München: Fink 1975. XX, 497 pp.

173 *La maladie et la mort du chrétien dans la liturgie. Conférences Saint-Serge. XXIᵉ Semaine d'études liturgiques, Paris, 1ᵉʳ—4 juillet 1974.* Roma: Ed. liturg. 1975. 467 pp.

174 MARROU, H.-I. *Patristique et humanisme. Mélanges* [Patristica Sorbonensia 9]. Paris: Éd. du Seuil 1976. 461 pp.

175 *The materials, sources and methods of ecclesiastical history. Papers read at the 12. summer meeting and the 13. winter meeting of the Ecclesiastical History Society.* Ed. by DEREK BAKER [SCH 11]. Oxford: Blackwell 1975. XII, 370 pp.

176 MEIJERING, E. P. *God being history. Studies in Patristic philosophy.* Amsterdam, Oxford: North-Holland Publ. Co.; New York: American Elsevier Publ. Co. 1975. X, 185 pp.

177 *Mélanges Ester Bréguet.* Genève: Impr. Typopress 1975. XV, 107 pp.

178 *Ministerio y carisma. Homenaje a Monseñor García Lahiguera* [AnVal]. Valencia: Facultad de Teología San Vicente Ferrer 1975. 342 pp.

179 *Miscelánea José Zunzunegui (1911—1974)*, III. *Estudios patrísticos* [Victoriensia 37]. Vitoria: Editorial Eset 1975. 202 pp.

180 *Miscelánea José Zunzunegui (1911—1974)*, V. *Estudios Bíblicos* [Biblica Victoriensia 7]. Vitoria: Editorial Eset 1975. 247 pp.

181 *Mönchtum und Gesellschaft im Frühmittelalter.* Hrsg. von FRIEDRICH PRINZ [Wege der Forschung 312]. Darmstadt: Wissenschaftliche Buchgesellschaft 1976. 459 pp.

182 *Le monde grec. Pensée, littérature, histoire, documents. Hommages à Claire Préaux.* Éd. par J. BINGEN — G. CAMBIER — G. NACHTERGAEL [Univ. libre de Bruxelles, Fac. de Philos. et Lettres 62]. Bruxelles: Éd. de l'Univ. 1975. XV, 832 pp.

183 *Origeniana. Premier colloque international des études origéniennes* (Montserrat, 18—21 septembre 1973). Éd. par H. CROUZEL, G. LOMIENTO et J. RIUS-CAMPS [Quaderni di VetChr 12]. Bari: Università, Istituto di letteratura cristiana antica 1975. 374 pp.

184 *Orthodoxy, Life and Freedom. (Essays in honour of Archbishop Iakovos).* Ed. by A. J. PHILIPPOU. Oxford: Studion Publications 1973. 162 pp.

185 *Ovidianum. Acta conventus omnium gentium ovidianis studiis foevendis.* Cur. N. BARBU, E. DOBROIU, M. NASTA. Bucurestiis: Typis Univ. 1976. 635 pp.

186 *Patristica et Mediaevalia, I.* Buenos Aires: Centro de Estudios de Filosofia Medieval 1975. 144 pp.

187 *La portée de l'Église des Apôtres pour l'Église d'aujourd'hui. Colloque œcuménique de Bologne (10—13 avril 1973).* Bruxelles: Office international de Librairie 1974. 130 pp.

188 *Proceedings of the PMR Conference 1976.* Villanova, Pa.: The Augustinian Historical Institute 1976.

189 *Provvidenza e storia. Atti della Settimana Agostiniana Pavese, 4, Pavia, 16—20 aprile 1972.* Pavia: PP. Agostiniani 1974. 92 pp.

190 *Qumran and the History of the Biblical Text.* Ed. by FRANK MOORE CROSS and SH. TALMON. Cambridge/London: 1975. 415 pp.

191 *Rechtfertigung. Festschrift für Ernst Käsemann zum 70. Geburtstag.* Hrsg. von JOHANNES FRIEDRICH WOLFGANG PÖHLMANN und PETER STUHLMACHER. Tübingen: 1976.

192 *Relations between East and West in the Middle Ages.* Ed. by D.
BAKER. Edingburgh: Univ. Pr. 1973. XII, 156 pp.

193 *Religious syncretism in antiquity. Essays in conversation with Geo
Widengren.* Ed. by BIRGER A. PEARSON [Series on formative con-
temporary thinkers 1]. Missoula, Mont.: Scholars Press 1975.
XVIII, 222 pp.

194 *San Millán de la Cogolla en su XV centenario (473—1973).* Madrid:
Libr. ed. Augustinus 1976. 225 pp.

195 SANS, I. etc. *Exégesis y teología* [Teología Deusto 7]. Bilbao:
Universidad de Deusto 1975. 273 pp.

196 *Sapientiae procerum amore. Mélanges médiévistes offerts à Dom
Jean-Pierre Müller OSB.* Éd. par THEODOR WOLFRAM KÖHLER
[StAns 63]. Roma: Ed. Anselmiana 1974. XVII, 514 pp.

197 *Scientia Augustiniana. Studien über Augustinus, den Augustinismus
und den Augustinerorden. Festschrift Adolar Zumkeller zum 60. Geburtstag.* Hrsg. von CORNELIUS PETRUS MAYER und WILLIGIS
ECKERMANN. Würzburg: Augustinus-Verlag 1975. XL, 800 pp.

198 *Scritti in onore di Giuliano Bonfante.* Vol. 2. Brescia: Paideia 1976.
527—1126 pp.

199 *Studia patristica 12. Papers presented to the 6. International Conference on Patristic Studies held in Oxford 1971: Inaugural lecture,
editions, critica, philologica, Biblica historica.* Ed. by ELIZABETH
A. LIVINGSTONE [TU 115]. Berlin: Akademie-Verlag 1975. X,
483 pp.

200 *Studia Patristica 13: Classica et hellenica, Theologica, Liturgica,
Ascetica.* Ed. by ELIZABETH A. LIVINGSTONE [TU 116]. Berlin:
Akademie-Verlag 1975. VII, 490 pp.

201 *Studia patristica 14: Tertullian, Origenism, Gnostica, Cappadocian
Fathers, Augustiniana.* Ed. by ELIZABETH A. LIVINGSTONE [TU 117].
Berlin: Akademie-Verlag 1976. VII, 502 pp.

202 *Studien zum 7. Jh. in Byzanz* ed. H. KOEPSTEIN, F. WINKELMANN.
Berlin: Akad.-Verl. 1976

203 *Studien zur Literatur der Spätantike. Wolfgang Schmid zum 25.
Jahrestag seiner Lehre in Bonn.* Hrsg. von CHR. GNILKA — W.
SCHETTER [Antiquitas 1. R. Abh. zur Alten Gesch. 23]. Bonn:
Habelt 1975. 234 pp.

204 *Studies in memory of David Talbot Rice.* Ed. by GILES ROBERTSON
and GEORGE HENDERSON. Edinburgh: University Press 1975. 325 pp.
97 ill.

205 *Studies in New Testament language and text. Essays in honour of
George D. Kilpatrick on the occasion of his 65th birthday.* Ed. by
J. KEITH ELLIOTT [NovTest Suppl 44]. Leiden: Brill 1976. X,
400 pp.

206 *Teología del Sacerdocio*, 8. *La Potestad de Orden* [Facultad de Teología del Norte de España — sede de Burgos. Instituto „Juan de Avila"]. Burgos: Ediciones Aldecoa 1976. 306 pp.
207 *Les textes de Nag Hammadi. Colloque du Centre d'histoire des religions (Strasbourg, 23—25 octobre 1974).* Éd. par J.-E. MÉNARD [Nag Hammadi Stud. 7]. Leiden: Brill 1975. X, 203 pp.
208 *Τόμος ἑόρτιος χιλιοστῆς ἑξακοστῆς ἐπετείου Μεγάλου Ἀθανασίου (373—1973)*. Ἐκδ. ἐπιμ. ΓΕΟΡΓΙΟΥ ΜΑΝΤΖΑΡΙΔΟΥ. Θεσσαλονίκη: Θεολογική Σχολή 1974. 380 σσ.
209 *Traditio — Krisis — Renovatio aus theologischer Sicht. Festschrift Winfried Zeller zum 65. Geburtstag.* Hrsg. v. BERND JASPERT und RUDOLF MOHR. Marburg: Elwert 1976. XVII, 676 pp.
210 *Veritas et Sapientia. En el VII Centenario de Santo Tomás de Aquino.* Obra publicada bajo la dirección de J. J. RODRÍGUEZ ROSADO y P. RODRÍGUEZ GARCIA [Colección Teológica-Filosófica]. Pamplona: Eunsa 1975. 392 pp.

6. METHODOLOGICA

[708] ALAND, K.: Novum Testamentum
211 CROUZEL, H. *Divorce et remariage dans l'Église primitive. Quelques reflexions de méthodologie historique* — NRTh 98 (1976) 891—917
212 HEDRICK, C. W. *Some techniques in the placement of papyrus fragments* — BASP 13 (1976) 143—155
213 OSBORN, E. F. *Elucidation of Problems as a Method of Interpretation, I* — Colloquium 8 (1976) 24—32; *II* — Colloquium 9 (1976) 10—18
214 STRYCKER, ÉMILE DE *Suggestions practiques pour la collation des manuscrits d'un texte hagiographique riche.* In: *Corona Gratiorum II* (cf. 1975/76, 131) 345—366

7. SUBSIDIA

215 ASMUSSEN, JES PETER *Manichaean literature; representative texts chiefly from Middle Persian and Parthian writings.* [UNESCO collection of representative works, Persian series]. Delmar, N.Y.: Scholars' Facsimiles & Reprints 1975. 148 pp.
216 BAILEY, P. C. *Topical Concordance to the Bible.* Washington: Review and Herald 1975
217 BAUER, GERTRUD *Konkordanz der nichtreflektierten griechischen Wörter im bohairischen Neuen Testament* [GöO Reihe 6 Band 6]. Wiesbaden: Harrassowitz 1975. 139 pp.

218 BENOIT, P. — BOISMARD, M. E. — MALILLOS, J. L. *Sinopsis de los Cuatro Evangelios con Paralelos de los Apócrifos y de los Padres, Tomo I: Textos*. Bilbao: Desclée de Brouwer 1975. 374 pp.

219 *Biblia Patristica. Index des citations et allusions bibliques dans la littérature patristique*. Ed. J. ALLENBACH, ANDRÉ BENOÎT, D. A. BERTRAND. 1. *Des origines à Clement d'Alexandrie et Tertullien*. Paris: Éd. du Centre National de la Recherche Scientifique 1975. 546 pp.

220 *Biographisch-bibliographisches Kirchenlexikon, I: Aalders-Faustus von Byzanz*. Hrsg. von F. W. BAUTZ. Hamm: Verl. Traugott Bautz 1975. 1600 cd.

221 BLASS, F. — DEBRUNNER, A. *Grammatik des neutestamentlichen Griechisch* (14. Aufl.). Bearb. von F. REHKOPF. Göttingen: Vandenhoeck und Ruprecht. 1976. XX, 512 pp.

222 BORNEMANN, EDUARD *Griechische Grammatik*. Unter Mitwirkung von ERNST RISCH. Frankfurt: Diesterweg 1973. XV, 360 pp.

223 BROCKELMANN, CARL *Syrische Grammatik. Mit Paradigmen, Literatur, Chrestomathie und Glossar*. 12. Auflage [Lehrbücher für das Studium der orientalischen und afrikanischen Sprachen 4; unveränderter Nachdruck der 8. Auflage]. Leipzig: VEB Verlag Enzyklopädie 1976. 406 pp.

224 *Die byzantinischen Kleinchroniken, 1*. Einl. u. Text v. P. SCHREINER [Corpus fontium historiae byzantinae 12]. Wien: Verl. der Österr. Akad. der Wiss. 1975. 688 pp.

225 CALDERINI, ARISTIDE — DARIS, SERGIO *Dizinario dei nomi geografici e topografici del'Egitto greco-romano, I—III*. Milano: 1973—1975

[1037] *Catalogus verborum....*: Augustinus

225a *Chrestomathia Aethiopica*. Edita et glossario explanata ab Augusto Dillmann. Addenda et corrigenda adiecit ENNO LITTMANN. Darmstadt: Wissenschaftliche Buchgesellschaft 1974. 300 pp.

226 CLAESSON, GÖSTA *Index Tertullianeus, II: F—P*. Paris: Études Augustiniennes 1975. 690 pp.

227 CLAESSON, GÖSTA *Index Tertullianeus, III: Q—Z*. Paris: Études Augustiniennes 1975. 490 pp.

228 *Coptic Ethymological Dictionary*. Compiled by J. CERNÝ. Cambridge: University Press 1976. 384 pp.

229 *Cristianesimo e impero romano. Base giuridica delle persecuzioni. Antologia critica*. A cura di S. PRETE. Bologna: Pàtron 1974. 206 pp.

230 *Dictionnaire de spiritualité, ascétique et mystique. Doctrine et histoire, VIII fasc. 52—58: Jacob-Kyspenning*. Paris: Beauchesne 1972—1974. col. 1806

231 *Dictionnaire de spiritualité ascetique et mystique, IX, fasc. 59—60: Labadie-Leduc*. Paris: Beauchesne 1975. col. 41—512

232 DWORECKIJ, U. C. *Latinsko-russkij slowar (Lateinisch-russisches Wörterbuch)*. Moskwa: 1976. 1096 pp.

233 *Enchiridion symbolorum definitionum et declarationum de rebus fidei et morum*. Quod primum edidit HENRICUS DENZINGER et quod funditus retractavit auxit notulis ornavit ADOLFUS SCHÖNMETZER. Ed. 35. Freiburg: Herder 1974. XXXII, 794 pp.

234 *Enchiridion symbolorum definitionum et declarationum de rebus fidei et morum*. Quod primum edidit HENRICUS DENZINGER et quod funditus retractavit auxit notulis ornavit ADOLFUS SCHÖNMETZER. Ed. 36 emendata. Barcelona—Freiburg: Herder 1976.

235 *La fin du monde antique, de Stilicon à Justinien, V^e et début du VIe siècle*. Rec. de textes prés. et trad. par A. CHASTAGNOL. Paris: Nouv. Éd. Lat. 1976. 383 pp.

236 FORSARI, M. *Initia canonum a primaevis collectionibus usque ad Decretum Gratiani: I, A—G* [Monumenta Italiae Ecclesiastica, Subsidia 1]. Firenze—Rom: Multigrafica 1972. LI, 457 pp.

237 GALL, J. *Layman's English—Greek Concordance*. Grand Rapids: Baker 1975

[655] HAELST, J. VAN: Palaeographica atque manuscripta

238 *Interpreti del lieto messaggio. Antologia da Agostino e da altri autori cristiani*. A cura di G. MONTUSCHI. [Humanitatis Studia 10]. Bologna: Pàtron 1972. XIX, 392 pp.

239 *Kleines Wörterbuch des christlichen Orients*. Hrsg. v. J. ASSFALG u. P. KRÜGER. Wiesbaden: Harrassowitz 1975.XXXIII, 460 pp.

240 KURZ, RAINER *Die handschriftliche Überlieferung der Werke des Heiligen Augustinus* [5, 1. BRD und Westberlin. Werkverzeichnis 1976; Veröffentlichungen der Kommission zur Herausgabe des Corpus der lateinischen Kirchenväter; ÖAW Sitzungsberichte 306]. 520 pp.

241 *Latinitas — Christianitas. Lateinisches Textbuch für das Theologiestudium*. Hrsg. von W. D. HAUSCHILD in Zusammenarbeit mit O. UTERMÖHLEN. Stuttgart: Calwer Verl. 1975. 122 pp. Beiheft 32 pp.

242 LÉON-DUFOUR, XAVIER *Dictionnaire du Nouveau Testament* [Parole de Dieu]. Paris: Éd. du Seuil 1975. 569 pp.

243 *Lexikon der christlichen Ikonographie, VI: Crescentianus von Tunis bis Innocentia*. Hrsg. von E. KIRSCHBAUM u. a. Freiburg: Herder 1974. 587 pp.

244 *Lexikon der christlichen Ikonographie, VII: Innozenz bis Melchisedech*. Hrsg. von E. KIRSCHBAUM u. a. Freiburg: Herder 1974. 628 pp.

245 *Lexikon der christlichen Ikonographie, Band VIII, 4; Ikonographie der Heiligen: Meletius — Zweiundvierzig Märtyrer*. Hrsg. v. WOLFGANG BRAUNFELS. Freiburg: Herder 1975. 640 col.

246 *Libri, editori e pubblico nel mondo antico. Guida storica e critica* a cura di G. CAVALLO. Bari: Laterza 1975. XXIV, 167 pp.

[2418] LÖFSTEDT, B.; PACKARD, D. W.: Zeno Veronensis

247 MALINGREY, A.-M. *Indices Chrysostomici, Vol. I: Lettres à Olympias. Lettres d'exil. Sur la providence de Dieu.* Avec la collaboration de M.-L. GUILLAUMIN. Hildesheim: Olms 1976. 400 pp.

248 MICHALSKI, MARIAN *Antologia Literatury Patrystycznej (Anthologie Patristischer Literatur).* Warszawa: Instytut Wydawniczy Pax 1975. 492 pp.

249 MOLITOR, JOSEPH *Glossarium Ibericum in Epistolas Paulinas antiquioris versionis* (CSCO 373, Subsidia 49]. Louvain: CSCO 1976. VIII, 163 pp.

250 *Preuschen. Griechisch-deutsches Taschenwörterbuch zum Neuen Testament.* Hrsg. von KURT ALAND. 6. Aufl. Berlin: 1976

251 QUELLET, H. *Concordance verbale du De corona de Tertullien.* Concordance, index, listes de fréquence, bibliographie [Alpha-Omega, Ser. A: Lexika, Indizes, Konkordanzen z. klass. Philologie 23]. Hildesheim: Olms 1975. 434 pp.

252 *Reallexikon für Antike und Christentum.* Hrsg. v. TH. KLAUSER. *Lieferung 68—69: Geisselung — Geld.* Stuttgart: Hiersemann 1974/75. Sp. 481—800

253 *Reallexikon für Antike und Christentum.* Hrsg. v. TH. KLAUSER. *Lieferung 70—71: Geld-Gemeinschaft.* Stuttgart: Hiersemann 1975. Sp. 801—1120

254 *Reallexikon für Antike und Christentum.* Hrsg. von THEODOR KLAUSER. *Band 9: Gebet II — Generatianismus.* Stuttgart: Hiersemann 1976. 1278 Sp.

255 *Regole monastiche antiche.* A cura di d. GIUSEPPE TURBESSI [Testi e documenti 9]. Roma: Studium 1975. 487 pp.

256 REINHARDT, KLAUS *Die biblischen Autoren Spaniens bis zum Konzil von Trient* [Corpus Scriptorum Sacrorum Hispaniae, Subsidia 7]. Salamanca: Universidad Pontificia 1976. 242 pp.

257 RENEHAN, ROBERT *Greek Lexicographical Notes. A critical Supplement to the Greek — English Lexicon of Liddell-Scott-Jones.* Göttingen: Vandenhoeck und Ruprecht 1975. 208 pp.

258 *Slovník spisovatelů. Řecko Antická, byzantská a novořecká literatura (Dictionnaire des auteurs. Literature grecque antique, byzantine et néogrecque)* préf. de B. BORECKY, R. DOSTALOVÁ. Praha: Odeon. 1975. 669 pp.

259 *Synopsis quattuor evangeliorum. Locis parallelis evangeliorum apocryphorum et patrum adhibitis.* Editio nona et cognita. Edidit KURT ALAND. Stuttgart: Württembergische Bibelanstalt 1976. XXXII, 590 pp.

260 *La teologia dei Padri. Testi dei Padri latini, greci, orientali scelti e ordinati per temi, I—II.* Ed. par A. HEILMANN, H. KRAFT, G. MURA. Roma: Città Nuova 1974. XXXI, 376 pp., 355 pp.

261 *La teologia dei Padri. III. Vita cristiana. Il prossimo. Stati di vita cristiana. IV, Ecclesiologia. Sacramenti. Sacra Scrittura. Novissimi.* Roma: Città Nuova 1975. 407 pp., 339 pp.

262 *La teologia dei Padri. V.: Profili e opere; Bibliografia; Indici.* Roma: Città Nuova 1976. 528 pp.

263 *Texte der Kirchenväter.* Eine Auswahl nach Themen geordnet. Herausgegeben von HEINRICH KRAFT und ALFONS HEILMANN. München: Kösel 1975. 1. 663 pp.; 2. 591 pp.; 3. 730 pp.; 4. 636 pp.; 5. 765 pp.

264 *Theologisches Wörterbuch zum Neuen Testament.* Begründet von GERHARD KITTEL, hrsg. von GERHARD FRIEDRICH, Bd. 10; *Register,* Liefrg. 3: *Griechisches Wörterverzeichnis. Hebräisch-aramäisches Register.* Stuttgart: W. Kohlhammer 1975. 129—192

265 *Theologisches Wörterbuch zum Neuen Testament.* Begründet von GERHARD KITTEL, hrsg. von GERHARD FRIEDRICH, Bd. 10: *Register,* Liefrg. 4—5: *Hebräisch-aramäisches Register. Deutsches Stichwortregister (-Sanherib).* Stuttgart: W. Kohlhammer 1976. 193—320

266 *Theologisches Wörterbuch zum Neuen Testament.* Begründet von GERHARD KITTEL, hrsg. von GERHARD FRIEDRICH, Bd. 10: *Register,* Liefrg. 6—8: *Deutsches Stichwortregister (Sapientia-Zymbel). Stellenregister Altes Testament.* Stuttgart: W. Kohlhammer 1976. 321—512

267 *La topographie chrétienne des cités de la Gaule des origines à la fin du VIIᵉ siècle. Choix de notices* par L. PIÉTRI — CH. PIÉTRI — G. CH. PICARD — J. BIARNE — N. GAUTHIER — F. DESCOMBES, avec la collab. de Y. DUVAL, préf. de N. DUVAL — CH. PIÉTRI. Paris: 1975. 154 pp., 14 pl.

268 *Umwelt des Urchristentums.* In Verbindung mit GÜNTHER HANSEN und anderen. Hrsg. von JOHANNES LEIPOLDT und WALTER GRUNDMANN. Band 2: *Texte des neutestamentlichen Zeitalters.* 4. Auflage. Berlin: Evangelische Verlagsanstalt 1975.

269 *Vollständige Konkordanz zum griechischen Neuen Testament. Unter Zugrundelegung aller modernen kritischen Textausgaben und des Textus receptus.* In Verb. mit H. RIESENFELD — H. V. ROSENBAUM — H. BOLTE neu zusammengest. unter der Leitung von K. ALAND. I, Lief. 1: *A-ἀσθενέω* [Arb. zur neutestament. Textforschung 4]. Berlin: de Gruyter 1975. VIII, 96 pp.

270 *Vollständige Konkordanz zum griechischen Neuen Testament. Unter Zugrundelegung aller modernen kritischen Textausgaben und des Textus receptus.* In Verb. mit H. RIESENFELD—H. V. ROSENBAUM— H. BOLTE neu zusammengest. unter der Leitung v. K. ALAND. I, Lief. 2: ἀσθένημα – γράφω. Berlin: de Gruyter 1976. pp. 97—192

271 *Vollständiges Heiligenlexikon.* Oder Lebensgeschichten aller Heiligen, Seligen, aller Orte und aller Jahrhunderte. Mit zwei Beilagen, die Attribute und den Kalender der Heiligen enthaltend. Herausgegeben von JOH. EVANG. STADLER und FRANZ JOSEPH HEIM. 5 Bände [Nachdruck der Ausgabe Augsburg 1858—82]. Hildesheim: Olms 1975.

272 WILES, MAURICE — SANTER, MARC *Documents in Early Christian Thought.* Cambridge: Univ. Press 1975. 268 pp.

273 WINTER, MICHAEL M. *A Concordance to the Peshiṭta version of Ben Sira* [Monographs of the Peshiṭta Institute]. Leiden: Brill 1976. IX, 656 pp.

8. OPERA AD HISTORIAM ECCLESIASTICAM SIVE SAECULAREM SPECTANTIA

274 AALST, A. J. VAN DER *Aantekeningen bij de hellenisering van het christendom.* Nijmegen—Den Haag: Dekkers & van de Vegt 1974. VIII, 200 pp.

275 ACHELIS, HANS *Das Christentum in den ersten drei Jahrhunderten* [Nachdruck der 2. Ausgabe Leipzig: 1925]. Aalen: Scientia-Verlag 1975. XVI, 343, 20 pp.

276 ADDISON, JAMES THAYER *The medieval missionary. A study of the conversion of Northern Europe, A. D. 500—1300* [Nachdruck der Ausgabe New York 1936]. Philadelphia: Porcupine Press 1976. XIV, 176 pp.

277 AJWAZJAN, K. W. *„Istorija Tarona" i armjanskaja literatura IV—VII wekow («Geschichte der Provinz Taron» und die armenische Literatur des 4. bis 7. Jahrhunderts)* [russisch]. Erevan: 1976. 407 pp.

278 ALAND, KURT *Kaiser und Kirche von Konstantin bis Byzanz.* In: *Die Kirche*... (cf. 1975/76, 168) 42—74

279 ANDRESEN, CARL *Geschichte des Christentums. Bd. 1: Von den Anfängen bis zur Hochscholastik.* Stuttgart: Kohlhammer 1975. 234 pp.

280 ANDRESEN, CARL *Der Erlaß des Gallienus an die Bischöfe Ägyptens (Euseb, HE VII, 13).* In: *Studia Patristica 12* (cf. 1975/76, 199) 385—398

281 ARONSTAM, ROBIN ANN *Penitential Pilgrimages to Rome in the Early Middle Ages* — AHP 13 (1975) 65—84

282 ASH, JAMES L. *The Decline of Ecstatic Prophecy in the Early Church* — ThSt 37 (1976) 227—252

283 BAKHUIZEN VAN DEN BRINK, JAN NICOLAAS *Constantijn de Grote* [MAAL 6]. Amsterdam, Oxford: Noord-Hollandsche Uitgevers Maatschappij 1975. 53 pp.

284 BALTY, J. CH. *L'évêque Paul et le programme architectural et décoratif de la cathédrale d'Apamée*. In: *Mélanges d'histoire ancienne* (cf. 1975/76) 31—46

285 BARDY, G. *La conversione al cristianesimo nei primi secoli*. Milano: Jaka Book 1975. 348 pp.

286 BARMANN, BERNARD CHARLES *The Cappadocian triumph over Arianism*. Ann Arbor, Mich.: Univ. Microfilms 1976. (microfilm).

287 BARNES, T. D. *The emperor Constantine's Good Friday sermon* — JThS 27 (1976) 414—423

288 BARNES, T. D. *Three imperial edicts* — ZPE 21 (1976) 275—281

289 BARNES, T. D. *The Beginnings of Donatism* — JThS 26 (1975) 13—22

290 BARRY, DAVID SHELDON *The Patriarchate of Jerusalem in the fifth and sixth centuries* [Diss.] Madison: University of Wisconsin 1976. 208 pp.

291 BARTON, PETER F. *Die Frühzeit des Christentums in Österreich und Südostmitteleuropa bis 788*. [1800 Jahre Christentum in Österreich und Südostmitteleuropa 1; Studien und Texte zur Kirchengeschichte und Geschichte, Reihe 1]. Wien, Köln, Graz: Böhlau 1975. 287 pp.

292 BERKHOF, HENDRIK *Die Kirche auf dem Wege zum Byzantinismus*. In: *Die Kirche...* (cf. 1975/76, 168) 22—42

293 BETTELLI BERGAMASCHI, M. *Brescia e Milano alle fine del IV secolo. Rapporti tra Ambrogio e Gaudenzio*. In: *Ambrosius Episcopus II* (cf. 1975/76, 103) 151—167

294 BIELER, L. *Christian Ireland's Graeco-Latin Heritage*. In: *Studia Patristica 13* (cf. 1975/76, 200) 3—8

295 BIRD, H. W. *Diocletian and the deaths of Carus, Numerian and Carinus* — Latomus 35 (1976) 123—132

296 BIRLEY, A. R. *The Third Century Crisis in the Roman Empire* — BJRL 58 (1976) 253—281

297 BLÁZQUEZ, JOSÉ M. *Rechazo y asimilación de la cultura romana en Hispania (Siglos IV y V)*. In: *Assimilation et résistance...* (cf. 1975/76, 109) 63—94

298 BOER, HARRY R. *A short History of the early church*. Grand Rapids: Eerdmans 1976. XIV, 184 pp.

299 BOER, S. DE *De Ikonenstrijd van 726—843*. Leiden: Brill 1975. 40 pp.

300 BOROWSKI, MIROSLAW-JOSEPH *Pulcheria, Empress of Byzantium: An Investigation of the Political and Religious aspects of her reign (414—453 A.D.)* [Diss.]. University of Kansas 1974. 262 pp.

301 BOSHOF, EGON *Die Rombeziehungen der Trierer Kirche im 4. und beginnenden 5. Jahrhundert* — AHC 7 (1975) 82—108

302 BOWEN, J. *Historia de la educación occidental, I: El mundo antiguo.* Barcelona: Herder 1976. 402 pp.

303 BROWN, P. *O fim do mundo clásico. De Marco Aurelio a Maomé.* Lisboa: Ed. Verbo 1972. 237 pp.

304 BROWNE, DOROTHEA LAWRENCE *The Church and Learning in Ireland from 400—800* [Diss.]. New York Univ. 1975. 257 pp.

305 BROWNE, P. *Religione e società nell' età di sant Agostino.* Trad. di G. FRAGNITO. Torino: Einaudi 1975. 335 pp.

306 BROWNING, ROBERT *The Emperor Julian.* Berkeley: Univ. of California Press 1976. XII, 256 pp.

307 BROWNING, R. *Byzantium and Bulgaria: a comparative study across the early medieval frontier.* London: Temple Smith/Berkeley: Univ. of California Press 1975. 232 pp.

308 BRUUN, PATRICK *Constantine's Change of Dies imperii* — AAPh 9 (1975) 11—30

309 CAMERON, ALAN *Theodorus* τρισέπαρχος — GrRoBySt 17 (1976) 269—286

310 CAMPENHAUSEN, HANS VON *Die ersten Konflikte zwischen Kirche und Staat und ihre bleibende Bedeutung.* In: *Die Kirche...* (cf. 1975/76, 168) 14—22

[2378] CANIVET, P.: Theodoretus Cyrensis

311 CARON, P. G. *Constantin le Grand* ἐπίσκοπος τῶν ἐκτὸς *de l'Église romaine* — RIDA 22 (1975) 179—188

312 CARON, PIER GIOVANNI *I poteri giuridici del laicato nella Chiesa primitiva.* 2. ed. Milano: A. Giuffrè 1975. IV, 269 pp.

[926] ČEŠKA, J.: Athanasius

[2217] CHADWICK, H.: Priscillianus

313 CHANTRAINE, H. *Zur Religionspolitik des Commodus im Spiegel seiner Münzen* — RQ 70 (1975) 1—31

314 CHARANIS, PETER *Church-State Relations in the Byzantine Empire as Reflected in the Role of the Patriarch in the Coronation of the Byzantine Emperor.* In: *The Ecumenical World...* (cf. 1975/76, 139) 77—90

315 *Christentum in der Gesellschaft. Grundlinien der Kirchengeschichte.*
I: *Alte Kirche und Mittelalter.* Hrsg. v. F. W. KANTZENBACH
[Siebenstern-Taschenbuch Nr. 185]. Hamburg: Siebenstern-Taschenbuch-Verlag 1975. 323 pp.

316 CHRISTOPOULOS, MAXIMOS *Le patriarcat œcuménique dans l'Église orthodoxe. Étude historique et canonique* [ThH 32]. Paris: Beauchesne 1975, 422 pp.

316a CHRISTOPOULOS, MAXIMOS *The Oecumenical Patriarchate in the Orthodox Church. A Study in the History and Canons of the Church* [AnVlat 24]. Thessaloniki: Patriarchal Institute for Patristic Studies 1976. 360 pp.

317 CHURRUCA, JUAN DE *La motivación del rescripto de Adriano sobre los cristianos* — EDeusto 24 (1976) 9—44

318 COLOMBÁS, GARCÍA M. *El monacato primitivo,* Tomo II: *La espiritualidad* [BAC 376]. Madrid: Editorial Católica 1975. XII, 414 pp.

319 COLUCCI, MIRELLA *Bonifacio IV (608—615). Monumenti e questioni di un pontificato* [Biblioteca di cultura 78]. Roma: Bulzoni 1976. 109 pp.

320 CONRAT, MAX *Die Christenverfolgungen im Römischen Reiche vom Standpunkte des Juristen* [Nachdruck der Ausgabe Leipzig 1897]. Aalen: Scientia-Verlag 1973. 79 pp.

321 COQUIN, R. G. *Livre de la consécration du sanctuaire de Benjamin* — AEHESR 82 (1973/74) 78—79

[2183] CORSARO, F.: Paulinus Nolanus

322 CORSI, P. *La spedizione in Italia di Costante II. Fonti e problemi* — Nicolaus 3 (1975) 343—392

323 COURTOIS, CHRISTIAN *Die Entwicklung des Mönchtums in Gallien vom heiligen Martin bis zum heiligen Columban.* In: *Mönchtum und Gesellschaft* (cf. 1975/76, 181) 13—36

324 CRACCO RUGGINI, LELLIA *La vita associativa nelle città dell'Oriente greco. Tradizioni locali e influenze romane.* In: *Assimilation et résistance* (cf. 1975/76, 109) 463—491

325 *Creeds, councils and controversies. Documents illustrative of the history of the Church A.D. 337—461.* Ed. by JAMES STEVENSON. London: S.P.C.K. 1976. XIX, 390 pp.

326 CROUZEL, H. *Le christianisme de l'empereur Philippe l'Arabe* — Greg 56 (1975) 545—550

327 CROUZEL, H. *Un «résistant» toulousain à la politique pro-arienne de l'empereur Constance II, l'évêque Rhodanius* — BLE 77 (1976) 173—190

328 CRUCITTI-RABER, E. *Roma pagana e cristiana. Le persecuzioni.* Roma: Palombi 1975. X, 94 pp.

329 CUSCITO, G. *La diffusione del cristianesimo nelle regioni alpine orientali* — AnAl 9 (1976) 299—345

330 DANIÉLOU, JEAN-CHARLAT, REGINE DU *La catequesis en los primeros siglos.* Traducción de C. GARCÍA DEL VALLE. Madrid: Ed. Studium 1975. 266 pp.

331 DEL VERNE, M. *La comunione dei beni nella comunità primitiva di Gerusalemme* — RBi 23 (1975) 353—382

332 DÍAZ Y DÍAZ, MANUEL C. *The Christian Origins of the Peninsula as seen in some seventh Century Texts* — CFH 29 (1975) 87—94

333 DÍAZ Y DÍAZ, M. C. *La cultura literaria en la España visigótica.* In: *De Isidoro al siglo XI* (cf. 1975/76, 133) 57—86

334 DÍAZ Y DÍAZ, M. C. *La cultura de la España visigótica del siglo VII.* In: *De Isidoro al siglo XI* (cf. 1975/76, 133) 21—55

335 DÍAZ Y DÍAZ, M. C. *La penetración cultural latina en Hispania en los siglos VI—VII.* In: *De Isidoro al siglo XI* (cf. 1975/76, 133) 9—20

336 DIETRICH, B. C. *The triumph of Barbarism and Religion: The Early Christians in the Roman World* — AClass 18 (1975) 71—84

337 DODDS, E. R. *Paganos y cristianos en una época de angustia. Algunos aspectos de la experiencia religiosa desde Marco Aurelio a Constantino.* Traducción de la 2.ª edición inglesa por J. VALIENTE MALLA [Epifanía 25]. Madrid: Ediciones Cristiandad 1975. 188 pp.

338 DÖLGER, FRANZ JOSEPH *Die Marianitensekte nach Abū ľ Barakāt.* In: *Antike und Christentum I* (cf. 1975/76, 134) 160—162

339 DÖLGER, FRANZ JOSEPH *Kaiser Theodosius der Große und Bischof Ambrosius von Mailand in einer Auseinandersetzung zwischen Predigt und Meßliturgie.* In: *Antike und Christentum I* (cf. 1975/76, 134) 54—63

340 DÖLGER, FRANZ JOSEPH *Die eigenartige Marienverehrung der Philomarianiten oder Kollyridianer in Arabien.* In: *Antike und Christentum I* (cf. 1975/76, 134) 107—142

341 DÖLGER, FRANZ JOSEPH *Sacramentum militiae. Das Kennmal der Soldaten, Waffenschmiede und Wasserwächter nach Texten frühchristlicher Literatur.* In: *Antike und Christentum II* (cf. 1975/76, 135) 268—280

342 DÖLGER, FRANZ JOSEPH *Konstantin der Große und der Manichäismus. Sonne und Christus im Manichäismus.* In: *Antike und Christenum II* (cf. 1975/76, 135) 301—314

343 DÖLGER, FRANZ JOSEPH *Zur antiken und frühchristlichen Auffassung der Herrschergewalt von Gottes Gnaden.* In: *Antike und Christentum III* (cf. 1975/76, 135a) 117—127

343a DÖLGER, FRANZ JOSEPH *Christliche Grundbesitzer und heidnische Landarbeiter. Ein Ausschnitt aus der religiösen Auseinandersetzung des vierten und fünften Jahrhunderts.* In: *Antike und Christentum 6* (cf. 1975/76, 137) 297—320

344 DÖPP, SIEGMAR *Theodosius I. ein zweites Mal in Rom?* In: *Apophoreta für Uvo Hölscher* (cf. 1975/76, 106) 73—83

345 DONINI, AMBROGIO *Storia del cristianesimo. I: Dalle origini a Giustiniano*. Pref. di MASSIMO MASSARA. Milano: Teti 1975. 362 pp.
346 DOWNEY, GLANVILLE *Erziehung und Bildung im spätrömischen Reich. Christliche und heidnische Theorien unter Konstantin und seinen Nachfolgern.* In: *Erziehung und Bildung...* (cf. 1975/76, 140) 549—572
347 DUNBAR, ROSALIE E. *The relationship of serpent worship to the efforts of the early Irish saint working in Munster to Christianize pagan Ireland.* New York: University 1976. 269 pp.
348 EBBINGHAUS, E. S. *The first entry of the Gothic calendar* — JThS 27 (1976) 140—145
349 EDBROOKE, ROBERT OWEN *The Visit of Constantius II to Rome in 357 and its effect on the pagan Roman Senatorial Aristocracy* — AJPh 97 (1976) 40—61
350 ENO, R. B. *Authority and Conflict in the Early Church* — EgliseTh 7 (1976) 41—60
351 ENO, ROBERT *Sauvegarde et interprétation: L'Église des Pères* — ConciliumT 117 (1976) 29—38
352 ENO, ROBERT *Bewahrung und Interpretation. Die Kirche der Väter* — Concilium 12 (1976) 415—419
353 ENSSLIN, WILHELM *Die Religionspolitik des Kaisers Theodosius des Großen.* In: *Die Kirche...* (cf. 1975/76, 168) 87—112
354 ENSSLIN, WILHELM *Staat und Kirche von Konstantin dem Großen bis Theodosius dem Großen. Ein Beitrag zur Frage nach dem «Cäsaropapismus».* In: *Die Kirche...* (cf. 1975/76, 168) 74—87
355 ESBROECK, M. VAN *L'Éthiopie à l'époque de Justinien: S. Arethas de Neğrān et S. Athanase de Clysma.* In: *IV Congr. Internaz. di Studi Etiopici I* (cf. 1975/76, 128) 117—139
356 EWIG, EUGEN *Das Bild Constantins des Großen in den ersten Jahrhunderten des abendländischen Mittelalters.* In: *Spätantikes und fränkisches Gallien* (cf. 1975/76, 144) 72—113
357 EWIG, EUGEN *Zum christlichen Königsgedanken im Frühmittelalter.* In: *Spätantikes und fränkisches Gallien* (cf. 1975/76, 144) 3—71
358 EWIG, E. *Les missions dans les pays Rhénans* — RHEF 62 (1975) 37—44
359 FARLEY, MARGARET A. *Sources of Sexual Inequality in the History of Christian Thought* — JR 56 (1976) 162—176
360 FÉVRIER, P. A. *Religion et domination dans l'Afrique Romaine* — DHA 2 (1976) 305—336
361 FIORENZA, ELISABETH *Le rôle des femmes dans le mouvement chrétien primitif* — ConciliumT 111 (1976) 13—26
362 FLOROVSKY, GEORGES V. *Aspects of Church History* [The collected works of Georges Florovsky, v. 4]. Belmont, Mass.: Nordland Publishing Co. 1975. 313 pp.

363 FONTAINE, J. *Antike und christliche Werte in der Geistigkeit der Großgrundbesitzer des ausgehenden 4. Jh. im westlichen Römerreich.* In: *Askese und Mönchtum* (cf. 1975/76, 107) 281—324

364 FOUYAS, METHODIOS *The significance of Patriarch Dioscorus of Alexandria's policy for the Hellenic World* — Abba 7 (1976) 352—357

365 FRANK, KARL SUSO *Vita apostolica und dominus apostolicus. Zur altkirchlichen Apostelnachfolge.* In: *Konzil und Papst* (cf. 1975/76, 169) 19—42

366 FRANK, KARL SUSO *Grundzüge der Geschichte des christlichen Mönchtums* [Grundzüge 25]. Darmstadt: Wiss. Buchgesellschaft 1975. 208 pp.

367 FRANZEN, A. *Breve Storia della Chiesa* [Coll. Guide di teologia 4]. Brescia: Queriniana 1973. 480 pp.

368 FREND, W. H. C. *A Severan Persecution? Evidence of the «Historia Augusta».* In: *Forma futuri* (cf. 1975/76, 149) 470—480

369 FREND, W. H. C. *Nomads and Christianity in the Middle Ages* — JEcclH 26 (1975) 209—221

370 FREND, WILLIAM *Recently discovered materials for writing the history of christian Nubia.* In: *The materials, sources and methods...* (cf. 1975/76, 175) 19—30

370a FREND, W. H. C. *The Gnostic Sects and the Roman Empire.* In: *Religion...* (cf. 1975/76, 150) Nr. II

370b FREND, W. H. C. *Open Questions concerning the Christians and the Roman Empire in the Age of the Severi.* In: *Religion...* (cf. 1975/76, 150) Nr. V

370c FREND, W. H. C. *A Note on the Great Persecution in the West.* In: *Religion...* (cf. 1975/76, 150) Nr. VI

370d FREND, W. H. C. *Some Cultural Links between India and the West in the Early Christian Centuries.* In: *Religion...* (cf. 1975/76, 150) Nr. VII

370e FREND, W. H. C. *The Missions of the Early Church 180—700 A.D.* In: *Religion...* (cf. 1975/76, 150) Nr. VIII

370f FREND, W. H. C. *Religion and Social Change in the late Roman Empire.* In: *Religion...* (cf. 1975/76, 150) Nr. XI

370g FREND, W. H. C. *Popular Religion and Christological Controversy in the Fifth Century.* In: *Religion...* (cf. 1975/76, 150) Nr. XVII

370h FREND, W. H. C. *The Monks and the Survival of the East Roman Empire in the Fifth Century.* In: *Religion...* (cf. 1975/76, 150) Nr. XVIII

370i FREND, W. H. C. *Old and New Rome in the Age of Justinian.* In: *Religion...* (cf. 1975/76, 150) Nr. XX

371 FREUDENBERGER, R. *Probleme römischer Religionspolitik in Nord-afrika nach der Passio S. S. Perpetuae et Felicitatis* — Helikon 13—14 (1973—1974) 174—183

372 *Frühes Mönchtum im Abendland,* I: *Lebensformen* eingeleitet, über-setzt und erklärt von K. S. FRANK. München & Zürich: Artemis 1975. 464 pp.

373 *Frühes Mönchtum im Abendland,* II: *Lebensgeschichten* eingeleitet, übersetzt und erklärt von K. S. FRANK. München & Zürich: Artemis 1975. 332 pp.

374 GAGER, JOHN G. *Kingdom and community. The social world of early Christianity.* Englewood Cliffs, N.J.: Prentice-Hall 1975. XIII, 158 pp.

375 GARCÍA COLOMBÁS, M. *El monacato primitivo, II* [Biblioteca de autores cristianos]. Madrid: Edit. Católica 1975. 412 pp.

376 GARCIA IGLESIAS, L. *El intermedio ostrogodo en Hispania (507—549 d.C.)* — HispAnt 5 (1975) 89—120

377 GARCÍA MORENO, LUIS A. *El fin del Reino visigodo de Toledo. Decadencia y catástrofe. Contribución a su crítica* [Antiqua et Medievalia, 1]. Madrid: Universidad Autónoma 1975. 213 pp.

378 GARIJO GUEMBE, MIGUEL MARIA *La sucesión apostólica en los tres primeros siglos de la Iglesia* — DialEc 11 (1976) 179—231

[2310] GARZYA, A.: Synesius Cyrenensis

379 GASCOU, J. P. *Fouad 87. Les monastères pachômiens de l'État byzantin* — BIFAO 76 (1976) 157—184

380 GENTILE, PANFILO *Storia del cristianesimo dalle origini a Teodosio.* Milano: Biblioteca universale Rizzoli 1975. 362 pp.

381 GEOLTRAIN, P. *Origines du christianisme* — AEHESR 84 (1975/76) 305—306

382 GERO, S. *Christianity and Hellenism from the First to the Fourth Century* — Didaskalos 5 (1975) 123—135

383 GERO, S. *Jonah and the patriarch* — VigChr 29 (1975) 141—146

384 GEROSTERGIOS, A. N. *The religious policy of Justinian I and his religious beliefs.* [Diss.]. Ann Arbor: Univ. Microfilms 1975. VI, 567 pp.

385 GESSEL, WILHELM *Das primatiale Bewußtsein Julius' I. im Lichte der Interaktionen zwischen der Cathedra Petri und den zeitgenössischen Synoden.* In: *Konzil und Papst* (cf. 1975/76, 169) 63—74

386 GIRARDET, KLAUS M. *Kaisergericht und Bischofsgericht: Studien zu den Anfängen des Donatistenstreites (313—315) und zum Prozeß des Athanasius von Alexandrien (328—346)* [AAG 21]. Bonn: Habelt 1975. 183 pp.

387 GOCHEE, WILLIAM J. *A Textual View of the Struggle of the Early Medieval Church in the West.* In: *Traditio-Krisis-Renovatio* (cf. 1975/76, 209) 81—91

388 GONZÁLEZ BLANCO, ANTONIO *Tensiones políticas, económicas y sociales en la sociedad cristiana a fines del siglo primero* — RIS 33 (1975) 7—49

389 GOOTE, M. *Het Evangelie in de Grieks-romeinse wereld.* Kampen: Kok 1976. 174 pp.

390 GOTTLIEB, GUNTHER *Les évêques et les empereurs dans les affaires ecclésiastiques du 4ᵉ siècle* — MH 33 (1976) 38—50

391 GRANT, ROBERT M. *Religion and Politics at the Council at Nicaea —* JR 55 (1975) 1—12

392 GRASSI, JOSEPH A. *Underground Christians in the earliest church.* Santa Clara, Cal.: Diakonia Press 1975. 142 pp.

393 GREGORY, TIMOTHY *Novatianism: A Rigorist Sect in the Christian Roman Empire* — Byzantine Studies-Études Byzantines 2 (1975) 1—19

394 GRIFFE, É. *A travers les paroisses rurales de la Gaule au VIᵉ siècle —* BLE 76 (1975) 1—26

395 GRIFFE, É. *Der hl. Martinus und das gallische Mönchtum.* In: *Askese und Mönchtum* (cf. 1975/76, 107) 255—280

396 GRIMM, BERNHARD *Untersuchungen zur sozialen Stellung der frühen Christen in der römischen Gesellschaft* [Diss.]. München: 1975. V, 348 pp.

397 GROSDIDIER DE MATONS, JOSÉ *Démonologie, magie, divinisation, astrologie à Byzance* — AEHESHP 107 (1974—75) 485—491

398 GROTZ, HANS *Die Stellung der römischen Kirche anhand frühchristlicher Quellen* — AHP 13 (1975) 7—64

399 GUILLAUMONT, ANTOINE *Un mouvement de «Spirituels» dans l'Orient chrétien* — RHR 189 (1976) 125—129

400 GUILLÉN, PRECKLER, FERNANDO *Testimonio de Luciano sobre los cristianos* — Helmántica 26 (1975) 249—257

401 GUY, J. C. *Bulletin d'histoire de la spiritualité. Le monachisme ancien* — RHSpir 51 (1975) 323—334

402 HAGE, WOLFGANG *Christentum und Schamanismus. Zur Krise des Nestorianertums in Zentralasien.* In: *Festschrift W. Zeller* (cf. 1975/76, 209) 114—124

403 HAHN, FERDINAND *The Worship of the Early Church.* Transl. by DAVID E. GREEN and ed. with an introd. by JOHN REUMANN. Philadelphia: Fortress Press 1973. XXVI, 118 pp.

404 HAMMAN, A. *Liturgie, prière et famille dans les trois premiers siècles chrétiens* — QLP 57 (1976) 81—98

405 HAMMAN, ADALBERT *Chrétiens et christianisme vus et jugés par Suétone, Tacite et Pline le Jeune.* In: *Forma futuri* (cf. 1975/76, 149) 91—109

406 *Handbuch der Kirchengeschichte. Band II. 2.* Halbband: *Die Kirche in Ost und West von Chalkedon bis zum frühen Mittelalter.* Von KARL BAUS, HANS-GEORG BECK, EUGEN EWIG und HERMANN JOSEF VOGT. Freiburg: Herder 1975. 360 pp.

407 *Handbuch der Religionsgeschichte. I.* Ed. J. P. ASMUSSEN — J. LAESSÖE — C. COLPE. Göttingen: Vandenhoeck & Ruprecht 1971. XVI, 525 pp.

408 HAUSCHILD, WOLF-DIETER *Kirchengeschichte als Missionsgeschichte. Überlegungen zu einem «Programm» und seiner Realisierung —* ZKG 86 (1975) 367—381

409 HEINZBERGER, FERDINAND *Heidnische und christliche Reaktion auf die Krisen des weströmischen Reiches in den Jahren 395—410 n. Chr.* Bonn: Univ. Philosoph. Fak. Diss. 1976. 368 pp.

410 HEINZELMANN, MARTIN *Bischofsherrschaft in Gallien: zur Kontinuität römischer Führungsschichten vom 4. bis zum 7. Jh.; soziale, prosopographische und bildungsgeschichtliche Aspekte* [Francia, Beihefte 5]. Zürich: Artemis 1976. 280 pp.

411 HEINZELMANN, M. *L'aristocratie et les évêchés entre Loire et Rhin, jusqu'à la fin du VIIe siècle —* RHEF 62 (1975) 75—90

412 HENGEL, MARTIN *Mors turpissima crucis. Die Kreuzigung in der antiken Welt und die «Torheit» des «Wortes vom Kreuz».* In: *Rechtfertigung. Festschrift E. Käsemann* (cf. 1975/76, 191) 125—185

413 HENGEL, MARTIN *Property and riches in the early church; aspects of a social history of early Christianity,* tr. by JOHN BOWDEN. Philadelphia: Fortress Press 1975. VIII, 96 pp.

414 HORN, STEPHAN *La «sedes apostolica»: point de vue théologique de l'Orient au commencement du VIe siècle —* Istina 20 (1975) 435—456

415 JAEGER, WERNER *Paideia Christi.* In: *Erziehung und Bildung...* (cf. 1975/76, 140) 487—502

416 JEDIN, H. *Introduzione alla storia della Chiesa.* Trad. di N. BEDUSCHI. Brescia: Ed. Morcelliana 1973. 140 pp.

417 JOHNSON,SHERMAN E. *Asia Minor and Early Christianity.* In: *Christianity, Judaism and other Greco-Roman Cults. II.* (cf. 1975/76, 121) 77—145

418 *The Joint Expedition to Caesarea Maritima.* Vol. 1: *Studies in the history of Caesarea Maritima.* Ed. CHARLES THEODORE FRITSCH, GLANVILLE DOWNEY et alii [BASOR Supplemental Studies 19]. Missoula, Mont.: Scholars Press 1975. 122 pp.

419 JOSEF, HERMANN *Papst Cölestin und Nestorius.* In: *Konzil und Papst* (cf. 1975/76, 169) 85—102

420 KAEGI, W. E. *Gli storici proto-bizantini e la Roma del tardo quinto secolo —* RSI 88 (1976) 5—9

421 KANIUTH, AGATHE *Die Beisetzung Konstantins des Großen. Unter-*
suchungen zur religiösen Haltung des Kaisers [Nachdruck der Ausgabe Breslau 1941; Breslauer Historische Forschungen 18]. Aalen:
Scientia-Verlag 1974. 90 pp.

422 KARTASCHOW, A. *Die Entstehung der kaiserlichen Synodalgewalt*
unter Konstantin dem Großen, ihre theologische Begründung und ihre
kirchliche Rezeption. In: *Die Kirche*... (cf. 1975/76, 168) 149—168

423 KEALY, JOHN P. *The early church and Africa. A school certificate*
based on the East African syllabus for Christian religious education.
Nairobi: Oxford University Press 1975. XXIII, 345 pp.

424 KENNEDY, CHARLES A. *Early Christians and the Anchor* — BibArch
38 (1975) 115—124

425 KERESZTES, P. *The Decian libelli and Contemporary Literature* —
Latomus 35 (1976) 761—781

426 KÖTTING. BERNHARD *Die Stellung des Konfessors in der Alten*
Kirche — JAC 19 (1976) 7—23

427 KUPISZEWSKI, H. *Powtórne małżeństwo w konstytucjach cesarzy*
rzymskich w IV i V wieku (Die zweite Ehe in den Konstitutionen
der römischen Kaiser des IV. und V. Jahrhunderts) — AnCra 7
(1975) 349—366

428 LADNER, GERHART B. *On Roman Attitudes toward Barbarians in*
Late Antiquity — Via 7 (1976) 1—26

429 LAMZA, L. *Patriarch Germanos I. von Konstantinopel (715—730).*
Versuch einer endgültigen chronologischen Fixierung des Lebens und
Wirkens des Patriarchen. Mit dem griechisch-deutschen Text der
Vita Germani [Das östliche Christentum 27]. Würzburg: Augusti-
nus-Verlag 1975. XXV, 248 pp.

430 LAWRENCE, C. H. *The Origins and Development of Clerical Celibacy*
— Clergy 60 (1975) 138—146

431 LE GALL, J.; MARILIER, J. *L'apport d'Alésia à l'histoire du christia-*
nisme en Gaule du IVe au IXe siècle — RHEF 62 (1976) 253—256

432 LE GUILLOU, M. J. *Principe apostolique et principe impérial. Quel-*
ques réflexions sur le sens de la primauté romaine aux premiers
siècles — Istina 21 (1976) 142—153

433 LE MAITRE, PH. *Évêques et moines dans le Maine. IVe—VIIIe siècles*
— RHEF 62 (1975) 91—102

434 LE MERLE, P. *Histoire de Byzance.* Paris: Presses Univ. de France
1975⁷. 127 pp.

435 LEPSIC, E. E. *Prawo i sud w Vizantii w IV—VIII ww (Recht und*
Gericht in Byzanz im 4.—8. Jahrhundert). Leningrad: 1976. 229 pp.
[in russisch]

436 LIETZMANN, HANS *Die Anfänge des Problems Kirche und Staat.* In:
Die Kirche... (cf. 1975/76, 168) 1—14

437 LIETZMANN, HANS *Das Problem Staat und Kirche im weströmischen Reich.* In: *Die Kirche...* (cf. 1975/76, 168) 112—122

438 LIETZMANN, HANS *Geschichte der Alten Kirche,* hrsg. v. KURT ALAND. 4./5. Aufl. in einem Band. Berlin/New York: 1975. XVII, 1223 pp.

439 LIPPOLD, A. *Maximinus Thrax und die Christen* — Historia 24 (1975) 479—492

440 LLEWELLYN, P. *The Roman Church during the Laurentian Schism. Priests and senators* — ChH 45 (1976) 417—427

441 LOF, L. J. VAN DER *Les liens chrétiens avec les synagogues locales du temps de S. Cyprien et S. Augustin* — NAKG 56 (1975/76) 385—395

442 LÓPEZ SALVÁ, M. *Notas sobre la sociedad constantinopolitana del imperio bizantino* — Durius 3 (1975) 365—370

443 LOTTER, F. *Severinus von Noricum, Legende und historische Wirklichkeit. Untersuchungen zur Phase des Übergangs von spätantiken zu mittelalterlichen Denk- und Lebensformen* [Monogr. zur Gesch. des Mittelalters 12] Stuttgart: Hiersemann 1976. VII, 328 pp.

444 LUSSEAUD, GEORGES *Tradition conciliaire de l'Église des Gaules* — Présence Orthodoxe 28 (1975) 38—52

445 LUTTENBERGER, G. H. *The priest as a member of a ministerial college. The development of the Church's ministerial structure from 96 to c. 300 A.D.* — RThAM 43 (1976) 5—63

446 MAEHLER, MARGARET *Trouble in Alexandria in a Letter of the Sixth Century* — GrRoBySt 17 (1976) 197—203

447 MANDOUZE, ANDRÉ *Die Kirche angesichts des Zusammenbruchs der römischen Kultur.* In: *Die Kirche...* (cf. 1975/76, 168) 206—220

448 MANDOUZE, A. *Le donatisme repésente-t-il la résistance à Rome de l'afrique tardive?* In: *Assimilation et résistance...* (cf. 1975/76, 109) 357—366

449 MARAVAL, P. *Nysse en Cappadoce* — RHPhR 55 (1975) 237—248

450 MARINER, SEBASTIÁN *La difusión del Cristianismo como factor de latinización.* In: *Assimilation et résistance...* (cf. 1975/76, 109) 271—282

451 MARKUS, R. A. *Church history and the early church historians.* In: *The materials, sources and methods...* (cf. 1975/76, 175) 1—17

452 MARKUS, R. A. *Coge intrare: Die Kirche und die politische Macht.* In: *Die Kirche...* (cf. 1975/76, 168) 337—362

453 MARKUS, R. A. *Christianity in the Roman World.* New York: Scribner's 1974. 192 pp.

454 MARROU, H.-I. *Les arts libéraux dans l'Antiquité classique.* In: *Patristique et humanisme* (cf. 1975/76, 174) 37—63

455 MARROU, H.-I. *L'origine orientale des diaconies romaines.* In: *Patristique et humanisme* (cf. 1975/76, 174) 81—117

456 MARROU, H.-I. *La technique de l'édition à l'époque patristique.* In:
    Patristique et humanisme (cf. 1975/76, 174) 239—251
457 MARROU, H.-I. *La diatribe chrétienne.* In: *Patristique et humanisme*
    (cf. 1975/76, 174) 267—277
458 MARROU, H.-I. *L'arianisme comme phénomène alexandrin.* In: *Patris-*
    tique et humanisme (cf. 1975/76, 174) 321—330
459 MARTI BONET, J. *Roma y las iglesias particulares en la concesión del*
    palio a los obispos y arzobispos de Occidente. Año 513—1143
    [Colectánea San Paciano 21]. Barcelona: Facultad de Teologia/
    Editorial Herder 1976, XXIII—241 pp.
460 MAY, GERHARD *Die großen Kappadokier und die staatliche Kirchen-*
    politik von Valens bis Theodosius. In: *Die Kirche...* (cf. 1975/76,
    168) 322—337
461 MAYERSON, PHILIP *An Inscription in the Monastery of St. Catherine*
    and the Martyr Tradition in Sinai — DumPap 30 (1976) 375—379
462 MAZZARINO, S. *Il cosidetto Anonymus post Dionem e la storio-*
    graphia greca del III secolo d. C. In: *Association G. Budé* (cf. 1975/76,
    110) 239—246
463 MERRIMAN, JOSEPH FRANCIS *Aristocratic and Imperial Patronage*
    of the Decorative Arts in Rome and Constantinople A.D. 337—395:
    The Role of Sculpture, Painting, Mosaics, and the Minor Arts in
    Fourth Century Society. [Diss.]. Univ. of Illinois at Urbana-
    Champaign 1975. 413 pp.
464 MIHĂESCU, H. *Die Lage der zwei Weltsprachen (Griechisch und*
    Latein) im byzantinischen Reich des 7. Jahrhunderts als Merkmal
    einer Zeitwende. In: *Studien zum 7. Jh. in Byzanz* (cf. 1975/76, 202)
    95—100
465 MOLTHAGEN, J. *Der römische Staat und die Christen im II. und III.*
    Jahrhundert. 2. Aufl. Göttingen: Vandenhoeck & Ruprecht 1975.
    142 pp.
466 MONGELLI, S. *Eustazio di Sebaste, Basilio e lo scisma macedoniano* —
    Nicolaus 3 (1975) 455—469
467 MORARD, F. E. *Monachos, une importation sémitique en Égypte?*
    Quelques aperçus nouveaux. In: *Studia Patristica 12* (cf. 1975/76,
    199) 242—246
468 MUÑOZ VALLE, ISIDORO *Temistio y la promoción de la cultura griega*
    bajo los emperadores cristianos — SVict 23 (1976) 164—201
[2446] MUSSET, L.: Hagiographica, Generalia
469 MUSURILLO, HERBERT *Christian and Political Martyrs in the Early*
    Roman Empire: a Reconsideration. In: *Assimilation et résistance...*
    (cf. 1975/76, 109) 333—342
470 NESSELHAUF, HERBERT *Der Ursprung des Problems «Staat und*
    Kirche». [Konstanzer Universitätsreden 14]. Konstanz: Druckerei
    und Verlagsanstalt Konstanz 1975. 33 pp.

471 NOLD, M. *A consideration of Alexandrian christianity as a possible aid towards further understanding of Nag Hammadi religion.* In: *Studia Patristica* 14 (cf. 1975/76, 201) 229—242

472 O'CALLAGHAN, JOSÉ *El cristianismo popular en el Antiguo Egipto* [Colección Epifanía. Libro de bolsillo Cristiandad, 27]. Madrid: Ediciones Cristiandad 1975. 145 pp.

473 ORLANDIS, JOŚE *La Iglesia antigua y medieval* [Historia de la Iglesia 1, Biblioteca Palabra 10]. 2. ed. Madrid: Palabra 1975. XXI, 467 pp.

474 ORLANDIS ROVIRA, JOSÉ *La Iglesia en la España visigótica y medieval.* Pamplona: Eunsa 1976. 400 pp.

475 OROZ-RETA, J. *Du théâtre classique au théâtre religieux.* In: *Association G. Budé* (cf. 1975/76, 110) 493—500

476 ORTIZ DE URBINA, IGNACIO *La sequía y el hambre del año 362.* In: *Miscelánea J. Zunzunegui,* III (cf. 1975/76, 179) 87—92

477 OSTER, RICHARD *The Ephesian Artemis as an Opponent of Early Christianity* — JAC 19 (1976) 24—44

478 PACAUT, MARCEL *La Papauté, des origines au concile de Trente.* Paris: Fayard 1976. 397 pp.

479 PAPADOPOULOS, K. *Οἱ ἐπίσκοποι τῆς Λατινικῆς Ἀφρικῆς ὑπέρ Ἰωάννου τοῦ Χρυσοστόμου* — Kleronomia 7 (1975) 22—26

480 PARKES, JAMES *The Conflict of the Church and the Synagogue: a study in the origins of antisemitism.* New York: Hermon Press 1974. XXIV, 430 pp.

[1886] PASQUATO, O.: Iohannes Chrysostomus

481 PAVAN, M. *Stato romano e comunità cristiane nel Norico* — Klio 9 (1975) 453—496

482 PETERS, EDWARD *Monks, Bishops and Pagans: Christian culture in Gaul and Italy, 500—700. Sources in translation, including The World of Gregory of Tours.* Edited and translated by WILLIAM C. MCDERMOTT. Philadelphia: Univ. of Pennsylvania Press 1975. XIII, 238 pp.

483 PIÉTRI, CHARLES *Roma Christiana. Recherches sur l'Église de Rome, son organisation, sa politique, son idéologie de Miltiade à Sixte III* [Bibliothèque des Écoles Françaises d'Athènes et de Rome 224]. Rome: École Française 1976. XIII, 1792 pp. en 2 vol.

484 PIGULEWSKAJA, N. W. *Blishnij Wostok, Wisantija, Slawjanje [Der Nahe Osten, Byzanz, Slaven].* Leningrad: 1976. 239 pp.

485 POPOVIĆ, VLADISLAV *Le dernier évêque de Sirmium* — REA 21 (1975) 91—110

486 PRÉAUX, JEAN *Securus Melior Felix, l'ultime Rhetor Urbis Romae.* In: *Corona Gratiarum II* (cf. 1975/76, 131) 101—121

487 PRETE, S. *La lettera di Gelasio I ai vescovi del Picenum sul Pelagianesimo (1 nov. 493)* — StPic 43 (1976) 9—28

488 PRIGENT, P. *Au temps de l'Apocalypse*. I: *Domitien*. II: *Le culte impérial au Ier s. en Asie Mineure*. III: *Pourquoi les persécutions? Brève histoire explicative de l'hostilité suscitée par le christianisme ancien* — RHPhR 54 (1974) 455—483; 55 (1975) 215—235, 341—363

489 PRINZ, FRIEDRICH *Zur geistigen Kultur des Mönchtums im spätantiken Gallien und im Merowingerreich*. In: *Mönchtum und Gesellschaft* (cf. 1975/76, 181) 265—357

490 PUERTAS TRICAS, RAFAEL *Iglesias hispánicas (siglos IV al VIII). Testimonios literarios* [Publicación del Patronato Nacional de Museos]. Madrid: Industrias Gráficas España 1975. 314. 32 pp.

491 RIESER, M. *Messianism and epiphany. An essay on the origins of christianity*. Amsterdam: Grüner 1973. 98 pp.

492 ROBLES, LAUREANO *La cultura religiosa de la España visigótica* — EscrVedat 5 (1975) 9—54

493 ROCHOW, ILSE *Die Heidenprozesse unter den Kaisern Tiberios II. und Maurikios*. In: *Studien zum 7. Jahrhundert in Byzanz* (cf. 1975/76, 202) 120—130

494 ROSSI DE AGUIAR FRAZÃO, E. *Donato e o donatismo* — RaHist 52 (1975) 61—71

495 ROUGÉ, J. *A propos des mendiants au IVe siècle. Étude de quelques textes* — CaHist 20 (1975) 339—346

496 RUETHER, ROSEMARY *Les femmes et le sacerdoce. Perspective historique et sociale* — ConciliumT 111 (1976) 41—50

497 SALAMON, M. *Rozwój idei Rzymu-Konstantynopola od IV do pierwszej połowy VI wieku (The Development of the Rome—Constantinople idea from the fourth to the first half of the sixth century)*. Katowice: Uniwersytet Śląski 1975. 144 pp.

498 SANCHEZ SALOR, E. *Jerarquías eclesiásticas y monacales en época visigótica* [Acta Salmanticensia. Filosofía y Letras, 96]. Salamanca: Universidad de Salamanca 1976. 270 pp.

499 SANCHEZ SALOR, E. *Mérida, metrópolis religiosa en época visigótica* — HispAnt 5 (1975) 135—150

500 SANDERS, GABRIEL *Les chrétiens face à l'epigraphie funéraire latine*. In: *Assimilation et résistance...* (cf. 1975/76, 109) 283—300

[2289] SCHATKIN, M.: Endelechius

501 SCHIEFFER, R. *Zur Beurteilung des norditalischen Dreikapitel-Schismas. Eine überlieferungsgeschichtliche Studie* — ZKG 87 (1976) 167—201

502 SCHNEEMELCHER, WILHELM *Kirche und Staat in 4. Jahrhundert*. In: *Die Kirche...* (cf. 1975/76, 168) 122—149

503 SCHOEDEL, WILLIAM R. *Jewish Wisdom and the Formation of the Christian Ascetic*. In: *Aspects of Wisdom in Judaism and Early Christianity* (cf. 1975/76, 108) 169—199

504 SCHÖNBORN, CH. VON *La primauté romaine vue d'Orient pendant la querelle du monoénergisme et du monothélisme (VIIe s.)* — Istina (1975) 476—490

505 SCHOLL, ROBERT *Das Bildungsproblem in der Alten Kirche.* In: *Erziehung und Bildung...* (cf. 1975/76, 140) 503—526

506 SCHREINER, PETER *Legende und Wirklichkeit in der Darstellung des byzantinischen Bilderstreits* — Saeculum 27 (1976) 165—179

507 SCHÜSSLER FIORENZA, ELISABETH *Die Rolle der Frau in der urchristlichen Bewegung* — Concilium 12 (1976) 3—9

508 SIMON, MARCEL *Les rivaux du christianisme dans le monde romain.* Paris: Publications de l'Institut de France 1976. 15 pp.

509 SIMON, MARCEL *Histoire ancienne du Christianisme* — RH 153 (1975) 417—468

510 SIMONETTI, MANLIO *La crisi ariana del IV secolo* [StEA 11]. Roma: Augustinianum 1975. VII, 598 pp.

511 SIMONETTI, M. *L'arianesimo di Ulfila* — RomBarb 1 (1976) 297—323

512 SIMONETTI, MANLIO *Il millenarismo in Oriente da Origene a Metodio.* In: *Corona Gratiarum I* (cf. 1975/76, 130) 37—58

[872] SIMONETTI, M.: Ambrosius

513 SPEIGL, J. *Das entstehende Papsttum, die Kanones von Nizäa und die Bischofseinsetzungen in Gallien.* In: *Konzil und Papst* (cf. 1975/76, 169) 43—62

514 STE. CROIX, GEOFFREY DE *Early christian attitudes to property and slavery.* In: *Church, society and politics...* (cf. 1975/76, 122) 1—38

515 STOCKMEIER, PETER *Glaube und Paideia. Zur Begegnung von Christentum und Antike.* In: *Erziehung und Bildung...* (cf. 1975/76, 140) 527—548

516 STOCKMEIER, PETER *Die Übernahme des Pontifex-Titels im spätantiken Christentum.* In: *Konzil und Papst* (cf. 1975/76, 169) 75—84

517 STOCKMEIER, PETER *Die sogenannte Konstantinische Wende im Licht antiker Religiosität* — HJ 95 (1975) 1—17

518 STOCKMEIER, PETER *Aspekte zur Ausbildung des Klerus in der Spätantike* — MThZ 27 (1976) 217—232

519 STOPNIAK, F. *Chrześcijanie w Galli w III wieku (Chrétiens en Gaule au IIIe siècle)* — STV 13 (1975) 307—310

520 STRAUB, JOHANNES *Kaiser Konstantin als* ἐπίσκοπος τῶν ἐκτός. In: *Die Kirche...* (cf. 1975/76, 168) 187—206

521 TAYLOR, J. *East and West in the Church: In the Beginning* — Prudentia 8 (1976) 91—98

[2028] TIETZE, W.: Lucifer Calaritanus

522 TOWERS, TERENCE *The Antiphonetes Icon — Footnote to the Iconoclastic Controversy* — DR 93 (1975) 21—26

523 TREVIJANO ETCHEVERRÍA, RAMÓN *The Early Christian Church of
     Alexandria.* In: *Studia Patristica 12* (cf. 1975/76, 199) 471—477

524 TUILIER, A. *Le conflit entre Constantin et Licinius et les origines de
     l'arianisme* — ŽA 25 (1975) 247—258

525 TUILIER, A. *Le sens de l'Apollinarisme dans les controverses théologi-
     ques du IVe siècle.* In: *Studia Patristica 13* (cf. 1975/76, 200)
     295—305

526 ULLMANN, WALTER *The Constitutional Significance of Constantine
     the Great's Settlement* — JEcclH 27 (1976) 1—16

527 UNDERHILL, EVELYN *The mystic way. A psychological study in
     Christian origins.* [Reprint of the 1913 ed. published by J. M. DENT,
     London]. Folcraft, Pa: Folcraft Library Editions 1975. XIV,
     395 pp.

528 VOGT, H. J. *Papst Cölestin und Nestorius.* In: *Konzil und Papst*
     (cf. 1975/76, 169) 85—101

529 VOGT, HERMANN-JOSEF *Parteien in der Kirchengeschichte: Athana-
     sius und seine Zeitgenossen* — Concilium 9 (1973) 538—545

530 VOGT, JOSEPH *Der Vorwurf der sozialen Niedrigkeit des frühen
     Christentums* — Gy 82 (1975) 401—411

531 VOGT, J. *Helena Augusta, das Kreuz und die Juden. Fragen um die
     Mutter Constantins des Großen* — Saeculum 27 (1976) 211—222

532 VOKES, F. E. *Penitential discipline in Montanism.* In: *Studia
     Patristica 14* (cf. 1975/76, 201) 62—76

533 WALDRON, H. N. *Expressions of religious conversion among laymen
     remaining within secular society in Gaul, 400—800 A. D.* [Diss.].
     Ohio State Univers.: 1976. 386 pp.

534 WALKER, WILLISTON *A history of the Christian Church.* 3rd edition,
     revised by ROBERT T. HANDY. Edinburgh: Clark 1976. III—XVII,
     601 pp.

535 WAND, J. W. C. *A history of the early Church to A. D. 500.* New
     edition. New York: Barnes & Noble 1975. IX, 300 pp.

536 WEISSENGRUBER, FRANZ *Monastische Profanbildung in der Zeit von
     Augustinus bis Benedikt.* In: *Mönchtum und Gesellschaft* (cf. 1975/76,
     181) 387—429

537 WERMELINGER, OTTO *Rom und Pelagius. Die theologische Position
     der römischen Bischöfe im pelagianischen Streit in den Jahren
     411—432* [Päpste und Papsttum 7]. Stuttgart: Hiersemann 1975.
     VII, 340 pp.

538 WERNER, K. F. *Le rôle de l'aristocratie dans la christianisation du
     nordest de la Gaule* — RHEF 62 (1975) 45—74

539 WILKINSON, J. *Christian pilgrims in Jerusalem during the Byzantine
     period* — PalExQ 108 (1976) 75—101

540 WINKELMANN, FRIEDHELM *Die Kirchengeschichtswerke im oströmi-
     schen Reich* — Byslav 37 (1976) 1—10; 172—190

541 WIPSZYCKA, EWA *Les terres de la congrégation pachomienne dans une liste de payements pour les apora.* In: *Le monde grec* (cf. 1975/76, 182) 625—638

542 WOLF, ERNST *Zur Entstehung der kaiserlichen Synodalgewalt, zu ihrer theologischen Begründung und kirchlichen Rezeption.* In: *Die Kirche...* (cf. 1975/76, 168) 168—187

[741] WOLFRAM, H.: Novum Testamentum

543 WYTZES, J. *Der letzte Kampf des Heidentums in Rom* [EPRO 56]. Leiden: Brill 1976. XIV, 387 pp.

544 YARBROUGH, ANNE *Christianization in the Fourth Century. The Example of Roman Women* — CH 45 (1976) 149—165

545 ZEISEL, WILLIAM N., Jr. *An Economic Survey of the Early Byzantine Church.* [Diss.]. Rutgers Univ.: 1975. 371 pp.

9. PHILOSOPHICA

[1420] ANDRÉS HERNANSANZ, T. DE: Celsus

546 ARMSTRONG, A. H. *The Escape of the One. An investigation of some possibilities of apophatic theology imperfectly realised in the West.* In: *Studia Patristica 13* (cf. 1975/76, 200) 77—89

[997] BADILLO, O'FARELL, P. J.: Augustinus

[2100] BALÁS, D. L.: Origenes

[2704] BARABANOW, E. V.: Doctrina auctorum

547 BAUMSTARK, ANTON *Aristoteles bei den Syrern vom 5. bis 8. Jahrhundert.* Syrische Texte, hrsg., übersetzt und untersucht. I. (einziger) Band: *Syrisch-arabische Biographien des Aristoteles. Syrische Kommentare zur Εἰσαγωγή des Porphyrios* [Nachdruck der Ausgabe Leipzig 1900]. Aalen: Scientia-Verlag 1975. 257; 67 pp.

[1016] BRASA DIEZ, M.: Augustinus

[1541] BRONS, B.: Ps.-Dionysius Areopagita

[1034] CAPÁNAGA, V.: Augustinus

[1038] CATAUDELLA, Q.: Augustinus

[1050] CROCCO, A.: Augustinus

[1710] DANIÉLOU, J.: Gregorius Nyssenus

[2341] DÖLGER, F. J.: Tertullianus

[840] DÖRRIE, H.: Ambrosius

[1712] DÖRRIE, H.: Gregorius Nyssenus

548 DÖRRIE, HEINRICH *Porphyrius als Mittler zwischen Plotin und Augustin.* In: *Platonica minora* (cf. 1975/76, 138) 454—473

549 DURAND, G.-M. DE *«Un lien plus fort: ma volonté».* Exégèse patristique de Timée, 41 A—B — ScEs 27 (1975) 329—348

[1062] EBENRECK, S. V.: Augustinus

[2117] ELORDUY, E.: Origenes

550 FRANTZ, ALISON *Pagan Philosophers in Christian Athens* — Proc-AmPhS 119 (1975) 29—39

[1090] GARCÍA FERNÁNDEZ, A.: Augustinus

551 GILSON, ÉT. *La philosophie au moyen âge.* 1: *Des origines patristiques au XIIe siècle.* 2: *Du XIIIe siècle à la fin du XIVe siècle* [Petite bibliothèque Payot 274/275]. Paris: Payot 1976. 778 pp.

552 GREGG, ROBERT *Consolation Philosophy. Greek and Christian Paideia in Basil and the two Gregories.* Cambridge: 1976. V, 285 pp.

[2032] GUITTARD, C.: Macrobius

[1400] GUŁKOWSKI, J.: Boethius

[1401] GUŁKOWSKI, J.: Boethius

553 HADOT, P. *Neoplatonismo e cristianesimo in Agostino.* In: *Storia della filosofia IV* (cf. 1975/76, 572) 359—369

554 HADOT, P. *Le scuole neoplatoniche di Atene ed Alessandria e le controversie cristologiche nel secolo V.* In: *Storia della filosofia IV* (cf. 1975/76, 572) 371—391

555 HADOT, P. *Il neoplatonismo teurgico in Siria e in Asia Minore e le controversie trinitarie del secolo IV.* In: *Storia della filosofia IV* (cf. 1975/76, 572) 329—358

[1106] HUANT, E.: Augustinus

[1108] IBARETA DE GHÍO, M.: Augustinus

[1114] JESS, W. VAN: Augustinus

556 KELBER, W. *Die Logoslehre von Heraklit bis Origenes.* Stuttgart: Urachhaus 1976. 271 pp.

557 KING, JAMES T. *The First Debate on the Possibility of a Christian Philosophy (A Survey of the Opposing Views of Justin and Tatian).* In: *Proceedings of the PMR Conference* (cf. 1975/76, 188)

[1753] KOBUSCH, TH.: Hierocles Alexandrinus

[1121] KOWALCZYK, S.: Augustinus

[1450] LILLA, S. R. C.: Clemens Alexandrinus

558 MACLELLAND, JOSEPH *God the anonymous: a study in Alexandrian philosophical theology* [Patristic Monographic Series 4]. Cambridge, Mass.: Philadelphia Patristic Foundation 1976. IX, 209 pp.

559 MADEC, G. *La christianisation de l'hellénisme. Thème de l'histoire de la philosophie patristique.* In: *Humanisme et foi chrétienne* (cf. 1975/76, 162) 399—406

[793] MALINGREY, A.-M.: Auctores

560 MAŁUNOWICZÓWNA, LEOKADIA *Les élements stoïciens dans la consolation grecque chrétienne.* In: *Studia Patristica 13* (cf. 1975/76, 200) 35—45

[2311] MARROU, H.-I.: Synesius Cyrenensis

561 MEIJERING, E. P. *Onmodieuze theologie. Over de waarde van de theologie van ‚grieks' denkende kerkvaders.* Kampen: J. H. Kok 1975. 108 pp.

562 MEIJERING, E. P. *Wie platonisieren Christen? Zur Grenzziehung zwischen Platonismus, kirchlichem Credo und patristischer Theologie.* In: *God being history*... (cf. 1975/76, 176) 133—146
563 MEIJERING, E. P. *Mosheim on the Philosophy of the Church Fathers* — NAKG 56 (1975—1976) 367—384
564 MEIJERING, E. P. *Zehn Jahre Forschung zum Thema Platonismus und Kirchenväter.* In: *God being history*... (cf. 1975/76, 176) 1—18
565 MEIJERING, E. P. *God—Cosmos—History. Christian and Neo-Platonic views on Divine Revelation.* In: *God being history*... (cf. 1975/76, 176) 52—80
[1511] MEIJERING, E. P.: Cyrillus Alexandrinus
[1933] MEIJERING, E. P.: Irenaeus

566 MEREDITH, ANTHONY *Orthodoxy, Heresy and Philosophy in the latter half of the Fourth Century* —'HeythropJ 16 (1975) 5—21
567 MEREDITH, A. *Ascetism Christian and Greek* — JThS 27 (1976) 313—332
568 MESLIN, MICHEL *De l'herméneutique des symboles religieux* — ReSR 49 (1975) 24—32
[2062] MILLER, T. A.: Methodius
[1166] MOREAU, J.: Augustinus
569 MORTLEY, R. *Recent Work in Neoplatonism* — Prudentia 7 (1975) 47—62
[1549] MUÑIZ RODRÍGUEZ, V.: Ps.-Dionysius
[1187] OROZ RETA, J.: Augustinus
[1189] ORTEGA MUÑOZ, J. F.: Augustinus
570 OSBORN, E. F. *Empiricism and Transcendence* — Prudentia 8 (1976) 115—122
571 PATRIDES, C. A. *Milton and the Arian controversy. Or, some reflexions on contextual settings and the experience of deuteroscopy* — ProcAmPhS 120 (1976) 245—252
[1194] PEGUEROLES, J.: Augustinus
[1197] PEGUEROLES, J.: Augustinus
[2065] PÉPIN, J.: Methodius
[2313] PIÑERO SÁENZ, A.: Synesius
[1210] POQUE, S.: Augustinus
[1735] RIST, J. M.: Gregorius Nyssenus
[2145] RIUS-CAMPS, J.: Origenes
[1223] ROTHOLZ, W. G. H.: Augustinus
[871] SAVON, H.: Ambrosius
[1236] SCIACCA, M. F.: Augustinus
[1243] SPANNEUT, M.: Augustinus
[1557] SPEARRITT, P.: Pseudo-Dionysius Areopagita

572 *Storia della filosofia. 4.: La filosofia ellenistica e la patristica cristiana dal II secolo a. C. al V secolo d. C.* Diretta da MARIO DAL PRA. Milano: F. Vallardi 1975. XXIII, 467 pp.

573 *Storia della filosofia. 5.: La filosofia medievale. Dal secolo VI al secolo XII.* Diretta da MARIO DAL PRA. Milano: F. Vallardi 1976. XXV, 489 pp.

574 TESELLE, EUGÈNE *‚Regio Dissimilitudinis‘ in the Christian Tradition and its Context in Late Greek Philosophy* — AugSt 6 (1975) 153—180

[2314] TINNEFELD, F.: Synesius Cyrenensis

575 TODD, R. B. *The four causes. Aristotle's' exposition and the ancients* — JHI 37 (1976) 319—322

[1740] TOWNSLEY, A. L.: Gregorius Nyssenus

[1945] TOWNSLEY, A. L.: Irenaeus

[1255] TRÍAS MERCANT, S.: Augustinus

[2152] WALTER, V. L.: Origenes

[1276] WATTÉ, P.: Augustinus

576 WILKEN, ROBERT L. *Wisdom and Philosophy in Early Christianity.* In: *Aspects of Wisdom in Judaism and Early Christianity* (cf. 1975/76, 108) 143—168

[1279] WOLFSKEEL, C. W.: Augustinus

577 YOUNG, M. O. *Did some middle Platonists deny the immortality of the soul?* — HThR 68 (1975) 58—60

10. PHILOLOGIA PATRISTICA
(LEXICALIA ATQUE LINGUISTICA)

a) Generalia

[2011] AGRELO, S.: Leo Magnus

[2012] AGRELO, S.: Leo Magnus

578 ALQUEN, R. D'. *Ein gotisch-griechisch-vulgärlateinisches Rätsel* — Glotta 54 (1976) 308—317

[996] AYERS, R. H.: Augustinus

579 BARTELINK, G. JOHANNES MARINUS *Wat wisten de heidenen van het oudchristelijk taalgebruik?* Nijmegen: Dekker & Van de Vegt 1975. 29 pp.

580 BARTOŇKOVÁ, D. *Prosimetrum, the mixed style, in ancient literature* — Eirene 14 (1976) 65—92

[1979] BONINI, R.: Iustinianus Imperator

[2013] CARBONERO, O.: Leo Magnus

[2334] CARBONERO, O.: Tertullianus

581 CARLETTI COLAFRANCESCO, P. *Note metriche su alcuni epigrammi cristiani di Roma datati* — AANLR 31 (1976) 249—281

[715] CERESA-GASTALDO, A.: Novum Testamentum

[1411] CLOSA FARRES, J.: Caesarius Arelatensis

[2027] DIERKS, G. F.: Lucifer Calaritanus

[844] FONTAINE, J.: Ambrosius

[2234] FONTAINE, J.: Prudentius

582 GARCÍA DE LA FUENTE, O. *Uso del pronombre redundante en los antiguos salterios latinos* — Durius 3 (1975) 9—26

[2406] GIL, J.; LÖFSTEDT, B.: Valerius Bergidensis

583 GILL, I. R. *The Orthography of the Ashburnham Pentateuch and other Latin Manuscripts of the Late Proto-Romance Period. Some Questions of Palaeography and Vulgar Latin Linguistics* — BICS 23 (1976) 27—41

[2541] HENNIG, J.: Liturgica

584 HERZOG, R. *Die Bibelepik der lateinischen Spätantike. Formgeschichte einer erbaulichen Gattung,* I [Theorie u. Gesch. d. Lit. u. d. schönen Künste 37]. München: Fink 1975. LXXVIII, 223 pp.

[1750] HILHORST, A.: Hermas Pastor

[1498] JACOS, J. W.: Cyprianus Cartaginiensis

[1119] KELLY, L. G.: Augustinus

[2542] KOWALSKI, J. W.: Liturgica

585 LITTLEWOOD, A. R. *An icon of the soul. The Byzantine letter* — Visible Language (Cleveland) 10 (1976) 197—226

586 LÖFSTEDT, BENGT *Zwei Patristica* — AAPh 9 (1975) 57—60

[1141] LÖFSTEDT, B.: Augustinus

[1142] LÓPEZ CABALLERO, A.: Augustinus

[1875] MALINGREY, A.-M.: Iohannes Chrysostomus

[1151] MANDOUZE, A.: Augustinus

[810] MAZZINI, I.: Aetheria

[1771] MAZZINI, I.: Hieronymus

[2644] MAZZINI, I.: Iuridica, symbola

587 MCCORMACK, SABINE *Latin prose Panegyrics. Tradition and discontinuity on the later roman Empire* — REA 22 (1976) 29—77

[1660] MCCULLOH, J. M.: Gregorius Magnus

588 MEIJER, J. A. *Oecumenische taal; beschouwingen over het Nieuwtestamentisch Grieks in de laatste twee eeuwen* [Kamper bijdragen 17]. Groningen: De Vuurbaak, 1976. 46 pp.

589 MERKELBACH, R. *Der Eid der bithynischen Christen* — ZPE 21 (1976) 73—74

590 MERKELBACH, R. *Der griechische Wortschatz und die Christen* — ZPE 18 (1975) 101—154

591 MERKELBACH, R. *Greek vocabulary and the Christians.* In: *Language and texts* (cf. 1975/76, 170) 109—120

44 Generalia

592 MOHRMANN, CHRISTINE *General Trends in the Study of New Testament Greek and of Early Christian Greek and Latin*. In: *Classica et Iberica* (cf. 1975/76, 123) 95—105
[1403] MOHRMANN, C.: Boethius
593 OLIVAR, ALEXANDRE *L'image du soleil non souillé dans la littérature patristique* — Didaskalia 5 (1975) 3—20
594 OPELT, ILONA *In Gottes Namen beginnen* — RomBarb 1 (1976) 181—194
595 ORBÁN, A. P. *Die Frage der ersten Zeugnisse des Christenlateins* — VigChr 30 (1976) 214—238
596 PÉPIN, JEAN *Mythe et allégorie. Les origines grecques et les contestations judéo-chrétiennes*. Paris: Études Augustiniennes 1976. 587 pp.
[2142] PERI, V.: Origenes
[2200] PERUZZI, E.: Paulus Diaconus
597 PIÑERO SÁENZ, A. *Griego biblico neotestamentario. Panóramica actual* — CFC 11 (1976) 123—197
[2191] QUIROGA, S.; CÉSAR, E.: Paulinus Nolanus
[1967] RODRÍGUEZ PANTOJA, M.: Isidorus Hispalensis
[1968] RODRÍGUEZ PANTOJA, M.: Isidorus Hispalensis
598 RUIZ JURADO, MANUEL *El concepto «Mundo» en los tres primeros siglos de la Iglesia (Panorama conclusivo)* — EE 51 (1976) 79—94
[1990] SCHMID, W.: Iustinus Martyr
[1235] SCHULTE-HERBRÜGGEN, H.: Augustinus
[813] SEGURA RAMOS, B.: Aetheria
[1969] SOFER, J.: Isidorus Hispalensis
[2637] SZELESTEI-NAGY, L.: Hymni
599 THIBAUD, A. *Crise et désarroi au bas empire. Éléments de constitution du discours chrétien au IVe siècle* — AEHESR 83 (1974/75) 345—346
[740] TOLLENAERE, F. DE: Novum Testamentum
[2258] VEUBEKE, A. C.: Regula Magistri
[1275] WALD, L.: Augustinus

b) Voces

ἀγάπη
[1057] DIDEBERG, D.: Augustinus
600 JOLY, R. Ἀγάπη *chez les apologistes grecs du deuxième siècle*. In: *Actes XIIe Conf. Eirene* (cf. 1975/76, 101) 63—67

ἄκαιρος
[1880] MALKOWSKI, J. L.: Iohannes Chrysostomus

ἀκοινώνητος

601 PLACES, ÉDOUARD DES *Un terme biblique et platonicien: ἀκοινώνητος.* In: *Forma futuri* (cf. 1975/76, 149) 154—158

ἀντίψυχον

[1822] SERRA ZANETTI, P.: Ignatius Antiochenus

ἀρχή

602 FRÜCHTEL, E. *Ἀρχή und das erste Buch des Johanneskommentars des Origenes.* In: *Studia Patristica 14* (cf. 1975/76, 201) 122—144

διακονία

[455] MARROU, H.-I.: Opera ad historiam

διάστασις

[1742] VERGHESE, T. P.: Gregorius Nyssenus

διάστημα

[1742] VERGHESE, T. P.: Gregorius Nyssenus

δουλεία

[1875] MALINGREY, A.-M.: Iohannes Chrysostomus

ἐλευθερία

[1875] MALINGREY, A.-M.: Iohannes Chrysostomus

εὐδαιμονία

603 BEBIS, G. *The Concept of εὐδαιμονία in the Fathers of the Eastern Church* — Kleronomia 7 (1975) 1—7

θεός

[2149] TOWNSLEY, A. L.: Origenes

θεός φιλάνθρωπος

604 DUCHATELEZ, K. *La «Philanthropia» de Dieu dans l'Antiquité Grecque surtout Patristique* — Communio 9 (1976) 233—255
[1895] ŽITNIK, M.: Iohannes Chrysostomus

κυριακόν, οἶκος κυριακός

604a DÖLGER, FRANZ JOSEPH «Kirche» als Name für den christlichen Kultbau. Sprach- und Kulturgeschichtliches zu den Bezeichnungen κυριακόν, οἶκος κυριακός, dominicum. basilica.In: Antike und Christentum 6 (cf. 1975/76, 137) 161—195

μάρτυς χριστιανός
[2830] DAMME, D. VAN: Vita christiana
605 KUBIS, A. Tytuł «Męczennik» (De titulo «Martyr») — RBL 29 (1976) 294—299

οἰκονομία

606 BOTTE, B. Οἰκονομία. Quelques emplois spécifiquement chrétiens. In: Corona gratiarum I (cf. 1975/76, 130) 3—9

ὁμοούσιος

607 DINSEN, FRAUKE Homoousios. Die Geschichte des Begriffs bis zum Konzil von Konstantinopel (381) [Diss.]. Kiel 1976. 405 pp.

οὐσία
[2137] NAUTIN, P.: Origenes

πρόοδος
[1550] MUÑIZ RODRÍGUEZ, V.: Ps.-Dionysius

ψυχαῖος σπινθήρ
[2978] TARDIEU, M.: Gnostica

amicitia
[1956] DIESNER, H. J.: Isidorus Hispalensis

anima

608 GEWEHR, WOLF Zu den Begriffen anima und cor im frühmittelalterlichen Denken — ZRGG 27 (1975) 40—55

arcanum
[2001] LOI, V.: Lactantius

auctoritas

609 RING, THOMAS GERHARD *Auctoritas bei Tertullian, Cyprian und Ambrosius* [Cassiciacum 29]. Würzburg: Augustinus-Verlag 1975. XVI, 269 pp.

caritas

[1017] BRECHTKEN, J.: Augustinus
610 MARIN, D. *Charitas* — AFLB 17 (1974) 161—234

carnalis

[2506] PETRAGLIO, R.: Hagiographica

caro

[2506] PETRAGLIO, R.: Hagiographica

consors naturae

[868] POIRIER, M.: Ambrosius

contemplatio

611 CAMPOS, J. „*Contemplatio Veri in Simplicitate cordis*". In: *Genethliakon Isidorianum* (cf. 1975/76, 153) 57—71

cor

[608] GEWEHR, W.: anima

corpus

[2506] PETRAGLIO, R.: Hagiographica

dogma

612 BECKER, KARL J. *Dogma. Zur Bedeutungsgeschichte des lateinischen Wortes in der christlichen Literatur bis 1500.* I. Teil — Greg 57 (1976) 307—350

epulum

613 PETRAGLIO, R. *Epulum Epulae Epulatio nella Volgata. Considerazioni sul Latino Biblico.* Brescia: Morcelliana 1975. 192 pp.

essentia

[1230] SALBEGO, L.: Augustinus

exemplum

[1248] STUDER, B.: Augustinus

imitamini quod tractatis

614 ALESSIO, LUIS *«Imitamini quod tractatis». Historia y sentido de una fórmula litúrgica*. In: *Teología del Sacerdocio,* 8 (cf. 1975/76, 206) 255—270

occupo

[815] SZANTYR, A.: Aetheria

officium praedicationis

[1651] DAGENS, C.: Gregorius Magnus

ordo, ordinare, ordinatio

615 BENEDEN, P. VAN *Aux origines d'une terminologie sacramentelle: ordo, ordinare, ordinatio dans la littérature chrétienne avant 313* [Études et documents 38]. Louvain: Spicilegium sacrum Lovan. 1974. 208 pp.

ordo praedicatorum

[1651] DAGENS, C.: Gregorius Magnus

pontifex

616 LE BOURDELLES, H. *Nature profonde du pontificat romain. Tentative d'une étymologie* — RHR 189 (1976) 53—65
[516] STOCKMEIER, P.: Opera ad historiam

quia

[1757] BEJARANO, V.: Hieronymus

quod

[1757] BEJARANO, V.: Hieronymus

quoniam

[1757] BEJARANO, J. V.: Hieronymus

recipere

617 LUMPE, ADOLF *Zu «recipere» als «gültig annehmen, anerkennen» im Sprachgebrauch des römischen und kanonischen Rechts*. In: *Festgabe Hubert Jedin* (cf. 1975/76, 146) 118—135

remissio peccatorum
[2205] GROSSI, V.: Pelagius

sacramentum
[1158] MAYER, C. P.: Augustinus
[1248] STUDER, B.: Augustinus

saeculum
[2372] ROCA MELIÁ, I.: Tertullianus

virtus
618 JOHNSON, PENELOPE D. *Virtus: Transition from Classical Latin to the De Civitate Dei* — AugSt 6 (1975) 117—124

11. PALAEOGRAPHICA ATQUE MANUSCRIPTA

619 ALAND, KURT *Repertorium der griechischen christlichen Papyri.* I: *Biblische Papyri. Altes Testament, Neues Testament, Varia, Apokryphen* [PTS 18]. Berlin: de Gruyter 1976. XIV, 473 pp.
620 ALAND, KURT *Neue Neutestamentliche Papyri III* — NTS 22 (1976) 375—396
[708] ALAND, K.: Novum Testamentum
621 ANDRÉS, GREGORIO DE *Proyecto para un «Corpus Codicum Graecorum Hispanorum»* — Euphrosyne 7 (1975— 76) 145—151
[753] ARRAS, V.; ROMPAY, L. VAN: Apocrypha
622 ASSEMANI, JOSEPH SIMONIUS *Bibliotheca Orientalis Clementino-Vaticana in qua Manuscriptos Codices Syriacos, Arabicos, Persicos, Turcicos, Hebraicos* ... Jussu et Munificentia Clementis XI. Pontificis Maximi ex Oriente conquisitos, comparatos, avectos, et Bibliothecae Vaticanae addictos, recensuit Joseph Simonius Assemanus. 3 Bände, mit einem Nachwort von Mgr. J.-M. SAUGET. Bd. 1: *De Scriptoribus Orthodoxis;* Bd. 2: *De Scriptoribus Syris Monophysitis;* Bd. 3: *De Scriptoribus Syris Nestorianis. De Syris Nestorianis* [Nachdruck der Ausgabe Rom 1719—28]. Hildesheim: Olms 1975.
623 ATTRIDGE, H. W. *P. Oxy. 1081 and the Sophia Iesu Christi* — Enchoria 5 (1975) 1—8
624 AUBINEAU, M. *Textes hagiographiques et chrysostomiens dans le Codex Athous, Koutloumous 109* — ByZ 68 (1975) 351—359
625 AUBINEAU, M. *Le cod. Dublin, Trinity Coll. 185. Textes de Christophe d'Alexandrie, d'Éphrem et de Chrysostome* — Mu 88 (1975) 113—123

[1310] AUBINEAU, M.: Basilius Caesariensis

[1849] AUBINEAU, M.: Iohannes Chrysostomus

[1852] AUBINEAU, M.: Iohannes Chrysostomus

[2879] BARNS, J.: Gnostica

[711] BIRDSALL, N.: Novum Testamentum

626 BOUHOT, JEAN-PAUL *L'homéliaire des «Sancti catholici Patres». Reconstitution de sa forme originale* — REA 21 (1975) 145—196

627 BOUHOT, JEAN-PAUL *L'homéliaire des „Sancti catholici Patres". Tradition manuscrite* — REA 22 (1976) 143—185

[713] BROCK, S.: Novum Testamentum

628 BROCK, SEBASTIAN *Syriac Sources for Seventh-Century History* — BMGS 2 (1976) 17—36

629 BROWNE, G. M. *Notes on Coptic literary papyri* — BAmPap 8 (1976) 1—4

630 BUSCHHAUSEN, HEIDE und HELMUT *Die illuminierten armenischen Handschriften der Mechitharisten-Congregation in Wien.* Wien: Verlag der Mechitharisten-Congregation 1976. 116 pp.

631 CLAUS, F. *Osservazioni intorno al. Cod. 142 della Biblioteca Reale di Torino* — AtTor 109 (1975) 273—279

632 DARIS, SERGIO *Due papiri documentari della Facoltà teologica di Barcellona* — StPap 15 (1976) 125—129

633 DAYEZ, G. *Inventaire du fonds Berlière aux archives de Maredsous* — RBen 85 (1975) 207—224

634 DER NERSESSIAN, SIRARPIE *Armenian manuscripts in the Walters Art Gallery.* Baltimore 1973. 121 pp., 493 ills.

635 DÍAZ Y DÍAZ, M. C. *Al margen de los manuscritos patrísticos latinos* — SE 22 (1974/75) 61—74

636 DÍAZ Y DÍAZ, MANUEL C. *Manuscritos visigóticos de San Millán de la Cogolla.* In: *Homenaje a Fray Justo Perez de Urbel* (cf. 1975/76, 159) 257—270

[1763] DIVJAK, J.; ROEMER, F.: Hieronymus

[2557] DÖLGER, F. J.: Missa, sacramenta, sacramentalia

637 DOUTRELEAU, LOUIS *Recherches autour de la Catena Romana de Combefis (B. N. suppl. gr. 428 — Vat. Barb. gr. 569 — Mosq. 385).* In: *Corona Gratiarum II* (cf. 1975/76, 131) 367—388

638 DOWSETT, C. J. F. *The newly discovered fragment of Lazar of P'ᶜarp's History* — Mu 89 (1976) 97—122

639 EDWARDS, SARAH ALEXANDER *P 75 under the Magnifying Glass* — NovTest 18 (1976) 190—212

[718] ELLIOTT, W. J.: Novum Testamentum

640 ESBROECK, MICHEL VAN *Les plus anciens homéliaires géorgiens. Étude descriptive et historique* [PublIOL 10]. Louvain-la-Neuve: Univ. catholique de Louvain, Inst. orientaliste 1975. XXV, 369 pp.

641 ESBROECK, M. VAN *Fragments méconnus du Lectionnaire géorgien (ms. Tiflis H-2065, X^es.)* — Mu 88 (1975) 361—363

642 FINCH, C. E. *Archivio di San Pietro H 36 as a source for Julius Severianus* — TPAPA 105 (1975) 73—77

643 FINCH, CHAUNCEY E. *More Beneventan Manuscripts* — ClBul 52 (1975) 8—10

644 FISCHER, BALTHASAR *Le lectionnaire arménien le plus ancien (aux environs de l'an 417)* — Concilium 102 (1975) 39—46

645 FISCHER, B. *Das älteste armenische Lektionar als Zeuge für den gottesdienstlichen Schriftgebrauch im Jerusalem des beginnenden 5. Jahrhunderts* — Concilium 11 (1975) 93—96

[1081] FOLLIET, G.: Augustinus

646 FREND, W. H. C.; MUIRHEAD, I. A. *The greek manuscripts from the cathedral of Q'asr Ibrim* (Nubien) — Mu 89 (1976) 43—49

647 GAIFFIER, BAUDOUIN DE *Les Manuscrits du Breviarium Apostolorum. Nouveaux témoins.* In: *Corona Gratiarum I* (cf. 1975/76, 130) 237—241

[2307] GARZYA, A.: Synesius Cyrenensis

648 GARCÍA MORENO, LUIS A. *Sobre un nuevo ejemplar del «Laterculus Regum Visigothorum»* — AST 47 (1974) 5—14

649 GARCÍA Y GARCÍA, A. — CANTELAR RODRIGUEZ, F. — NIETO CUMPLIDO, M. *Catálogo de los manuscritos e incunables de la Catedral de Córdoba* [Bibliotheca Salmanticensis VI. Estudios, 5]. Salamanca: Universidad Pontificia 1976. LXXX, 746 pp.

650 GEERLINGS, JACOB *Codex 1386 and the Iota. Phi^r Group.* In: *Studies in New Testament Language and Text* (cf. 1975/76, 205) 209—234

651 GERMAIN, JEAN *Répertoire des incunables de la Bibliothèque centrale des l'Université catholique de Louvain.* Louvain: Univ. catholique 1976. XVIII, 122 pp.

652 GIGNAC, F. T. *Messina, Biblioteca Universitaria, Cod. Gr. 71 and the rough recension of Chrysostom's Homilies on Acts.* In: *Studia Patristica 12* (cf. 1975/76, 199) 30—37

[2405] GIL, J.: Valerius Bergidensis

653 GREENLANE, J. HAROLD *Codex 0269 — a Palimpsest Fragment of Mark.* In: *Studies in New Testament Language and Test* (cf. 1975/76, 205) 235—238

654 GRÉGOIRE, R. *La collection homilétique du Ms. Wolfenbüttel 4096* — StMe 14 (1973) 259—286

655 HAELST, JOSEPH VAN *Catalogue des papyrus littéraires, juifs et chrétiens* [Université de Paris IV: Paris-Sorbonne. Série „Papyrologie" 1]. Paris: Sorbonne 1976. XI, 423 pp.

[212] HEDRICK, C. W.: Methodologica

656 HENRICHS, A. — KOENEN, L. *Der Kölner Mani-Kodex (P. Colon.
inv. Nr. 4780: Περὶ τῆς γέννης τοῦ σώματος αὐτοῦ). Edition der
Seiten 1—72* — ZPE 19 (1975) 1—85
[2318] HIGGINS, A.: Tatianus
657 HUSMANN, H. *Die syrischen Handschriften des Sinai-Klosters, Herkunft und Schreiber* — OstkiSt 24 (1975) 281—308
658 JANINI, JOSÉ *Dos fragmentos del «Liber Ordinum».* In: *Homenaje
a Fr. Justo Pérez de Urbel* (cf. 1975/76, 159) 277—231
659 JANINI, JOSÉ *Los fragmentos litúrgicos del Archivo Histórico Nacional de Madrid (Sección de Códices, 1453 B—1486 B)* — RABM
79 (1976) 43—72
660 JOHNSON, DAVID W. *Further Fragments of a Coptic History of the
Church* — Enchoria 6 (1976) 7—17
[724] JUNACK, K.: Novum Testamentum
661 KIM, CHAN-HIE *The Papyrus Invitation* — JBL 94 (1975) 391—402
662 KÖBERT, R. *Zur Hs Vat syr 268* — Bibl 56 (1975) 247—250
663 *Koptische Handschriften.* Die Handschriftenfragmente der Staats-
und Universitätsbibliothek Hamburg. Teil 1. Beschrieben von
OSWALD HUGH EWART BURMESTER. Mit e. Vorw. v. HELLMUT
BRAUN [Verzeichnis d. orientalischen Handschriften in Deutschland 21]. Wiesbaden: Steiner 1975
[726] KRAFT, R. A.: Novum Testamentum
664 KRAMER, B. *Eine Psalmenhomilie aus dem Tura-Fund* — ZPE 16
(1975) 164—213
[240] KURZ, R.: Subsidia
665 LEANEY, A. R. C. *Greek Manuscripts from the Judean Desert.* In:
Studies in New Testament Language and Text (cf. 1975/76, 209)
283—300
666 LÖFGREN, O.; TRAINI, R. *Catalogue of the Arabic Manuscripts in
the Biblioteca Ambrosiana. Vol. I: Antico Fundo and Medico
Fundo.* Vicenza: Neri Pozza Editore 1975. XXX, 253 pp.
667 MACOMBER, WILLIAM F. *A Catalogue of Ethiopian manuscripts
microfilmed for The Ethiopian Manuscript Microfilm Library,
Addis Ababa, and for the Monastic Manuscript Microfilm Library,
Collegeville. Vol. I: Project Numbers 1—300.* Collegeville, Mn:
Saint John's University 1975. IX, 355 pp.
668 MACOMBER, WILLIAM F. *A Catalogue of Ethiopian manuscripts
microfilmed for the Ethiopian Manuscript Microfilm Library, Addis
Ababa, and for the Hill Monastic Manuscript Library, Collegeville.
Vol. II: Project numbers 301—700.* Collegeville, Mn: Hill
Monastic Manuscript Library, St. John's Abbey and University
1976. V, 524 pp.
[2181] MCCLURE, R.: Paulinus Mediolanensis
[728] METZGER, B.: Novum Testamentum

669 MEYÏER, K. A. DE *Deux fragments d'un manuscrit perdu de l'abbaye de Nonantola (Leyde, BPL 2659).* In: *Hommages à A. Boutemy* (cf. 1975/76, 161) 38—42

[730] MOIR, I. A.: Novum Testamentum

[2544] MOLIN, J.-B.: Liturgica, Generalia

670 NAGEL, M. *Lettre chrétienne sur papyrus (provenant de milieux sectaires du IVe siècle?* — ZPE 18 (1975) 317—323

671 NORET, JACQUES *Catalogues récents de manuscrits. Neuvième série. Fonds grecs* — AB 93 (1975) 391—404

672 NORET, JACQUES *Un fragment exégétique de Crhysostome trouvé dans une reliure* — AB 93 (1975) 182

673 O'CALLAGHAN, JOSÉ *Sobre los papiros griegos* — Bibl 57 (1976) 560—567

674 O'CALLAGHAN, J. *Las colecciones españolas de papiros* — StPap 15 (1976) 81—93

675 O'CALLAGHAN, JOSÉ *Fragmento de carta griego. PPalau Rib. inv. 188* — StPap 15 (1976) 137—140

[1177] O'CALLAGHAN, J.: Augustinus

[1178] O'CALLAGHAN, J.: Augustinus

[1612] O'CALLAGHAN, J.: Eusebius

676 OUTTIER, B. *Le sort des manuscrits du «Katalog Hiersemann 500»* — AB 93 (1975) 377—380

677 PÉREZ Y URBEL, F. J. *Florencio, el miniaturista famoso del monasterio de Valeranica.* In: *Classica et Iberica* (cf. 1975/76, 123) 393—416

[1662] PETRUCCI, A.; BRAGA, G.; CARAVALE, M.: Gregorius Magnus

678 PHILIPPART, GUY *Catalogues récents de manuscrits. Huitième série* — AB 93 (1975) 183—194

680 PHILIPPART, GUY *Catalogues récents de manuscrits. Dixième série. Manuscrits en écriture latine* — AB 94 (1976) 160—182

681 PLANTE, Julian G. *Checklist of manuscripts microfilmed for the Monastic Manuscript Microfilm Library, Saint John's University, Collegeville, Minnesota. Volume I: Austrian monasteries, part 2.* Collegeville, MN: Saint John's University 1974. 296 pp.

682 ΠΟΛΙΤΗΣ, ΛΙΝΟΣ *Συνοπτικὴ ἀναγραφὴ χειρογράφων ἑλληνικῶν συλλογῶν.* Θεσσαλονίκη: Ἑταιρεία μακεδονικῶν σπουδῶν 1976. 106 σσ.

683 RAEBILD, C. *Codex Sangallensis* — DTT 39 (1976) 134—143

684 REVELL, E. J. *A Note on Papyrus 967* — StPap 15 (1976) 131—136

685 RICHARD, MARCEL *Les textes hagiographiques du codex Athos Philothéou 52* — AB 93 (1975) 147—156

686 ROBERTS, COLIN H. *Theological papyri.* In: *Collectanea papyrologica* (cf. 1975/76, 124) 71—76

687 RODRÍGUEZ, FELIX *Observaciones y sugerencias sobre algunos manuscritos de la Colección Canónica Hispana* — Burgense 16 (1975) 119—143

[1579] SAUGET, J. M.: Ephraem Syrus

689 SHISHA-HALEVY, A. *Unpublished Shenoutiana in the British Library* — Enchoria 5 (1975) 53—108

690 SHISHA-HALEVY, A. *The new Shenoute-texts from the British Library II* — Orientalia 44 (1975) 469—484

691 SOLÁ, FRANCISCO DE P. *Probable papiro litúrgico (PPalau Rib. inv. 184)* — StPap 14 (1975) 7—9

692 SPEIGL, G. *Der Weg eines Pelagiusfragments. E. Dekkers, Clavis (² 1961) 756a = Pelagius, Pauluskommentar zu Gal. 5, 14 (Souter II 334, 17—335, 2)* — VigChr 29 (1975) 227—229

693 SWIDEREK, A. *Οἱ τῷ ὄντι ἀνακεχωρηκότες (P. Berlin 16036 verso col. II, 1—20).* In: *Festschr. zum 150-jähr. Best. des Berl. Ägypt. Mus.* Berlin: 1974. 425—429

694 TREU, K. *Christliche Papyri, V* — ArPap 24/25 (1976) 253—261

695 TREU, K. *Ein Berliner Chrysostomos-Papyrus (P. 6788 A).* In: *Studia Patristica 12* (cf. 1975/76, 199) 71—75

696 TREU, K. *Eine byzantinische Handschrift aus dem Besitz des Zwickauer Humanisten Peter Poach* — Helikon 15—16 (1975/76) 559—563

697 TREU, K. *Varia christiana* — ArPap 24—25 (1976) 113—127

698 TSAKOPOULOS, EMILIANOS *Catalogue descriptif des manuscrits de la Bibliothèque du Patriarcat Oecuménique vol. III. fasc. I: École théologique de Chalki.* 1975. (en grec)

[958] VIAN, G. M.: Athanasius

699 WHITEHILL, WALTER MUIR *The Manuscripts of Santo Domingo de Silos. A la recherche du temps perdu.* In: *Homenaje a Fray Justo Perez de Urbel* (cf. 1975/76, 159) 271—303

[1670] YERKES, D.: Gregorius Magnus

II. Novum Testamentum atque Apocrypha

1. NOVUM TESTAMENTUM

a) Editiones textus Novi Testamenti aut partium eius
aa) Editiones textus graeci

[619] ALAND, K.: Palaeographica atque manuscripta
[620] ALAND, K.: Palaeographica atque manuscripta
700 *The Greek-English New Testament. King James version. New International version. Greek text, Literal interlinear* 3. pr. Washington: Christianity Today 1976. XXXIX, 777 pp.
701 *The Greek New Testament.* Ed. by K. ALAND, M. BLACK, C. M. MARTINI, B. M. METZGER, A. WINGREN. New York: United Bible Soc. 1975. LXII, 918 pp.

bb) Editiones versionum antiquarum

702 *Bibliorum sacrorum versionis antiquae seu Vetus Italica.* Opera et studio P. SABATIER (Reims, 1743) reed. anast., additur: *Index codicum manuscriptorum quibus P. Sabatier usus est.* Ed. B. FISCHER. Turnhout: Brepols 1976. XC, 910 pp., 1109 pp.; XXXVI, 1115 pp.
703 JÜLICHER, A. *Itala. Das Neue Testament in altlateinischer Überlieferung nach den Hss.* Durchgesehen und zum Druck besorgt v. W. MATZKOW und K. ALAND. T. III: *Lucas-Evangelium.* 2. Ausg. Berlin: de Gruyter 1976. VII, 282 pp.
704 QUECKE, H. *Das Markusevangelium Saidisch. Text der Handschrift P Palau Rib. Inv.-Nr. 182 mit den Varianten der Handschrift M 569* [PapyCast, Studia et Textus 4]. Roma: Ist. Bibl. 1972. XIII, 184 pp.
705 *Vetus Latina. Die Reste der altlateinischen Bibel.* Nach P. SABATIER neu gesammelt und hrsg. von der Erzabtei Beuron, *VIII:* FREDE, H. J.: *Ein neuer Paulustext und Kommentar, 1: Untersuchungen.* Freiburg: Herder 1973. 286 pp.
706 *Vetus Latina. Die Reste der altlateinischen Bibel.* Nach P. SABATIER neu gesammelt und hrsg. von der Erzabtei Beuron, *XXV: Epistulae ad Thessalonicenses, Timotheum, Titum, Philemonem, Hebraeos.* Hrsg. von H. J. FREDE, *1: Einleitung.* Freiburg: Herder 1975. 80 pp.

b) Quaestiones et dissertationes ad textum
eiusque traditionem pertinentes

707 ALAND, BARBARA *Neutestamentliche Textkritik heute* — VF 21
(1976) 3—22

708 ALAND, KURT *Über die Möglichkeit der Identifikation kleiner
Fragmente neutestamentlicher Handschriften mit Hilfe des Com-
puters.* In: *Studies in New Testament Language and text* (cf. 1975/76,
205) 14—38

709 ALAND, KURT *Ein neuer «Standard-Text» des Griechischen Neuen
Testaments* — Bibel in der Welt 16 (1976) 157—165

[619] ALAND, K.: Palaeographica atque manuscripta

[620] ALAND, K.: Palaeographica atque manuscripta

[578] ALQUEN, R. D': Philologia patristica

710 ARGYLE, A. W. *Notes on the New Testament Vulgate* — NTS 22
(1976) 224—228

[754] ARTHUR, R. L.: Apocrypha

[2316] BAARDA, T.: Tatianus

[218] BENOIT, P.; BOISMARD, M. E.; MALILLOS, J. L.: Subsidia

711 BIRDSALL, J. NEVILLE *Rational Eclecticism and the Oldest
Manuscripts: A Comparative Study of the Bodmer and Chester
Beatty Papyri of the Gospel of Luke.* In: *Studies in New Testament
Language and Text* (cf. 1975/76, 205) 39—51

712 BIRDSALL, JAMES NEVILLE *Two notes on New Testament Palaeography* — JThS 26 (1975) 393—395

713 BROCK, SEBASTIAN *The Treatment of Greek Particles in the Old
Syriac Gospels, with Special Reference to Luke.* In: *Studies in New
Testament Language and Text* (cf. 1975/76, 205) 80—86

714 BROWNE, G.-M. *Notes on the Sahidic Gospel of Mark* — Enchoria
5 (1975) 9—11

715 CERESA-GASTALDO, ALDO *Il latino delle antiche versioni bibliche.*
Roma: Ed. Studium 1975. 130 pp.

716 DELLING, GERHARD *Das erste griechisch-lateinische Wörterbuch
zum Neuen Testament. Lexicon Graeco-Latinum ... Authore
G. Pasor 1619. W. C. Unnik zum 65. Geburtstag* — NovTest 18
(1976) 213—240

717 DIRKSEN, P. B. *Peshiṭta Institute Communication XI. 15C2, a copy
of 10C1?* VT 25 (1975) 562—564

718 ELLIOTT, W. J. *The Need foe an Accurate and Comprehensive
Collation of All Known Greek NT Manuscripts with their Indivi-
dual Variants Noted in pleno.* In: *Studies in New Testament
Language and Text* (cf. 1975/76, 205) 137—146

719 ESHBAUGH, HOWARD *Theological variants in the western text of the
Pauline corpus.* Case Western Reserve University / Ohio: 1975
332 pp.

720 FISCHER, BONIFATIUS *Zur Überlieferung altlateinischer Bibeltexte im Mittelalter* — NAKG 56 (1975—1976) 19—34

721 FREDE, H. J. *Probleme des ambrosianischen Bibeltextes.* In: *Ambrosius Episcopus I* (cf. 1975/76, 102) 365—392

722 FREDE, HERMANN J. *Beobachtungen zur Überlieferung der Paulus-Ausgabe des Peregrinus.* In: *Studies in New Testament Language and Text* (cf. 1975/76, 205) 198—208

[653] GREENLANE, J. H.: Palaeographica atque manuscripta

723 GREENLEE, HAROLD J. *Codex 0269 — a Palimpsest Fragment of Mark.* In: *Studies in NT language and text* (cf. 1975/76 205) 235—238

724 JUNACK, KLAUS *Eine Fragmentensammlung mit Teilen aus 1 Tim (0241).* In: *Studies in New Testament Language and Text* (cf. 1975/76, 205) 262—275

725 KENYON, F. G. *The Text of the Greek Bible.* London: 1975

726 KRAFT, R. A. *A Sahidic Parchment Fragment of Acts 27, 4—13 at University Museum, Philadelphia (E 16690 Coptic 1)* — JBL 94 (1975) 256—265

[665] LEANEY, A. R. C.: Palaeographica atque manuscripta

727 LESTER, R. *Does Qumran Cave 7 Contain New Testament Materials?* — PLS 2 (1975) 203—214

728 METZGER, BRUCE *An Early Coptic Manuscript of the Gospel According to Matthew.* In: *Studies in New Testament Language and Text* (cf. 1975/76, 205) 301—312

729 MEYER, RUDOLF *Der gegenwärtige Stand der Erforschung der in Palästina neu gefundenen Handschriften. Ein Rückblick. Leonhard Rost zum 80. Geburtstag* — ThLZ 101 (1976) 815—825

730 MOIR, I. A. *The Text of Ephesians Exhibited by Minuscule Manuscripts housed in Great Britain. — Some Preliminary Comments.* In: *Studies in New Testament Language and Text* (cf. 1975/76, 205) 313—318

731 MOIR, IAN A. *Tischendorf and the Codex Sinaiticus* — NTS 23 (1976) 108—115

[249] MOLITOR, J.: Subsidia

732 MURAOKA, T. *On the Nominal Clause in the Old Syriac Gospels* — JSS 20 (1975) 28—37

733 NALDINI, MARIO *Nuovi frammenti del Vangelo di Matteo* — Prometheus 1 (1975) 195—200

734 OMANSON, ROGER LEE *The Claremont profile method and the grouping of Byzantine New Testament manuscripts in the Gospel of Mark.* The Southern Baptist Theological Seminary/Kentucky: 1975. 479 pp.

735 PLUMLEY, J. M. — ROBERTS, C. H. *An Uncial Text of St. Mark in Greek from Nubia* — JThS 27 (1976) 34—45

736 QUECKE, HANS *Eine koptische Bibelhandschrift im oxyrhynchitischen Dialekt (PMil Copti I)* — StPap 14 (1975) 123—125

737 ROMPAY, L. VAN *The Rendering of πρόσωπον λαμβάνειν and Related Expressions in the Early Oriental Versions of the New Testament* — OLP 6/7 (1975/76) 569—575

738 SCHUESSLER, KARL-HEINZ *Die koptische Überlieferung des Alten und Neuen Testaments* — Enchoria 5 (1975) 25—43

739 SOLARI, R. *Le trascrizioni armene di parole greche nella traduzione dei Vangeli* — AANLR 30 (1975) 417—430; 31 (1976) 87—102

740 TOLLENAERE, FELICIEN DE *Word indexes and word lists to the gothic bible.* In: *The computer in literary and linguistic studies* (cf. 1975/76, 126) 118—132

[2026] TOV, E.: Lucianus Antiochenus

741 WOLFRAM, H. *Gotische Studien, II: Die terwingische Stammesverfassung und das Bibelgotische (I)* — MIÖGF 83 (1975) 289—324

2. APOCRYPHA

a) Editiones textus originalis

742 *The Contendings of the Apostles (Mashafa gadla Harwayat). Being the histories of the lives and martyrdoms and deaths of the 12 Apostles and Evangelists. The Ethiopic texts now first edited from mss. in the British Museum, with an English translation.* 2 vols., 2nd ed. [Reprint of the edition London 1899—1935]. Ed. by E. A. W. BUDGE. London 1976. 615, 624 pp.

743 *Die griechische Daniel-Diegese.* Eine altkirchliche Apokalypse. Text, Übersetzung und Kommentar von KLAUS BERGER [Studia postbiblica 27]. Leiden: Brill 1976. XXIII, 163 pp.

744 SANTOS OTERO, AURELIO DE *Los Evangelios Apócrifos.* Edición crítica y bilingüe. 2.ª edición [BAC 148]. Madrid: Editorial Católica 1973. XIV, 706 pp.

b) Versiones modernae

745 *The Apocalypse of Peter. Introduction and translation.* By S. K. BROWN — C. W. GRIGGS — Brigham Young Univ. Stud. (Provo/Utah) 15 (1975) 131—145

746 *Gli apocrifi del Nuovo Testamento, I, 1: Vangeli. Scritti affini ai vangeli canonici, composizione gnostiche, materiale illustrativo.* A cura di M. ERBETTA. Torino: Mariotti 1975. VIII, 661 pp.

[742] *The Contendings of the Apostles:* Apocrypha

747 L'*Évangile de Nicodème. Les versions courtes en ancien français et en prose* [Publications romanes et françaises 125]. Ed. A. E. FORD. Genève: Droz 1973. 114 pp.

748 *Ewangelia Marii.* Traduit en polonais par W. MYSZOR — STV 13 (1975) 149—160

749 JEREMIAS, J. *Palabras desconocidas de Jesús.* Traducción de F. C. VEVIA ROMERO [Colección de Estudios Bíblicos 14]. Salamanca: Ediciones Sígueme 1976. 134 pp.

[744] SANTOS OTERO, A. DE: Apocrypha

750 STAROWIEYSKI, M. — WITTLIEB, M. *Opowiadanie Józefa z Arymatei (Apocryphon Josephi ab Arimathaea)* — RBL 28 (1975) 27—34

751 STRYCKER, É. DE *Une métaphrase inédite du Protévangile de Jacques* — OLP 6/7 (1975/76) 163—184

c) Quaestiones et dissertationes

[2878] ALBANESE, C. L.: Gnostica

752 ALDAMA, J. A. DE *Un nuevo testigo indirecto del Protevangelio de Santiago.* In: *Studia Patristica 12* (cf. 1975/76, 199) 79—82

753 ARRAS, VICTOR; ROMPAY, LUCAS VAN *Les manuscrits éthiopiens des „miracles de Jésus". (Comprenant l'évangile apocryphe de Jean et l'évangile de l'enfance selon Thomas l'Israélite)* — AB 93 (1975) 133—146

754 ARTHUR, RICHARD LAURENCE *The gospel of Thomas and the coptic New Testament.* Graduate Theological Union: 1976. 423 pp.

755 BERGER, KLAUS *Zur Frage des traditionsgeschichtlichen Wertes apokrypher Gleichnisse* — NovTest 17 (1975) 58—76

756 BERGER, KLAUS *Jüdisch-hellenistische Missionsliteratur und apokryphe Apostelakten* — Kairos 17 (1975) 232—248

757 BROWN, KENT *Jewish and Gnostic Elements in the Second Apocalypse of James (CG V, 4)* — NovTest 17 (1975) 225—237

758 CHARLESWORTH, J. H. *The Pseudepigrapha and modern research.* [Soc. of Bibl. lit. Septuagint and cognate stud. 7]. Missoula, Mont.: Scholars Pr. 1976. XIV, 245 pp.

759 CHARLESWORTH, J. H. *The renaissance of pseudepigrapha studies. The SBL project* — JStJ 2 (1971) 107—114

760 CIRILLO, L. *Les sources de l'Évangile de Barnabé* — RHR 189 (1976) 130—135

761 CIRILLO, L. *Un nuovo vangelo apocrifo. Il Vangelo di Barnaba* — RSLR 11 (1975) 391—412

762 COLEMAN, GILLIS BYRNS *The Phenomenon of Christian Interpolations into Jewish Apocalyptic Texts: A Bibliographical Survey and Methodological Analysis* [Diss.] Vanderbilt University 1976.

763 CONZELMANN, HANS *Zu Mythos, Mythologie und Formgeschichte, geprüft an der dritten Praxis der Thomas-Akten* — ZNW 67 (1976) 111—122

764 DEHANDSCHUTTER, B. *Le lieu d'origine de l'Évangile selon Thomas* — OLP 6/7 (1975/76) 125—131

765 DENKER, JÜRGEN *Die theologiegeschichtliche Stellung des Petrusevangeliums. Ein Beitrag zur Frühgeschichte des Doketismus* [Europ. Hochschulschriften 23, 36]. Bern: H. Lang 1975. 257 pp.

766 ESBROECK, MICHEL VAN *Les formes géorgiennes des Acta Iohannis* — AB 93 (1975) 5—19

767 ESBROECK, M. VAN *Les Acta Iohannis traduits par Euthyme l'Hagiorite* — BK 33 (1975) 73—109

768 FISCHER, K.-M. *Anmerkungen zur Pseudepigraphie im Neuen Testament* — NTS 23 (1976) 76—81

769 GIJSEL, JAN *Les „Évangiles latins de l'Enfance" de M. R. James* — AB 94 (1976) 289—302

770 GIL, JUAN *Sobre el texto de los «Acta Andreae et Matthiae apud anthropophagos»* — Habis 6 (1975) 177—194

771 JANSSENS, Y. *Traits de la Passion dans l'Epistula Iacobi apocrypha* — Mu 88 (1975) 97—101

772 JUNOD, ERIC; KAESTLI, JEAN-DANIEL *Les traits caractéristiques de la théologie des «Actes de Jean»* — RThPh (1976) 125—160

773 LAMBIASI, FRANCESCO *I criteri di autenticità storica dei vangeli applicati ad un apocrifo: il vangelo di Pietro* — BibbOr 18 (1976) 151—160

774 LAURENTIN, RENÉ *L'Évangile selon S. Thomas. Situation et mystifications* — Et 343 (1975) 733—751

775 LELOIR, LOUIS *La version arménienne des Actes apocryphes d'André et le Diatessaron* — NTS 22 (1976) 115—139

776 LÖFSTEDT, B. *Zu den lateinischen Bearbeitungen der Acta Andreae et Matthiae apud anthropophagos* — Habis 6 (1975) 167—176

777 MCNAMARA, M. *The apocrypha in the Irish Church.* Dublin: Dublin Institute for Advanced Studies 1975. XI, 159 pp.

778 MEES, MICHAEL *Außerkanonische Parallelstellen zu den Herrenworten und ihre Bedeutung* [QVChr 10]. Bari: Istituto di letteratura cristiana antica 1975. 189 pp.

779 NAUMOW, A. E. *Apokryfy w systemie literatury cerkiewnosłowiańskiej (Apocrypha in the System of Church Slavic Literature).* Wrocław: Ossolineum 1976. 122 pp.

780 NAUTIN, PIERRE *L'„Évangile selon Basilide"* — AEHESR 84 (1975/76) 311—312

781 PERELS, H. U. *Besitzethik in den apokryphen Apostelgeschichten und in der zeitgenössischen christlichen Literatur.* [Diss.]. Heidelberg: 1976. 209 pp.

782 *Repertorium Biblicum Medii Aevi.* Collegit, disposuit, edidit F. STEGMÜLLER adiuvante N. REINHARDT, Tomus VIII: Supplementum. Madrid: C.S.I.S., Instituto Francisco Suárez 1976. 410 pp.

[2967] SCHENKE, H.-M.: Gnostica

[2148] SHEERIN, D.: Origenes

783 SMITH, EDGAR WRIGHT, Jr. *Joseph and Asenath and Early Christian Literature: A contribution to the Corpus Hellenisticum Novi Testamenti* [Diss.]. Claremont Graduate School, 1975. 243 pp.

[72] VIELHAUER, P.: Opera ad patrologiam universalem

784 ZELZER, K. *Zu Datierung und Verfasserfrage der lateinischen Thomasakten.* In: *Studia Patristica 12* (cf. 1975/76, 199) 190—194

III. Auctores
(editiones, quaestiones, dissertationes, commentarii)

1.GENERALIA

[627] BOUHOT, J.-P. : Palaeographica atque manuscripta

785 CATAUDELLA, Q. *Spunti e motivi cristiani nella poesia pagana antica* — VigChr 29 (1975) 161—190

786 DANIÉLOU, J. *Recherche et tradition chez les Pères.* In: *Studia Patristica 12* (cf. 1975/76, 199) 3—13

787 DARROUZÈS, J. *Littérature et histoire des textes byzantins.* Préf. de E. FOLLIERI. London: Variorum Repr. 1972. 496 pp.

788 FOUSKAS, KONSTANTINOS Στόματα τοῦ Λόγου: οἱ πατέρες καί ἐκκλησιαστικοί συγγραφεῖς μέχρι τοῦ 325 μ. Χ. Ἀθῆναι: 1975.

789 FOUSKAS, KONSTANTINOS Θεηγόροι ὁπλῖται: οἱ πατέρες καί ἐκκλησιαστικοί συγγραφεῖς 325—750 μ. Χ. Ἀθῆναι: 1976.

790 GEENEN, J. G. *Le fonti patristiche come «autorità» nella teologia di San Tommaso* — SacD 77 (1975) 7—68

791 *Glaube, Gnosis, griechischer Geist.* Einführung und Textauswahl von J. BERNARD [Zeugnisse christlichen Lebens]. Leipzig: St. Benno-Verlag 1974. 177 pp.

792 JUNOD, E. *Particularités de la Philocalie.* In: *Origeniana* (cf. 1975/76, 183) 181—197

793 MALINGREY, ANNE-MARIE *Le personnage de Socrate chez quelques auteurs chrétiens du IVᵉ siècle.* In: *Forma futuri* (cf. 1975/76, 149) 159—178

794 MARA, MARIA GRAZIA *Una lettura kerygmatica di alcuni scritti dell'età apostolica.* In: *Forma futuri* (cf. 1975/76, 149) 8—16

795 METZGER, B. M. *The practice of textual criticism among the Church Fathers.* In: *Studia Patristica 12* (cf. 1975/76, 199) 340— 349

796 MIGUEL, JUAN JOSÉ DE *Los Padres de la Iglesia en la criteriología teológica de Santo Tomás de Aquino* — ScTh 7 (1975) 125—161

797 MIGUEL, JUAN JOSÉ DE *Los Padres de la Iglesia y los lugares teológicos en el Decreto de Graciano* — IC 15 (1975) 331—345

798 NOACK, BENT *Oldkirkelige homilier, Om Henning J. Lehmanns disputats: «Per Piscatores»* — DTT 38 (1975) 281—296

799 PELLEGRINO, MICHELE *Har kirkefaedrene noget at signe mennesker af idag?* — LumK 53 (1975) 65—72

800 PRINCIPE, W. H. *Thomas Aquinas' principles for interpretation of patristic texts* — StMC 8—9 (1976) 111—121

801 PSEUTONGAS, B. S. *Αἱ περὶ σταυροῦ καὶ πάθους τοῦ Κυρίου ὁμιλίαι ἀνατολικῶν Πατέρων καὶ συγγραφέων ἀπὸ τοῦ Β΄ου μέχρι καὶ τοῦ Δ΄ου αἰῶνος.* Thessaloniki 1975. 276 pp.

802 SAMIR, K. *Les plus anciens homéliaires géorgiens et les versions patristiques arabes* — OrChrP 42 (1976) 217—231

803 *Scriptores Hiberniae minores, Pars I, B.* Ed. R. R. MCNALLY. *Pars C.* Ed. J. F. KELLY. [CChr Ser. Lat. 108]. Turnhout: Brepols 1973/74. XIX, 328 pp.; XVI, 220 pp.

804 THOMSON, R. W. *The fathers in early Armenian literature.* In: *Studia Patristica 12* (cf. 1975/76, 199) 457—470

805 TSCHUTSYNOV, U. S. *Zum Problem der Verfasserschaft bei byzantinischen Historikern des IV.—IX. Jahrhunderts* [in russisch]. In: *Antike und Byzanz* (cf. 1975/76, 105) 203—217

806 UNNIK, WILLEM CORNELIUS VAN *First century A. D. literary culture and early Christian literature. Protocol of the 1st colloque 25 april 1970* [Protocol series of the colloquies of the Center for Hermeneutical Studies in Hellenistic and Modern Culture 1]. Berkeley: The Graduate Theological Union and The Univ. of California 1975. 29 pp.

807 WASZINK, J. H. *Varrone nella letteratura cristiana dei primi secoli.* In: *Atti Congresso internazionale* (cf. 1975/76, 112) Bd. 1, 209—223

808 ZEEGERS — VAN DER VORST, N. *Les citations des poètes grecs chez les apologistes chrétiens du 2e siècle.* Louvain 1972. XLIX, 380 pp.

2. AUCTORES SINGULI
(IN ORDINE ALPHABETICO AUCTORUM)
AETHERIA (EGERIA)

809 GONZALEZ-HABA, M. *El «Itinerarium Egeriae», un testimonio de la corriente cristiana de oposición a la cultura clásica* — ECl 20 (1976) 123—131

810 MAZZINI, I. *Tendenze letterarie nella Peregrinatio di Egeria. L'uso del diminutivo* — Prometheus 2 (1976) 267—280

811 MOHRMANN, CHRISTINE *Egérie et le Monachisme.* In: *Corona Gratiarum I* (cf. 1975/76, 130) 163—180

812 SANDERS, GABRIEL *Égérie, saint Jérôme et la Bible. En marge de l'Itin. Eg. 18, 2; 39, 5 et 2, 2.* In: *Corona Gratiarum I* (cf. 1975/76, 130) 181—199

813 SEGURA RAMOS, BARTOLOMÉ *La flexión nominal y verbal en la „Peregrinatio Egeriae"* — CFC 8 (1975) 285—301

815 SZANTYR, A. *Occupo* — MH 33 (1976) 101—104

AMBROSIUS MEDIOLANENSIS

816 *[Ambrosius] Ambrogio. La penitenza.* Trad., introd. e note a cura di E. MAROTTA [Coll. di testi patristici]. Roma: Città Nuova ed. 1976. 140 pp.

817 *[Ambrosius] Ambrogio. La storia di Naboth.* Intr. comm. ed. crit. trad. a cura di MARIA GRAZIA MARA [Collana di testi storici 4]. L'Aquila: L. U. Japadre 1975, 189 pp.

818 ALFONSI, LUIGI *Ambrosio in Ennodio.* In: *Ambrosius Episcopus II* (cf. 1975/76, 103) 125—129

819 ALFONSI, LUIGI *Mella decussa. . . — —* GiorFil 28 (1976) 112—117

820 ALFONSI, LUIGI *Verba Seniorum. Di pagani e cristiani —* BStudLat 6 (1976) 288—294

821 ALIAGA GIRBÉS, EMILIO *Eucaristía y perdón de los pecados en San Ambrosio de Milán.* In: *Ministerio y Carisma. Homenaje a Monseñor García Lahiguera* (cf. 1975/76, 178) 181—203

822 ARGAL, MIGUEL ANGEL *El Patriarca José. Tipología cristológica y eclesiológica en el comentario de San Ambrosio.* In: *Miscelánea J. Zunzunegui,* III (cf. 1975/76, 179) 61—85

823 *Aspetti del ministero pastorale di un vescovo del secolo IV: l'esegeta e il maestro di vita spirituale.* Passi scelti a cura di GEMMA MARCHESI. Milano: Jaca Book 1974. 224 pp.

824 BARTELINK, G. *Fragilitas humana chez saint Ambroise.* In: *Ambrosius Episcopus II* (cf. 1975/76, 103) 130—142

[999] BASEVI, C.: Augustinus
[1000] BASEVI, C.: Augustinus
[2180] BASTIAENSEN, A.: Paulinus Mediolanensis
[293] BETTELLI BERGAMASCHI, M.: Opera ad historiam

825 BILLANOVICH, G.; FERRARI, M. *La tradizione milanese delle opere di sant'Ambrogio.* In: *Ambrosius Episcopus I* (1975/76, 102) 5—102

826 BOLOGNESI, G. *Sulle glosse alemanne dell'Innario di Murbach.* In: *Scritti G. Bonfante* (1975/76, 198) 73—83

827 CAGIANO DE AZEVEDO, M. *La cultura artistica di sant'Ambrogio.* In: *Ambrosius Episcopus I* (cf. 1975/76, 102) 316—334

828 CANTALAMESSA, R. *Sant'Ambrogio di fronte ai grandi dibattiti teologici del suo secolo.* In: *Ambrosius Episcopus I* (1975/76, 102) 483—539

829 CHAFFIN, CHR. E. *Christ as emperor. Interpretations of the fourth eclogue in the circle of St. Ambrose.* In: *Studia Patristica 13* (cf. 1975/76, 200) 9—18

[3020] CHAPPUZEAU, G.: Specialia in Vetus Testamentum

830 CLAUS, F. *La datation de l'Apologia prophetae David et l'Apologia David altera. Deux œuvres authentiques de saint Ambroise.* In: *Ambrosius Episcopus II* (cf. 1975/76, 103) 168—193

[631] CLAUS, F.: Palaeographica atque manuscripta

[1320] COMAN, I.: Basilius Magnus

831 COMAN, IOAN *Eléments œcuméniques dans l'horizon historique de saint Ambroise.* In: *Ambrosius Episcopus II* (cf. 1975/76, 103) 194—219

832 COMAN, I. G. *Profil literar ambrozian* — MitrBan 25 (1975) 138—158

833 CORBELLINI, C. *Sesto Petronio Probo e l'elezione episcopale di Ambrogio* — RILSL 109 (1975) 181—189

834 CORBELLINI, C. *La presunta guerra tra Mario e Cinna e l'episodio dei Bardiei* — Aevum 50 (1976) 154—156

834a COSTANZA, SALVATORE *I rapporti tra Ambrogio e Paolino da Nola.* In: *Ambrosius Episcopus* (cf. 1975/76, 103) 220—232

835 COURCELLE, PIERRE *Saint Ambroise devant le précepte delphique.* In: *Forma futuri* (cf. 1975/76, 149) 179—188

836 CRACCO RUGGINI, L. *Ambrogio di fronte alla compagine sociale del suo tempo.* In: *Ambrosius Episcopus I* (cf. 1975/76, 102) 230—265

837 DASSMANN, ERNST *Ambrosius und die Märtyrer* — JAC 18 (1975) 49—68

838 DÖLGER, FRANZ JOSEPH *Die Eucharistie als Reiseschutz. Die Eucharistie in den Händen der Laien. Volkskundliches aus der Rede des heiligen Ambrosius auf den Tod seines Bruders Satyrus.* In: *Antike und Christentum* Bd. 5 (cf. 1975/76, 136) 232—247

839 DÖLGER, FRANZ JOSEPH *Der erste Schreibunterricht in Trier nach einer Jugend-Erinnerung des Bischofs Ambrosius von Mailand.* In: *Antike und Christentum III* (cf. 1975/76, 135a) 62—72

[339] DÖLGER, F. J.: Opera ad historiam

[3022] DÖLGER, F. J.: Specialia in Vetus Testamentum

840 DÖRRIE, HEINRICH *Das fünffach gestufte Mysterium. Der Aufstieg der Seele bei Porphyrios und Ambrosius.* In: *Platonica minora* (cf. 1975/76, 138) 474—490

841 DUCCI, MARINO SANDRO *Sviluppo storico e dottrinale del tema Maria-Chiesa e suo rapporto col pensiero teologico mariano di Sant'Ambrogio* — EphMariol 23 (1973) 363—404

842 DUVAL, Y.-M. *Ambroise, de son élection à sa consécration.* In: *Ambrosius Episcopus II* (cf. 1975/76, 103) 243—283

843 FONSECA, C. D. *Gli Excerpta Ambrosii nelle sillogi canonicali dei secoli XI e XII.* In: *Ambrosius Episcopus II* (cf. 1975/76, 103) 48—68

844 FONTAINE, J. *Prose et poésie. L'interférence des genres et des styles dans la création littéraire d'Ambroise de Milan.* In: *Ambrosius Episcopus I* (cf. 1975/76, 102) 124—170

[2299] FORLIN PATRUCCO, M.; RODA, S.: Symmachus

[721] FREDE, H. J.: Novum Testamentum

845 GAUDEMET, JEAN *Droit séculier et droit de l'église chez Ambroise.* In: *Ambrosius Episcopus I* (cf. 1975/76, 102) 286—315

846 GEISST, CHARLES R. *Milton and Ambrose on Evil* — NotesRead 221 (1976) 233

847 GIRARD, JEAN-LOUIS *Pélagie dans un texte de saint Ambroise («BHL» 9030): une assimilation indue* — AB 92 (1974) 367—370

848 GŁADYSZEWSKI, L. *Refleksje nad przekładem elementów retorycznych prozy św. Ambrożego (De modo traducendi quaedam ornamenta stilistica, quae in scriptis Sancti Ambrosii inveniuntur, consideratur)* — StGnes 2 (1976) 225—238

849 GOTTLIEB, GUNTHER *Italia temptata* — MH 33 (1976) 124—125

[2721] GROSS, K.: Doctrina auctorum

850 HADOT, PIERRE *Une source de l'Apologia David d'Ambroise, les commentaires de Didyme et d'Origène sur le psaume 50* — RSPhTh 60 (1976) 205—225

851 IRMSCHER, JOHANNES *Ambrosius in Byzanz.* In: *Ambrosius Episcopus II* (cf. 1975/76, 103) 298—311

852 LAU, D. *Ambrosius über den Kranich- und Bienenstaat.* In: *Der lat. Begriff labor* (cf. 1975/76, 172) 262—265

853 LUCCHESI, E. *Un trait platonicien commun à Virgile et Philon d'Alexandrie* — REG 89 (1976) 615—618

[1415] LUCCHESI, E.: Cassiodorus

[1783] MADEC, G.: Hilarius Pictaviensis

854 MARCHIORO, R. *La prassi penitenziale nel IV secolo a Milano secondo S. Ambrogio.* Roma: Pontificia Università Lateranense 1975. 133 pp.

855 MAZZARINO, SANTO *Il padre di Ambrogio* — Helikon 13—14 (1973—74) 111—117

856 McHUGH, M. P. *Linen, wool and color. Their appearance in Saint Ambrose* — BICS 23 (1976) 99—101

857 METZ, RENÉ *Saint Ambroise et le Code de droit canonique de 1917.* In: *Ambrosius Episcopus II* (cf. 1975/76, 103) 94—121

858 MOHRMANN, CHR. *Zwei frühchristliche Bischofsviten. Vita Ambrosii, Vita Augustini* — AOAW 112 (1975) 307—331

859 MOHRMANN, CHR. *Observations sur le De sacramentis et le De mysteriis de saint Ambroise.* In: *Ambrosius Episcopus I* (cf. 1975/76, 102) 103—123

860 NAZZARO, A. V. *La I Ecloga virgiliana nella lettura di Ambrogio.* In: *Ambrosius Episcopus II* (cf. 1975/76, 103) 312—324

861 OPELT, I. *Zwei weitere Elemente klassischer Literatur in Ambrosius' Schrift De fide* — RhM 119 (1976) 288

[1428] PALAZZI, M. L.: Chromatius Aquileiensis

862 PELLEGRINO, MICHELE «*Veni, Domini Iesu*». *La Preghiera al Signore Gesù in S. Ambrogio*. In: *Corona Gratiarum I* (cf. 1975/76, 130) 151—161

863 PÉPIN, JEAN *Exégèse de In principio et théorie des principes dans l'Exameron*. In: *Ambrosius Episcopus I* (1975/76, 102) 427—482

864 PICASSO, G. G. *Gli Excerpta Ambrosii nelle collezioni canoniche dei secoli XI e XII*. In: *Ambrosius Episcopus II* (cf. 1975/76, 103) 69—93

865 PINCHERLE, ALBERTO *Note sulla tradizione indiretta della «Expositio Evangelii secundum Lucam» di S. Ambrogio*. In: *Forma futuri* (cf. 1975/76, 149) 1097—1114

866 PIZZOLATO, L. F. *La coppia umana in sant'Ambrogio*. In: *Etica sessuale e matrimonio nel cristianesimo delle origini* [SPMe 5]. Milano: 1976. 180—211

867 PIZZOLATO, LUIGI FRANCO *La Sacra Scrittura fondamento del metodo esegetico di sant'Ambrogio*. In: *Ambrosius Episcopus I* (cf. 1975/76, 102) 393—426

868 POIRIER, M. *Consors naturae chez saint Ambroise. Copropriété de la nature ou communauté de la nature?* In: *Ambrosius Episcopus II* (cf. 1975/76, 103) 325—335

869 RAMOS-LISSÓN, DOMINGO *El misterio de la salvación en los escritos catequéticos de S. Ambrosio* — ScTh 8 (1976) 281—305

870 RAMOS-LISSÓN, D. *La tipologia de Jn 9, 6—7 en el De sacramentis*. In: *Ambrosius Episcopus II* (cf. 1975/76, 103) 336—344

[609] RING, T. G.: auctoritas

[495] ROUGÉ, J.: Opera ad historiam

871 SAVON, H. *Saint Ambroise critique de Philon dans le De Cain et Abel*. In: *Studia Patristica 13* (cf. 1975/76, 200) 273—279

872 SIMONETTI, M. *La politica antiariana di Ambrogio*. In: *Ambrosius Episcopus I* (cf. 1975/76, 102) 266—285

873 SORDI, M. *L'atteggiamento di Ambrogio di fronte a Roma e al paganesimo*. In: *Ambrosius Episcopus I* (cf. 1975/76, 102) 203—229

[2849] SOTO, J. M.: Vita christiana

874 TRISOGLIO, F. *Sant'Ambrogio negli storici e nei cronisti bizantini*. In: *Ambrosius Episcopus II* (cf. 1975/76, 103) 345—377

875 VIVO, A. DE *Nota ad Ambrogio, De Abraham I 2, 4*. In: *Ambrosius Episcopus II* (cf. 1975/76, 103) 233—242

876 WEISSENGRUBER, F. *Benutzung des Ambrosius durch Cassiodor*. In: *Ambrosius Episcopus II* (cf. 1975/76, 103) 378—398

877 YARNOLD, E. J. *Did St. Ambrose know the Mystagogic Catecheses of St. Cyril of Jerusalem?* In: *Studia Patristica 12* (cf. 1975/76, 199) 184—189

880 ZELZER, MICHAELA *Die Briefbücher des Hl. Ambrosius und die Briefe Extra collectionem* — AOAW 112 (1975) 7—23

PSEUDO-AMBROSIUS

881 STANULA, E. *Aniołowie oraz ich upadek według Ambrozjastra (Les anges et leur chute selon Ambrosiastre)* — STV 13 (1975) 105—116

AMMONAS MONACHUS

882 GARITTE, G. *De unius ex Ammonae epistulis versione iberica* (Texte géorgien, avec trad. latine et comm., de la 2e lettre) — Mu 89 (1976) 123—131

AMPHILOCHIUS ICONIENSIS

883 ΜΠΟΝΗΣ, ΚΩΝΣΤΑΝΤΙΝΟΣ Ἀμφιλοχίου Ἰκονίου «Περὶ ψευδοῦς ἀσκήσεως» ThAthen 46 (1975) 7—22, 257—272, 465—481, 681—688

ANDREAS CRETENSIS

884 DONNINI, M. *Andreae Cretensi vulgo adscripta homilia «In silentium s. Zachariae» (Par. graec. 304)* — AugR 15 (1975) 201—211

ANONYMUS

885 *[Anonymus] Anonymi contra philosophos.* Hrsg. v. DIETHARD ASCHOFF [CChr Series Latina 58A]. Turnhout: Brepols 1975. XLI, 396 pp.

886 DESREUMAUX, ALAIN *Trois homélies syriaques anonymes sur l'Épiphanie.* Introduction, texte, traduction, commentaire — AEHESHP 107 (1974—1975) 1001—1003

887 DESREUMAUX, ALAIN *Une homélie syriaque anonyme sur la Nativité* — ParOr 6/7 (1975/76) 195—212

888 GRAFFIN, FRANÇOIS *Exhortation d'un Supérieur de Monastère en Syriaque au VIe siècle.* In: *Corona Gratiarum I* (cf. 1975/76, 130) 117—123

889 NALDINI, MARIO *Ascesi biblica in un frammento adespoto (PSI 759).* In: *Forma futuri* (cf. 1975/76, 149) 70—78

890 VANYO, L. *L'omelia anatolica sulla Pasqua nell'anno 387* — AugR 15 (1975) 225—228

ANONYMUS ARIANUS

891 LEMARIÉ, J. *Les homiliaires de Bobbio et la tradition textuelle de l'Opus imperfectum in Matthaeum* — RBen 85 (1975) 358—362

APHRAATES

892 BAARDA, TJITZE *The Gospel quotations of Aphrahat, the Persian sage. Aphrahat's text of the fourth Gospel.* 2 Bände. Amsterdam: Vrije Universiteit 1975. 520 pp.

APOLLINARIUS LAODICENSIS

[1547] LOUIS-SYLVESTRE, D.: Pseudo-Dionysius Areopagita

APOPHTHEGMATA PATRUM

893 *[Apophthegmata] Paterica armenica a P. P. Mechitaristis edita 1855.* Latine reddita a LOUIS LELOIR. 2. Tractatus V—IX [CSCO 361, Subsidia 43]. Louvain: Secrétariat du CorpusSCO 1975. 248 pp.

894 *[Apophthegmata] Paroles des anciens. Apophthegmes des Pères du désert.* Trad. et prés. par J. C. GUY [Points-Sagesse 1]. Paris: Ed. du Seuil 1976. 192 pp.

895 *[Apophthegmata] Les sentences des Pères du désert. Troisième recueil et tables.* Par L. REGNAULT. Solesmes: Abbaye Saint-Pierre 1976. 383 pp.

896 *[Apophthegmata] Sayings of the Desert Fathers.* Transl. by Sister BENEDICTA WARD. Oxford: Mowbrays 1975. 240 pp.

897 *[Apophthegmata] The Sayings of the Desert Fathers: the alphabetical collection,* tr. by BENEDICTA WARD [Cistercian studies series, v. 59]. Kalamazoo, MI: Cistercian Publications 1975. XVII, 228 pp.

898 *[Apophthegmata] The wisdom of the Desert Fathers. The Apophthegmata Patrum (the anonymous series).* Transl. by B. WARD. Oxford: SLG Pr. 1975. XIX, 66 pp.

899 *[Apophthegmata] Vita e detti dei Padri del deserto.* A cura di L. MORTARI. Roma: Città Nuova ed. 1975. 319 et 318 pp.

900 *[Apophthegmata] Detti e fatti dei Padri del deserto.* A cura di CRISTINA CAMPO e PIERO DRAGHI. Milano: Rusconi 1975. 284 pp.

[1356] DESEILLE, P.: Benedictus Nursinus

901 ELIZALDE, MARTIN DE *San Antonio, Apotegmas* — CuadMon 10 (1975) 235—240

902 ELIZALDE, MARTIN DE *San Arsenio, Apotegmas* — CuadMon 10 (1975) 241—250

903 ESBROECK, MICHEL VAN *Les apophthegmes dans les versions orien-*
     tales — AB 93 (1975) 381—389
904 GUILLAUMONT, A. *Le problème des deux Macaire dans les*
     Apophthegmata Patrum — Irénikon 48 (1975) 41—59
905 HAMM, F. J. *Das Paterikon bei den Kroaten* (serbisch) — Slovo 24
     (1974/75) 189—201
906 LELOIR, L. *Les orientations essentielles de la spiritualité des Pères*
     du désert d'après les Paterica arméniens — RThPh 24 (1975)
     30—47
907 PHILIPPART, GUY *Les «Commonitiones sanctorum patrum» à Bob-*
     bio au Xᵉ siècle — AB 93 (1975) 28
908 *Sentence Ojców egipskich (Les sentences des Pères égyptiens).*
     Préf. et trad. par M. STAROWIEYSKI — Znak 28 (1976) 1492—1507
909 VEDER, W. R. *La tradition slave des Apophthegmata Patrum* —
     Slovo 24 (1975) 59—93

ARNOBIUS MAIOR

910 KADLETZ, EDWARD *Animal Sacrifice in Greek and Roman*
     Religion [Diss.]. University of Washington 1976. 344 pp.
911 OPELT, ILONA *Schimpfwörter bei Arnobius dem Älteren* — WSt 88
     (1975) 161—173

ARNOBIUS MINOR

912 DÖLGER, FRANZ JOSEPH *Amor und Christus nach Arnobius dem*
     Jüngeren. In: *Antike und Christentum III* (cf. 1975/76, 135a)
     225—230

ASTERIUS AMASENUS

913 BARTELINK, G. J. M. *Textkritisches zur sechsten Homilie des Aste-*
     rius von Amasea — Glotta 53 (1975) 242—244

ATHANASIUS ALEXANDRINUS

914 *[Athanasius] Atanasio. L'incarnazione del Verbo.* Trad., introd.,
     note a cura di E. BELLINI [Coll. di testi patristici]. Roma: Città
     Nuova ed. 1976, 140 pp.
915 *[Athanasius] S. Athanase. Œuvres 9 et 10. Historico-dogmatiques*
     II et III [Hellênes Pateres tês Ekklêsias 20] [en grec]. Thessalonique:
     Ed. patristiques „Grégoire Palamas" 1976. 406 pp. 379 pp.

916 *[Athanasius] San Atanasio. Vida de San Antonio Padre de los monjes.* Traducción, introducción y notas por A. BALLANO [Espiritualidad Monástica. Fuentes y estudios 1] Cóbreces (Santander): Edit. Monasterio de Viaceli 1975. 123 pp.

917 [Athanasius] *San Atanasio, Vida de S. Antonio, Padre de los monjes.* Zamora: Ed. Monte Casino 1975. 123 pp.

918 *[Athanasius] Vida de San Antonio.* Introd., trad. y notas por los monjes de Isla Liquiña. Isla Liquiña, Chile: Publ. de Cuad. Monást. 1975, 80 pp.

919 *[Athanasius] San Atanasio de Alejandría, Vida de San Antonio.* Victoria, Buenos Aires (R.A.): Ed. Cuadernos Monásticos 1975. 79 pp.

920 ALBERT, MICHELINE *La 10ᵉ lettre festale d'Athanase d'Alexandrie —* ParOr 6/7 (1975/76) 69—90

921 ATZBERGER, LEONHARD *Die Logoslehre des heiligen Athanasius* [Nachdruck der Ausgabe München 1880]. Hildesheim: Olms 1975. VII, 246 pp.

[2704] BARABANOW, E. V.: Doctrina auctorum

922 BARNARD, L. W. *Two notes on Athanasius* — OrChrP 41 (1975) 344—356

923 BARNARD, L. W. *Some liturgical elements in Athanasius Festal Epistles.* In: *Studia Patristica 13* (cf. 1975/76, 200) 337—342

924 BELLINI, ENZO *Una nuova edizione della «Vita Antonii» di S. Atanasio* — ScCat 104 (1976) 94—98

925 BRENNAN, B. R. *Dating Athanasius' Vita Antonii* — VigChr 30 (1976) 52—54

926 ČEŠKA, JOSEF *Die politischen Hintergründe der Homousios-Lehre des Athanasius.* In: *Die Kirche...* (cf. 1975/76, 168) 297—322

927 ΧΡΗΣΤΟΥ, ΠΑΝΑΓΙΩΤΗΣ Ἄκτιστον καί κτιστόν, ἀγέννητον καί γεννητόν κατά τόν Ἅγιον Ἀθανάσιον. In: Τόμος ἑόρτιος (cf. 1975/76, 208) 9—24

928 ΧΡΗΣΤΟΥ, ΠΑΝΑΓΙΩΤΗΣ Κ. Ἄκτιστον καί κτιστόν, ἀγέννητον καί γεννητόν εἰς τήν θεολογίαν τοῦ Μεγάλου Ἀθανασίου. In: Θεολογικά μελετήματα 2 (cf. 1975/76, 119) 11—23

929 CLARKE, F. STUART *Lost and Found: Athanasius' Doctrine of Predestination* — SJTh 29 (1976) 435—450

930 DRAGAS, G. D. *Saint Athanasius' two treatises „Contra Apollinarium".* — Abba 6 (1975) 84—96

931 DUVAL, Y.-M. *La problématique de la Lettre aux vierges d'Athanase* — Mu 88 (1975) 405—433

932 FREND, W. H. C. *Athanasius as an Egyptian Christian Leader in the Fourth Century.* In: *Religion...* (cf. 1975/76, 150) Nr. XVI

933 GALBIATI, E. *La dottrina di Sant'Atanasio sull'Incarnazione del Verbo* — Simposio Cristiano (Milano) (1976) 30—41

[2783] GALOT, J.: Christologia
[385] GESSEL, W.: Opera ad historiam
[386] GIRARDET, K. M.: Opera ad historiam
934 HAGEL, KARL FRIEDRICH *Die Lehre des Athanasius von Kirche und Kaisertum*. In: *Die Kirche*... (cf. 1975/76, 168) 259—279
935 ΚΑΛΟΓΗΡΟΥ, ΙΩΑΝΝΗΣ *Χριστολογία καί Σωτηριολογία ἐν τῷ συνδέσμῳ των κατά τόν Μέγαν Ἀθανάσιον*. In: *Τόμος ἑόρτιος* (cf. 1975/76, 208) 235—284
936 KANNENGIESSER, CHARLES *Le mystère pascal du Christ selon Athanase d'Alexandrie* — RechSR 63 (1975) 407—442
937 KANNENGIESSER, CH. *Théologie et patristique. Le sens actuel de leur rapport vérifié chez Athanase d'Alexandrie*. In: *Humanisme et foi chrétienne* (cf. 1975/76, 162) 503—526
938 LONGOSZ, S. *«Ojcowie» u św. Atanazego Wielkiego (The Fathers in St. Athanasius Alexandrine)* — RoczTK 23 (1976) 133—149
939 LOUTH, A. *The concept of the soul in Athanasius' Contra gentes — De Incarnatione*. In: *Studia Patristica 13* (cf. 1975/76, 200) 227—231
940 MARX, MICHAEL *La oración incesante en la Vida de S. Antonio el Grande* — CuadMon 10 (1975) 251—270
941 ΜΑΤΣΟΥΚΑΣ, ΝΙΚΟΛΑΟΣ *Θεολογία καί Ἀνθρωπολογία κατά τόν M. Ἀθανάσιον*. In: *Τόμος ἑόρτιος* (cf. 1975/76, 208) 45—128
942 MEIJERING, E. P. *Athanasius on the Father as the Origin of Son*. In: *God being history*... (cf. 1975/76, 176) 89—102
943 MEIJERING, E. P. *Ἦν ποτε ὅτε οὐκ ἦν ὁ Υἱός. A Discussion on Time and Eternity*. In: *God being history*... (cf. 1975/76, 176) 81—88
944 MOUTSOULAS, E. D.*Τό πρόβλημα τῆς χρονολογήσεως τῶν «τριῶν κατά Ἀρειανῶν λόγων» τοῦ M. Ἀθανασίου* — ThAthen 47 (1976) 543 —557; 674—692
945 NICOLA, A. DE *La concezione e la storia del male nel Contra Gentes — De Incarnatione di S. Atanasio* — AugR 16 (1976) 85—106
946 ORLANDI, TITO *Sull'Apologia secunda (contra Arianos) di Atanasio di Alessandria* — AugR 15 (1975) 49—79
947 PAPADOPOULOS, ST. G. *Ἀθανάσιος ὁ Μέγας καὶ ἡ θεολογία τῆς Οἰκουμενικῆς Συνόδου*. Athen: 1975. 214 pp.
[2700] PEROSANZ, J. M. Symbola
948 RAPISARDA, EMANUELE *La questione dell'autenticità del De incarnatione Dei Verbi et contra Arianos di S. Atanasio. Rassegna degli studi* — NDid 23 (1973) 23—54
949 RÉZETTE, J. *Le mystère de l'Église dans la controverse anti-arienne chez saint Athanase* — StBibF 25 (1975) 104—118
950 ΣΑΚΚΟΣ, ΣΤΕΡΓΙΟΣ *Ἡ ΛΘ´ ἑορταστική ἐπιστολή τοῦ Μεγάλου Ἀθανασίου*. In: *Τόμος ἑόρτιος* (cf. 1975/76, 208) 129—196

951 SAKKOS, STERGIOS *Les œuvres apologétiques d'Athanase le Grand. Contre les Hellènes. Sur l'incarnation* [en grec]. — Salp 8 (1975) 3—5, 25

952 SCHNEEMELCHER, WILHELM *Athanasius von Alexandrien als Theologe und als Kirchenpolitiker.* In: *Die Kirche...* (cf. 1975/76, 168) 279—297

953 SKURAT, K. E. *Die Heilbedeutung der Menschwerdung Christi nach der Lehre des hl. Athanasius* — Stimme der Orthodoxie (Berlin) 8 (1975) 46—50; 9 (1975) 53—57

954 STAROWIEYSKI, M. *Mariologia św Atanazego Wielkiego (De mariologia Sancti Athanasii Magni)* — RoczTK 23 (1976) 108—132

955 STEAD, G. C. *Rhetorical method in Athanasius* — VigChr 30 (1976) 121—137

956 TETZ, MARTIN *Über nikäische Orthodoxie. Der sog. Tomus ad Antiochenos des Athanasios von Alexandrien* — ZNW 66 (1975) 194—222

[2028] TIETZE, W.: Lucifer Calaritanus

[2800] TORRANCE, T. F.: Soteriologia

957 ΤΣΑΜΗΣ, ΔΗΜΗΤΡΙΟΣ *Ἡ χρῆσις τῶν χρονικῶν κατηγοριῶν εἰς τήν Θεολογίαν τοῦ Μεγάλου Ἀθανασίου.* In: *Τόμος ἑόρτιος* (cf. 1975/76, 208) 25—44

958 VIAN, G. M. *I codici Vaticani del Commento ai Salmi di Atanasio* — VetChr 13 (1976) 117—128

[529] VOGT, H. J.: Opera ad historiam

959 WINDEN, J. C. M. VAN *On the date of Athanasius' apologetical treatises* — VigChr 29 (1975) 291—295

960 ZAPHIRIS, GERASSIME *Reciprocal Trinitarian Revelation and Man's Knowledge of God according to St. Athanasius.* In: *Τόμος ἑόρτιος* (cf. 1975/76, 208) 285—377

961 ΖΗΣΗΣ, ΘΕΟΔΩΡΟΣ *Ὁ Μέγας Ἀθανάσιος ὡς πηγή τῆς περί Ἁγίου Πνεύματος διδασκαλίας τοῦ Μεγάλου Βασιλείου.* In: *Τόμος ἑόρτιος* (cf. 1975/76, 208) 197—234

PSEUDO-ATHANASIUS ALEXANDRINUS

962 DATTRINO, LORENZO *Il De Trinitate pseudoatanasiano.* Roma: Institutum patristicum Augustinianum 1976. 132 pp.

ATHENAGORAS

963 *[Athenagoras] Athenagoras. Le opere.* Introd., trad. e note a cura di SALVATORE DI MEGLIO [I classici cristiani 228]. Siena: Cantagalli 1974. 114 pp.

964 BARNARD, L. W. *Athenagoras, De resurrectione. The background
    and theology of a second cent. treatise on the resurrection* — StTh 30
    (1976) 1—42
965 BARNES, T. D. *The embassy of Athenagoras* — JThS 26 (1975)
    111—114
966 CROUZEL, H. *«Selon les lois établies par nous», Athénagore, Suppli-
    que, chap. 33* — BLE 76 (1975) 213—217
967 GALLICET, E. *Atenagora o Pseudo-Atenagora?* — RFC 104 (1976)
    420—435
968 NAUTIN, P. *Note critique sur Athénagore, Legatio, 16, 3* — VigChr
    29 (1975) 271—275
969 WINDEN, J. C. M. VAN *The origin of falsehood. Some comments on
    the introductory passage of the treatise „On the resurrection of the
    dead» attributed to Athenagoras* — VigChr 30 (1976) 303—306

ATTICUS CONSTANTINOPOLITANUS

970 GEERARD, MAURITS; ROEY, ALBERT VAN *Les Fragments Grecs et
    Syriaques de la lettre «Ad Eupsychium» d'Atticus de Constantinople.*
    In: *Corona Gratiarum I* (cf. 1975/76, 130) 69—81

AURELIUS AUGUSTINUS

971 *[Augustinus] Aurelii Augustini Opera 13, 2. De diversis quaestionibus
    octoginta tribus. De octo Dulcitii quaestionibus.* Ed. A. MUTZEN-
    BECHER [CChr Series Latina 44 A]. Turnhout: Brepols 1975.
    CXLVI, 367 pp.
972 *[Augustinus] Œuvres, I: Le Confessioni.* Testo lat. di M. SKU-
    TELLA, rived. da M. PELLEGRINO, trad. e note di C. CARENA, introd.
    di A. TRAPÈ, indici di F. MONTEVERDE, 3ª ed. [BAug]. Paris: Des-
    clée de Brouwer 1975. CXLIII, 577 pp.
973 *[Augustinus] Le confessioni.* Trad. di C. VITALI, introd. di CHR.
    MOHRMANN. [Bibl. universale Rizzoli Tascabili L 1]. Milano: Riz-
    zoli 1974. 432 pp.
974 *[Augustinus] Le Confessioni.* Antologia a cura di G. U. PIZZUTI
    [I libri dei filos.]. Torino: Soc. ed. internaz. 1975. 312 pp.
975 *[Augustinus] Œuvres de saint Augustin: La crise pélagienne II. De
    gratia Christi et de peccato originali I libri II. De natura et origine
    animae libri IV* [BAug 22]. Texte de F. URBA et J. ZYCHA. Intr., trad. et
    notes de F.-J. THONNARD, J. PLAGNIEUX et A. C. DE VEER. Paris:
    Desclée de Brouwer 1975. 920 pp.

976 *[Augustinus] Œuvres de Saint Augustin: Dialogues Philosophiques III. De magistro. De libero arbitrio.* Intr., trad. et notes de GOUL-VEN MADEC, 3e éd. Paris: Desclée de Brouwer 1976. 608 pp.

977 *[Augustinus] Sankt Augustinus, der Seelsorger. Deutsche Gesamt-ausgabe seiner moraltheologischen Schriften. Die Sorge für die Toten.* Übertr. von G. SCHLACHTER, eingel. u. erl. von R. ARBES-MANN. Würzburg: Augustinus-Verl. 1975. LIII, 62 pp.

978 *[Augustinus] De magistro.* Einl., Übers. & Komm. hrsg. von E. SCHADEL [Diss. Würzburg 1974]. Würzburg: Selbstverlag 1975. 336 pp.

979 *[Augustinus] Der Lehrer. De magistro.* Übertragen von C. J. PERL. Paderborn: Schöningh 1974. 122 pp.

980 *[Augustinus] Die Retractationen in zwei Büchern.* Übertr. von C. J. PERL. Paderborn: Schöningh 1976. XV, 241 pp.

981 *[Augustinus] De dialectica.* Transl. with introd. & notes by B. D. JACKSON, new ed. by J. PINBORG [Synthese hist. Libr. 16]. Boston: Reidel Publ. Company 1975. XII, 151 pp.

982 *[Augustinus] Mia madre.* Coordinamento dei testi, introd., note di A. TRAPÈ. Milano: Ancora 1975. 118 pp.

[2522] AGRELO, S.: Liturgica

983 ALFLATT, M. E. *The responsibility for involuntary sin in saint Augustine* — RechAug 10 (1975) 171—186

984 ALIAGA GIRBÉS, EMILIO *El sacrificio sacerdotal de Jesucristo en las «Enarrationes in Psalmos» de S. Agustín* — AnVal 1 (1975) 3—27

985 ALICI, L. *La funzione della distentio nella dottrina agostiniana del tempo* — AugR 15 (1975) 325—345

986 ALICI, L. *Il linguaggio come segno e come testimonianza. Una ri-lettura di Agostino.* Roma: Studium 1976. 208 pp.

987 ALLARD, J. B. *L'articulation du sens et du signe dans le De doctrina christiana de s. Augustin.* In: *Studia Patristica 14* (cf. 1975/76, 201) 377—388

988 ALLARD, J. B. *La nature du De catechizandis rudibus de saint Augustin.* Rome: Université du Latéran 1976. 375 pp.

989 ALONSO DEL CAMPO, U. *Algunas implicaciones psicológicas de la actitud religiosa de san Agustín* — Augustinus 20 (1975) 107—118

990 ARBESMANN, R. *Drei Augustinfragmente aus einem Homiliar des elften Jahrhunderts.* In: *Scientia Augustiniana* (cf. 1975/76, 197) 3—11

991 ARMAS, GREGORIO *La pobreza religiosa en la mente agustiniana* — Augustinus 21 (1976) 121—133

992 ARTAMENDI, P. *Breve antología agustiniana en el pensamiento de Adolfo Muñoz Alonso* — Crisis 22 (1975) 37—45

[4] ARTAMENDI, P.: Historia patrologiae

[113] *Zum Augustin-Gespräch*...: Collectanea et miscellanea

993 Avilés Bartina, Montserrat *Algunos problemas fundamentales del «De doctrina christiana»* — Augustinus 20 (1975) 83—106

994 Avilés Bartina, M. *Estudio de diez sermones agustinianos* — Perficit 7 (1976) 33—71

995 Avilés Bartina, Montserrat *Prontuario agustiniano de ideas exegéticas* — Augustinus 20 (1975) 297—338

996 Ayers, Robert H. *Language Theory and Analysis in Augustine* — SJTh 29 (1976) 1—12

997 Badillo O'Farell, Pablo J. *Presupuestos teológicos de la filosofía jurídica agustiniana.* Prólogo de Francisco Elías de Tejada [Publicaciones de la Universidad de Sevilla. Ser. Derechó. 21]. Sevilla: Universidad de Sevilla 1975. 117 pp.

998 Bailleux, É. *Histoire du salut et foi trinitaire chez S. Augustin* — RThom 75 (1975) 533—561

999 Basevi, C. *Alle fonti della dottrina agostiniana della incarnazione, l'influenza della cristologia di Sant'Ambrogio.* Pamplona: Eunsa 1975. 32 pp.

1000 Basevi, Claudio *Alle fonti della dottrina agostiniana dell'Incarnazione: L'influenza della cristologia di Sant'Ambrogio* — ScTh 7 (1975) 499—529

1001 Bavel, T. J. van *The Evangelical Inspiration of the Rule of St. Augustine* — DR 93 (1975) 83—99

1002 Bavel, T. J. van *Wat voor kerk kies je? De ruimheid van Augustinus' ecclesiologie* — TTh 16 (1976) 355—375

1003 Bels, J. *La mort volontaire dans l'œuvre de saint Augustin* — RHR 187 (1975) 147—180

1004 Benson, C. David *An Augustinian Irony in «Piers Plowman»* — NotesRead 221 (1976) 51—54

1005 Berrouard, François *Pour une réflexion sur le «Sacramentum» augustinien. La manne et l'Eucharistie, dans le «Tractatus XXVI, 11—12 in Iohannis Evangelium».* In: *Forma futuri* (cf. 1975/76, 149) 830—844

1006 Blázquez Fernández, Niceto *San Agustin contra la pena de muerte* — Arbor (1975) 55—65; 205—215

1007 Blázquez Fernández, Niceto *Contexto ideológico y socio-jurídico de la pena de muerte, según san Agustín* — Augustinus 21 (1976) 303—369

1008 Blázquez Fernández, Niceto *La pena de muerte según San Agustín.* Madrid: Ed. Augustinus 1975, 228 pp.

1009 Blázquez Fernández, Niceto *Pena de muerte y humanismo agustiniano* — Augustinus 21 (1976) 135—152

1010 Blázquez Fernández, Niceto *El patrocinio agustiniano de la pena de muerte* — Augustinus 20 (1975) 253—296

[1857] Bobrinskoy, B.: Iohannes Chrysostomus

[2707] BØRRESEN, K.-E.: Doctrina auctorum, generalia
[2708] BØRRESEN, K.-E.: Doctrina auctorum, generalia
1011 BONAMENTE, G. *Il metus Punicus e la decadenza di Roma in Sallustio, Agostino ed Orosio* — GiorFil 27 (1975) 137—169
1012 BOOTH, A. D. *The image of the professor in ancient society* — EMC 20 (1976) 1—10
1013 BOSCO, G. S. *Agostino e l'amicizia.* In: *Provvidenza e storia* (cf. 1975/76, 189) 59—73
1014 BOURKE, VERNON J. *Augustine and the Roots of Moral Values* — AugSt 6 (1975) 65—74
1015 BRABANDERE, M. DE *Doctrina agustiniana sobre la caridad* — Augustinus 21 (1976) 241—276
1016 BRASA DÍEZ, MARIANO *El contenido del «cogito» agustiniano* — Augustinus 21 (1976) 277—285
1017 BRECHTKEN, J. *Augustinus Doctor Caritatis. Sein Liebesbegriff im Widerspruch von Eigennutz und selbstloser Güte im Rahmen der antiken Glückseligkeits-Ethik* [Monogr. zur philos. Forsch. 136]. Meisenheim/Glan: Hain 1975. 219 pp.
1018 BRECKENRIDGE, JAMES *Augustine and the Donatists* — Foun 19 (1976) 69—77
1019 BREZZI, PAOLO *Il superamento dello schema agostiniano nella storiografia medievale.* In: *Forma futuri* (cf. 1975/76, 149) 954—962
1020 BROWN, P. *Der hl. Augustinus. Lehrer der Kirche und Erneuerer der Geistesgeschichte.* Aus dem Engl. übers. von J. BERNARD [Heyne-Biographien 18]. München: Heyne 1975. 495 pp.
[305] BROWNE, P.: Opera ad historiam
1021 BRUNING, B.; BAVEL, T. VAN *Die Einheit des «Totus Christus» bei Augustinus.* In: *Scientia Augustiniana* (cf. 1975/76, 197) 43—75
1022 BUBACZ, BRUCE STEPHEN *Augustine's Account of Factual Memory* — AugSt 6 (1975) 181—192
1023 BUCHER, ALEXIUS *Der Ursprung der Zeit aus dem Nichts. Zum Zeitbegriff Augustins* — RechAug 11 (1976) 35—51
1024 BURNS, J. P. *The development of Augustine's doctrine of operative grace.* Diss. New Have: Yale Univ. 1974. 196 pp.
1025 CAALS, C. L. *Saint Augustin et son influence dans le domaine de la liturgie* — APraem 52 (1976) 89—90
1026 CAMPELO, MOISÉS MARIA *El «Ordo Amoris» eje de la historia* — EAg 11 (1976) 423—472
1027 CAMPO DEL POZO, FERNANDO *Pastoral de conjunto de clérigos y religiosos según san Agustín y el Concilio Vaticano II* — EAg 11 (1976) 473—498
1028 CANNONE, G. *Il Sermo de excidio urbis Romae di S. Agostino* — VetChr 12 (1975) 325—346

1029 CAPÁNAGA, VICTORINO *Agustín, guía de peregrinos. Hacia una* *teología agustiniana de la peregrinación* — Helmántica 26 (1975) 73—85

1030 CAPÁNAGA, VICTORINO *San Agustín guía de peregrinos* — Mayeútica 1 (1975) 72—74

1031 CAPÁNAGA, VICTORINO *San Agustín y las mujeres del Evangelio* — Mayeútica 1 (1975) 279—283

1032 CAPÁNAGA, VICTORINO *Las dimensiones de la cruz en la existencia* *cristiana según san Agustín* — REspir 35 (1976) 237—250

1033 CAPÁNAGA, V. *El hombro-abismo, según san Agustín* — Augustinus 20 (1975) 225—252

1034 CAPÁNAGA, VICTORINO *La mayeútica en Sócrates y en San* *Agustín* — Mayeútica 2 (1976) 225—228

1035 CAPÁNAGA, VICTORINO *Releyendo la „Ciudad de Dios"* — Mayeútica 1 (1975) 176—181

1036 CAPÁNAGA, VICTORINO — OROZ RETA, JOSÉ *Boletín Agustiniano* — Augustinus 20 (1975) 123—136; 21 (1976) 191—199; 391—403

[10] CAPÁNAGA, V.: Historia patrologiae
[11] CAPÁNAGA, V.: Historia patrologiae
[12] CAPÁNAGA, V.: Historia patrologiae
[13] CAPÁNAGA, V.: Historia patrologiae
[14] CAPÁNAGA, V.: Historia patrologiae

1037 *Catalogus verborum quae in operibus Sancti Augustini inveniun-* *tur, 1: Tractatus in Evangelium Ioannis* [CChr 36]. Vorwort von L. VERHEIJEN. Eindhoven: Thesaurus Linguae Augustinianae 1976. 268 pp.

1038 CATAUDELLA, Q. Καλὸς ὁ κίνδυνος — Sileno 1 (1975) 23—36

1039 CAVALLA, F. *Scientia, sapientia ed esperienza sociale. I.: La ricerca* *della verità come fondamento del pensiero giuridico-politico di* *S. Agostino* [Publ. della Fac. di Giurisprud. dell'Univ. di Padova 56]. Padova: Cedam 1974. VIII, 164 pp.

1040 CAVALLA, F. *Scientia, sapientia ed esperienza sociale. II.: Le due* *città di S. Agostino; società, diritto e giustizia* [Publ. della Fac. di Giurisprud. dell'Univ. di Padova 72]. Padova: Cedam 1974. VIII, 132 pp.

1041 CHESNUT, GLENN F. (JR.) *The Pattern of the Past: Augustine's* *Debate with Eusebius and Sallust.* In: *Our common history...* (cf. 1975/76, 125) 69—96

1042 CILLERUELO, LOPE *Incipit lamentatio. Meditación agustiniana* — Augustinus 21 (1976) 81—84

[631] CLAUS, F.: Palaeographica atque manuscripta

1043 COCHINI, F. *Agostino sul problema della magia nel De civitate Dei.* In: *Magia* (In memoria di Raffaela Garosi). Roma: 1976. 241—252

1044 CONDREN, CONDAL *On Interpreting Marsilius' Use of St. Augustine* — Augustiniana 25 (1975) 217—222

1045 COURCELLE, P. *Les lecteurs de l'Énéide devant les grandes invasions germaniques* — RomBarb 1 (1976) 25—56

1046 COURCELLE, PIERRE *Le Typhus, maladie de l'âme d'après Philon et d'après Saint Augustin*. In: *Corona Gratiarum I* (cf. 1975/76, 130) 245—288

1047 COURTOIS, C. *Saint Augustin et le problème de la survivance du punique* — Les Cahiers de Tunisie 23 (1975) 273—294

1048 COVI, E. *La pedagogia familiare agostiniana* — Lau 17 (1976) 43—59

1049 CRESS, D. A. *Hierius and St. Augustine's account of the lost De pulchro et apto. Confessions IV, 13—15* — AugSt 7 (1976) 153—163

1050 CROCCO, A. *L'«itinerarium» filosofico di S. Agostino*. Napoli: Liguori 1975. 76 pp.

1051 CROUSE, R. D. *Recurrens in te unum. The pattern of St. Augustine's Confessiones*. In: *Studia Patristica 14* (cf. 1975/76, 201) 389—392

[2814] *La culpabilité. . . . :* Anthropologia

1052 CURRIE, H. M. *Saint Augustine and Virgil* — Proceedings of the Virgil Society (London) 14 (1974/75) 6—16

1053 DANIELS, D. E. *The argument of the De trinitate* [Diss.]. Univ. of Georgia, Athens: 1976. 163 pp.

[2531] DEKKERS, E.: Liturgica, Generalia

1054 DESCH, W. *Augustinus Konfessionen. Versuch eines Kommentars zu Motivbestand und Gedankenbewegung* [Diss.]. Graz: 1976. 280 pp.

1055 DESJARDINS, R. *Une pastorale augustinienne du mariage* — BLE 77 (1976) 161—170

1056 DESJARDINS, RENÉ *Le souvenir de Dieu. Recherche avec Saint Augustin*. Préf. de ANDRÉ MANDOUZE. Paris: Éd. Beauchesne 1975. X, 152 pp.

1057 DIDEBERG, DANY *Saint Augustin et la Première Épître de Saint Jean. Une théologie de l'Agapè*. Préf. d'A.-M. LA BONNARDIÈRE [ThH 34]. Paris: Éd. Beauchesne 1975. 254 pp.

1058 DIDEBERG, D. *Esprit saint et charité. L'exégèse augustinienne de 1 Jn IV, 8 et 16* — NRTh 97 (1975) 97—109; 229—250

[2712] DIHLE, A.: Doctrina auctorum

1059 DIVJAK, J. *Zur Textüberlieferung der augustinischen Expositio in epistolam ad Galatas*. In: *Studia Patristica 14* (cf. 1975/76, 201) 402—409

1060 DÖLGER, FRANZ JOSEPH *Das Ei im Heilzauber nach einer Predigt des hl. Augustinus*. In: *Antike und Christentum 6* (cf. 1975/76, 137) 57—60

[548] DÖRRIE, H.: Philosophica

1061 DOYLE, GEORGE WRIGHT St. Augustine's Tractates on the Gospel of John compared with the Rhetorical Theory of De doctrina Christiana [Diss.]. The University of North Carolina: Chapel Hill 1975. 170 pp.

1062 EBENRECK, S. V. An evaluation of Paul Ramsey's approach to the just-war theory of Plato, Augustine, and the theory of nonviolent action [Diss.]. New York: Fordham Univ. 1976. 281 pp. (microfilm)

1063 EBOROWICZ, W. Dalsze losy augustyńskiej koncepcji sprawiedliwości Bożej karzącej w dziejach teologii i historii filozofii XVII i XVIII w. (Les sorts de la conception augustinienne de la justice divine vindicative dans la théologie et l'histoire de la philosophie du XVIIᵉ et XVIIIᵉ siècles) — StPel 10 (1975) 137—176

1064 EBOROWICZ, WENZESLAS La misère des enfants d'après les Confessions de St. Augustin et ses écrits antipélagiens. In: Studia Patristica 14 (cf. 1975/76, 201) 410—416

1065 ELCOAT, DONALD St. Augustin as an educator — Churchman 89 (1975) 284—290

1066 ELLRODT, R. Miracle et nature, de saint Augustin à la poésie métaphysique anglaise — Réseaux 24—25 (1975) 3—36

[2803] ENO, R. B.: Ecclesiologia

1067 ÉTAIX, RAYMOND Sermon inédit de saint Augustin sur l'amour des parents — RBen 86 (1976) 38—48

1068 ETCHEGARAY CRUZ, A. Le De catechizandis rudibus de Saint Augustin et le renouveau catéchétique français du XVIIe siècle. In: Studia Patristica 14 (cf. 1975/76, 201) 422—427

1069 FABRO, C. Incredulità e rifiuto di Dio secondo S. Agostino. In: Ateismo o ricerca di Dio? (cf. 1975/76, 111) 41—59

1070 FELDMANN, E. Der Einfluß des Hortensius und des Manichäismus auf das Denken des jungen Augstinus [Diss.]. Münster: 1976. VI, 734 pp., 393 pp. (2 Bände)

1071 FERNÁNDEZ, FERNANDO San Agustín y el problema de la libertad — Mayeútica 1 (1975) 225—244

1072 FERNÁNDEZ GONZÁLEZ, JESUS Antropología y sacramentos en San Agustín — RAgEsp 17 (1976) 193—216

1073 FERNÁNDEZ GONZÁLEZ, JESUS Contenido antropológico de la liturgia en San Agustín — RAgEsp 16 (1975) 55—86

1074 FERNÁNDEZ GONZÁLEZ, JESUS Teología y Antropología Dialéctica. Antropología Religiosa de los „Soliloquios" — RAgEsp 17 (1976) 39—64

1075 FERNÁNDEZ GONZÁLEZ, JESUS Valoración teológica de la Liturgia en San Agustín. In: Miscelánea J. Zunzunegui, III (cf. 1975/76, 179) 93—121

1076 FERRARI, L. C. *Augustine's nine years as a Manichee* — Augustiniana 25 (1975) 210—216

1077 FERRARI, LEO C. *Christus Via in Augustine's Confessions* — AugSt 7 (1976) 47—58

1078 FERRARI, LEO C. *Monica on the wooden ruler (Conf. 3. 11, 19)* — AugSt 6 (1975) 193—205

[360] FÉVRIER, P. A.: Opera ad historiam

1079 FITZER, JOSEPH *The Augustinian Roots of Calvin's Eucharistic Thought* — AugSt 7 (1976) 69—98

1080 FLORES, RALPH *Reading and Speech in St. Augustine's Confessions* — AugSt 6 (1975) 1—14

1081 FOLLIET, GEORGES *Saint Augustin: „Enarratio in Ps. 98, 9". La fortune de ce texte du Ve au XIIIe siècle.* In: *Forma futuri* (cf. 1975/76, 149) 931—953

1082 FRANKOVICH, L. F. *Augustine's theory of eucharistic sacrifice* [Diss.]. Milwaukee, Wisconsin: Marquette Univ. 1976. 218 pp. (microfilm)

1083 FREND, W. H. C. *Manichaeism in the Struggle between Saint Augustine and Petilian of Constantine.* In: *Religion* ... (cf. 1975/76, 150) Nr. XIII

1084 FREND, W. H. C. *A Note on the Berber Background in the Life of Augustine.* In: *Religion* ... (cf. 1975/76, 150) Nr. XIV

1085 GALLEGO, PACIANO *El bautismo de los niños en San Agustín* — Mayeútica 2 (1976) 3—27

1086 GALLEGO, PACIANO *A Dios a través de tí mismo* — Mayeútica 1 (1975) 112—131

[2572] GAMBER, K.: Missa, sacramenta, sacramentalia

1087 GANDOLFO, EMILIO *L'esperienza umana alla luce della Bibbia in Agostino, Gregorio, Bernardo.* Milano: IPL 1976. 190 pp.

1088 GANTAR, K. *La préhistoire d'amicus sibi chez Horace* — LEC 44 (1976) 209—221

1089 GARCÍA, RUBÉN DARÍO *San Cipriano y el Donatismo en la polémica antidonatista de San Agustín. Estudio histórico-patrístico* — Teología 13 (1976) 5—49

1090 GARCÍA FERNÁNDEZ, ALFONSO *El agustinismo de Malebranche en la teoría del conocimiento* — Augustinus 20 (1975) 353—370

1091 GARCÍA MONTAÑO, GONZALO *Cualidades de la oración agustiniana* — Augustinus 21 (1976) 153—189

1092 GEURS, HARM *Te bevrijden vrijheid. Een dogmenhistorische beschouwing over het vrijheidsbegrip bij Augustinus, Bernard van Clairvaux en Luther* [Van Gorcum's Theologische Bibliotheek 51]. Assen: Van Gorcum 1976. 212 pp.

1093 GHERARDINI, BRUNERO *La tradición agustiniana en la síntesis tomista.* In: *Veritas et Sapientia* (cf. 1975/76, 210) 161—189

1094 GIOVANNI, A. DI *Mortalità ed essere in S. Agostino*. Palermo: Palumbo 1975. 154 pp.

1095 GIUNTA, F. *A proposito di una recente opera su Sant'Agostino* — Cultura e Scuola, Roma 41 (1972) 61—64

1096 GLORIE, F. *Das «zweite Aenigma» in Augustins Opusculorum Indiculus cap. X4, 1—4: «Tractatus Psalmorum»*. In: *Corona Gratiarum I* (cf. 1975/76, 130) 289—309

1097 GOLDMAN, R. M. *The Lucretia legend from Livy to Rojas Zorrilla* [Diss.]. New York: City Univ. 1976. 251 pp. (microfilm)

1098 GORMAN, M. M. *A study of the literal interpretation of Genesis (De genesi ad litteram)*. Diss. Univ. of Toronto. Toronto: 1975. (microfilm)

[654] GRÉGOIRE, R.: Palaeographica atque manuscripta

1099 GROSSI, VITTORINO *Las instancias agustinianas de la verdad y de la libertad en la investigación antropológica* — Augustinus 21 (1976) 287—302

1100 HALPORN, JAMES W. *Saint Augustine Sermon 104 and the Epulae Venerales* — JAC 19 (1976) 82—108

1101 HASENOHR, G. *Les traductions romanes du De civitate Dei, I: La traduction italienne* — RHT 5 (1975) 169—238   ·

1102 HATZFELD, ADOLPHE *Saint Augustine*. Translated by E. HOLT, with a pref. and notes by GEORGE TYRELL. [Nachdruck der Ausgabe London: 1903]. New York: AMS Press 1975. X, 155 pp.

1103 HAWKINS, PETER S. *Polemical Counterpoint in De Civitate Dei* — AugSt 6 (1975) 97—106

1104 HENDRIKX, E. *Augustins Verhältnis zur Mystik. Ein Rückblick*. In: *Scientia Augustiniana* (cf. 1975/76, 197) 107—111

1105 HOCKEY, F. *St. Augustine and John 1, 3—4*. In: *Studia Patristica 14* (cf. 1975/76, 201) 443—445

1106 HUANT, ERNEST *Actualité de saint-Augustin dans la philosophie scientifique* — Pensée Catholique 162/163 (1976) 74—84

1107 IAMMARRONE, G. *Attualità e inattualità di S. Agostino. Lo spiritualismo nel suo discorso antropologico* [I maestri di ieri e di oggi 6]. Florenz: Città di vita 1975. 228 pp.

1108 IBARETA DE GHÍO, MARIA *La noción de materia en san Agustín* — PatrMediaev 1 (1975) 77—81

1109 ILLANES, JOSÉ LUIS *La sabiduría teológica (Del «intellectus fidei» agustiniano a la „theologia" tomista*. In: *Veritas et Sapientia* (cf. 1975/76, 210) 191—227

1110 IMAS, CARLOS *Las obras de san Agustín en el Leccionario Patrístico de la Liturgia de las Horas* — Mayéutica 2 (1976) 107—134; 247—270

1111 ISOLA, A. *Il De schematibus et tropis di Beda in rapporto al De doctrina christiana di Agostino* — RomBarb 1 (1976) 71—82

1112 JASPERS, K. *Augustin* [Serie Piper 143]. München: Piper 1976.
84 pp.

1113 JESS, W. G. VAN *Divine eternity in the doctrine of St. Augustine* —
AugSt 6 (1975) 75—96

1114 JESS, W. G. VAN *La razón como preludio para la fe en san Agustín* —
Augustinus 21 (1976) 383—389

1115 JOHNSON, W. R. *Isocrates flowering. The rhetoric of Augustine* —
PhRh 9 (1976) 217—231

[618] JOHNSON, P. D.: virtus

1116 JONES, C. W. *Carolingian aesthetics. Why modular verse?* — Via 6
(1975) 309—340

1117 KAINZ, W. *Augustinus' und Hilarius' Werke De trinitate* [Diss.].
Wien: 1975. 147 pp.

1118 KAMER, S. A. *Orthodox and revolutionary theology of history in
the Middle Ages. Augustine, Joachim of Fiore, Bonaventure* [Thesis].
Univ. of Louisville: 1976. 195 pp.

1119 KELLY, LOUIS G. *Saint Augustine and Saussurean Linguistics* —
AugSt 6 (1975) 45—64

1120 KEVANE, EUGENE *Translatio imperii. Augustine's De doctrina
christiana and the classical paideia.* In: *Studia Patristica 14* (cf.
1975/76, 201) 446—460

1121 KOWALCZYK, S. *Idea de Dios en el pensamiento agustiniano. Los
argumentos de la causalidad eficiente y de la finalidad* — Augustinus 20 (1975) 339—351

1122 KOWALCZYK, S. *La mort dans la doctrine de Saint Augustin* —
EAg 10 (1975) 357—372

[240] KURZ, R.: Subsidia

1123 LA BONNARDIÈRE, A.-M. *Biblia Augustiniana. Ancien Testament:
Le livre des Proverbes.* Paris: Études Augustiniennes 1975. 236 pp.

1124 LA BONNARDIÈRE, A.-M. *La Bible «liturgique» de saint Augustin.* In:
Jean Chrysostome et Augustin (cf. 1975/76, 164) 147—160

1125 LA BONNARDIÈRE, ANNE-MARIE *Le dol et le jeu d'après Saint
Augustin.* In: *Forma futuri* (cf. 1975/76, 149) 868—883

1126 LA BONNARDIÈRE, ANNE-MARIE *Les Enarrationes in Psalmos
prêchées par saint Augustin à Carthage en décembre 409* — RechAug
11 (1976) 52—90

1127 LA BONNARDIÈRE, ANNE-MARIE *Une lecture patristique de la tem-
pête apaisée: saint Augustin* — CUC (1975) 10—12

1128 LA BONNARDIÈRE, A.-M. *Recherches sur les antécédents, les sources
et la rédaction du livre VI du De Trinitate de saint Augustin* —
AEHESR 83 (1974/75) 202—211

1129 LA BONNARDIÈRE, A.-M. *Les sentences des sages dans la pastorale de
saint Augustin.* In: *Jean Chrysostome et Augustin* (cf. 1975/76, 164)
175—198

1130 LA BONNARDIÈRE, A.-M. *Le De Trinitate de saint Augustin éclairé par sa correspondance* — AEHESR 84 (1976) 317—322

1131 LAMIRANDE, ÉMILIEN *L'Actualité des Tractatus in Iohannem de Saint Augustin* — ÉgliseTh 6 (1975) 175—193

1132 LAMIRANDE, ÉMILIEN *Church, state and toleration. An intriguing change of mind in Augustine* [The Saint Augustine Lecture 1974]. Villanova, Pa.: University Press 1975. 78 pp.

1133 LATTE, R. DE *S. Augustin et le baptême. Étude liturgico-historique du rituel baptismal des adultes chez S. Augustin* — QLP 56 (1975) 177—223; 62 (1976) 41—55

1134 LÉJARD, FRANÇOISE *Estudio literario de los diálogos de Casiciaco* — Augustinus 21 (1976) 371—381

1135 LEJARD, F. *El tema de la felicidad en los diálogos de san Agustín* — Augustinus 20 (1975) 29—82

1136 LEPELLEY, C. *Saint Augustin et la cité romano-africaine.* In: *Jean Chrysostome et Augustin* (cf. 1975/76, 164) 13—39

[2860] LERNER, R. E.: Novissima

[2226] LETTER, P. DE: Prosper Aquitanius

1137 LÉVEILLÉ, M. *Don de l'Esprit et baptême. Réflexions en marge d'une prédication augustinienne* — AugSt 6 (1975) 125—151; 7 (1976) 1—46

1138 LIEBERG, G. *Il giudizio di S. Agostino sulla teologia di Varrone.* In: *Atti Congresso internazionale* (cf. 1975/76, 112) Bd. 2, 409—413

1139 LINDHARDT, M. *Magna pars iustitiae, velle esse iustum. Eine augustinische Sentenz und Luthers Römerbriefvorlesung* — StTh 27 (1973) 127—149

1140 LODS, M. *La personne du Christ dans la «conversion» de saint Augustin* — RechAug 11 (1976) 3—34

1141 LÖFSTEDT, B. *Augustin als Zeuge der lateinischen Umgangssprache.* In: *Flexion und Wortbildung* (cf. 1975/76, 148) 192—197

[441] LOF, L. J. VAN DER: Opera ad historiam

1142 LÓPEZ CABALLERO, ALBERTO *Filosofía del lenguaje de san Agustín en su obra «De magistro».* Madrid: Librería I.C.A.I. 1975, 64 pp.

[27] LORENZ, R.: Historia patrologiae

1143 LOUIT, D. *Le reniement et l'amour de Pierre dans la prédication de S. Augustin* — RechAug 10 (1975) 217—268

1144 LUONGO, G. *Autobiografia ed esegesi biblica nelle Confessioni di Agostino* — Par 31 (1976) Par 31 (1976) 286—306

1145 MADEC, G. *Analyse du De magistro* — REA 21 (1975) 63—71

1146 MADEC, G. *Christus, scientia et sapientia nostra. Le principe de cohérence de la doctrine augustinienne* — RechAug 10 (1975) 77—85

1147 MADEC, G. *Une réaction critique. Rhétorique et doctrine chez Augustin.* In: *Jean Chrysostome et Augustin* (cf. 1975/76, 164) 281—282

1148 MADEC, G. *«Tempora Christiana». Expression du triomphalisme chrétien ou récrimination païenne?* In: *Scientia Augustiniana* (cf. 1975/76, 197) 112—136

[2586] MADEC, G.: Missa

1149 MAERTENS, G. *Augustine's image of man.* In: *Images of man in ancient and medieval thought* (cf. 1975/76, 163) 175—198

[3038] MALINGREY, A.-M.: Specialia in Novum Testamentum

1150 MANDOUZE, A. *Saint Augustin et le ministère épiscopal.* In: *Jean Chrysostome et Augustin* (cf. 1975/76, 164) 61—73

1151 MANDOUZE, ANDRÉ *Quelques principes de «linguistique augustinienne» dans le «De Magistro».* In: *Forma futuri* (cf. 1975/76, 149) 789—795

1152 MANRIQUE, A. *Espiritu de pobreza y humildad en la regla de S. Agustin.* In: *Scientia Augustiniana* (cf. 1975/76, 197) 92—106

[610] MARIN, D.: caritas

1153 MARIN, M. *Le vergini prudenti e le vergini stolte (Mt 25, 1—13) nell'esegesi di S. Agostino* — VetChr 12 (1975) 61—100

1154 MARROU, H.-I. *La division en chapitres des livres de la «Cité de Dieu».* In: *Patristique et humanisme* (cf. 1975/76, 174) 253—265

1155 MARROU, H.-I. *Le dogme de la résurrection des corps et la théologie des valeurs humaines selon l'enseignement de saint Augustin.* In: *Patristique et humanisme* (cf. 1975/76, 174) 429—455

[454] MARROU, H.-I. Opera ad historiam

1156 MAS HERRERA, OSCAR *La doctrina de la iluminación de la inteligencia y del hombre interior en San Agustín* — RaUCR 14 (1976) 63—73

1157 MAYER, C. *«Res per signa». Der Grundgedanke des Prologs in Augustins Schrift De doctrina christiana und das Problem seiner Datierung* — REA 20 (1975) 100—112

1158 MAYER, C. P. *Taufe und Erwählung. Zur Dialektik des sacramentum-Begriffes in der antidonatistischen Schrift Augustins: De baptismo.* In: *Scientia Augustiniana* (cf. 1975/76, 197) 22—42

1159 MEDIAVILLA, RAFAEL *El camino de Agustín desde las sombras del mal hasta la luz del amor* — Mayéutica 1 (1975) 58—71

1160 MELNIKOV, ANTONIJ *Blažennyj Avgustin kak katechizator (Blessed Augustine as Catechet)* — Bogoslovskie Trudy 15 (1976) 55—60

1161 MENGARELLI, A. *La libertà cristiana in Agostino e Pelagio* — AugR 15 (1975) 347—366

[669] MEYÏER, K. A. DE: Palaeographica atque manuscripta

1162 MIRÓ, MIGUEL *Eclesialidad del monacato agustiniano* — Mayéutica 2 (1976) 163—202

[858] MOHRMANN, C.: Ambrosius

1163 MOINE, N. *Augustin et Apulée sur la magie des femmes d'auberge* — Latomus 34 (1975) 350—361

1164 MOLINA, MARIO ALBERTO *La virtudes teologales y la hermenéutica según san Agustín* — ETGuatemala 3 (1976) 79—86

1165 MOREAU, J. *De la connaissance selon S. Thomas d'Aquin.* Paris: Beauchesne 1976. 133 pp.

1166 MOREAU, JOSEPH *Saint Augustin et la vérité du platonisme* — Crisis 22 (1975) 305—314

1167 MORE O'FERRALL, M. *Monica, the mother of Augustine. A reconsideration* — RechAug 10 (1975) 23—43

1168 NEČAEV, PITIRIM *O Blažennom Avgustine* — Bogoslovskie Trudy 15 (1976) 3—24

[1835] NEUHAUSEN, K. A.: Iohannes Cassianus

1169 NEUSCH, M. *Structure de la conversion dans les Confessions de saint Augustin* [Diss.]. Toulouse: Univ. de Toulouse-Le Mirail Fac. des Let. et Sc. hum. 1972. XV, 308 pp. (dactyl.)

1170 NICOLOSI, S. *Cultura greca e fonti neoplatoniche nelle opere di sant'Agostino* — Proteus 3 (1972) 91—121

1171 NOUAILHAT, R. *Le spritualisme chrétien dans sa constitution. Approche matérialiste des discours d'Augustin* [Collection Théorème]. Paris: Desclée 1976. 184 pp.

1172 NOWAK, A. *Die numeri judiciales des Augustinus und ihre musiktheoretische Bedeutung* — Archiv für Musikwissenschaft (Wiesbaden) 32 (1975) 196—207

1173 NOWICKI, A. *Formy obesności Augustyna i Tomasza w kulturze świeckiej (Les formes de la présence de St. Augustin et de St. Thomas dans la culture laïque)* — Euhemer 19 (1975) 43—58

1174 NUNES, RUY *Santo Agostino e la herança romana* — RaHist 53 (1976) 305—310

1175 OBERMAN, HEIKO AUGUSTINUS *Contra vanam curiositatem. Ein Kapitel der Theologie zwischen Seelenwinkel und Weltall* [Theologische Studien 113]. Zürich: Theologischer Verlag 1974. 56 pp.

1176 OBERMAN, H. A. *Tuus sum, salvum me fac. Augustinusréveil zwischen Renaissance und Reformation.* In: *Festschrift A. Zumkeller* (cf. 1975/76, 197) 349—394

[2672] OBERMAN, H. A.: Concilia, acta conciliorum, canones

1177 O'CALLAGHAN, JOSÉ *Nuevo pergamino de san Agustín. Enarración sobre el salmo 140, 22—26* — RCatT 1 (1976) 421—425

1178 O'CALLAGHAN, J. *Nuevo manuscrito de San Agustin (= Morin Guelferbytanus 24, 4—5)* — AST 46 (1973) 29—35

1179 O'CONELL, ROBERT J. *Art and the Christian Intelligence in the Works of St Augustine.* Oxford: Blackwell 1979. 200 pp.

1180 O'DALY, G. J. P. *Memory in Plotinus and two early texts of St. Augustine.* In: *Studia Patristica 14* (cf. 1975/76, 201) 461—469

1181 OLIVER, ANTONIO *El agustinismo político en Ramón Llul* — Augustinus 21 (1976) 17—35

[2178] O'MEARA, J. J.: Patricius

1182 ORBÁN, A. P. *Augustinus und das Mönchtum* — Kairos 18 (1976) 100—118

1183 OROZ RETA, JOSÉ *Agonía y conversión agustinianas* — Augustinus 20 (1975) 371—384

1184 OROZ RETA, J. *Experiencias eclesiales en la conversión de san Agustín.* In: *Studia Patristica 14* (cf. 1975/76, 201) 470—483

1185 OROZ RETA, J. *De Ovidii praesentia in operibus Augustini.* In: *Ovidianum* (cf. 1975/76, 185) 475—479

1186 OROZ RETA, J. *Prière et recherche de Dieu dans les Confessions de saint Augustin* — AugSt 7 (1976) 99—118

1187 OROZ RETA, JOSÉ *De Protágoras a san Agustín: Realidad y simbolismo de los números* — Helmántica 26 (1975) 427—453

1188 OROZ RETA, JOSÉ *La romanidad de San Agustín* — ECl 20 (1976) 353—369

1189 ORTEGA MUÑOZ, JUAN FERNANDO *Agustín de Hipona, filósofo de la Historia* — CD 189 (1976) 163—205

1190 PAULIAT, PATRICE *Joie et bonheur du chrétien d'après Saint Augustin* — Didaskalia 5 (1975) 89—104

1191 PEEBLES, BERNARD M. *St. Augustine, Sermo 190: The Newberry-Yale Text.* In: *Corona Gratiarum I* (cf. 1975/76, 130) 339—351

1192 PEGIS, ANTON C. *The second conversion of St. Augustine.* In: *Beiträge L. Wallach* (cf. 1975/76, 154) 79—93

1193 PEGUEROLES, JUAN *Dios conocido y desconocido en san Agustín* — EAg 10 (1975) 195—210

1194 PEGUEROLES, JUAN *La filosofía cristiana en San Agustín* — Pensamiento 32 (1976) 23—38

1195 PEGUEROLES, JUAN *«Memoria sui» y «memoria Dei» en San Agustín (El libro XIV del «De Trinitate»)* — Espíritu 25 (1976) 69—74

1196 PEGUEROLES, J. *Naturaleza y persona, en san Agustín* — Augustinus 20 (1975) 17—28

1197 PEGUEROLES, JUAN *Notas sobre la materia informe espiritual en Plotino y en San Agustín* — Espíritu 24 (1975) 127—133

[2862] PELLAND, G.: Novissima

1198 PELLEGRINO, M. *La chiesa in S. Agostino, istituzione o misterio?.* In: *Chiesa e salvezza* (cf. 1975/76, 116) 63—80

1199 PÉPIN, J. *Saint Augustin et la dialectique* [The Saint Augustine Lecture 1972]. Villanova: Univ. Pr. 1976. XXII, 274 pp.

[2312] PFLIGERSDORFFER, G.: Synesius

1200 PICKERING, F. P. *Augustinus oder Boethius? Geschichtsschreibung und epische Dichtung im Mittelalter und in der Neuzeit, II: Darstellender Teil* [Philologische Studien und Quellen 80]. Berlin: Schmidt 1976. 243 pp.

1201 PIESCZOCH, S. *L'actualité des idées fondamentales sur l'exégèse contenues dans le De doctrina christiana de S. Augustin.* In: *Studia Patristica 14* (cf. 1975/76, 201) 484—486

[1889] PIÉTRI, C.: Iohannes Chrysostomus

1202 PINCHERLE, A. *S. Agostino. Tra il De doctrina christiana e le Confessioni* — Archeologia Classica (Roma) 25/26 (1974/75) 555—574

1203 PINCHERLE, ALBERTO *The Confessions of St. Augustine: a Reappraisal* — AugSt 7 (1976) 119—134

1204 PINCHERLE, A. *Sulla formazione della dottrina agostiniana della grazia* — RSLR 11 (1975) 1—23

1205 PINCHERLE, A. *Una guida alla ricerca di Dio.* In: *Ateismo o ricerca di Dio?* (cf. 1975/76, 111) 13—40

1206 PINTARD, JACQUES *Sur la succession apostolique selon Saint Augustin.* In: *Forma futuri* (cf. 1975/76, 149) 884—895

1207 PIZZOLATO, LUIGI FRANCO *Interazione e compenetrazione di amicizia e carità in Sant'Agostino.* In: *Forma Futuri* (cf. 1975/76, 149) 856—867

1208 PLAGNIEUX, JEAN *Apropos du «monogénisme» de saint Augustin, esquisse d'une introduction doctrinale pour une lecture moderne du De peccato Originali* — REA 22 (1976) 254—261

1209 POQUE, S. *L'énigme des Enarrationes in psalmos 110—117 de saint Augustin* — BLE 77 (1976) 241—264

1210 POQUE, S. *L'expression de l'anabase plotinienne dans l'expression de saint Augustin et ses sources* — RechAug 10 (1975) 187—215

1211 PORTALIÉ, EUGÈNE *A guide to the thought of Saint Augustine.* With an introduction by VERNON J. BOURKE. Translated by RALPH J. BASTIAN [Reprint of the edition published by H. REGNERY, Chicago]. Westport, Conn.: Greenwood Press 1975. 1960 columns

1212 PRINI, P. *Autobiografia e storia del mondo nel pensiero di S. Agostino.* In: *Provvidenza e storia* (cf. 1975/76, 189) 15—27

1213 RECTOR, HAMPTON JOEL *The Influence of St. Augustine's Philosophy of History on the Venerable Bede in Ecclesiastical History of the English People.* [Diss.]. Duke University 1975.

1214 REECE, ROBERT D. *Augustine's Social Ethics: Churchly or Sectarian?* — Foun 18 (1975) 75—87

1215 RICO, F. *Petrarca y el De vera religione* — IMU 17 (1974) 313—364

1216 RODRÍGUEZ, JOSÉ MARÍA *San Agustín, secularizador del paganismo* — RC 21 (1975) 469—481

1217 Rodríguez, José María *Movimientos actuales del despertar espiritual y el ideal agustiniano de Sabiduría* — RC 21 (1975) 597—610

1218 Rodríguez, Lavaro *El concepto de Dios en San Agustín y San Anselmo* — ETGuatemala 3 (1976) 55—77

1219 Rodríguez Díez, José *La inmortalidad del alma en san Agustín y Ramón Llul* — Augustinus 21 (1976) 37—58

1220 Rohatyn, Dennis A. *Experiencia agustiniana de la conversión. Hacia una interpretación cristiana* — Augustinus 21 (1976) 113—119

1221 Rondet, H. *Essais sur la chronologie des «Enarrationes in Psalmos» de saint Augustin* (suite) — BLE 77 (1976) 99—118

1222 Rossi de Aguiar Frazão, E. *O donatismo e os circunceliões na obra de Santo Agostinho.* [Univ. de São Paulo Fac. de Filos. Dept. de hist. Bol. Nr. 5 N. S.]. São Paulo 1976. 253 pp.

1223 Rotholz, W. G. H. *Von der politischen Wissenschaft zur philosophischen Metaphysik. Studien zur Funktion der Vernunft bei Aristoteles, Augustin, Thomas von Aquin und Siger de Brabant.* München [Diss.]. 1973. 462 pp.

1224 Rouiller, Grégoire *Augustin d'Hippone lit Genèse 22, 1—19.* In: *Exegesis* (cf. 1975/76, 145) 230—242

1225 Ruiz, Santiago de *Tomás Campanella y el Agustinismo político* — RaFMex 23 (1975) 253—281

1226 Ruiz Retegui, Antonio *La noción de libertad en S. Agustín* — ScTh 8 (1976) 551—606

1227 Russel, Robert P. *Cicero's Hortensius and the Problem of Riches in Saint Agustine* — AugSt 7 (1976) 59—68

1228 Russell, R. P. *Cicero's Hortensius and the Problem of Riches in Saint Augustine.* In: *Scientia Augustiniana* (cf. 1975/76, 197) 12—21

1229 Salaverri, Joaquin *Presencia dinámica de Jesucristo en la Iglesia según San Agustín* — MCom 34 (1976) 125—143

1230 Salbego, L. *«Essentia» nel De Trinitate di S. Agostino e nel Monologion di S. Anselmo* — Analecta Anselmiana 5 (1976) 205—220

1231 Samek Lodovici, E. *Sessualità, matrimonio e concupiscenza in sant'Agostino.* In: *Etica sessuale e matrimonio nel cristianesimo delle origini.* Milano: 1976. 212—272

[2759] Sans, I.: Creatio, providentia

1232 Schmaus, M. *Augustins psychologische Trinitätserklärung bei Robert Kilwardby OP.* In: *Sapientiae procerum amore* (cf. 1975/76, 196) 149—210

1233 Schmaus, M. *Die Trinitätslehre des Theodulf von Orléans auf dem Wege zwischen Augustinus und Anselm von Canterbury* — Analecta Anselmiana 5 (1976) 221—244

1234 SCHMIDT, MARGOT *Die Suche bei Augustinus im Spiegelbild der deutschen Literatur des Mittelalters*. In: *Festschrift A. Zumkeller* (cf. 1975/76, 197) 214—233

1235 SCHULTE-HERBRÜGGEN, H. *Die Mehrschichtigkeit des sprachlichen Zeichens*. In: *Scritti in onore di Giuliano Bonfante* (cf. 1975/76, 198) 979—1001

1236 SCIACCA, M. F. *Filosofia e teologia della storia in S. Agostino*. In: *Provvidenza e storia* (cf. 1975/76, 189) 29—42

1237 SCIPIONI, L. *Il vescovo e la chiesa locale secondo S. Agostino*. In: *Chiesa e salvezza* (cf. 1975/76, 116) 45—62

1238 SCOBIE A. *Ass-men in Middle, Central and Far Eastern Folktales* — Fabula 16 (1975) 317—323

1239 SHEED, FRANCIS JOSEPH *Our hearts are restless. The prayer of St. Augustine*. New York: Seabury Press 1976. 95 pp.

1240 SIEBEN, H. J. *Die res der Bibel. Eine Analyse von Augustinus, De doctr. christ. I—III* — REA 21 (1975) 72—90

1241 SILVA, EMILIO *San Agustín y la pena capital* — RaPol 208/209 (1976) 207—219

1242 SIRRIDGE, M. J. *St. Augustine and the deputy theory* — AugSt 6 (1975) 107—116

1243 SPANNEUT, MICHEL *Le stoïcisme et Saint Augustin*. In: *Forma futuri* (cf. 1975/76, 149) 896—914

1244 SPEIGL, J. *Das Hauptgebot der Liebe in den pelagischen Schriften*. In: *Scientia Augustiniana* (cf. 1975/76, 197) 137—156

1245 STANLEY, M. E. *Myth and archetype. Vehicles for analyzing western autobiography* [Diss.]. Nashville, Tennessee: George Peabody Coll. for Teachers 1976. 204 pp.

1246 STARNES, COLIN *Saint Augustine on Infancy and Childhood: Commentary on the first Book of Augustine's Confessions* — AugSt 6 (1975) 15—44

[518] STOCKMEIER, P.: Opera ad historiam

1247 STUDER, BASIL *Die Einflüsse der Exegese Augustins auf die Predigten Leos des Großen*. In: *Forma futuri* (cf. 1975/76, 149) 915—930

1248 STUDER, B. *Sacramentum et exemplum chez saint Augustin* — RechAug 10 (1975) 87—141

1249 TESELLE, EUGENE *Some Reflections on Augustine's Use of Scripture* — AugSt 7 (1976) 165—178

1250 TOZZI, ILEANA *L'eredità varroniana in Sant'Agostino in ordine alle «disciplinae liberales»* — RILSL 110 (1976) 281—291

1251 TRAPÈ, A. *S. Agostino. L'uomo, il pastore, il mistico*. [Maestri di spiritualità: Cristianesimo primitivo]. Fossano (Cuneo): Ed. Esperienze 1976. IV, 444 pp.

1252 TRAPÈ, A. *Augustinus et Varro*. In: *Atti Congresso internazionale* (cf. 1975/76, 112) Bd. 2, 553—563

1253 TRAPÈ, A. *Varro et Augustinus praecipui humanitatis cultores* — Latinitas 23 (1975) 13—24

1254 TRELOAR, A. *St. Augustine's Views on Marriage* — Prudentia 8 (1976) 41—50

1255 TRÍAS MERCANT, S. *Raíces agustinianas en la filosofía del lenguaje de R. Llul* — Augustinus 21 (1976) 59—80

1256 TRINKAUS, CHARLES *Erasmus, Augustine, and the Nominalists* — Archiv für Reformationsgeschichte 67 (1976) 5—32

1257 TURRADO, A. *Corpo di Cristo e salvezza nella dottrina di S. Agostino e del Vaticano II.* In: *Chiesa e salvezza* (cf. 1975/76, 116) 19—44

[2820] VANNESTE, A.: Anthropologia

1258 VANNESTE, A. *Nature et grâce dans la théologie de saint Augustin* — RechAug 10 (1975) 143—169

1259 VEER, A. C. DE *Bulletin augustinien pour 1974 et compléments d'années antérieures* — REA 21 (1975) 345—442

1260 VEER, A. C. DE; FOLLIET, G.; MADEC, G.; BRIX, L. *Bulletin augustinien pour 1975 et compléments d'années antérieures* — REA 22 (1976) 315—401

1261 VERBRAKEN, PIERRE-PATRICK *Etudes critiques sur les sermons authentiques de saint Augustin* [Instrumenta patristica 12]. Steenbrugis: Abbatia S. Petri 1 1976. 265 pp.

1262 VERBRAKEN, PIERRE-PATRICK *Insertion des nouveaux sermons de Saint Augustin dans la trame de l'édition bénédictine.* In: *Corona Gratiarum I* (cf. 1975/76, 130) 311—337

1263 VERBRAKEN, PIERRE-PATRICK *Le sermon LXXII de Saint Augustin sur l'arbre et son fruit.* In: *Forma futuri* (cf. 1975/76, 149) 796—805

1264 VERHEES, J. *Augustins Trinitätsverständnis in den Schriften aus Cassiciacum* — RechAug 10 (1975) 45—75

1265 VERHEES, J. *Heiliger Geist und Inkarnation in der Theologie des Augustinus von Hippo. Unlöslicher Zusammenhang zwischen Theologie und Ökonomie* — REA 22 (1976) 234—253

1266 VERHEIJEN, L. *Contributions à une édition critique améliorée des Confessions de saint Augustin* — Augustiniana 25 (1975) 5—23, 205—209

1267 VERHEIJEN, L. *Éléments d'un commentaire de la Règle de saint Augustin* — Augustiniana 25 (1975) 199—204

1268 VERHEIJEN, LUC M. J. *L'«Enarratio in Psalmum» 132 de Saint Augustin et sa conception du monachisme.* In: *Forma futuri* (cf. 1975/76, 149) 806—817

1269 VERHEIJEN, L. *Non sicut servi sub lege, sed sicut liberi sub gratia constituti. La «date ancienne» et la «date récente» du «Praeceptum».* In: *Scientia Augustiniana* (cf. 1975/76, 197) 76—91

1270 VERHEIJEN, L. *Les origines du monachisme occidental. L'utilisation monastique des Actes 4, 31, 32—35 dans l'œuvre de saint Augustin —* AEHESR 83 (1974/75) 243—244

1271 VERHEIJEN, L. M. J. *Die Regel des hl. Augustin.* In: *Askese und Mönchtum* (cf. 1975/76, 107) 349—368

1272 VERHEIJEN, L. *Spiritualité et vie monastique chez S. Augustin. L'utilisation monastique des Actes des Apôtres IV, 31, 32—35 dans son œuvre.* In: *Jean Chrysostome et Augustin* (cf. 1975/76, 164) 93—123

1273 VISMARA CHIAPPA, PAOLA *Il tema della povertà nella predicazione di Sant'Agostino* [Università di Trieste. Facoltà di Scienze Politiche 5]. Milano; Giuffre' 1975. 216 pp.

[2020] VOGEL, C.: Leo Magnus

1274 VOOGHT, PAUL DE *S. Augustin à l'honneur* — RHE 71 (1976) 31—45

1275 WALD, LUCIA *La terminologie sémiologique dans l'œuvre de Aurelius Augustinus.* In: *Actes de la XIIe conférence...* (cf. 1975/76, 101) 89—96

1276 WATTÉ, P. *Structures philosophiques du péché originel. S. Augustin, S. Thomas, Kant* [Recherches et Synthèses. Section de dogme, 5]. Gembloux: Duculot 1974. 239 pp.

[536] WEISSENGRUBER, F.: Opera ad historiam

1277 WIENBRUCH, U. *Aurelius Augustinus. Auf der Suche nach dem Glück. Gedanken aus seinem Werk* [Topos-Taschenbücher 39]. Mainz 1975. 80 pp.

1278 WILSON-KASTNER, PATRICIA *Grace as Participation in the Divine Life in the Theology of Augustine of Hippo* — AugSt 7 (1976) 135—152

1279 WOLFSKEEL, CORNELIA W. *Christliches und Neoplatonisches im Denken Augustins.* In: *Kephalaion* (cf. 1975/76, 167) 195—203

1280 WOLFSKEEL, C. W. *Some remarks with regard to Augustine's conception of man as the imáge of God* — VigChr 30 (1976) 63—71

PSEUDO-AUGUSTINUS

1281 *[Pseudo-Augustinus] El libro de la vida cristiana (Versión castellana medieval de una obra apócrifa de San Agustin).* Ed. por B. JUSTEL CALABOZO. [Bibl. La Ciudad de Dios Libros 22]. Madrid: Real Monasterio de El Escorial 1976. 168 pp.

1282 FOLLIET, GEORGES *«Expositio de secreto gloriosae Incarnationis D.N.I.C.». Histoire d'un texte attribué à saint Augustin.* In: *Corona Gratiarum I* (cf. 1975/76, 130) 353—373

[56a] HERREN, M.: Opera ad patrologiam universalem

1283 HIEDL, A. *Die pseudo-augustinische Schrift «De spiritu et anima»
in den Frühwerken Alberts des Großen.* In: *Sapientiae procerum
amore* (cf. 1975/76, 196) 97—122

1284 ROEMER, F. *Notes on the composition of some pseudo-Augustinian
letters.* In: *Studia Patristica* 14 (cf. 1975/76, 201) 487—495

1285 SCALON, C. *Su alcune omelie pasquali pseudoagostiniane. Le omelie
Caillau-St. Yves I, 27. 28. 31. 32. 34. 36* — Aevum 49 (1975) 349—
388

1286 YANNAKIS, G. N. *Maxime Planude, traduction du De duodecim
abusivis saeculi du Pseudo-Augustin* (grec, avec rés. franç.) — Do-
done 3 (1974) 217—258

AURELIANUS ARELATENSIS

1287 SCHMIDT, A. *Zur Komposition der Mönchsregel des heiligen Aure-
lian von Arles* — StMon 17 (1975) 237—256; 18 (1976) 17—54

AUSONIUS

[1012] BOOTH, A. D.: Augustinus

1288 COLTON, R. E. *Horace in Ausonius' Parentalia and Professores* —
CB 51 (1975) 40—42

1289 CONLEY, JAMES PATRICK *A Critical Text of the Ordo Urbium Nobi-
lium, the Ludus Septem Sapientum and the Caesares of Decimus
Magnus Ausonius* [Diss.]. Loyola University of Chicago 1976.
(microfilm)

1290 DAUBE, D. *King Arthur's Round Table.* In: *Beiträge L. Wallach* (cf.
1975/76, 154) 203—207

1291 FUCHS, H. *Textgestaltungen in der Mosella des Ausonius* — MH 32
(1975) 173—182

1292 HUSSEY, JOHN RYAN *Ausonius and the Concept of the Worthwhile
Life* [Diss.]. Tufts University 1974. 200 pp. U. M.

1293 JOHNSTON, C. *Ausonius* — HistoryT 25 (1975) 390—400

1294 SANCHEZ SALOR, EUSTAQUIO *Hacia una poética de Ausonio* —
Habis 7 (1976) 159—186

1295 SZELEST, H. *Die Spottepigramme des Ausonius* — Eos 64 (1976)
33—42

1296 SZELEST, H. *Valete manes inclitorum rhetorum. Ausonius' Comme-
moratio professorum Burdigalensum* — Eos 63 (1975) 75—87

BABAEUS MAGNUS

1297 ABRAMOWSKI, L. *Babai der Große. Christologische Probleme und
ihre Lösungen* — OrChrP 41 (1975) 289—343

BARNABAE EPISTULA

1298 *Epistola di Barnaba*. Introd., testo crit., trad., comm., glossario e indici a cura di F. SCORZA BARCELLONA [Corona Patrum 1]. Torino: Soc. Ed. Internaz. 1975. 207 pp.

1299 ΧΡΗΣΤΟΥ, ΠΑΝΑΓΙΩΤΗΣ Κ. *Ὁ Ἀπόστολος Βαρνάβας*. In: *Θεολογικὰ μελετήματα Ι* (cf. 1975/76, 118) 135—184

1300 SLOMP, JAN *Pseudo-Barnabas in the context of Muslim-Christian apologetics*. Rawalpindi: Christian Study Centre 1974.

BARSANUPHIUS

1301 NEYT, F. *Précision sur le vocabulaire de Barsanuphe et de Jean de Gaza*. In: *Studia Patristica 12* (cf. 1975/76, 199) 247—253

1302 STEAD, J. *Brother Andrew's problems. A sick soul of the sixth century* — MonStud 11 (1975) 173—180

BASILIUS MAGNUS CAESARIENSIS

1303 *[Basilius Magnus] Admonición a un hijo espiritual atribuida a San Basilio*. Buenos Aires: Publ. de Cuadernos Monásticos 1976. 18 pp.

1304 *[Basilius Magnus] Basilio Magno. Lettera ai giovani sul modo di trarre profitto dalla letteratura greca*. Introd., trad. e note di CARLO MAZZEL. Alba: Ed. Paoline 1975. 78 pp.

1305 *[Basilius] Il battesimo*. Testo, trad., introd., comm. a cura di U. NERI [Testi e Ricerche pubblicate dall'Istituto per le scienze religiose di Bologna]. Brescia: Paideia 1976. 455 pp.

1306 AGHIORGOUSSIS, MAXIMOS *Applications of the theme „Eikon Theou" (Image of God) according to Saint Basil the Great* — GrOrthThR 21 (1976) 265—288

1307 AGHIORGOUSSIS, MAXIMOS *Image as „Sign" (Semeion) of God: Knowledge of God through the Image according to Saint Basil*, tr. by N. PISSARE — GrOrthThR 21 (1976) 19—54

1308 AMAND DE MENDIETA, E. *La plus ancienne tradition manuscrite (IXe et Xe siècles) des homélies de Basile de Césarée sur l'Hexaéméron*. In: *Studia Patristica 14* (cf. 1975/76, 201) 253—274

1309 AUBINEAU, M. *Genève, Bibl. Univ., Cod. Gr. 31. Symeonis Metaphrastae Sermones ex operibus Basilii Caesariensis selecti* — MH 33 (1976) 125—126

1310 AUBINEAU, M. *Trente-deux homélies de Basile de Césarée, retrouvées dans le codex Athonite, Stavronikita 7* — SO 51 (1976) 155—158

1311 BALÁS, D. L. *The unity of human nature in Basil's and Gregory of Nyssa's polemics against Eunomius*. In: *Studia Patristica 14* (cf. 1975/76, 201) 275—281

1312 BENITO Y DURÁN, ÁNGEL *La oración en el pensamiento y en la Regla de San Basilio Magno* — TEsp 20 (1976) 33—59

1313 BENITO Y DURÁN, ÁNGEL *El trabajo en la Regla de san Basilio* — Yermo 13 (1975) 31—75

1314 BONIS, CONSTANTIN G. *Basile le Grand de Césarée. Vie et œuvres, écrits et doctrine* [en grec]. Athènes: 1975. 200 pp.

[1594] CAVALCANTI, E.: Eunomius

1315 CHRISTOU, PANAGIOTIS K. *L'enseignement de Saint Basile sur le Saint Esprit.* In: Θεολογικὰ μελετήματα 2 (cf. 1975/76, 119) 157—173

1316 ΧΡΗΣΤΟΥ, ΠΑΝΑΓΙΩΤΗΣ Κ. *Ἡ κοινωνιολογία τοῦ Μεγάλου Βασιλείου.* In: Θεολογικὰ μελετήματα 2 (cf. 1975/76, 119) 69—145

1317 ΧΡΗΣΤΟΥ, ΠΑΝΑΓΙΩΤΗΣ Κ. *Οἰκονόμοι Θεοῦ. Ἀξιολόγησις τοῦ πλούτου ὑπὸ τοῦ Μεγάλου Βασιλείου.* In: Θεολογικὰ μελετήματα 2 (cf. 1975/76, 119) 147—156

1318 ΧΡΗΣΤΟΥ, ΠΑΝΑΓΙΩΤΗΣ Κ. *Ἡ περὶ τοῦ Ἁγίου Πνεύματος διδασκαλία τοῦ Μεγάλου Βασιλείου.* In: Θεολογικὰ μελετήματα 2 (cf. 1975/76, 119) 175—191

[1859] ΧΡΗΣΤΟΥ, Π. Κ.: Iohannes Chrysostomus

[2796] ΧΡΗΣΤΟΥ, Π. Κ.: Soteriologia

[2813] ΧΡΗΣΤΟΥ, Π. Κ.: Anthropologia

1319 CHRISTOV, CH. ST. *Zaslugite na sv. Vasilij Veliki za mira v drevnata curkva (Die Verdienste des hl. Basilius d. Gr. um den Frieden in der alten Kirche)* — DuchKult 55 (1975) 10—22

1320 COMAN, I. *Saint Basile adresse des éloges à saint Ambroise de Milan. La translation de Cappadoce des reliques de saint Denys* [en roumain] — StBuc 27 (1975) 359—376

[2641] CONSTANTELOS, D. J.: Cultus

[1356] DESEILLE, P.: Benedictus Nursinus

[2476] ESBROECK, M. VAN: Gordius Caesariensis

1321 GALLICET, E. *Intorno all'attribuzione a Basilio delle due omelie De Creatione hominis* — AtTor 109 (1975) 319—342

1322 GASHKO, PAUL *St. Basil the Great on Fasting and Prayer* — One Church 30 (1976) 55—59

1323 GIRARDI, M. *Le nozioni communi sullo Spirito Santo in Basilio Magno (De Spiritu sancto 9)* — VetChr 13 (1976) 269 -288

[552] GREGG, R.: Philosophica

1324 GRIBOMONT, J. *Intransigencia e irenismo en san Basilio. Introducción al „De Spiritu Sancto"* — ETrin 9 (1975) 227—243

1325 GRIBOMONT, JEAN *Intransigencia e irenismo en San Basilio. Introducción al „De Spiritu Sancto".* In: *El Espíritu Santo ayer y hoy* (cf. 1975/76, 141) 157—175

1326 GRIBOMONT, J. *Rome et l'Orient. Invitations et reproches de S. Basile* — Seminarium 15 (1975) 336—354

1327 MAŁUNOWICZÓWNA, LEOKADIA *Konsolacyjne listy św. Bazylego Wielkiego. (Lettres de consolation de saint Basile le Grand)* — RoczH 24 (1976) 61—104

[460] MAY, G.: Opera ad historiam

[2591] MITCHELL, L.: Missa, sacramenta, sacramentalia

[466] MONGELLI, S.: Opera ad historiam

1328 MURPHY, F.-X. *Moral and ascetical doctrine in St. Basil.* In: *Studia Patristica 14* (cf. 1975/76, 201) 320—326

1329 NALDINI, M. *Paideia origeniana nella Oratio ad adulescentes di Basilio Magno* — VetChr 13 (1976) 297—318

1330 ORLANDI, T. *Basilio di Cesarea nella letteratura copta.* Con un'appendice di J. GRIBOMONT — RSO 48 (1975) 49—59

1331 ORPHANOS, MARKOS *Creation and Salvation According to St. Basil of Caesarea.* Athen: 1975. 182 pp.

1332 PEKAR, A. B. *The perfect christian. Religious ideal of St. Basil the Great.* New York: Basilian Fathers Publ. 1968. 224 pp.

1333 SCAZZOSO, PIERO *Introduzione alla ecclesiologia di san Basilio* [SPMe 4]. Milano: Vita e Pensiero 1975. XVIII, 374 pp.

1334 SCHÖNBORN, C. VON *La „Lettre 38 de Saint Basile" et le problème christologique de l'iconoclasme* — RSPhTh 60 (1976) 446—450

1335 ULUHOGIAN, G. *Note sul testo della traduzione armena dell'Asceticon di S. Basilio Magno* — RILSL 110 (1976) 114—122

1336 VALGIGLIO, E. *Basilio Magno Ad adulescentes e Plutarco De audiendis poetis* — RiStCl 23 (1975) 67—86

1337 VERHEES, J. *Die Bedeutung der Transzendenz des Pneuma bei Basilius* — OstkiSt 25 (1976) 285—302

1338 VERHEES, J. *Pneuma, Erfahrung und Erleuchtung in der Theologie des Basilius des Großen* — OstkiSt 25 (1976) 43—59

1339 WEIJENBORG, R. *Autour de quelques textes de S. Basile. Observations critiques sur certaines positions mariologiques faussement attribuées à S. Basile de Césarée* — EphMariol 25 (1975) 381—395

1340 WILSON, M. N. G. *Saint Basil on the value of Greek literature.* London: Duckworth 1975. 75 pp.

[961] ΖΗΣΗΣ, Θ.: Athanasius

PSEUDO-BASILIUS MAGNUS

1341 CAVALCANTI, ELENA *„Excerpta" e temi sullo Spirito Santo in Ps.-Basilio, „Adv. Eunomium", IV—V.* In: *Forma futuri* (cf. 1975/76, 149) 1003—1021

[1594] CAVALCANTI, E.: Eunomius

1342 DAVIDS, A. J. M. *On Ps.-Basil, De Baptismo, 1.* In: *Studia Patristica 14* (cf. 1975/76, 201) 302—306

BASILIUS SELEUCENSIS

[2785] HALLEUX, A. DE: Christologia

BENEDICTUS NURSINUS

1343 *[Benedictus Nursinus] Die Benediktusregel.* Hrsg. von BASILIUS STEIDLE. Beuron: Kunstverlag 1975. 211 pp.

1344 *[Benedictus Nursinus] La Regola di Benedetto, con San Gregorio Magno, Secondo libro dei Dialoghi.* Testo latino di R. HANSLIK per la Regola, e di G. COLOMBÁS, L. SANSEGUNDO e O. CUNILL per Dialoghi II. Introd., trad. e note a cura di G. BELLARDI [Teologia, Fonti 7]. Milano: Jaca Book 1975. 242 pp.

1345 *[Benedictus Nursinus] The rule of St. Benedict.* Translated, with introd. and notes by ANTHONY C. MEISEL and M. L. DEL MASTRO. Garden City, N.Y.: Image Books 1975. 117 pp.

1346 ALEXANDER, P. M. *La prohibición de la risa en la Regula Benedicti. Intento de explicación e interpretación* — RBS 5 (1976) 225—288

1347 ALURRALDE, P. *Tomando por guía el Evangelio (Releyendo la Regla de San Benito).* Florida (Buenos Aires): Ediciones Paulinas 1974. 251 pp.

1348 AUGÉ, MATIAS *L'abito monastico dalle origini alla regola di S. Benedetto* — Claretianum 16 (1976) 33—95

1349 BALTHASAR, HANS URS VON *Johannine themes in the Rule and their meaning today* — MonStud 11 (1975) 57—71

1350 BEIER, E. *Die Regula Benedicti und die modernen Managementlehren. Der Versuch eines Vergleichs* — RBS 5 (1976) 353—370

1351 BHALDRAITHE, E. DE *Obedience to Christ in the rules of Benedict and the Master.* In: *Studia Patristica 13* (cf. 1975/76, 200) 437—443

1352 BÖCKMANN, A. *Akzentuierungen der neutestamentlichen Armut nach der Regula Benedicti* — RBS 5 (1976) 131—164

1353 BÖCKMANN, AQUINATA *Discretio im Sinne der Regel Benedikts und ihrer Tradition* — EA 52 (1976) 362—373

1354 BORIAS, A. *Couches rédactionnelles dans la Règle bénédictine* — RBen 85 (1975) 38—55

[2250] BORIAS, A.: Regula Magistri

[2251] BORIAS, A.: Regula Magistri

1355 BRECHTER, H. S. *Der „weitschweifige" Pförtner? Zur Regula Benedicti (66,3)* — SM 86 (1975) 645—661

[2252] CORBETT, P. B.: Regula Magistri

1356 DESEILLE, PLACIDE *Eastern Christian sources of the Rule of St. Benedict* — MonStud 11 (1975) 73—122

[1653] DOUCET, M.: Gregorius Magnus

[1654] DOUCET, M.: Gregorius Magnus

1357 ERMINI, G. *Charité et paix romaines et chrétiennes dans la „Regula"
de Benoît de Nursie* — Pensée Catholique 162/163 (1976) 39—50

1358 FRIEDMANÑ, E. *Hermeneutische Überlegungen zum Verständnis der
Regula Benedicti heute. Folgerungen für den Bereich Autorität und
Gehorsam* — RBS 5 (1976) 335—351

[2253] GÉNESTOUT, A.: Regula Magistri

[2254] GINDELE, C.: Regula Magistri

[2255] GINDELE, C.: Regula Magistri

1359 GÓMEZ, ILDEFONSO M. *La vida comunitaria en la „Regula Benedicti"*
— Yermo 14 (1976) 305—345

1360 GRABER, RUDOLF *Saint Benoît et l'Europe* — Pensée Catholique 155
(1975) 13—27

1361 GRÉGOIRE, E. *Enquête sur les citations de la Règle de S. Benoît
dans l'hagiographie latine médiévale* — StMe 16 (1975) 747—762

1362 GRÉGOIRE, R. *Enquête sur les citations de la Règle de S. Benoît dans
l'hagiographie latine médiévale* — RBS 5 (1976) 183—198

[1592] HAEUSSLING, A. A.: Eugippius

1363 HAGEMEYER, O. *Die Regula Benedicti in der neueren Forschung* —
ThRe 72 (1976) 89—94

[21] HAGEMEYER, O.: Historia patrologiae

1364 HANSLIK, R. *Die interpolierte Fassung der Regula Benedicti* —
RBS 5 (1976) 1—11

1365 HANSLIK, RUDOLF *Textkritische und sprachliche Bemerkungen zu
Stellen der Regula Benedicti.* In: *Corona Gratiarum I* (cf. 1975/76,
130) 229—235

[86] *Internationale Bibliographie:* Bibliographica

1366 JASPERT, BERND *Die Regula Benedicti-Forschung und die protestan-
tische Theologie* — EA 51 (1975) 20—34

1367 JASPERT, B. *Les recherches concernant la Règle de saint Benoît et
la théologie protestante* — ColCist 38 (1976) 187—204

1368 JASPERT, B. *Die Regula-Benedicti* — *Regula-Magistri-Kontroverse*
[RBS Suppl. 3]. Hildesheim: Gerstenberg 1975. XXII, 519 pp.

[24] JASPERT, B.:Historia patrologiae

1369 KURTZ, W. *Domus Dei. Der Kirchenbegriff des H l. Benedikt* —
RBS 5 (1976) 119—130

1370 LECLERCQ, J. *Autour de la Règle de saint Benoît* — ColCist 37
(1975) 167—204

1371 LECLERCQ, JEAN *Beobachtungen zur Regel des heiligen Benedictus
(I). Ein Bericht über Werke von A. de Vogüé* — EA 52 (1976)
414—431

1372 LIENHARD, J. T. *Sanius consilium. Recent work on the election of the
abbot in the Rule of St. Benedict* — AmBenR 26 (1975) 1—15

1373 LINAGE CONDE, ANTONIO *Crisis de la „Regula Benedicti" en el mundo de hoy?* In: *Festschrift W. Zeller* (cf. 1975/76, 209) 73—80

1374 LINAGE CONDE, ANTONIO *San Benito contra la neurosis claustral* — Yermo 14 (1976) 3—35

1375 LINAGE CONDE, ANTONIO *Una hipótesis en torno a la obra literaria de san Benito* — ArLeon 29 (1975) 59—81

1376 LINAGE CONDE, A. *Una regla monástica riojana femenina del siglo X: el Libellus a Regula sancti Benedicti substractus* [Acta Salamanticensia Filos. y Letr. 74]. Salamanca: 1973. XIV, 146 pp.

1377 MANNING, E. *Problèmes de la transmission du texte de la Regula Benedicti* — RBS 5 (1976) 75—84

1378 MASAI, F. *Recherches sur les règles de S. Oyend et de S. Benoît* — RBS 5 (1976) 43—73

1379 MASAI, FRANLOIS *Une source insoupçonnée de la Regula Benedicti: la Vita Patrum Iurensium.* In: *Hommages à André Boutemy* (cf. 1975/76, 161) 252—263

[1834] MASAI, F.:Iohannes Cassianus

1380 MATTOSO, J. *L'introduction de la Règle de saint Benoît dans la péninsule ibérique* — RHE 70 (1975) 731—742

1381 MOHR, R. *Der Gedankenaustausch zwischen Heloïse und Abaelard über eine Modifizierung der Regula Benedicti für Frauen* — RBS 5 (1976) 307—333

1382 MORAL, TOMÁS *El trabajo en la Regla de san Benito* — Yermo 13 (1975) 77—85

1383 PALAZZINI, P. *La paix dans la pédagogie de Saint Benoît* — Pensée Catholique 160 (1976) 18—34

1384 PLANTE, J. G. *The Auxerre commentary on the Regula S. Benedicti. The prologue to the Regula; the commentatores main concerns* — RBS 5 (1976) 171—182

1385 RENNER, F. *Offiziumsordnung und Identitätsprobleme der Regula Benedicti* — RBS 3/4 (1974/75) 45—74

1386 SCHMIDT, KURT *Die „einen" und die „anderen" in der Regel des heiligen Benedikt* — EA 52 (1976) 376—381

1387 SEVERUS, E. VON *Éléments prophétiques, pneumatiques et charismatiques dans la Regula Benedicti* — ColCist 38 (1976) 174—186

1388 STEIDLE, BASILIUS *Der Abt und der Rat der Brüder. Zu Kapitel 3 der Regel St. Benedikts* — EA 52 (1976) 339—353

1389 STEIDLE, BASILIUS *Memor periculi Heli sacerdotis de Silo. Zum Abtsbild der Regel St. Benedikts (Kap. 2,26)* — EA 52 (1976) 5—18

1390 THOMAS, MICHAEL *Benedikt und Franziskus in ihrer Bedeutung auf den europäischen Menschen* — FS 58 (1976) 92—111

[1667] VOGÜÉ, A. DE: Gregorius Magnus

[1669] VOGÜÉ, A. DE: Gregorius Magnus

[2260] VOGÜÉ, A. DE: Regula Magistri

1391 WATHEN, A. *Conversatio and stability in the Rule of Benedict* — MonStud 11 (1975) 1—44
1392 WATHEN, A. *Methodological considerations of the sources of the Regula Benedicti as instruments of historical interpretations* — RBS 5 (1976) 101—117
[536] WEISSENGRUBER, F.: Opera ad historiam
1393 WOLF, NICOLAS DE *Saint Benoît, homme d'espérance* — Pensée Catholique 156/157 (1975) 49—59

BOETHIUS

1394 *[Boethius] Boethius' Bearbeitung von Aristoteles' Schrift De interpretatione.* Hrsg. von J. C. KING [Die Werke Notkers des Deutschen 6. Altdt. Textbibl. 81]. Tübingen:Niemeyer 1975. XXV, 106 pp.
1395 *[Boethius] Eine altfranzösische Übersetzung der Consolatio philosophiae des Boethius (Hs. Troyes Nr. 898).* Ed., komm. v. R. SCHROTH [Europäische Hochschulschriften Reihe 13, Band 36]. Bern, Frankfurt: Lang 1976. 243 pp.
[580] BARTOŇKOVÁ, D.: Philologia patristica
1396 CROCCO, A. *Introduzione a Boezio* [Coll. Antichi e moderni]. Napoli: Liguori 1975. 208 pp.
1397 DWYER, R. A. *Boethian fictions. Narratives in the medieval French versions of the Consolatio Philosophiae.* Cambridge, Mass.: The medieval Academy of America 1976. 140 pp.
1398 EVANS, G. R. *Alteritas. Sources of the notions of otherness in twelfth century commentaries on Boethius' Opuscula sacra* — ALMA 40 (1975/76) 103—113
1399 GASTALDELLI, F. *Boezio.* Roma: Ed. liturg. 1974. 62 pp.
1400 GUŁKOWSKI, J. *Boecjusz — ostatni filozof rzymski i pierwszy scholastyk (De Boethio ultimo antiquo et philosophorum medii aevi praeceptore)* — Meander 30 (1975) 455—470
1401 GUŁKOWSKI, J. *Zagadnienie reinterpretacji rozróżnienia „esse" i „id quod est" w „De hebdomadibus" boecjusza a geneza egzystencjalnej teorii bytu (Le problème de la réinterprétation de la distinction entre l'esse et l'id quod est dans „De hebdomadibus" de Boèce et la genèse de la théorie existentielle de l'être)* [Studia wokół problematyki esse: Opera Philosophorum Medii Aevi 1, Textus et Studia]. Warszawa: Akademia Teologii Katolickiej 1976. 211—363 pp.
1402 HUBER, P. *Die Vereinbarkeit von göttlicher Vorsehung und menschlicher Freiheit in der Consolatio philosophiae des Boethius* [Diss.]. Zürich: Juris-Verl. 1976. VI, 63 pp.
1403 MOHRMANN, CHRISTINE *Some remarks on the language of Boethius, Consolatio Philosophiae.* In: *Latin Script and Letters* (cf. 1975/76, 171) 54— 61

[1200] PICKERING, F. P.: Augustinus
1404 RAUBITSCHEK, ANTONY E. *Me quoque excellentior (Boethii Conso-latio 4.6.27)*. In: *Latin Script and Letters* (cf. 1975/76, 171) 62
1405 STUMP, ELEONORE ANNEROSE *Boethius's De Topicis Differentiis*. [Diss.]. Cornell University 1975.
1406 VIARRE, S. *L'image du naufrage dans le De consolatione philosophiae de Boèce*. In: *Studia Patristica 13* (cf. 1975/76, 200) 52—56
1407 VOGEL, C. J. DE *Quelques problèmes concernant Boèce*. In: *Actes XIIe Conf. Eirene* (cf. 1975/76, 101) 573—582

PSEUDO-BOETHIUS

1408 *[Pseudo-Boethius] Pseudo-Boèce, De disciplina scolarium*. Ed., Einf., Anm. v. O. WEIJERS [Studien und Texte zur Geistegeschichte des Mittelalters 12]. Leiden: Brill 1976. XIV, 189 pp.

BRAULIO

1409 *[Braulio] Epistolario de San Braulio*. Introd., ed. crit. y trad. por L. RIESCO TERRERO [Anales de la Universidad Hispalense. Serie Filosófica 31]. Sevilla 1975. 188 pp.
1410 DIESNER, H. J. *Braulios Vita S. Aemiliani und die frühchristliche Biographie* — MLatJB 11 (1976) 7—12

CAESARIUS ARELATENSIS

1411 CLOSA FARRES, J. *Aspectos y problemas estilisticos en las homilías de Cesáreo de Arles* [Resumen de Tesis Univ. de Barcelona]. Barcelona: Fac. de Filos. y Letras 1975. 14 pp.
1412 ÉTAIX, RAYMOND *Trois notes sur saint Césaire d'Arles*. In: *Corona Gratiarum I* (cf. 1975/76, 130) 211—227
[2254] GINDELE, C.: Regula Magistri
1413 TRAHERN, J. B. *Caesarius of Arles and Old English literature* — ASE 5 (1976) 105—119

CASSIODORUS

[2721] GROSS, K.: Doctrina auctorum
1414 LAGORIO, V. M. *A text of Cassiodorus's De rhetorica in Codex Pal. Lat. 1588* — Sc 30 (1976) 43—45
1415 LUCCHESI, E. *Note sur un lieu de Cassiodore faisant allusion aux sept livres d'Ambroise sur les patriarches* — VChr 30 (1976) 307—309
1416 MAIR, J. R. S. *A note on Cassiodorus and the seven liberal arts* — JThS 26 (1975) 419—421

1417 MOROSI, R. *L'attività del praefectus praetorio nel regno ostrogoto attraverso le Variae di Cassiodoro* — Humanitas 27—28 (1975/76) 71—93

1418 O'DONNELL, JAMES JOSEPH, JR. *Cassiodorus, Statesman and Historian.* [Diss.] Yale Univ. 1975. 280 pp.

[677] PÉREZ Y URBEL, F. J.: Palaeographica atque manuscripta

1419 STEIDLE, W. *Das erste Buch der Institutionen des Cassiodor.* In: *Acta philologica Aenipontana 3* (cf. 1975/76, 100) 72

[518] STOCKMEIER, P.: Opera ad historiam

[876] WEISSENGRUBER, F.: Ambrosius

CELSUS

1420 ANDRÉS HERNANSANZ, T. DE *La síntesis filosófica del intelectual pagano del siglo II d.C., a través del „Alethes Logos" de Celso* — MCom 34 (1976) 145—195

1421 BOER, W. DEN *La polémique anti-chrétienne du IIᵉ siècle. La doctrine de vérité de Celse* — AtPavia 54 (1976) 300—318

1422 CASAVOLA, F. *Il modello del parlante per Favorino e Celso* — AASN 82 (1971) 485—497

1423 CROUZEL, H. *Conviction intérieure et aspects extérieurs de la religion chez Celse et Origène* — BLE 77 (1976) 83—98

[1812] DÖLGER, F. J.: Ignatius Antiochenus

1424 MARIÑO, P. *¿Los ágapes cristianos como „colegios" dentro del derecho romano? Acusación del filósofo pagano Celso (siglo II) y respuesta del Orígenes cristiano (siglo III)* — RIS 33 (1975) 51—107

1425 ULLMANN, W. *Die Bedeutung der Gotteserkenntnis für die Gesamtkonzeption von Celsus' Logos alethes.* In: *Studia Patristica 14* (cf. 1975/76, 201) 180—188

CHROMATIUS AQUILEIENSIS

1426 LEMARIÉ, J. *La diffusion des œuvres de saint Chromace d'Aquilée dans les scriptoria bavarois du haut moyen âge* — AnAl 9 (1976) 421—435

1427 LEMARIÉ, JOSEPH *Fragment d'un nouveau sermon inédit de Chromace d'Aquilée.* In: *Corona Gratiarum I* (cf. 1975/76, 130) 201—209

1428 PALAZZI, M. L. *Aspetti liturgici nelle omelie di Cromazio d'Aquileia* — EL 90 (1976) 29—42

1429 TRETTEL, G. *Terminologia esegetica nei sermoni di S. Cromazio di Auileia* — REA 20 (1975) 55—81

CLAUDIANUS MAMERTUS

1430 ALIMONTI, TERENZIO *Apuleio e l'arcaismo in Claudiano Mamerto.* In: *Forma futuri* (cf. 1975/76, 149) 189—228

CLAUDIUS CLAUDIANUS

1431 CAMERON, ALAN *Claudian and the ages of Rome* — Maia 27 (1975) 47
[2298] CRISTO, S.: Symmachus
1432 GNILKA, CHR. *Beobachtungen zum Claudiantext,* mit einer Beilage: *Das Interpolationsproblem bei Prudentius.* In: *Festschrift W. Schmid* (cf. 1975/76, 203) 45—90
[1998] GUALANDRI, I.: Lactantius
1433 SIMPSON, C. J. *Claudian and the federation of the Bastarnae* — Latomus 34 (1975) 221—223

CLEMENS ALEXANDRINUS

1434 ALFONSI, LUIGI Διδασκαλεῖον *cristiano* — Aeg 56 (1976) 101—103
1435 ALFONSI, LUIGI Στρωματεῖς. *Significato e valore di un titolo* — Sileno 1 (1975) 175—176
1436 AMERIO, M. L. *Il nesso* ἀββᾶ ὁ πατήρ *in Clemente Alessandrino* — AugR 16 (1976) 291—316
1437 BERCIANO, MODESTO ΚΑΙΡΟΣ. *Tiempo humano e histórico-salvífico en Clemente de Alejandría* [Publicaciones de la Facultad Teológica del Norte de España — sede de Burgos, 34]. Burgos: Ediciones Aldecoa 1976. 330 pp.
1438 BOUSSET, WILHELM *Jüdisch-christlicher Schulbetrieb in Alexandria und Rom. Literarische Untersuchungen zu Philo und Clemens von Alexandria, Justin und Irenäus* [Nachdruck; Forschungen zur Religion und Literatur des Alten und Neuen Testaments 23]. Hildesheim: Olms 1975. VIII, 319 pp.
1439 CATAUDELLA, QUINTINO *Citazioni bacchilidee in Clemente Alessandrino.* In: *Forma futuri* (cf. 175/76, 149) 119—125
1440 COMAN, I. G. *Utilizarea „Stromatelor" lui Clement Alexandrinul de către Eusebiu al Cezareii in „Pregătirea Evanghelică" (Die Verwendung der „Stromateis" des Klemens Alexandrinus durch Euseb von Cäsareea in der „Praeparatio Evangelica")* — StBuc (1975) 501—521
1441 DÖLGER, FRANZ JOSEPH *XAIPE IEPON ΦΩC als antike Lichtbegrüßung bei Nikarchos und Jesus als Heiliges Licht bei Klemens von Alexandrien.* In: *Antike und Christentum 6* (cf. 1975/76, 137) 147—151
1442 DÖLGER, FRANZ JOSEPH *Das Lösen der Schuhriemen in der Taufsymbolik des Klemens von Alexandrien.* In: *Antike und Christentum* Bd. 5 (cf. 1975/76, 136) 87—94

104 Auctores

1443 DRACZKOWSKI, F. *Dowartościowanie kultury intelektualnej przez Klemensa Aleksandryjskiego jako rezultat polemiki antyheretyckiej (La valorizzazione della cultura intellettuale come resultato della polemica antieretica in Clemente Alessandrino)* — StPel 10 (1975) 176—199

1444 DRĄCZKOWSKI, F. *Niektóre tendencje pierwszych wspólnot heterodoksyjnych na podstawie Stromatów Klemensa Aleksandryjskiego (De nonnullis praecipuis proclivitatibus antiquarum sectarum heterodoxarum secundum Ετρωματεῖς Clementis Alexandrini)* — RoczTK 23 (1976) 55—84

1445 FERGUSON, J. *The achievement of Clement of Alexandria* — RelStud 12 (1976) 59—80

1446 FERNÁNDEZ ARDANAZ, SANTIAGO *Metodología teológica de Clemente Alejandrino.* In: *Miscelánea J. Zunzunegui,* III (cf. 1975/76, 179) 1—35

1447 FRASCHETTI, A. *Aristarco e le origine tirreniche di Pitagora* — Helikon 15—16 (1975/76) 424—437

1448 GLOCKMANN, G. *Spuren Justins bei Clemens Alexandrinus* — Helikon 15—16 (1975/76) 401—407

[1684] GUIDA, A.: Gregorius Nazianzenus

1449 JOHNSON, S. *The mystery of St. Mark* — HistoryT 25 (1975) 89—97

1450 LILLA, S. R. C. *Clement of Alexandria. A Study of Christian Platonism and Gnosticism.* London: Oxford Univ. Pr. 1976.

1451 LÓPEZ PEGO, A. *El Tercer Apis. Notas para el estudio de la historia de la medicina sacra en el Egipto helenizado* — CFC 9 (1975) 305—317

[454] MARROU, H.-I.: Opera ad historiam

1452 MÉHAT, ANDRÉ *Clément d'Alexandrie.* In: *L'eucharistie des premiers chrétiens* (cf. 1975/76, 143) 101—127

1453 MORTLEY, R. *The mirror and I Cor. XIII, 12 in the epistemology of Clement of Alexandria* — VigChr 30 (1976) 109—120

[2169] MULLINS, T. Y.: Papias

1454 NAUTIN, PIERRE *La fin des Stromates et les Hypotyposes de Clément d'Alexandrie* — VigChr 30 (1976) 268—302

1455 OPELT, I. *Bakchylides in der christlichen Spätantike* — JAC 18 (1975) 81—86

1456 RIEDINGER, R. *Zur antimarkionitischen Polemik des Klemens von Alexandria* — VigChr 29 (1975) 15—32

1457 RITTER, A. M. *Christentum und Eigentum bei Clemens von Alexandrien auf dem Hintergrund der frühchristlichen „Armenfrömmigkeit" und der Ethik der kaiserzeitlichen Stoa* — ZKG 86 (1975) 1—25

1458 ROBERTS, LOUIS *The Unutterable Symbols of (Γῆ)-Θέμις* — HThR 68 (1976) 73—82

1459 SCHOENBERGER, O. *Spiegelung eines alten Verses?* — RhM 119 (1976) 95—96
1460 TISSOT, Y. *Hénogamie et remariage chez Clément d'Alexandrie* — RSLR 11 (1975) 167—197
[575] TODD, R. B.: Philosophica
1461 ZAPHIRIS, G. *Le texte du Discours sur la Montagne en Mt. V, 1 — VII, 29 dans les écrits de Clément d'Alexandrie* [en grec] — ThAthen 46 (1975) 216—227, 662—671, 901—916

CLEMENS ROMANUS

1462 BLOND, GEORGES *Clément de Rome.* In: *L'eucharistie des premiers chrétiens* (cf. 1975/76, 143) 29—51
1463 GRAZZI, L. *Il papa dell'anno 97 e i tre „fedeli" di Roma.* Roma: Artegraf. Silva 1975. 201 pp.
1464 *Der Klemens-Brief.* In: *Die Apostolischen Väter* (cf. 1975/76, 2170) 1—107
1465 LANA, ITALO *La cristianizzazione di alcuni termini retorici nella „Lettera ai Corinti" di Clemente.* In: *Forma futuri* (cf. 1975/76, 149) 110—118
1466 NOLL, R. R. *The search for a christian ministerial priesthood in I Clement.* In: *Studia Patristica 13* (cf. 1975/76, 200) 250—254
[1818] NORRIS, F. W.: Ignatius Antiochenus
1467 PAVAN, V. *La dossologia nella communicazione cristologica dei primi due secoli (I e II Clem., Iust.)* — VetChr 12 (1975) 391—415
1468 SMITH, MORTON *On the authenticity of the Mar Saba letter of Clement* — CBQ 38 (1976) 196—199
1469 WEISS, B. *Amt und Eschatologie im I. Clemensbrief* — ThPh 50 (1975) 70—83
1470 WILHELM-HOOIJBERGH, A. E. *A Different View of Clemens Romanus* — HeythropJ 16 (1975) 266—288
1471 WILSON, J. W. *The first epistle of Clement. A theology of power.* Diss. Duke Univ. Durham, N. C.: 1976. 194 pp.

PSEUDO-CLEMENS ROMANUS

[2332] CANTALAMESSA, R.: Tertullianus
1472 BONIS, K. G. Συμπόσιον πατέρων, ἡ καλουμέη Β΄ Ἐπιστολή Κλήμεντος Ρώμης Πρός Κορινθίους. Athen: 1975. 119 pp.
1473 FAIVRE, A. *Les fonctions ecclésiales dans les écrits pseudo-clémentins. Proposition de lecture* — ReSR 50 (1976) 97—111
1474 HARNACK, A. VON *Die pseudoclementinischen Briefe de virginitate und die Entstehung des Mönchtums.* In: *Askese und Mönchtum* (cf. 1975/76, 107) 37—68

1475 KLINE, L. L. *The sayings of Jesus in Pseudo-Clementine homilies*
       [SBLDS 14]. Missoula, Mont.: Univ. of Montana Press 1975. IX,
       198 pp.
1476 KLINE, L. L. *Harmonized sayings of Jesus in the Pseudo-Clementine
       Homilies and Justin Martyr* — ZNW 66 (1975) 223—241
1477 LAGORIO, V. M. *The Pseudo-Clementine literature and the Grail
       history*. In: *Studia Patristica 12* (cf. 1975/76, 199) 214—221
1478 RIUS-CAMPS, JOSEP *Las Pseudoclementinas. Bases filológicas para
       una nueva interpretación* — RCatT 1 (1976) 79—158

COMMODIANUS

1479 DANIÉLOU, JEAN *Les „Testimonia" de Commedien*. In: *Forma futuri*
       (cf. 1975/76, 149) 59—69
1480 HECK, E. *Iuppiter-Iovis bei Commodian* — VigChr 30 (1976) 72—76
1481 SALVATORE, ANTONIO *Annotazioni sul „Carmen apologeticum"*. In:
       Forma futuri (cf. 1975/76, 149) 395—415
1482 SALVATORE, A. *Osservazioni su una congettura* — Vichiana 4 (1975)
       155—161
1483 SRUTWA, J. *Zycie pierwszych chrześcijen w utworach Kommodiana
       (La vie des premiers chrétiens d'après les écrits de Commodien)* —
       STV 14 (1976) 233—256

CONSTITUTIONES APOSTOLORUM

1484 BATES, W. H. *The composition of the Anaphora of Apostolic Consti-
       tutions VIII*. In: *Studia Patristica 13* (cf. 1975/76, 200) 343—355
1485 JONKERS, E. J. *De bepalingen van de Constitutiones apostolorum
       over de verhouding tussen Kerk en Staat en de verwezenlijking ervan
       in de praktijk blijkens de conciles* — NAKG 55 (1974—1975)
       15—20
[1532] METZGER, M.: Didascalia

COSMAS INDICOPLEUSTES

1486 SCHWARZ, F. F. *Kosmas und Sielediba* — ŽA 25 (1975) 469—490

CYPRIANUS CARTHAGINIENSIS

1487 *[Cyprianus] Sancti Cypriani Episcopi opera. P. 2. Ad donatum, de
       mortalitate, ad Demetrianum, de opere et eleemosynis, de Zelo La-
       vore.* Ed. MANLIO SIMONETTI. [CChr 3 A]. Turnhout: Brepols 1976.
       IX, 154 pp.

1488 *[Cyprianus Carthaginiensis] Ad Demetrianum.* Proleg., text. critic., ital. interpret., comm., gloss., ind. curavit EZIO GALLICET [Corona patrum 4]. Augustae Taurinorum: Soc. Ed. Intern. 1976. 318 pp.

1489 ALFONSI, LUIGI *Il „De dominica oratione" di Cipriano.* In: *Forma futuri* (cf. 1975/76, 149) 53—58

1490 BOUZAS MARTINEZ, FRANCISCO *Valoración de la Epístola 67 de S. Cipriano en el contexto de su concepción del primado y de la autonomía de las iglesias locales* — RET 35 (1975) 3—20

1491 CLARKE, G. W. *Prosopographical notes on the Epistles of Cyprian. Rome in August, 258* — Latomus 34 (1975) 437—448

1492 DÖLGER, FRANZ JOSEPH *Der Kuß im Tauf- und Firmungsritual nach Cyprian von Karthago und Hippolyt von Rom.* In: *Antike und Christentum I* (cf. 1975/76, 134) 186 —196

[2354] DOLGOVA, I. J.: Tertullianus

1493 FASHOLÉ-LUKE, E. *Who is the bridegroom? An excursion into S. Cyprian's use of Scripture.* In: *Studia Patristica 12* (cf. 1975/76, 199) 294—298

1494 FIETTA, PIETRO *„Salus extra ecclesiam non est". Indagine storico-teologica sul significato dell'assioma nel pensiero di San Cipriano.* [Auszug]. Rom: Pontificia Universitas Gregoriana 1976. 64 pp.

1495 GALLICET, EZIO *Cipriano e la Bibbia: „Fortis ac sublimis vox".* In: *Forma futuri* (cf. 1975/76, 149) 43—52

[1089] GARCÍA, R. D.: Augustinus

1496 GRANFIELD, PATRICK *Episcopal Elections in Cyprian. Clerical and Lay Participation* — ThSt 37 (1976) 41—52

1497 GÜLZOW, HENNKE *Cyprian und Novatian. Der Briefwechsel zwischen den Gemeinden in Rom und Karthago zur Zeit der Verfolgung des Kaisers Decius* [BHTh 48]. Tübingen: Mohr 1975. IX, 166 pp.

1498 JACOBS, J. WARREN *Saint Cyprian of Carthage as minister: a study of Cyprian's language for the problem of Christian living and pastoral concerns and relationships, and of the dimensions, models, and structures of his ministry.* Boston/Mass.: University Graduate School 1976. 518 pp.

1499 JOHANNY, RAYMOND *Cyprien de Carthage.* In: *L'eucharistie des premiers chrétiens* (cf. 1975/76, 143) 151—175

1500 LANDINI, LAWRENCE *Drop-off in Confession: The Epistles of St. Cyprian of Carthage* — AER 169 (1975) 133—142

[441] LOF, L. J. VAN DER: Opera ad historiam

1501 POIRIER, M. *Charité individuelle et action sociale. Réflexions sur l'emploi du mot munus dans le De opere et eleemosynis de saint Cyprien.* In: *Studia Patristica 12* (cf. 1975/76, 199) 254—260

[609] RING, T. G.: auctoritas

1502 SAGE, MICHAEL M. *Cyprian* [Patristic monograph series 1]. Cambridge, Ma.: The Philadelphia Patristic Foundation 1975. V, 439 pp.

1503 SAUMAGNE, CHARLES *Saint Cyprien, evêque de Carthage „Pape"*
     d'Afrique ‹248—258›. Contribution à l'étude des „persécutions" de
     Dèce et de Valérien. Pref. de JEAN LASSUS [Études d'antiquités afri-
     caines]. Paris: Centre National de la Recherche Scientifique 1975.
     195 pp.
[3011] SMOLAK, K.: Specialia in Vetus Testamentum

PSEUDO-CYPRIANUS CARTHAGINIENSIS

1504 *[Ps.-Cyprianus Carthaginiensis] De ligno crucis.* Testo e osserva-
     zioni A. RONCORONI — RSLR 12 (1976) 380—390

CYRILLUS ALEXANDRINUS

1505 *[Cyrillus Alexandrinus] A collection of unpublished Syriac letters of
     Cyril of Alexandria.* Ed. and transl. by R. Y. EBIED and L. R.
     WICKHAM [CSCO 359/360]. Louvain 1975. XIX, 57 pp.; XI, 48 pp.
1506 *[Cyrillus Alexandrinus] Dialogues sur la Trinité. Thesaurus de sancta
     et consubstantiali Trinitate,* 1: Dialogues I et II. Introd., texte crit.,
     trad. et notes par GEORGES MATTHIEU DE DURAND [SC 231]. Paris:
     Ed. du Cerf 1976. 422 pp.
1507 *[Cyrillus Alexandrinus] Der Dialog „Dass Christus Einer ist" des
     Kyrillos von Alexandrien.* Hrsg. v. BERND MANUEL WEISCHER
     [Qerellos 3, Äthiopische Forschungen 2]. Wiesbaden: Steiner 1977.
     252 pp.
1508 *[Cyrillus Alexandrinus] Trattato contra quelli che non vogliono
     riconoscere la Santa Vergine Madre di Dio.* Introd., testo crit., trad.
     e note a cura di C. SCANZILLO. Sorrento 1975. 136 pp.
[1594] CAVALCANTI, E.: Eunomius
1509 DARTSELLAS, CONSTANTIN *Questions on Christology of St. Cyril of
     Alexandria* — Abba 6 (1975) 203—232
1510 FORTE, B. *La dimensione cristologica, pneumatologica ed eucaristica
     della Chiesa nel „Commentario a Giovanni" di S. Cirillo Alessandria*
     — RiLSE 7 (1975) 357—398
1511 MEIJERING, E. P. *Cyril of Alexandria on the Platonists and the Trinity.*
     In: *God being history* . . . (cf. 1975/76, 176) 114—127
1512 MEIJERING, E. P. *Some Reflections on Cyril of Alexandria's Re-
     jection of Anthropomorphism.* In: *God being history* . . . (cf. 1975/76,
     176) 128—132
1513 NORRIS, R. A. *Christological Models in Cyril of Alexandria.* In:
     Studia Patristica 13 (cf. 1975/76, 200) 255—268
1514 PARVIS, P. M. *The Commentary on Hebrews and the Contra Theo-
     dorum of Cyril of Alexandria* — JThS 26 (1975) 415—419
1515 SANTER, M. *The authorship and occasion of Cyril of Alexandria
     Sermon on the Virgin (Hom. Div. IV).* In: *Studia Patristica 12*
     (cf. 1975/76, 199) 144—150

CYRILLUS HIEROSOLYMITANUS

1516 *[Cyrillus Hierosolymitanus] Cirillo di Gerusalemme. Le catechesi.*
Versione, introd. e note di ELISEO BARBISAN [Collana patristica e del pensiero cristiano]. Alba: Ed. Paoline 1977. 467 pp.

1517 CUTRONE, EMMANUEL JOSEPH *Saving Presence in the Mystagogical Catecheses of Cyril of Jerusalem* [Diss.]. University of Notre Dame 1975. 171 pp.

1518 DEDDENS, K. *Annus liturgicus? Een onderzoek naar de betekenis van Cyrillus van Jeruzalem voor de ontwikkeling van het ,kerkelijk jaar'.* Goes: Oosterbaan & le Cointre 1975. 272 pp.

1519 FERNÁNDEZ, DOMICIANO *Diversos modos de presencia de Cristo en las catequesis de san Cirilo de Jerusalén* — ETrin 9 (1975) 245—272

1520 FERNÁNDEZ, DOMICIANO *María en la catequesis de S. Cirilo de Jerusalén* — EphMariol 25 (1975) 143—171

1521 GIORDANO, A. F. *Lo Spirito Santo nelle Catechesi di S. Cirillo di Gerusalemme* — Nicolaus 4 (1976) 425—430

1522 KARPIAK, I. *Le mystère de l'Eucharistie dans les œuvres de St Cyrille de Jérusalem et de Nil l'Aréopagite* [en russe] — Cerkiewny Wiestnik 9 (1975) 10—17

1523 PIASECKI, BRONISLAW *La struttura sacramentale della vita della comunità cristiana in San Cirillo di Gerusalemme.* Rom: Pontificia Universitas Lateranensis 1973. 68 pp.

[877] YARNOLD, E. J.: Ambrosius

CYRUS PANOPOLITANUS

1524 GREGORY, TIMOTHY E. *The Remarkable Christmas Homily of Kyros Panopolites* — GrRoBySt 16 (1975) 317—324

DAMASUS PAPA

1525 ALFONSI, L. *Tityrus christianus. Una piccola aggiunta* — Sileno 1 (1975) 79—80

DIDACHE

1526 *[Didache] Nauk dvanajsterih apostolov (Die Lehre der zwölf Apostel).* Übersetzung und Einleitung von ANTON STRLE. Ljubljana 1973. 36 pp.

1527 PILLINGER, R. *Die Taufe nach der Didache. Philologisch-archäologische Untersuchung der Kapitel 7, 9, 10 und 14* — WSt 9 (1975) 152—160

1528 RORDORF, WILLY *La Didachè*. In: *L'eucharistie des premiers chrétiens* (cf. 1975/76, 143) 7—28

1529 TREVIJANO ETCHEVERRÍA, RAMÓN *Discurso escatológica y relato apocalíptico en Didakhé 16* — Burgense 17 (1976) 365—393

DIDASCALIA

1530 COX, JAMES J. *Prolegomena to a study of the Dominical Logoi as cited in the Didascalia Apostolorum, I: Introductory Matters* — AUSS 13 (1975) 249—259

1531 MAGNE, J. *Tradition apostolique sur les charismes et Diataxeis des saints apôtres. Identification des documents et analyse du rituel des ordinations* [Origines chrétiennes 1]. Paris: Imp. Laballery 1975. 240 pp.

1532 METZGER, MARCEL *La Didaskalie et les Constitutions Apostoliques.* In: *L'eucharistie des premiers chrétiens* (cf. 1975/76, 143) 187—210

1533 VÖÖBUS, ARTHUR *Découverte de nouvelles sources de la Didascalie syriaque* — RSR 64 (1976) 459—462

DIDYMUS ALEXANDRINUS

1534 [*Didymus Alexandrinus*] *Didyme l'aveugle. Sur la Genèse*. Introd., ed., trad. et notes par PIERRE NAUTIN [SC 233]. Paris: Ed. Du Cerf 1976. 335 pp.

1535 [*Didymus Alexandrinus*] *Didymus der Blinde. De trinitate, Buch I* (gr. u. deutsch). Hrsg. u. übers. v. JÜRGEN HOENSCHEID. Meisenheim am Glan: Hain 1975. 239 pp.

[850] HADOT, P.: Ambrosius

[694] TREU, K.: Palaeographica atque manuscripta

AD DIOGNETUM

1536 BRÄNDLE, RUDOLF *Die Ethik der „Schrift an Diognet". Eine Wiederaufnahme paulinischer und johanneischer Theologie am Ausgang des 2. Jahrhunderts* [AThANT 64]. Zürich: Theologischer Verlag 1975. 257 pp.

1537 ΧΡΗΣΤΟΥ, ΠΑΝΑΓΙΩΤΗΣ *Κριτικὰ εἰς τὸ κείμενον τῆς Πρὸς Διόγνητον* — Kleronomia 7 (1975) 273—284

DIONYSIUS ALEXANDRINUS

1538 ΠΑΠΑΔΟΠΟΥΛΟΣ, ΣΤΥΛΙΑΝΟΣ *Διονύσιος Ἀλεξανδρείας* — DVM 3 (1975) 95—108

PSEUDO-DIONYSIUS AREOPAGITA

1539 *[Dionysius Areopagita] The works of Dinysius the Areopagite.* Translated from the original Greek by JOHN PARKER [Nachdruck der Ausgabe London: 1897—99]. Merrick, N.Y.: Richwood Pub. Co. 1976.

1540 BEBIS, GEORGE S. *Ecclesiastical Hierarchy of Dionysios the Areopagite: A Liturgical Interpretation* — GrOrthThR 19 (1974) 159—175

1541 BRONS, BERNHARD *Gott und die Seienden. Untersuchungen zum Verhältnis von neuplatonischer Metaphysik und christlicher Tradition bei Dionysius Areopagita* [Forschungen zur Kirchen- und Dogmengeschichte 28]. Göttingen: Vandenhoeck & Ruprecht 1976. 346 pp.

1542 BRONS, BERNHARD *Sekundäre Textpartien im Corpus Pseudo-Dionysiacum? Literaturkritische Beobachtungen zu ausgewählten Textstellen* [NAG Philologisch-Historische Klasse 1975, 5]. Göttingen: Vandenhoeck und Ruprecht 1975. 42 pp.

1543 DIDIER, H. *Denys l'Aréopagite dans l'œuvre de Jean Eusebio Nieremberg, s. j. (1595—1658)* — RHSpir 51 (1975) 137—150

1544 EVANS, D. B. *(Pseudo-) Dionysius the Areopagite: His Place in the Development of Byzantine Christian Thought.* In: *First Annual Byzantine Studies Conference* ... (cf. 1975/76, 147) 3

1545 JONES, JOHN DAVID *The Hidden and Manifest Divinity: A Study and Translation of the Divine Names and Mystical Theology of Pseudo-Dionysius Areopagite* [Diss.]. Boston College: 1976. (microfilm)

1546 KNOWLES, M. D. *The Influence of Pseudo-Dionysius on Western Mysticism.* In: *Christian spirituality* (cf. 1975/76, 117) 79—94

1547 LOUIS-SYLVESTRE, D. *Recherche concernant les affinités éventuelles entre le Pseudo-Denys et Apollinaire de Laodicée* — AEHESR 84 (1975—76) 365—369

1548 MÜLLER, WOLFGNAG *Dionysios Areopagites: der Vater des esoterischen Christentums.* Basel: Verlag Die Pforte 1976. 40 pp.

1549 MUÑIZ RODRÍGUEZ, VICENTE *La doctrina de la luz en el Pseudo-Dionisio y S. Buenaventura* — VyV 33 (1975) 225—251

1550 MUÑIZ RODRÍGUEZ, VICENTE *Noción de „próodos" en el Corpus Dionysiacum* — Helmántica 26 (1975) 389—403

1551 MUÑIZ RODRÍGUEZ, VICENTE *Significado de los Nombres de Dios en el Corpus Dionysiacum* [Bibl. Salmant. XI, Estudios 9]. Salamanca: Universidad Pontificia 1975. 172 pp.

1552 NEIDL, WALTER MARTIN *Thearchia. Die Frage nach dem Sinn von Gott bei Pseudo-Dionysius Areopagita und Thomas von Aquin. Dargestellt anhand der Texte von   und des dazu verfaßten Kommentars des Aquinaten.* Regensburg: Habbel 1976. XXVIII, 509 pp.

1553 OÑATIBIA, IGNACIO *El catecumenado según Dionisio Areopagita*. In: *Miscelánea J. Zunzunegui*, III (cf. 1975, 179) 123—161
1554 ROQUES, R. *Doctrines et méthodes du haut moyen âge* — AEHESR 84 (1975/76) 351—358
1555 ROSS, ROBERT R. N. *The Non-Existence of God. Tillich, Aquinas, and the Pseudo-Dionysius* — HThR 68 (1976) 141—166
1556 SCAZZOSO, P. *La teologia antinomica dello Pseudo-Dionigi* — Aevum 50 (1976) 1—35, 195—234
1557 SPEARRITT, PLACID *A philosophical enquiry into Dionysian mysticism* [Diss.]. Fribourg: 1975. 282, 126 pp.

DIONYSIUS CORINTHIUS

1558 PAPADOPOULOS, ST. G. *Διονύσιος Κορίνθου, ὁ οἰκουμενικὸς διδάσκαλος* ['Επιστημονικὴ ἐπετηρὶς τῆς Θεολογικῆς Σχολῆς τοῦ Πανεπιστημίου 'Αθηνῶν 21]. Athen: 1975. 37 pp.

DIONYSIUS MINOR

[1831] COMAN, I.: Iohannes Cassianus

DOROTHEUS GAZENSIS

1559 *[Dorotheus Gazensis] Doroteo de Gaza, „Doctrina Espiritual".* Introducción y selección por M. E. TAMBURINI — CuadMon 10 (1975) 111—142

ENNODIUS

[818] ALFONSI, L.: Ambrosius
1560 GALBIATI, E. — POMA, A. — ALFONSI, L. *Magno Felice Ennodio (474—521). Contributi nel XV centenario della nascita.* Pavia: Poggi 1975. 27 pp.

EPHRAEM SYRUS

1561 *[Ephraem Syrus] Ephrem's letter to Publius.* Texte syriac, trad., introd. et comm. par S. P. BROCK — Mu 89 (1976) 261—305
1562 *[Ephraem Syrus] Éphrem de Nisibe, Mēmrē sur Nicomédie.* Éd. des fragments de l'original syriaque et de la version arménienne, trad. franç., introd. et notes par CH. RENOUX [PO 37, 2—3, Nr. 172—173]. Turnhout: Brepols 1975. LXX, 356 pp.

1563 *[Ephraem Syrus] Nachträge zu Ephraem Syrus. Hymnen VIII—XII de confessoribus, 2 sermones de Genitrice Dei; Ausz. aus den moralischen Sermones und aus einem Sermo seines Schülers Aba.* Hrsg., übersetzt von EDMUND BECK [CSCO 363/364]. Louvain 1975. IX, 76 pp.; XVII, 104 pp.

[3018] *Kohelet in . . .* : Specialia in Vetus Testamentum

[625] AUBINEAU, M.: Palaeographica atque manuscripta

1564 BECK, E. *Ephräms Rede gegen eine philosophische Schrift des Bardaisan* — OrChr 60 (1976) 24—68

1565 BROCK, SEBASTIAN *St. Ephrem on Christ as Light in Mary and in the Ecclesia 36* — EChR 7 (1975) 137—144

1566 BROCK, S. P. *The harp of the Spirit. Twelve poems of saint Ephrem.* [Stud. suppl. to Sobornost IV]. London: Fellowship of St. Alban & St. Sergius 1976. 72 pp.

1567 BROCK, SEBASTIAN *The poetic artistry of St. Ephrem: an analysis of H . Azym. III* — ParOr 6/7 (1975/76) 21—28

1568 CONTRERAS, ENRIQUE *San Efrén: „Una cruz de luz"* — CuadMon 10 (1975) 473—474

1569 EL KHOURY, N. *Die Interpretation der Welt bei Ephraem dem Syrer* [TTS 6]. Mainz: Grünewald-Verlag 1976. 180 pp.

1570 EL KHOURY, N. *Willensfreiheit bei Ephraem dem Syrer* — OstkiSt 25 (1976) 60—66

1571 GUILLAUMONT, ANTOINE *Texte syriaque du commentaire de saint Ephrem sur la Genèse* — AEPHESHP 107 (1974—75) 186—189

1572 ILIADOU, D. *Ephrem. Versions grecque, latine et slave. Addenda et corrigenda* — EEBS 42 (1975/76) 320—373

1573 JANSMA, T. *The Establishment of the four Quarters of the Universe in the Symbol of the Cross. A Trace of an Ephraemic Conception in the Nestorian Inscription of Hsi-an Fu?* In: *Studia Patristica 13* (1975/76, 200) 204—209

1574 MURRAY, ROBERT *The theory of symbolism in St. Ephrem's theology* — ParOr 6/7 (1975/76) 1—20

1575 OUTTIER, B. *Contribution à l'étude de la préhistoire des collections d'hymnes d'Ephrem* — ParOr 6/7 (1975/76) 49—62

1576 RENOUX, CH. *Les Mēmrē sur Nicomédie d'Éprem de Nisibe* — AEHESR 83 (1974/75) 343—344

1577 RENOUX, CHARLES *Vers le Commentaire de Job d'Ephrem de Nisibe* — ParOr 6/7 (1975/76) 63—68

1578 SABER, G. *La théologie baptismale de saint Éphrem. Essai de théologie historique.* Saint-Esprit: 1974. XVI, 187 pp.

1579 SAUGET, J. M. *Le dossier éphrémien du manuscrit arabe Strasbourg 4226 et de ses membra disiecta* — OrChrP 42 (1976) 426—458

1580 YOUSIF, PIERRE *La Croix de Jésus et le paradis d'Éden dans la typologie biblique de saint Ephrem* — ParOr 6/7 (1975/76) 29—48

EPIPHANIUS EPISCOPUS SALAMINAE

1581 DECHOW, JON FREDERICK *Dogma and mysticism in early Christianity: Epiphanius of Cyprus and the legacy of Origen.* University of Pennsylvania: 1975. 498 pp.

1582 DUMMER, JÜRGEN *Epiphanius von Constantia und Homer* — Phil 119 (1975) 84—91

[1865] ESBROECK, M. VAN: Iohannes Chrysostomus

1583 ESBROECK, M. VAN *Une forme inédite de la lettre du roi Ptolémée pour la tradition des LXX* — Bibl 57 (1976) 542—549

1584 IVANOVA-MIRCEVA, D.; IKONOMOVA, Z. *Homilijata na Epifanij za slizaneto v ada. Neizvesten starobulgarski prevod (Die Homilie des Epiphanios über die Hadesfahrt. Unbekannte altbulgarische Übersetzung).* Sofia: 1975. 212 pp.

1585 KOCH, GLENN ALAN *A Critical Investigation of Epiphanius' Knowledge of the Ebionites; A Translation and Critical Discussion of ‚Panarion' 30.* Univ. of Pennsylvania 1976. LII, 437 pp.

1586 MOUTSOULAS, E. D. *L'œuvre d'Épiphane de Salamine De mensuris et ponderibus et son unité littéraire.* In: *Studia Patristica 12* (cf. 1975/76, 199) 119—122

1587 NAUTIN, PIERRE *Epiphane de Salamine* — AEHESR 83 (1974/75) 232—233

1588 RIGGI, C. *Epifanio e il biblico dialogo coi non cristiani nella cornice del Panarion* — Salesianum 36 (1974) 231—260

1589 RIGGI, C. *Nouvelle lecture du Panarion LIX, 4 (Épiphane et le divorce).* In: *Studia Patristica 12* (cf. 1975/76, 199) 129—134

EUGIPPIUS

1590 *[Eugippius] Eugippii Regula.* Edd. F. VILLEGAS et A. DE VOGÜÉ [CSEL 87]. Wien: 1976. XXVIII, 116 pp.

1591 BÓNA, I. *Severiana* — AcAnt 21 (1973) 281—338

[2571] GAMBER, K.: Missa, sacramenta, sacramentalia

[2513] HABERL, J.: Severinus

1592 HAEUSSLING, A. A. *Das Commemoratorium des Eugippius und die Regula Magistri und Regula Benedicti* — RBS 5 (1976) 33—42

[2514] NOLL, R.: Severinus

1593 QUACQUARELLI, A. *La Vita Sancti Severini di Eugippio, etopeia e sentenze* — VetChr 13 (1976) 229—253

EUNOMIUS

1594 CAVALCANTI, ELENA *Studi eunomiani* [OCA 202]. Rom: Pont. Inst. Orientalium Studiorum 1976. XV, 156 pp.

PSEUDO-EUSEBIUS ALEXANDRINUS

[2148] SHEERIN, D.: Origenes

EUSEBIUS CAESARIENSIS

1595 *[Eusebius Caesariensis] The Ecclesiastical History of Eusebius Pamphili, Bishop of Caesarea.* Syriac text with a collation of the ancient Armenian version. Ed. by WILLIAM WRIGHT and NORMAN MCLEAN [Nachdruck Cambridge: 1898]. Amsterdam: Philo Press 1976. XIX, 418 pp.

1596 *[Eusebius] Eusebius, Werke, I, 1: Über das Leben des Kaisers Konstantin.* Hrsg. von FRIEDHELM WINKELMANN [GCS]. Berlin: Akad.-Verl. 1975. LXX. 266 pp.

1597 *[Eusebius] Eusebius, Werke, IX: Der Jesajakommentar.* Hrsg. von J. ZIEGLER [GCS]. Berlin: Akad.-Verl. 1975. LII, 476 pp.

1598 *[Eusebius] La préparation évangélique, livres II—III.* Introd., texte, trad. et notes par E. DES PLACES [SC 228]. Paris: Cerf 1976. 283 pp.

1599 *[Eusebius Caesariensis] La préparation évangélique. Introduction générale. Livre VII.* Texte grec révisé par E. DES PLACES, introd., trad. et notes par G. SCHROEDER [SC 215]. Paris: du Cerf 1975. 337 pp.

[1434] ALFONSI, L.: Clemens Alexandrinus

1600 BARNES, T. D. *The Composition of Eusebius' Onomasticon* — JThS 26 (1975) 412—415

1601 BRATSCHINSKAJA, H. W. *„Äon" im „Leben Kaiser Konstantins" des Eusebius* [in russisch]. In: *Antike und Byzanz* (cf. 1975/76, 105) 286—306

1602 BURKE, J. *Eusebius on Paul of Samosata: A New Image*—Kleronomia 7 (1975) 8—21

1603 CAMPENHAUSEN, H. VON *Das Bekenntnis Eusebs von Caesarea (Nicaea 325)* — ZNW 67 (1976) 123—139

[1041] CHESNUT, G. F.: Augustinus

[1440] COMAN, I.: Clemens Alexandrinus

1604 DRAKE, HAROLD ALLEN *In praise of Constantine. A historical study and new translation of Eusebius' tricennial orations.* Berkeley: Univ. of Calif. Press 1976. XIV, 191 pp.

1605 DRAKE, H. A. *When was the De laudibus Constantini delivered?* — Historia 24 (1975) 345—356

1606 FREND, W. H. C. *The Roman Empire in Eastern and Western Historiography.* In: *Religion*... (cf. 1975/76, 150) Nr. IX

1607 GERO, ST. Ὠβλίας *reconsidered* — Mu 88 (1975) 435—440

1608 GRANT, R. M. *The case against Eusebius or, Did the father of church history write history?* In: *Studia Patristica 12* (cf. 1975/76, 199) 413—421

1609 GRANT, ROBERT M. *Eusebius and his Lives of Origen.* In: *Forma futuri* (cf. 1975/76, 149) 635—649

1610 KÖNIG-OCKENFELS, DOROTHEE *Christliche Deutung der Weltgeschichte bei Euseb von Cäsarea* — Saeculum 27 (1976) 348—365

1611 LEE, G. M. *Eusebius on St. Mark and the beginnings of Christianity in Egypt.* In: *Studia Patristica 12* (cf. 1975/76, 199) 422—431

[451] MARKUS, R. A.: Opera ad historiam

1612 O'CALLAGHAN, JOSÉ *Eusebio: Historia eclesiástica VI, 43, 7—8. 11—12 en PBerl. inv. 17076* — StPap 14 (1975) 103—108

1613 PLACES, E. DES *Numénius et Eusèbe de Césarée.* In: *Studia Patristica 13* (cf. 1975/76, 200) 19—28

1614 RUHBACH, G. *Die politische Theologie des Eusebius von Caesarea.* In: *Die Kirche angesichts der konstantinischen Wende* (cf. 1975/76, 168) 236—258

1615 SAFFREY, H. D. *Les extraits du Περὶ ταγαᴛῶν de Numénius dans le livre XI de la Préparation évangelique d'Eusèbe de Césarée.* In: *Studia Patristica 13* (cf. 1975/76, 200) 46—51

1616 SAFFREY, HENRI DOMINIQUE *Un lecteur antique des œuvres de Numénius: Eusèbe de Césarée.* In: *Forma futuri* (cf. 1975/76, 149)

1617 SCHMITT, CARL *Eusebius als der Prototyp politischer Theologie.* In: *Die Kirche...* (cf. 1975/76, 168) 220—236

[1911] SCHULTZE, B.: Iohannes Damascenus

[575] TODD, R. B.: Philosophica

[531] VOGT, J.: Opera ad historiam

1608 WILLIAMSON, G. A. *Eusebius, The history of the Church from Christ to Constantine.* Minneapolis: Augsburg 1975. 429 pp.

EUSEBIUS EMESENUS

1619 LEHMANN, H. J. *Per piscatores, Studies in the Armenian version of a collection of homilies by Eusebius of Emesa and Severian of Gabala.* Aarhus: Eget forlag 1975. 425 pp.

EUSEBIUS NICOMEDIAE

1620 LUIBHÉID, C. *The Arianism of Eusebius of Nicomedia* — ITQ 43 (1976) 3—23

EUSEBIUS VERCELLENSIS

[2028] TIETZE, W.: Lucifer Calaritanus

EVAGRIUS PONTICUS

1621 [*Evagrius Ponticus*] *Evagrio Póntico. Espejo de monjes.* Traducción por M. E. TAMBURINI — CuadMon 11 (1976) 97—110

1622 [*Evagrius Ponticus*] *Evagrio Póntico. Tratado de la oración.* Introducción, traducción y notas por PABLO SÁENZ — CuadMon 11 (1976) 211—228

1623 [*Evagrius Ponticus*] *Tratado de la oración, Tratado práctico, Espejo de monjes, Espejo de monjas.* Buenos Aires: Publ. de Cuadernos monasticos 1976. 68 pp.

1624 [*Evagrius Ponticus*] *Evagrio Póntico. Tratado práctico.* Introducción, traducción y notas por ENRIQUE CONTRERAS — CuadMon 11 (1976) 229—246

1625 CONTRERAS, ENRIQUE *Evagrio Póntico. Su vida, su obra, su doctrina* — CuadMon 11 (1976) 83—96

1626 DURAND, G. M. DE *Évagre le Pontique et le Dialogue sur la vie de saint Chrysostome* — BLE 77 (1976) 191—206

1627 GUILLAUMONT, ANTOINE *Fragments syriaques des „disciples d'Évagre"* — ParOr 6/7 (1975/76) 115—124

1628 HORNUS, J. M. *Le Traité pratique d'Évagre le Pontique* — RHPhR 55 (1975) 297—301

1629 PARAMELLE, JOSEPH *„Chapitres des disciples d'Évagre"* dans un manuscrit grec du Musée Bénaki d'Athènes — ParOr 6/7 (1975/76) 101——114

1630 TURNER, H. J. M. *Evagrius Ponticus, Teacher of Prayer* — EChR 7 (1975) 145—148

EVAGRIUS SCHOLASTICUS

1631 [*Evagrius*] *Évagre, Histoire ecclésiastique.* Trad. par A.-J. FESTUGIÈRE — Byzan 45 (1975) 187—488

1632 CAIRES, V. A. *Euagrius Scholasticus and Gregory of Tours. A literary comparison* [Diss.]. Univ. of California: Berkeley 1976. microfilm

FACUNDUS

[1633] ENO, R. B.: Ferrandus

FERRANDUS CARTHAGINIENSIS

1633 ENO, ROBERT B. *Doctrinal Authority in the Africa Ecclesiology of the Sixth Century. Ferrandus and Facundus* — REA 22 (1976) 95—113

FIRMICUS MATERNUS

1634 DÖLGER, FRANZ JOSEPH *Nilwasser und Taufwasser. Eine religionsgeschichtliche Auseinandersetzung zwischen einem Isisverehrer und
einem Christen des vierten Jahrhunderts nach Firmicus Maternus.*
In: *Antike und Christentum* Bd. 5 (cf. 1975/76, 136) 153—187

FULGENTIUS RUSPENSIS

1635 DIESNER, HANS-JOACHIM *Fulgentius von Ruspe als Theologe und
Kirchenpolitiker.* In: *Die Kirche...* (cf. 1975/76, 168) 362—407
1636 MARGERIE, BERTRAND DE *Analyse structurale d'un texte de saint
Fulgence de Ruspe sur l'incarnation, extrait de „Ad Trasamundum"
I, XX, 1—2* — REA 22 (1976) 90—94

GELASIUS PAPA

[2011] AGRELO, S.: Leo Magnus
[2012] AGRELO, S.: Leo Magnus
1637 DÖLGER, FRANZ JOSEPH *Die Heilige Krankheit als Hindernis des
Priestertums. Eine Besessenheitsprobe im Dienste des Kirchenrechts.
Zu einer Anweisung des Papstes Gelasius I.* In: *Antike und Christentum 6* (cf. 1975/76, 137) 133—146
1638 HOEFLICH, M. H. *Gelasius I. and Roman Law: One Further Word* —
JThS 26 (1975) 114—119
1639 HOLLEMAN, A. W. J. *Pope Gelasius I and the Lupercalia* [Diss.]
Amsterdam: Hakkert 1976. VIII, 197 pp.
1640 TAYLOR, JUSTIN *The Early Papacy at Work: Gelasius I (492—6)*
— JRH 8 (1974—75) 317—332

GREGORIUS ILLIBERITANUS

1641 *[Gregorius Illiberitanus] La fede.* Introd., testo crit., trad., comm.,
glossario e indici a cura di M. SIMONETTI [Corona Patrum 3]. Torino:
Soc. ed. internaz. 1975. 235 pp.
1642 SIMONETTI, MANLIO *La doppia redazione del „De fide" di Gregorio
di Elvira.* In: *Forma futuri* (cf. 1975/76, 149) 1022—1040

GREGORIUS MAGNUS

1643 *[Gregorius I Magnus] Gregory I, Pope. The dialogues of S. Gregory.*
[ERL 240]. Transl. from the Latin by PHILIP WOODWARD. Ilkley:
Scolar Press 1975. 515 pp.

1644 *[Gregorius Magnus] Grégoire le Grand, Morales sur Job*. I: *Livres I et II.* Introd. et notes par R. GILLET, trad. de A. DE GAUDEMARIS. 2ᵉ éd. revue et corrigée [SC 32 bis]. Paris: Du Cerf 1975. 420 pp.

1645 *[Gregorius Magnus] Gregoire le Grand. Morales sur Job. Livres XV—XVI.* Intr., texte, trad. et notes par ARISTIDE BOCOGNANO [SC 221]. Paris: Cerf 1975. 296 pp.

1646 CATRY, PATRICK *Désir et amour de Dieu chez saint Grégoire le Grand —* RechAug 10 (1975) 269—303

1647 CATRY, PATRICK *Cómo leer la Escritura según S. Gregorio Magno —* CuadMon 11 (1976) 309—332

1648 CATRY, P. *Présence de Grégoire le Grand chez Défensor de Ligugé et Julien de Vézelay —* RThAM 43 (1976) 249—255

1649 CUSACK, P. A. *Some literary antecedents of the Totila encounter in the Second Dialogue of Pope Gregory I.* In: *Studia Patristica XII* (cf. 1975/76, 199) 87—90

1650 DAGENS, CLAUDE *L'Eglise universelle et le monde oriental chez saint Grégoire le Grand —* Istina 20 (1975) 457—475

1651 DAGENS, CLAUDE *Grégoire le Grand et le ministère de la parole (Les notions d' „ordo praedicatorum" et d' „officium praedicationis").* In: *Forma futuri* (cf. 1975/76, 149) 1054—1076

1652 DANDO, M. *Moralia in Iob of Gregory the Great as a source for the Old Saxon Genesis B —* CM 30 (1969) 420—439

1653 DOUCET, M. *Pédagogie et théologie dans la Vie de saint Benoît par saint Grégoire le Grand —* ColCist 38 (1976) 158—173

1654 DOUCET, M. *La tentation de saint Benoît. Relation ou création par saint Grégoire le Grand? —* ColCist 37 (1975) 63—71

1655 FONTAINE, J. *L'expérience spirituelle chez Grégoire le Grand. Réflexions sur une thèse récente —* RHSpir 52 (1976) 141—156

[365] FRANK, K. S.: Opera ad historiam

1656 GAIFFIER, BAUDOUIN DE *Un passage de Jean Diacre relatif à la fête de S. Grégoire, pape —* AB 94 (1976) 34

[1087] GANDOLFO, E.: Augustinus

1657 GROSS, K. *Der Tod des hl. Benedictus. Ein Beitrag zu Gregor d. Gr., Dial. 2, 37 —* RBen 85 (1975) 164—176

1658 HERNANDO PEREZ, JOSÉ *La potestad de Orden en San Gregorio Magno.* In: *Teología del Sacerdocio,* 8 (cf. 1975/76, 206) 129—180

[1783] MADEC, G.: Hilarius Pictaviensis

1659 MARSTON, T. E. *A manuscript of the Dialogues of saint Gregory the Great —* YULG 50 (1975) 15—18

1660 McCULLOH, J. M. *The cult of relics in the letters and Dialogues of Pope Gregory the Great. A lexikographical study —* Tr 32 (1976) 154—184

[677] PÉREZ Y URBEL, F. J.: Palaeographica atque manuscripta

1661 PETERSEN, J. M. *The identification of the Titulus Fasciolae and its connection with pope Gregory the Great* — VigChr 30 (1976) 151—158

1662 PETRUCCI, A., BRAGA, G., CARAVALE, M. *Frammenti Corsiniani del Codex Theodosianus (sec. VI in.) e dei Moralia in Iob di Gregorio Magne (sec. VIII). Notizia preliminare* — RAL 29 (1974) 587—603

1663 RECCHIA, V. *Il simbolo della croce in Gregorio Magno (Hom, in Ev. 2, 32)* — GiorFil 28 (1976) 181—191

[1344] *La regola di Benedetto:* Benedictus

1664 ROSIK, S. *Aktywność i kontemplacja jako formi życia chrześcijańskiego według nauki św. Grzegorza Wielkiego (Die Aktivität und die Kontemplation als Formen des christlichen Lebens nach der Lehre des Hl. Gregor des Großen)* — RoczTK 23 (1976) 35—49

1665 ROSIK, S. *Dążenie do nieba jako nakaz historiozbawczy w doktrynie Grzegorza Wielkiego (Aspiration à la vie divine du salut dans la doctrine morale de Grégoire le Grand)* — RoczTK 22 (1975) 3—43

1666 VITALE-BROVARONE, A. *Forma narrativa dei Dialoghi di Gregorio Magno; prospettive di stuttura* — AtTor 109 (1975) 117—185

1667 VOGÜÉ, A. DE *Benoît, modèle de vie spirituelle d'après le deuxième livre des Dialogues de saint Grégoire* — ColCist 38 (1976) 147—157

1668 VOGÜÉ, ADALBERT DE *Grégoire le Grand, lecteur de Grégoire de Tours?* — AB 94 (1976) 225—233

1669 VOGÜÉ, A. DE *La mention de la „Regula monachorum" à la fin de la „Vie de Benoît" (Grégoire, Dial. II, 36). Sa fonction littéraire et spirituelle* — RBS 5 (1976) 289—298

1670 YERKES, D. *Two early manuscripts of Gregory's Dialogues* — Manuscripta 19 (1975) 171—173

GREGORIUS NAZIANZENUS

1671 *[Gregorius Nazianzenus] Epitaffi.* Trad. e comm. di C. PERI [Jaca Book 23]. Milano: Jaca Book 1975. 124 pp.

1672 *[Gregorius Nazianzenus] Gregorio di Nazianzo, La condizione umana.* Trad. di G. ROSSINO. Modica: Setim Editr. 1975. 107 pp.

1673 *[Gregorius Názianzenus] Γρηγορίου τοῦ Θεολόγου Ἔργα, 3* [EP 23]. Θεσσαλονίκη: Γρηγόριος ὁ Παλαμᾶς 1976. 320 pp.

1674 *[Gregorius Nazianzenus] Γρηγορίου τὸ Θεολόγου. Ἔργα, 4* [EP 25]. Θεσσαλονίκη: Γρηγόριος ὁ Παλαμᾶς 1976. 405 pp.

1675 BELLINI, E. *Struttura letteraria e teologia nella lettera CI di Gregorio Nazianzeno* — ScCat 103 (1975) 464—474

1676 BENOÎT, A. *Saint Grégoire de Nazianze, archevêque de Constantinople et docteur de l'Église. Sa vie, ses œuvres et son époque* [Nachdruck der Ausgabe Marseille 1876]. Hildesheim: Olms 1973. 788 pp.

1677 BERNARDI, J. *Grégoire de Nazianze critique de Julien*. In: *Studia Patristica 14* (cf. 1975/76, 201) 282—289

1678 BROCK, S. P. *The rebuilding of the temple under Julian. A new source* — PalExQ 108 (1976) 103—107

1679 ΧΡΗΣΤΟΥ, ΠΑΝΑΓΙΩΤΗΣ Κ. *Ἡ φυγὴ τοῦ Γρηγορίου.* In: *Θεολογικὰ μελετήματα 2* (cf. 1975/76, 119) 193—204

1680 ΧΡΗΣΤΟΥ, ΠΑΝΑΓΙΩΤΗΣ Κ. *Ἡ ἐν τῇ τελευταίᾳ ἀναχωρήσει δραστηριότης τοῦ Γρηγορίου Θεολόγου κατὰ τὰς ἐπιστολὰς αὐτοῦ.* In: *Θεολογικὰ μελετήματα 2* (cf. 1975/76, 119) 205—230

[2796] ΧΡΗΣΤΟΥ, Π. Κ.: Soteriologia

[2813] ΧΡΗΣΤΟΥ, Π. Κ.: Anthropologia

[1859] ΧΡΗΣΤΟΥ, Π. Κ.: Iohannes Chrysostomus

1681 COMAN, J. *Hellénisme et christianisme dans le 25ᵉ discours de Saint Grégoire de Nazianze.* In: *Studia Patristica 14* (cf. 1975/76, 201) 290—301

[2641] CONSTANTELOS, D. J.: Cultus

1682 DECLERCK, J. *Five unedited Greek scholia of Ps.-Nonnos* — ACl 45 (1976) 181—189

1683 GANEA, I. *Saint Grégoire de Nazianze, prédicateur de l'amour du prochain* [en roumain] — MitrOlt 27 (1975) 17—22

[383] GERO, S.: Opera ad historiam

[552] GREGG, R.: Philosophica

1684 GUIDA, A. *Un nuovo testo di Gregorio Nazianzeno* — Prometheus 2 (1976) 193—226

1685 KERTSCH, M. *Ein bildhafter Vergleich bei Seneca, Themistios, Gregor von Nazianz und sein kynisch-stoischer Hintergrund* — VigChr 30 (1976) 241—257

1686 MASSON-VINCOURT, M. P. *Interprétation d'un passage du discours 39 de Grégoire de Nazianze sur Éleusis* — MSR 33 (1976) 155—162

[460] MAY, G.: Opera ad historiam

1687 MEIJERING, E. P. *The Doctrine of the Will and of the Trinity in the Orations of Gregory of Nazianzus.* In: *God being history* ... (cf. 1975/76, 176) 103—113

1688 MORESCHINI, CLAUDIO *L'opera e la personalità dell'imperatore Giuliano nelle due „Invectivae" di Gregorio Nazianzeno.* In: *Forma futuri* (cf. 1975/76, 149) 416—432

1689 NARDI, C. *Echi dell'orazione funebre su Basilio Magno di Gregorio Nazianzeno nel prologo del De sacerdotio di Giovanni Crisostomo* — Prometheus 2 (1976) 175—184

1690 PAPADOPOULOS, STYLIANOS *Grégoire le Théologien et les présuppositions de sa pneumatologie* [en grec]. Athènes 1975. 164 pp.

1691 PAVERD, E. VAN DE *A text of Gregory of Nazianzus misinterpreted by F. E. Brightman* — OrChrP 42 (1976) 197—206

1692 PERI, C. *Discorso XXXII di Gregoerio Nazianzeno : una decantazione della Taxis cristiana* — ScCat 103 (1975) 475—484

1693 PUTSCHKO, W. G. *Die antiken Motive in den Homilien des Gregor von Nazianz und ihr Nachklang in den byzantinischen Illustrationen* [in russisch]. In: *Antike und Byzanz* (cf. 1975/76, 105) 326—339

1694 ŠPIDLÍK, T. *La theoria et la praxis chez Grégoire de Nazianze.* In: *Studia Patristica 14* (cf. 1975/76, 201) 358—364

1695 THEODOROU, A. *Ἡ εἰκονική-συμβολική ἀναλογία τοῦ φωτός ἐν τῇ θεολογίᾳ τοῦ ἁγίου Γρηγορίου Ναζιανζηνοῦ* — ThAthen 47 (1976) 28—44; 235—272; 500 530

1696 TRISOGLIO, FRANCESCO *La poesia della Trinità nell'opera letteraria di San Gregorio di Nazianzo.* In: *Forma futuri* (cf. 1975/76, 149) 712—740

1697 WHITTAKER, J. *Proclus, Procopius, Psellus and the scholia on Gregory Nazianzen* — VigChr 29 (1975) 309—313

1698 WICKHAM, L. R.; WILLIAMS, F. J. *Some notes on the text of Gregory Nazianzen's first theological oration.* In: *Studia Patristica 14* (cf. 1975/76, 201) 365—370

1699 WINSLOW, D. F. *Orthodox baptism. A problem for Gregory of Nazianzus.* In: *Studia Patristica 14* (cf. 1975/76, 201) 371—374

PSEUDO-GREGORIUS NAZIANZENUS

1700 TRISOGLIO, F. *Il Christus patiens. Rassegna delle attribuzioni* — RiStCl 22 (1974) 351—423

GREGORIUS NYSSENUS

1701 ABRAMOWSKI, L. *Das Bekenntnis des Gregor Thaumaturgus bei Gregor von Nyssa und das Problem seiner Echtheit* — ZKG 87 (1976) 145—166

1702 ALEXANDER, P. J. *Gregory of Nyssa and the simile of the banquet of life* — VigChr 30 (1976) 55—62

1703 ALEXANDRE, M. *L'exégèse de Gen. 1,1—2a dans l'In Hexaemeron de Grégoire de Nysse: deux approches du problème de la matière.* In: *Gregor von Nyssa und die Philosophie* (cf. 1975/76, 156) 159—192

1704 BALÁS, D. L. *Eternity and Time in Gregory of Nyssa's Contra Eunomium.* In: *Gregor von Nyssa und die Philosophie* (cf. 1975/76, 156) 128—155

[1311] BALÁS, D. L.: Basilius

1705 CASADO, ANDRES S. *Un místico del siglo IV : San Gregorio de Nisa—* VSob 56 (1976) 423—429

[1594] CAVALCANTI, E.: Eunomius

1706 CAVALCANTI, E. *Teologia trinitaria e teologia della storia in alcuni testi di Gregorio di Nissa* — AugR 16 (1976) 117—124

1707 CAVARNOS, J. P. *The Relation of Body and Soul in the Thought of Gregory of Nyssa*. In: *Gregor von Nyssa und die Philosophie* (cf. 1975/76, 156) 61—78

1708 ΧΡΗΣΤΟΥ, ΠΑΝΑΓΙΩΤΗΣ Κ. *Τό ἀνθρώπινον πλήρωμα κατὰ τὴν διδασκαλίαν τοῦ Γρηγορίου Νύσσης.* In: *Θεολογικὰ μελετήματα 2* (cf. 1975/76, 119) 231—254

[1859] ΧΡΗΣΤΟΥ, Π. Κ.: Iohannes Chrysostomus

[2796] ΧΡΗΣΤΟΥ, Π. Κ.: Soteriologia

[2813] ΧΡΗΣΤΟΥ, Π. Κ.: Anthropologia

1709 COLACLIDES, P. *Sur le modèle possible d'une épigramme de Grégoire de Nazianze* — CM 30 (1969) 387—388

1710 DANIÉLOU, J. *Grégoire de Nysse et la philosophie.* In: *Gregor von Nyssa und die Philosophie* (cf. 1975/76, 156) 3—18

1711 DÖLGER, FRANZ JOSEPH *Das Anhängekreuzchen der heiligen Makrina und ihr Ring mit dem Kreuzpartikel. Ein Beitrag zu religiösen Volkskunde des 4. Jahrhunderts nach der „Vita Macrinae" des Gregor von Nyssa.* In: *Antike und Christentum III* (cf. 1975/76, 135a) 81—116

1712 DÖRRIE, H. *Gregors Theologie auf dem Hintergrunde der neuplatonischen Metaphysik.* In: *Gregor von Nyssa und die Philosophie* (cf. 1975/76, 156) 21—42

1713 ESBROECK, M. VAN *Fragments sahidiques du Panégyrique de Grégoire le Thaumaturge par Grégoire de Nysse* — OLP 6—7 (1975) 555—586

1714 ESCRIBANO-ALBERCA, I. *Die spätantike Entdeckung des inneren Menschen und deren Integration durch Gregor.* In: *Gregor von Nyssa und die Philosophie* (cf. 1975/76, 156) 43—60

1715 FERGUSON, E. *Progress in perfection. Gregory of Nyssa's Vita Moysis.* In: *Studia Patristica 14* (cf. 1975/76, 201) 307—314

[1321] GALLICET, E.: Basilius Magnus

1716 GALLINARI, L. *Il De instituto christiano di Gregorio di Nissa e il suo significato educativo. Studio introduttivo e traduzione.* Cassino: Pubbl. dell'Ist. Univ. di Magist. 1974. 165 pp.

[552] GREGG, R.: Philosophica

1717 GREGO, I. *San Gregorio Nisseno, pellegrino in Terra Santa. Lo scontro con i giudeo-cristiani* — Salesianum 38 (1976) 109—125

[2721] GROSS, K.: Doctrina auctorum

1718 HEINE, R. E. *Perfection in the virtuous life. A study in the relationship between edification and polemical theology in Gregory of Nyssa's De vita Moysis* [Patristic Monogr. Ser. II]. The Philadelphia Patristic Foundation 1975. IV and 247 pp.

1719 IBÁÑEZ, J.; MENDOZA, F. *Naturaleza de la εὐσέβεια en Gregorio de Nisa.* In: *Gregor von Nyssa und die Philosophie* (cf. 1975/76, 156) 261—277

1720 IVÁNKA, E. VON *Eine Frage zu „De infantibus qui praemature abripiuntur".* In: *Gregor von Nyssa und die Philosophie* (cf. 1975/76, 156) 79—82

1721 KANNENGIESSER, C. *Logique et idées motrices dans le recours biblique selon Grégoire de Nysse.* In: *Gregor von Nyssa und die Philosophie* (cf. 1975/76, 156) 85—103

1722 KRIVOCHEINE, BASILE *Simplicité de la nature divine et les distinctions en Dieu selon Grégoire de Nysse* — MEPRO 23 (1975) 133—158

1723 MAŁUNOWICZÓWNA, L. *Konsolacja w mowach pogrzebowych św. Grzegorza z Nyssy (Consolation dans les orations funébrales de St. Grégoire de Nysse)* — RoczH 23 (1975) 73—103

1724 MANN, F. *Die Weihnachtspredigt Gregors von Nyssa. Überlieferungsgeschichte und Text.* [Diss.]. Münster: 1976. XII, 302 pp.

[449] MARAVAL, P.: Opera ad historiam

1725 MATHEW, GERVASE *The aesthetic theories of Gregory of Nyssa.* In: *Studies in memory of David Talbot Rice* (cf. 1975/76, 204) 217—222

[460] MAY, G.: Opera ad historiam

1726 MEES, M. *Mensch und Geschichte bei Gregor von Nyssa* — AugR 16 (1976) 317—335

1727 MEREDITH, A. *Traditional apologetic in the Contra Eunomium of Gregory of Nyssa.* In: *Studia Patristica 14* (cf. 1975/76, 201) 315—319

1728 MILITELLO, C. *La categoria di „immagine" nel Περὶ κατασκευῆς ἀνϑρώπου di Gregorio di Nissa per una antropologia cristiana* — Cultura cristiana di Sicilia (Palermo) 2/3 (1975) 107—172

1729 MOSTO, MARIA CLARA *Los obstáculos para la libertad según la doctrina de Gregorio de Nyssa* — PatrMediaev 1 (1975) 36—48

1730 NICOLA, ANGELO DE *La nuova edizione delle opera di S. Gregorio Nisseno* — Divinitas 19 (1975) 379—382

1731 OTIS, B. *Gregory of Nyssa and the Cappadocian conception of time.* In: *Studia Patristica 14* (cf. 1975/76, 201) 327—357

1732 PAPAIOANNOU, APOSTOLOS *La Résurrection selon Grégoire de Nysse* [en grec]. Thessaloniki 1975. 15 pp.

1733 PARMENTIER, MARTIEN *Saint Gregory of Nyssa's Doctrine of the Holy Spirit* — EPh 58 (1976) 41—100

1734 POJAVNIK, IVAN *Človek na meji dveh vesolij (Homo in confinio duorum universorum — Aliqui aspectus anthropologiae theologicae S. Gregorii Nysseni).* Ljubljana 1975. XV, 255 pp.

1735 RIST, J. M. *Prohairesis. Proclus, Plotinus et alii.* In: *De Jamblique à Proclus.* (cf. 1975/76) 103—122

1736 RITACCO, GRACIELA LIDIA *Los componentes de la imagen divina en el hombre según el „De hominis opificio" de Gregorio de Nyssa* — PatrMediaev 1 (1975) 49—76

1737 RITTER, A. M. *Die Gnadenlehre Gregors von Nyssa nach seiner Schrift „Über das Leben des Mose"*. In: *Gregor von Nyssa und die Philosophie* (cf. 1975/76, 156) 195—239

1738 STEAD, G. C. *Ontology and Terminology in Gregory of Nyssa*. In: *Gregor von Nyssa und die Philosophie* (cf. 1975/76, 156) 107—127

1739 STEFANO, T. DI *Dialettica d'immagine e libertà secondo Gregorio de Nissa*. Perugia: Tipogr. Rinascita Città di Castello 1975. XXIV, 225 pp.

1740 TOWNSLEY, A. L. *Parmenides and Gregory of Nyssa: an antecedent of the „dialectic" of „participation in Being", in „De vita Moysis"* — Salesianum 36 (1974) 641

1741 TURNER, H. J. M. *St. Gregory of Nyssa as a spiritual guide for today* — EChR 7 (1975) 21—24

1742 VERGHESE, T. P. *and in Gregory of Nyssa*. In: *Gregor von Nyssa und die Philosophie* (cf. 1975/76, 156) 243—260

[890] VANYO, L.: Anonymus

1743 WOLFSON, HARRY A. *The Identification of „ex nihilo' with Emanation in Gregory of Nyssa*. In: *The Ecumenical World* ... (cf. 1975/76, 139) 35—42

GREGORIUS THAUMATURGUS

[1701] ABRAMOWSKI, L.: Gregorius Nyssenus

[1713] ESBROECK, M. VAN: Gregorius Nyssenus

1744 MAROTTA, E. *A proposito di due passi dell' „Orazione panegirica" di Gregorio il Taumaturgo (16, 187; 18, 203 Koetschau)* — VetChr 13 (1976) 81—86

GREGORIUS TURONENSIS

[1632] CAIRES, V. A.: Evagrius Scholasticus

1745 CAMERON, AVERIL *The Byzantine sources of Gregory of Tours* — JThS 26 (1975) 421—426

[482] PETERS, E.: Opera ad historiam

1746 THÜRLEMANN, F. *Der historische Diskurs bei Gregor von Tours. Topoi und Wirklichkeit* [Geist & Werke der Zeiten 39]. Bern: Lang 1975, 132 pp.

1747 VIEILLARD-TROIEKOUROFF, U. *Les monuments religieux de la Gaule d'après les œuvres de Grégoire de Tours*. Paris: Champion 1976. 491 pp., 16 pl.

[1668] VOGÜÉ, A. DE: Gregorius Magnus

HERACLEON GNOSTICUS

1748 BLANC, C. *Le Commentaire d'Hérakléon sur Jean 4 et 8* — AugR
15 (1975) 81—124

HERMAS PASTOR

1749 FREI, HANS A. *Metanoia im ,Hirten' des Hermas* — IKZ 65 (1975)
120—138; 176—204
1750 HILHORST ANTONIUS *Sémitismes et latinismes dans le Pasteur
d'Hermas* [Diss.]. Nijmegen, Univ. Nijmegen: Dekker & Van de
Vegt 1976. XXIII, 208 pp.
1751 LUSCHNAT, OTTO *Die Jungfrauenszene in der Arkadienvision des
Hermas* — ThViat 12 (1974) 53—70
1752 ROBILLARD, EDMOND *Aux sources de la prière: L'Esprit-Saint dans
l'homme nouveau* — ReSR 50 (1976) 157—168

HIEROCLES ALEXANDRINUS

1753 KOBUSCH, TH. *Studien zur Philosophie des Hierokles von Alexandrien. Untersuchungen zum christlichen Neuplatonismus* [Epimeleia
27]. München: Johannes-Berchmans-Verl. 1976. 204 pp.

HIERONYMUS

[710] ARGYLE, A. W.: Novum Testamentum
1754 ARTEAGA, CRISTINA DE LA CRUZ *La „lectio divina", fundamento de
la oración y de la vida monástica a la luz de los consejos de S. Jerónimo*
— CuadMon 11 (1976) 333—346
1755 BARTELINK, G. *Quelques observations sur la lettre LVII de saint
Jérôme* — RBen 86 (1976) 296—306
1756 BAUER, J. B. *Hieronymus und Ovid* — Grazer Beiträge (Graz) 4
(1975) 13—19
1757 BEJARANO, VIRGILIO *San Jerónimo y la Vulgata Latina. Distribución
de las conjunciones declarativas quod, quia, quoniam* — Helmántica
26 (1975) 51—55
1758 BURSTEIN, E. *La compétence de Jérôme en hébreu. Explication de
certaines erreurs* — REA 21 (1975) 3—12
1759 BURZACCHINI, G. *Note sulla presenza di Persio in Girolamo* —
GiorFil 27 (1975) 50—72
1760 CAPRIOLI, MARIO *La sacramentalità dell'Ordine in S. Girolamo*. In:
Teología del Sacerdocio VIII (cf. 1975/76, 206) 71—127
[1045] COURCELLE, P.: Augustinus
1761 CUMMINGS, J. T. *St. Jerome as translator and as exegete.* In: *Studia
Patristica XII* (cf. 1975/76, 199) 279—282

1762 DENIAU, F. *Le Commentaire de Jérôme sur Ephésiens nous permet-il de connaître celui d'Origène?* In: *Origeniana* (cf. 1975/76, 183) 163—179

1763 DIVJAK, J.; ROEMER, F. *Ergänzungen zur Bibliotheca Hieronymiana manuscripta. I: Dänemark, Großbritannien, Irland, Italien, Polen, Portugal, Schweden, Spanien, Vatikan* — Sc 30 (1976) 85—113

[3022] DÖLGER, F. J.: Specialia in Vetus Testamentum

[2435] GAIFFIER, B. DE: Hagiographica

1764 GUTIERREZ, L. *St Jerome and Roman monasticism. A historical study on his spiritual influence* — Philippiniana sacra 10 (1975) 256—307

1765 HEIMANN, D. F. *The polemical application of Scripture in St.Jerome.* In: *Studia Patristica 12* (cf. 1975/76, 199) 309—316

1766 JAY, PIERRE „Allegoriae nubilum" *chez saint Jérôme* — REA 22 (1976) 82—89

1767 KELLY, JOHN NORMAN DAVIDSON *Jerome: his life, writings, and controverseries.* New York: Harper & Row 1976. XI, 353 pp.

1768 KELLY, JOHN NORMAN DAVIDSON *Jerome. His life, writings, and controversies.* London: Duckworth 1975. XI, 353 pp.

1769 LARRIBA, TEODORO *Comentario de San Jerónimo al Libro de Daniel. Las profecías sobre Cristo y el Anticristo* — ScTh 7 (1975) 7—50

[2860] LERNER, R. E.: Novissima

[586] LÖFSTEDT, B.: Philologia patristica

[2134] LOMIENTO, G.: Origenes

[1783] MADEC, G.: Hilarius Pictaviensis

[3038] MALINGREY, A.-M.: Specialia in Novum Testamentum

1770 MARSTON, T. E. *St. Jerome's letters and tracts* — YULG 50 (1976) 219—224

1771 MAZZINI, I. *Tendenze letterarie della Vulgata di Girolamo* — AteRo 21 (1976) 132—147

1772 MOSSHAMMER, A. A. *Lucca Bibl. Capit. 490 and the manuscript tradition of Hieronymus' (Eusebius') Chronicle* — CStClA 8 (1975) 203—240

[812] SANDERS, G.: Aetheria

1773 SCHÄUBLIN, C. *Christliche humanitas, christliche Toleranz* — MH 32 (1975) 209—220

1774 SHEERIN, D. J. *Turpilius and St. Jerome in Anglo-Saxon England* — CW 70 (1976) 183—185

1775 SOEIRO, M. E. *A epistola LXX de Sao Jeronimo* — Alfa 18—19 (1972/73) 313—320

1776 TON, I. DEL *S. Hieronymus novus novae Latinitatis aurifex* — Latinitas 24 (1976) 200—209

[2491] *Vita di Martino...*: Martinus

[539] WILKINSON, J.: Opera ad historiam

PSEUDO-HIERONYMUS

1777 *[Pseudo-Hieronymus] Pseudo-Jerome, Quaestiones on the Book of Samuel*. Ed. by A. SALTMAN [Studia post-Biblica 26]. Leiden: Brill 1975. X, 173 pp.

HILARIUS PICTAVIENSIS

1778 DOIGNON, J. *L'argumentatio d'Hilaire de Poitiers dans l'exemplum de la tentation de Jésus (In Matthaeum 3, 1—5)* — VigChr 29 (1975) 296—308

1779 DOIGNON, J. *Citations singulières et leçons rares du texte latin de l'Évangile de Matthieu dans l'In Matthaeum d'Hilaire de Poitiers* — BLE 76 (1975) 187—196

1780 DOIGNON, J. *Ordre du monde, connaissance de Dieu et ignorance de soi chez Hilaire de Poitiers* — RSPhTh 60 (1976) 565—578

1781 JACOBS, J. W. *The Western Roots of the Christology of St Hilary of Poitiers: A Heritage of Textual Interpretation*. In: *Studia Patristica 13* (cf. 1975/76, 200) 198—203

[1117] KAINZ, W.: Augustinus

1782 KAISER, CHRISTOPHER *The Development of Johannine Motifs in Hilary's Doctrine of the Trinity* — SJTh 29 (1976) 237—247

1783 MADEC, G. *Jean Scot et les Pères latins. Hilaire, Ambroise, Jérôme et Grégoire le Grand* — REA 22 (1976) 134—142

1784 PEÑAMARÍA DE LLANO, ANTONIO *Hilario de Poitiers: una fe episcopal en el siglo IV* — EE 51 (1976) 223—240

1785 RUSCH, W. G. *Some observations on Hilary of Poitiers' christological language in De Trinitate*. In: *Studia Patristica 12* (cf. 1975/76, 199) 261—264

[2028] TIETZE, W.: Lucifer Calaritanus

1786 TORRANCE, T. F. *Hermeneutics according to Hilary of Poitiers* — Abba 6 (1975) 37—96

HIPPOLYTUS ROMANUS

1787 *[Hippolytus Romanus] Hipolita Rzymaskiego Tradycja Apostolska (La „Tradition apostolique" d'Hippolyte de Rome)*. Introd., trad. et comm. par H. PAPROCKI — STV 14 (1976) 145—169

1788 *Hippolytus A text for students*, with introductio, translation, commentary and notes by GEOFFREY J. CUMING. Bramcote: Grove Books 1976. 32 pp.

1789 BUBURUZ, P. *„Apostol'skoe predani" sv. Ippolita Rimskogo. („The apostolic tradition" of St. Hippolyt of Rome)* — Bogoslovskie Trudy 13 (1975) 181—200

[3019] CHAPPUZEAU, G.: Specialia in Vetus Testamentum
[3020] CHAPPUZEAU, G.: Specialia in Vetus Testamentum
[1492] DÖLGER, F. J.: Cyprianus
1790 KOSCHORKE, K. *Hippolyts Ketzerbekämpfung und Polemik gegen die Gnostiker. Eine tendenzkritische Untersuchung seiner Refutatio omnium haeresium* — [GöO 6, Hellenistica 5] Wiesbaden: Harrassowitz 1975. XVIII, 104 pp.
[2581] KRETSCHMAR, G.: Missa, sacramenta, sacramentalia
1791 MARCOVICH. MIROSLAV *One Hundred Hippolytean Emendations.* In: *Beiträge L. Wallach* (cf. 1975/76, 154) 95—128
1792 MOURAVIEV, S. N. *Hippolyte cite Héraclite.* [en russe]. In: *Histoire de la culture antique* (cf. 1975/76, 158) 140—142
1793 NAUTIN, PIERRE *La „Tradition apostolique"* — AEHESR 84 (1975/1976) 314—315
1794 POWELL, D. L. *The schism of Hippolytus.* In: *Studia Patristica 12* (cf. 1975/76, 199) 449—456
1795 REUTTERER, RUDOLF *Die Mailänder Hyppolyt-Präfation und die Hyppolyt-Legende* — ALW 17/18 (1975/76) 52—58
1796 RICHARD, M. *Les difficultés d'une édition des œuvres de S. Hippolyte.* In: *Studia Patristica 12* (cf. 1975/76, 199) 51—70
1797 RICHTER, KLEMENS *Zum Ritus der Bischofsordination in der „Apostolischen Überlieferung" Hippolyts von Rom und davon abhängige Schriften* — ALW 17/18 (1975/76) 7—51
1798 SEGELBERG, E. *The ordination prayers in Hippolytus.* In: *Studia Patristica 13* (cf. 1975/76, 200) 397—408
1799 STAM, JOHN E. *Charismatic Theology in the ,Apostolic Tradition' of Hippolytus.* In: *Current issues...* (cf. 1975/76, 132) 267—276
[577] YOUNG, M. O.: Philosophica

HYDATIUS LEMICENSIS

2153 CARVALHO CORREIA, F.: Orosius
[55] FONTAINE, J.: Opera ad patrologiam universalem
1800 GARCÍA MORENO, LUIS A. *Hidacio y el ocaso del poder imperial en la Península Ibérica* — RABM 79 (1976) 27—42
1801 MOLÈ, C. *Uno storico del V secolo, il vescovo Idazio* — SG 28 (1975) 58—139

HYPATIUS EPHESENUS

1802 GERO, S. *Hypatius of Ephesus on the Cult of Images.* In: *Christianity, Judaism* (cf. 1975/76, 120) 203—216

IACOBUS DIACONUS

1803 PAVLOVSKIS, ZOJA *The Life of St. Pelagia the Harlot: Hagiographic Adaptation of Pagan Romance* — CFH 30 (1976) 138—149

IACOBUS SARUGENSIS

1804 *[Iacobus Sarugensis] Jacques de Saroug. Homélies contre les Juifs.* Édition critique du texte syriaque inéd., trad. française, introd. et notes par MICHELINE ALBERT [PO 174]. Turnholt: Brepols 1976. 242 pp.

1805 *[Iacobus Sarugensis] Jakob von Sarug, Drei Gedichte über den Apostel Thomas in Indien.* Hrsg. und übers. von W. STROTHMANN. [GöO 1. R. Syriaca 12]. Wiesbaden: Harrassowitz 1976. VII, 552 pp.

[3018] *Kohelet in. . . :* Specialia in Vetus Testamentum

[2777] CHESNUT, R. C.: Christologia

IGNATIUS ANTIOCHENUS

1806 ALVES DE SOUSA, PIO-GONÇALO *A Eucaristia em S. Inácio de Antioquía* — ThBraga 10 (1975) 9—21

1807 BARRETT, C. K. *Jews and Judaizers in the Epistles of Ignatius.* In: *Jews, Greeks and Christians* (cf. 1975/76, 166) 220—244

1808 BOMMES, KARIN *Weizen Gottes. Untersuchungen zur Theologie des Martyriums bei Ignatius von Antiochien.* [Theoph 27]. Köln/Bonn: Hanstein 1976. 284 pp.

1809 BROX, N. *Pseudo-Paulus und Pseudo-Ignatius. Einige Topoi altchristlicher Pseudepigraphie* — VigChr 30 (1976) 181—188

1810 ΧΡΗΣΤΟΥ, ΠΑΝΑΓΙΩΤΗΣ Κ. *Ζωὴ ἀληθινὴ κατὰ τὴν διδασκαλίαν Ἰγνατίου τοῦ Θεοφόρου.* In: μελετήματα 1 (cf. 1975/76, 118) 185 —242

1811 DAVIES, S. L. *The predicament of Ignatius of Antioch* — VigChr 30 (1976) 175—180

1812 DÖLGER, FRANZ JOSEPH *Die „Gottes-Stimme" bei Ignatius von Antiochien, Kelsos und Origenes.* In: *Antike und Christentum* Bd. 5 (cf. 1975/76, 136) 218—223

1813 ESCALLADA TIJERO, ALBERTO *Carácter escatológico de la identidad humana en la antropología teológica de Ignacio de Antioquía* — CT 103 (1976) 27—43

1814 FERNÁNDEZ GONZÁLEZ, JESUS *Teología de la Comunidad en San Ignacio de Antioquia* — Lumen 24 (1975) 193—228

1815 HERMANS, JO *Bisschopsambt en eredienst in de ecclesiologie van Ignatius van Antiochië* — TLit 59 (1975) 136—154

1816 *Die sieben Ignatius-Briefe.* In: *Die Apostolischen Väter* (cf. 1975/76, 2170) 109—225

1817 JOHANNY, RAYMOND *Ignace d'Antioche.* In: *L'eucharistie des premiers chrétiens* (cf. 1975/76, 143) 53—74
1818 NORRIS, F. W. *Ignatius, Polycarp, and I Clement. Walter Bauer reconsidered* — VigChr 30 (1976) 23—44
1819 REMMERS, K. *Das Verständnis des Martyriums bei Ignatius von Antiochien.* [Diss.]. Regensburg: 1975.
1820 REMOUNDOS, VASILIOS *The Ecclesiology of Saint Ignatius of Antioch* — Diak 10 (1975) 173—183
1821 ROCCA, GIANCARLO *La perpetua verginità di Maria nelle lettere di S. Ignazio di Antiochia* — EphMariol 25 (1975) 397—414
1822 SERRA ZANETTI, PAOLO *Una nota ignaziana: ἀντίψυχον.* In: *Forma futuri* (cf. 1975/76, 149) 963—979
1823 STAATS, R. *Die martyrologische Begründung des Romprimats bei Ignatius von Antiochien* — ZThK 73 (1976) 461—470
1824 TERZOLI, R. *Ignazio e Pseudoignazio. (Alcuni termini de confronto)* — RSLR 12 (1976) 78—93
1825 TRENTIN, GIUSEPPE *Agape. Una interpretazione teologica delle lettere di Ignazio d'Antiochia.* Rom: Pontificia Universitas Lateranensis 1973. 56 pp.

PSEUDO-IGNATIUS ANTIOCHENUS

[1824] TERZOLI, R.: Ignatius

ILDEFONSUS TOLETANUS

1826 GIL, JUAN *El tratado „De Virginitate Beatae Mariae" de S. Ildefonso de Toledo* — Habis 6 (1975) 153—166

IOHANNES ANTIOCHENUS DIACRINOMENUS

1827 DUŠANIĆ, S. *The end of the Philippi* — Chiron 6 (1976) 427—439
1828 KRAWCZUK, A. *Problemy historiografii łacińskiej wieku V. (De rerum Romanorum scriptoribus V—VI saeculi)* — Meander 31 (1976) 387—403

IOHANNES BICLARENSIS

1829 DÍAZ Y DÍAZ, MANUEL C. *La trasmisión textual del Biclarense.* In: *De Isidoro al siglo XI* (cf. 1975/76, 133) 117—140

IOHANNES CASSIANUS

1830 CAZIER, P. *Cassien auteur présumé de l'épitomé des Règles des Tyconius* — REA 22 (1976) 262—297

1831 COMAN, I. G. *Les „scythes" Jean Cassien et Denys le Petit et leurs relations avec le monde méditerranéen* [en roum.] — StBuc 27 (1975) 189—203

[1356] DESEILLE, P.: Benedictus Nursinus

1832 MARROU, H.-I. *Jean Cassien à Marseille.* In: *Patristique et humanisme* (cf. 1975/76, 174) 363—372

1833 MARROU, H.-I. *La patrie de Jean Cassien.* In: *Patristique et humanisme* (cf. 1975/76, 174) 345—362

1834 MASAI, FRANÇOIS *Recherches sur le texte originel du ,de humilitate' de Cassien (Inst. IV 39) et des règles du Maître (RM X) et de Benoît (RB VII).* In: *Latin Script and Letters* (cf. 1975/76, 171) 236—263

1835 NEUHAUSEN, KARL AUGUST *Zu Cassians Traktat De amicitia.* In: *Studien zur Literatur der Spätantike* (cf. 1975/76, 203) 181—218

1836 PASTORINO, A. *Il concetto di tradizione in Giovanni Cassiano e in Vincenzo di Lerino* — Sileno 1 (1975) 37—46

1837 ROUSSEAU, P. *Cassian, contemplation and the coenobitic life* — JEcclH 26 (1975) 113—126

IOHANNES CLIMACUS

1838 MATTHEI, MAURO *Selecciones de la „Escala Espiritual" de San Juan Clímaco* — CuadMon 10 (1975) 459—472

IOHANNES CHRYSOSTOMUS

1839 *[Iohannes Chrysostomus] S. Giovanni Crisostomo. Catechesi battesimali.* Introd., trad. e note di CESARE BRIGATTI [Patristica e del pensiero cristiano]. Alba: Ed. Paoline 1975. 166 pp.

1840 *[Iohannes Chrysostomus] Dall' esilio. Lettere.* A cura di R. CALLEGARI. Milano: Jaca Book 1976. 297 pp.

1841 *[Iohannes Chrysostomus] S. Giovanni Crisostomo. Invito a penitenza.* Introd., trad. e note di BONIFACIO BORGHINI [Patristica e del Pensiero]. Alba: Ed. Paoline 1975. 129 pp.

1842 *[Iohannes Chrysostomus] Jean Chrysostome. Neuvième Homélie sur la Penitence* — Paix 9 (1975) 16—20

1843 *[Iohannes Chrysostomus] Jean Chrysostome. „La prière, arme invincible des fidèles".* Version grecque moderne de PANAYOTIS G. STAMOS. Athènes 1975. 64 pp.

1844 ALVES DE SOUSA, PIO GONÇALO *El sacerdocio ministerial en los libros „De sacerdotio" de san Juan Crisóstomo* [Colección Teológica, 9]. Pamplona: Eunsa 1975. 265 pp.

1845 ASENSIO, FÉLIX *El Crisóstomo y su visión de la escritura en la exposición homilética del Genesis* — EBib 32 (1973) 223—255, 329—356

1846 ASENSIO, F. *Los salmos como elemento de sacralización social, según San Juan Crisóstomo*. In: *Homenaje a Juan Prado* (cf. 1975, 160) 215—227

1847 AUBINEAU, MICHEL *Une homélie grecque inédite „Sur tous les Martyrs" attribuée à Jean Chrysostome (BHG 1191e)*. In: *Forma futuri* (cf. 1975/76, 149) 614—634

1848 AUBINEAU, M. *Deux manuscrits chrysostomiens non catalogués, Athos, Panteleimon Suppl. 100, 4 et 5* — Kleronomia 7 (1975) 116—121

1849 AUBINEAU, M. *Neuf manuscrits chrysostomiens: Athos, Stavronikita 4, 7, 10, 12, 13, 15, 22, 31, 32* — OrChrP 42 (1976) 76—91

1850 AUBINEAU, MICHEL *Le panégyrique de Thècle, attribué à Jean Chrysostome (BHG 1720): la fin retrouvée d'un texte mutilé* — AB 93 (1975) 349—355

1851 AUBINEAU, MICHEL *Textes Chrysostomiens découverts dans le Codex Athos, Iviron 263*. In: *Corona Gratiarum I* (cf. 1975/76, 130) 59—67

1852 AUBINEAU, M. *Textes chrysostomiens récupérés dans le codex athonite Pantocrator 29* — VetChr 12 (1975) 317—323

1853 AUBINEAU, M. *Textes de Jean Chrysostome et Sévérien de Gabala: Athos, Pantocrator 1* — JOBG 25 (1976) 25—30

1854 AUBINEAU, M. *Soixante-six textes, attribués à Jean Chrysostome, découverts dans le codex Athos, Iviron 255* — VigChr 29 (1975) 55—64

1855 AUBINEAU, M. *La Vie inédite de Chrysostome par Martyrios. Un nouveau témoin, Athos, Koutloumousiou 13* — AB 94 (1976) 394

1856 BARTELINK, G. J. M. *De kinderwereld in vergelijkingen bij Chrysostomus* — Hermeneus 48 (1976) 19—23

1857 BOBRINSKOY, BORIS *L'Esprit du Christ dans les sacrements chez Jean Chrysostome et Augustin*. In: *Jean Chrysostome et Augustin* (cf. 1975/76, 164) 247—279

[629] BROWNE, G. M.: Palaeographica atque manuscripta

[1038] CATAUDELLA, Q.: Augustinus

1858 ΧΡΗΣΤΟΥ, ΠΑΝΑΓΙΩΤΗΣ Κ. *Ὁ ῎Ιλιγγος ἐνώπιον τῆς θείας παρουσίας κατὰ τὸν ᾿Ιωάννην Χρυσόστομον*. In: *Θεολογικὰ μελετήματα 2* (cf. 1975/76, 119) 269—272

1859 ΧΡΗΣΤΟΥ, ΠΑΝΑΓΙΩΤΗΣ Κ. *Ὁ ᾿Ιωάννης Χρυσόστομος καὶ οἱ Καππαδόκαι*. In: *Θεολογικὰ μελετήματα 2* (cf. 1975/76, 119) 257—266

[624] AUBINEAU, M.: Palaeographica atque manuscripta

[625] AUBINEAU, M.: Palaeographica atque manuscripta

1860 CIOBOTEA, D.-I. *Invăţătura Sfîntului Ioan Gură de Aur despre rugăciunile pentru cei adormiţi în Domnul (Die Lehre des hl. Johannes Chrysostomus über die Gebete für die Verstorbenen)* — MitrBan 26 (1976) 643—654

1861 CORSATO, C. *Dottrina battesimale nelle catechesi di San Giovanni Crisostomo. Una puntualizzazione critica* — StPad 23 (1976) 270—296

1862 DEVOS, P. *Deux feuillets coptes sur Pierre et Élie* — OLP 6—7 (1975) 185—203

1863 DRAGAS, G. D. *St. John Chrysostom's Doctrine of God's Providence* — EPh 57 (1975) 375—406

1864 DUMORTIER, J. *Les homélies sur Ozias In illud vidi dominum PG LVI 97—142.* In: *Studia Patristica XII* (cf. 1975/76, 199) 283—293

[1626] DURAND, G. M. DE: Evagrius Ponticus

1865 ESBROECK, MICHEL VAN *Archéologie d'une homélie sur la Pâque attribuée à Chrysostome ou Épiphane de Chypre.* In: *Armenian and Biblical Studies* (cf. 1975/76) 165—181

1866 FERRARO, G. *L'hora di Cristo nel commento di San Giovanni Crisotomo al quarto Vangelo* — StPad 23 (1976) 373—393

[652] GIGNAC, F. T.: *Palaeographica atque manuscripta*

1867 GRANSTREM, E. E. *Ivann Zlatoust v drevnej russkoj i juznoslavjanskoj pismennosti XI—XIV vv. (Johannes Chrysostomus in der altrussischen und südslavischen Literatur des 11.—14. Jh.)* — Trudy Otdela devnerusskoj literatury 29 (1974) 186—193

1868 GUILLAUMIN, M.-L. *Bible et liturgie dans la prédication de Jean Chrysostome.* In: *Jean Chrysostome et Augustin* (cf. 1975/76, 164) 161—174

1869 HALKIN, F. *Une invocation métrique à S. Jean Chrysostome* — AB 92 (1974) 366

[2223] HALKIN, F.: Proclus Constantinopolitanus

1870 HALTON, T. *Two newly-edited homilies of John Chrysostom* — ITQ 43 (1976) 133—138

1871 KANNENGIESSER, CH. *Le mystère pascal du Christ mort et ressuscité selon Jean Chrysostome.* In: *Jean Chrysostome et Augustin* (cf. 1975/76, 164) 221—246

1872 KOSECKI, B. *Misterium zbawienia w teologicznej myśli św. Jana Chryzostoma (Le mystère du salut dans la pensée théologique de saint Jean Chrysostome)* — StPel 10 (1975) 7—36

1873 LEDUC, F. *Péché et conversion chez saint Jean Chrysostome* — PrOrChr 26 (1976) 34—58

1874 LEROUX, J.-M. *S. Jean Chrysostome et le monachisme.* In: *Jean Chrysostome et Augustin* (cf. 1975/76, 164) 125—144

1875 MALINGREY, A.-M. *La christianisation du vocabulaire paien dans l'œuvre de Jean Chrysostome.* In: *Actes XIIᵉ Conf. Eirene* (cf. 1975/1976, 101) 55—62

1876 MALINGREY, A.-M. *Pour une édition critique du „De sacerdotio" de Jean Chrysostome* — Tr 27 (1976) 347—352

1877 MALINGREY, A.-M. *Le ministère épiscopal dans l'œuvre de Jean Chrysostome.* In: *Jean Chrysostome et Augustin* (cf. 1975/76, 164) 75—89

1878 MALINGREY, A.-M. *Les sentences des sages dans la prédication de Jean Chrysostome.* In: *Jean Chrysostome et Augustin* (cf. 1975/76, 164) 199—218

1879 MALINGREY, ANNE-MARIE *La tradition syriaque du dialogue sur le sacerdoce de Jean Chrysostome* — ParOr 6/7 (1975/76) 91—100

[247] MALINGREY, A.-M.: Subsidia

[3038] MALINGREY, A.-M.: Specialia in Novum Testamentum

1880 MALKOWSKI, J. L. *The element of ἄκαιρος in John Chrysostom's anti-Jewish polemic.* In: *Studia Patristica XII* (cf. 1975/76, 199) 222—231

[560] MAŁUNOWICZÓWNA, L.: Philosophica

1881 MARQUES, J. A. *O Sacerdócio ministerial. A propósito de um livro* — ThBraga 10 (1975) 239—242

1882 MCKEVITT, J. R. *A critical edition of two homilies from the collection of 38 Latin homilies of Saint John Chrysostom. De muliere Cananaena and De Pentecoste.* [Diss.] New York Univ. 1975. 156 pp.

1883 NARDI, C. *Il motivo dell' οἰκεία ἀρετή nel „Quod nemo laeditur nisi a se ipso" di Giovanni Crisostomo* — Prometheus 1 (1975) 266—272

[1689] NARDI, C.: Gregorius Nazianzenus

1884 NATALI, A. *Christianisme et cité à Antioche à la fin du IV*e* siècle d'après Jean Chrysostome.* In: *Jean Chrysostome et Augustin* (cf. 1975/76, 164) 41—59

[672] NORET, J.: Palaeographica atque manuscripta

[2040] OMMESLAEGHE, F. VAN: Martyrius Antiochenus

1885 OMMESLAEGHE, FLORENT VAN *Une vie acéphale de S. Jean Chrysostome dans le Batopedinus 73* — AB 94 (1976) 317—356

1885a PANEDAS, PABLO *El sacerdote según el „De Sacerdotio" de San Juan Crisóstomo* — Mayeútica 2 (1976) 135—162

[479] PAPADOPOULOS, K.: Opera ad historiam

1886 PASQUATO, OTTORINO *Gli spettacoli in S. Giovanni Crisostomo. Paganesimo e cristianesimo ad Antiochia e Constantinopoli nel IV secolo* [OCA 201]. Roma: Pont. Inst. Orientalium Studiorum 1976. XXIV, 370 pp.

1887 SCAGLIONI, C. *Ideale conjugale e familiare in S. Giovanni Crisostomo.* In: *Etica sessuale e matrimonio nel cristianesimo delle origini* (cf. 1975/76) 273—422

1888 PIÉDAGNEL, A. *L'angoisse du Salut des Juifs dans l'âme de l'Apôtre Paul, d'après le „De Laudibus Pauli" de Jean Chrysostome.* In: *Studia Patristica 13* (cf. 1975/76, 200) 269—272

1889 PIÉTRI, CHARLES *Esquisse de conclusion. L'aristocratie chrétienne entre Jean Chrysostome et Augustin d'Hippone.* In: *JeanChrysostome et Augustin* (cf. 1975/76, 164) 283—305

1890 RIZZI, M. DE S. *Ioannis Chrysostomi Liturgia in Latinum conversa —* Latinitas 24 (1976) 54—61

[1911] SCHULTZE, B.: Iohannes Damascenus

1891 SIMONETTI, M. *Su due passi dell'Opus imperfectum in Matthaeum pubblicati di recente —* AugR 15 (1975) 423—428

[2849] SOTO, J. M.: Vita christiana

[695] TREU, K.: Palaeographica atque manuscripta

1892 ZAREW, GEORGI *Sveti Joan Zlatoust kato ekzeget (Der hl. Johannes Chrysostomus als Exeget)* — DuchKult 8 (1976) 3—16

1893 ZINCONE, SERGIO *Ricchezza e povertà nelle omelie di Giovanni Crisostomo.* L'Aquila: L. U. Japadre 1973. 172 pp.

1894 ŽITNIK, M. *Das Sein des Menschen zu Gott nach Johannes Chrysostomus* — OrChrP 42 (1976) 368—401

1895 ŽITNIK, M. *Θεός φιλάνθρωπος bei Johannes Chrysostomus* — OrChrP 41 (1975) 76—118

PS.-IOHANNES CHRYSOSTOMUS

1896 *[Ps.-Iohannes Chrysostomus] Une homélie inédite pour l'Epiphanie intitulée „2. Discours Prophylactique".* Éd. et commentaire par GILBERTE ASTRUC-MORIZE. In: *Corpus Christianorum, Series Graeca* (Verlagsprospekt). Turnhout: Brepols (1976) 25—38

1897 ANGELATOS, PH. *Ἡ μεταξὺ τῶν νόθων ἔργων τοῦ Ἰωάννου Χρυσοστόμου ὁμιλία «Εἰς τὸν Τίμιον Σταυρόν»* — Byzantina (Thessaloniki) 7 (1975) 71—79

1898 FREYDANK, D. *Die Himmelfahrtshomilie „Veselite se nebesa" des Exarchen Johannes und ihre griechischen Vorlagen* — ZSl 20 (1975) 382—390

[890] VANYO, L.: Anonymus

IOHANNES DAMASCENUS

1899 *[Iohannes Damascenus] Exposition de la foi orthodoxe.* Texte, trad., introd. et notes critique en grec par NIKOS MATSOUKAS. Thessaloniki: P. Pournaras 1976. 500 pp.

1900 *[Iohannes Damascenus] Ἰωάννου τοῦ Δαμασκηνοῦ Ἔργα,* Τόμ. Α΄ [Ἕλληνες Πατέρες τῆς Ἐκκλησίας 19]. Θεσσαλονίκη: 1976. 575 pp.

1901 *[Iohannes Damascenus] Die Schriften des Johannes von Damaskos, III: Contra imaginum calumniatores orationes tres.* Hrsg. von B. KOTTER [PTS 17]. Berlin: de Gruyter 1975. XVI, 229 pp.

1902 AŠURKOV, FEOFAN *O „Točnom izloženii Pravoslavnoj very" svjatogo Ioanna Damaskina (Sur l'„Exposé de la foi orthodoxe" de Saint Jean Damascène)* — ŽurMP (1976) 72—76

1903 BÜHLER, W.; THEODORIDIS, CHR. *Johannes von Damaskos terminus post quem für Choiroboskos* — ByZ 69 (1976) 397—401

1904 BUZESCU, N. C. *Hristologia sfîntului Ioan Damaschin (1300 ani de la naşterea sa: 675—1975) (Die Christologie des hl. Johannes Damascenus — 1300 Jahre seit seiner Geburt: 675—1975)* — StBuc 27 (1975) 687—700

1905 CHIŢESCU, N. *The Christology of St. John of Damascus* — EPh 58 (1976) 302—356

1906 CHIŢESCU, N. *A doua persoană a sfintei treimi în doctrina sfîntului Ioan Damaschin (Die zweite Person der hl. Trinität in der Lehre des hl. Johannes Damascenus)* — OrtBuc 28 (1976) 305—348

1907 JUŠKOV, K. *Svajatoj Ioann Damaskin ob ikonopočitanij (Der hl. Johannes Damaskenos über die Verehrung der Ikonen)* — ZurMP 7 (1976) 76—79

1908 NIKOLAOU, THEODOROS *Die Ikonenverehrung als Beispiel ostkirchlicher Theologie und Frömmigkeit nach Johannes von Damaskos* — OstkiSt 25 (1976) 138—165

1909 PARASKEVAIDIS, CHRISTODOULOS *L'enseignement christologique de notre saint père Jean Damascène* [en grec]. Athènes 1976. 56 pp.

1910 ROMANIDES, JOHN S. *The Christological Teaching of St. John of Damascus* [greek] — EPh 58 (1976) 232—269

1911 SCHULTZE, B. *Johannes von Damaskus, Johannes Chrysostomus, Eusebius von Caesarea über Bekenntnis und Fall des Petrus* — OrChrP 42 (1976) 37—75

1912 VOUTILAINEN, M. *Tuntematon Johannes Damaskolainen (The unknown John of Damascus)* — Ortodoksia (Helsinki) 25 (1976) 115—127

1913 WOLOSIUK, W. *Święty Jan Damasceński.* Wiadomośki PAKP (1976) 114—132

IOHANNES EPHESENUS

[370] FREND, W.: Opera ad historiam

IOHANNES EPISCOPUS

1914 SAUGET, JOSEPH-MARIE *Une homélie syriaque sur la pécheresse attribuée à un évêque Jean* — ParOr 6/7 (1975/76) 159—194

IOHANNES GAZENSIS

[1301] NEYT, F.: Barsanuphius
[1302] STEAD, J.: Barsanuphius

IOHANNES MOSCHUS

1915 PATTENDEN, P. *The text of the Pratum spirituale* — JThS 26 (1975) 38—54

IOHANNES EPISCOPUS NIKIOU

1916 RODINSON, M. *Notes sur le texte de Jean de Nikiou.* In: *IV Congresso intern. di studi Etiop. 2* (cf. 1975/76, 128) 127—137

IONAS BOBBIENSIS

1917 ROQUES, G. *Brève réponse aux „Bemerkungen zur Sprache des Jonas von Bobbio" de M. B. Löfstedt* — Arctos 9 (1975) 89—91

IRENAEUS LUGDUNENSIS

1918 ALTERMATH, F. *The purpose of the Incarnation according to Irenaeus.* In: *Studia Patristica 13* (cf. 1975/76, 200) 63—68
1919 ARRONIZ, JOSÉ MANUEL *El hombre „imagen y semejanza de Dios" (Gen 1, 26) en S. Ireneo* — SVict 23 (1976) 275—302
[1438] BOUSSET, W.: Clemens Alexandrinus
1920 BROWN, ROBERT F. *On the necessary imperfection of creation: Irenaeus' Adversus Haereses IV, 38* — SJTh 28 (1975) 17—25
1921 BROX, N. *Probleme einer Frühdatierung des römischen Primats* — Kairos 18 (1976) 81—99
1922 BROX, NORBERT *Rom und „jede Kirche" im 2. Jahrhundert (In Irenäus, adv. haer. III 3, 2).* In: *Festgabe Hubert Jedin* (cf. 1975/76, 146) 42—78
1923 CLERICI, A. M. *La storia della salvezza in Ireneo* — RSLR 10 (1974) 3—41
1924 CZESZ, B. *Notio civitatis Dei apud sanctum Irenaeum (Adv. Haer. 5, 35, 2).* Excerptum ex dissertatione ad doctoratum [Thesis ad Lauream 148]. Roma: Pontif. Stud. Univ. Salesiana, Institutum Altioris Latinitatis 1976. 56 pp.
1925 DRITSAS, D. L. *Ἡ συγγραφικὴ μέθοδος τοῦ Εἰρηναίου* — ThAthen 46 (1975) 338—347
1926 GENDLE, NICOLAS *St. Irenaeus as Mystical Theologian* — Thom 39 (1975) 185—197
[2216] HALL, S. G.: Praxeas

1927 HAMMAN, ADALBERT *Irénée de Lyon.* In: *L'eucharistie des premiers chrétiens* (cf. 1975/76, 143) 89—99

1928 JASCHKE, HANS-JOCHEN *Der Heilige Geist im Bekenntnis der Kirche. Eine Studie zur Pneumatologie des Irenäus von Lyon im Ausgang vom altchristlichen Glaubensbekenntnis* [MBTh 40]. Münster: Aschendorff 1976. IX, 365 pp.

1929 KIM, DAI SIL *Irenaeus of Lyons and Teilhard de Chardin, A comparative study of „Recapitulation" and „Omega"* — JES 13 (1976) 69—94

1930 LANNE, EMMANUEL *L'Église de Rome „a gloriosissimis duobus apostolis Petro et Paulo Romae fundatae et constitutae ecclesiae" (Adv. Haer. III, 3, 2)* — Irénikon 49 (1976) 275—322

1931 LANNE, E. *Le nom de Jésus-Christ et son invocation chez saint Irénée de Lyon* — Irénikon 48 (1975) 447—467; 49 (1976) 34—53

1932 LASSIAT, PAUL et HENRI *Dieu veut-il des hommes libres? La catéchèse de l'Église des Martyrs d'après Irénée de Lyon.* Paris: Mame 1976. 126 pp.

1933 MEIJERING, E. P. *Irenaeus' Relation to Philosophy in the Light of his Concept of Free Will.* In: *God being history...* (cf. 1975/76, 176) 19—30

1934 MEIJERING, E. P. *Some Observations on Irenaeus' Polemics against the Gnostics.* In: *God being history...* (cf. 1975/76, 176) 31—38

1935 MEIJERING, E. P. *Die „physische Erlösung" in der Theologie des Irenäus.* In: *God being history...* (cf. 1975/76, 176) 39—51

[2592] MOLL, H.: Missa

1936 NAZARKO, I. *Mariologija sv. Iryneja Ljugduns'kogo (Die Mariologie des hl. Irenäus von Lyon)* — Logos 27 (1976) 81—92

1937 PARKINS, PH. *Irenaeus and the Gnostica. Rhetoric and Composition in Adversus Haereses Book One* — VigChr 30 (1976) 193—200

1938 *The Pauline basis of the concept of Scriptural form in Irenaeus. Protocol of the eight colloque 4 November 1973.* By JOHN S. COOLIDGE [Protocol series of the colloquies of the Center for Hermeneutical Studies in Hellenistic and Modern Culture 8]. Berkeley, Ca.: The Center 1975. 59 pp.

[3037] PERETTO, E.: Specialia in Novum Testamentum

1939 PERKINS, P. *Irenaeus and the Gnostics. Rhetoric and composition in Adversus haereses book one* — VigChr 30 (1976) 193—200

[2956] PETRELLA, E.: Gnostica

1940 PIEPOLI, V. *La terminologia della ricapitolazione e il suo significato nel „Contra haereses" di S. Ireneo di Lione* — Nicolaus 3 (1975) 429—432; 451—454

[3035] PIETRELLA, E.: Specialia in Novum Testamentum

1941 PINCHERLE, A. *Su Ireneo, Adversus haereses III, 3, 1—2* — RSLR 10 (1974) 305—318

1942 POWELL, D. *Ordo presbyterii* — JThS 26 (1975) 290—328
1943 PRIGENT, P. *In principio. A propos d'un livre récent* — RHPhR 54 (1974) 391—397
1944 RENOUX, CH. *Crucifié dans la création entière (Adversus haereses V, 18, 3). Nouveaux fragments arméniens d'Irénée de Lyon* — BLE 77 (1976) 119—122
1945 TOWNSLEY, A. L. *St. Irenaeus' knowledge of presocratic philosophy* — RSLR 12 (1976) 374—379
1946 UNGER, D. *St. Irenaeus on the Roman Primacy* — Lau 16 (1975) 431—445
1947 UNNIK, W. C. VAN *Two notes on Irenaeus* — VigChr 30 (1976) 201—213

ISAAC NINIVITA

1948 *[Isaac Ninivita] Discours ascétiques de saint Isaac le Syrien.* Trad. par MARIE LEKKAKIS — Présence Orthodoxe 28 (1975) 24—34; 30 (1975) 21—38
1949 LICHTER, DAVID A. *Tears and Contemplation in Isaac of Ninevah* — Diak 11 (1976) 239—258

ISAIAS GAZAEUS

1950 *[Isaias Gazaeus] Recueil ascétique.* Introd. par L. REGNAULT, Trad. par H. DE BROC [Spiritualité orientale 7]. Abbaye: de Belle-fontaine 1976. 328 pp.

ISIDORUS HISPALENSIS

1951 *[Isidorus Hispalensis] Las historias de los godos, vándalos y suevos de Isidoro de Sevilla.* Estudio, edición crítica y traducción por CRISTOBAL RODRÍGUEZ ALONSO [Fuentes y estudios de Historia Leonesa, 13]. Leon: Centro de Estudios e Investigación „San Isidoro" 1975. 352 pp.
1952 BANNIARD, MICHEL *Le lecteur en Espagne wisigotique d'après Isidore de Séville. De ses fonctions à l'état de la langue* — REA 21 (1975) 112—144
1953 BASSETT, PAUL MERRITT *The Use of History in the Chronicon of Isidore of Seville* — HistTh 15 (1976)
1954 CHURRUCA, JUAN DE *Las instituciones de Gayo en San Isidoro de Sevilla.* Bilbao: Universidad de Deusto 1975. 154 pp.
1955 DÍAZ Y DÍAZ, MANUEL C. *Isidoro en la edad media hispana.* In: *De Isidoro al siglo XI* (cf. 1975/76, 133) 141—201
1956 DIESNER, HANS JOACHIM *„Amicitia" bei Isidor von Sevilla.* In: *Forma futuri* (cf. 1975/76, 149) 229—231

1957 DIESNER, H.-J. *Zeitgeschichte und Gegenwartsbezug bei Isidor von Sevilla* — Phil 119 (1975) 92—97

1958 FRANK, K. S. *Isidor von Sevilla, Regula Monachorum und ihre Quellen.* In: *Studia Patristica 13* (cf. 1975/76, 200) 461—470

1959 KAHLO, G. *Vermischte Randbemerkungen* — ZA 22 (1972) 183—193

1960 LINAGE CONDE, A. *Isidoro de Sevilla, „De monachis" (Etymologiarum, VII, 13).* In: *Studia Patristica 13* (cf. 1975/76, 200) 479—486

1961 LOZANO SEBASTIAN, FRANCISCO-JAVIER *Los fundamentos antropológicos de la Ética en San Isidoro* — StLeg 17 (1976) 215—272

1962 LOZANO SEBASTIAN, FRANCISCO-JAVIER *San Isidoro de Sevilla. Un estudio sobre el pecado y la conversión.* Rom: Pontificia Universitas Lateranensis 1974. 69 pp.

1963 LOZANO SEBASTIÁN, FRANCISCO-JAVIER *San Isidoro de Sevilla. Teología del Pecado y la Conversión* [Publicaciones de la Facultad de Teología del Norte de España — sede de Burgos, 36]. Burgos: Ediciones Aldecoa 1976. 234 pp.

1964 REGGIANI, R. *Varia Iuvenaliana* — GiorFil 28 (1976) 92—111

1965 REYNOLDS, ROGER E. *Isidore's texts on the clerical grades in an early medieval roman manuscript* — CFH 29 (1975) 95—102

1966 RIESSNER, C. *Quale codice delle Etymologiae di Isidoro di Siviglia fu usato da Uguccione da Pisa?* — VetChr 13 (1976) 349—365

1967 RODRÍGUEZ PANTOJA, MIGUEL *Notas de ortografía isidoriana* — Habis 5 (1974) 25—35

1968 RODRÍGUEZ PANTOJA, M. *En torno al vocabulario marino en latin. Los catálogos de naves* — Habis 6 (1975) 135—152

1969 SOFER, J. *Lateinisches und Romanisches aus den Etymologiae des Isidorus von Sevilla. Untersuchungen zur lateinischen und romanischen Wortkunde.* Nachdruck der Ausgabe Göttingen 1930. Hildesheim: 1975. XII, 190 pp.

1970 STAROWIEYSKI, M. *Obraz literatury klasycznej pogańskiej w dziełach Izydora z Sewilli (Quae Isidorus Hispalensis in Etymologiarum et Chronicorum libris de poetis scriptoribusque romanis tradiderit)* — Meander 30 (1975) 19—35

ISIDORUS PELUSIOTA

1971 ÉVIEUX, P. *Isidore de Péluse. État des recherches* — RechSR 64 (1976) 321—340

1972 ÉVIEUX, P. *Isidore de Péluse. La numérotation des lettres dans la tradition manuscrite* — RHT 5 (1975) 45—72

1973 ÉVIEUX, P. *Des lettres d'Isidore de Péluse dans le ms. Paris Supplément grec 726* — SE 22 (1974/75) 187—194

IULIANUS ECLANENSIS

1974 CIPRIANI, N. *Aspetti letterari dell' Ad Florum di Giuliano d'Eclano* —
AugR 15 (1975) 125—167
1975 MARROU, H.-I. *La canonisation de Julien d'Eclane.* In: *Patristique
et humanisme* (cf. 1975/76, 174) 373—377

IULIANUS IMPERATOR

1976 *[Iulianus Imperator] Autobiografia. Messagio agli ateniesi,* saggio
e trad. di I. LABRIOLA. Firenze: La Nuova Italia. 1975. IV, 120 pp.

IULIANUS TOLETANUS

1977 *[Iulianus Toletanus] Sancti Iuliani Toletanae sedis episcopi Opera, I.*
Ed. J. N. HILLGARTH [CChr Series Latina 105]. Turnhout: Brepols
1976. 263 pp.
1978 HILLGARTH, J. N. *The Prognosticum Futuri Saeculi of St. Julian
of Toledo and the Tractatus Published by Mai.* In: *Classica et Iberica* (cf. 1975/76, 123) 339—344

IUSTINIANUS IMPERATOR

1979 BONINI, R. *I Subsidia del Vocabolario delle Leges di Giustiniano* —
Aeg 55 (1975) 247—262

IUSTINUS MARTYR

[1438] BOUSSET, W.: Clemens Alexandrinus
1980 CHRISTENSEN, TORBEN *Nyere undersøgelser over Justins Dialog med
jøden Tryfon cap. 1—9* — DTT 39 (1976) 153—165
1981 DAVIDS, A. *Justin Martyr on monotheism and heresy* — NAKG 56
(1975/76) 210—234
1982 FAU, GUY *Justin et les évangiles.* [Cahiers du Cercle Ernest-
Renan 91] Paris: Cercle Ernest-Renan 1975. 28 pp.
[381] GEOLTRAIN, P.: Opera ad historiam
[1448] GLOCKMANN, G.: Clemens Alexandrinus
1983 JOURJON, MAURICE *Justin.* In: *L'eucharistie des premiers chrétiens*
(cf. 1975/76, 143) 75—88
[557] KING, J. T.: Philosophica
[1476] KLINE, L. L.: Pseudo-Clemens Romanus
1984 KURZ, W. S. *The function of christological proof from prophecy for
Luke and Justin* [Diss.]. New Haven: 1976. 281 pp.
1985 LE BOULLUEC, A. *Remarques à propos du problème de I Cor. 11, 19
et du logion de Justin, Dialogue 35.* In: *Studia Patristica XII* (cf.
1975/76, 199) 328—333

1986 MÉHAT, ANDRÉ *Le „lieu supraceleste" de Saint Justin à Origène.* In: *Forma futuri* (cf. 1975/76, 149) 282—293

1987 OTRANTO, G. *Metodo delle citazioni bibliche ed esegesi nei capitoli 63—65 del „Dialogo con Trifone" di Giustino* — VetChr 13 (1976) 87—112

1988 OTRANTO, G. *La tipologia di Giosué nel Dialogo con Trifone ebreo di Giustino* — AugR 15 (1975) 29—48

[3016] PARENTE, F.: Specialia in Vetus Testamentum

[1467] PAVAN, V.: Clemens Romanus

1989 PÉPIN, J. *Prière et providence au IIe s. (Justin, Dial. 1, 4).* In: *Images of man in ancient and medieval thought* (cf. 1975/76, 163) 111—125

1990 SCHMID, WOLFGANG *Ein Inversionsphänomen und seine Bedeutung im Text der Apologie des Justin.* In: *Forma futuri* (cf. 1975/76, 149) 253—281

1991 SKARSAUNE, O. *The Conversion of Justin Martyr* — StTh 30 (1976) 53—74

1992 SKARSAUNE, OSKAR *Trekk fra nyere Justinforskning* — DTT 39 (1976) 231—257

1993 STYLIANOPOULOS, THEODORE *Justin Martyr and the Mosaic Law* [SBL Dissertation series 20]. Missoula, MT: Society of Biblical Literature and Scholars Press 1975. XI, 204 pp.

1994 TRAKATELLIS, DEMETRIUS *The pre-existence of Christ in the writings of Justin Martyr* [Harvard dissertations in religion 6]. Diss., Harvard Univ./Missoula, Mont.: Scholars Pr. 1976. XI, 203 pp.

1995 WILLIAMS, GEORGE H. *Baptismal Theology and Practice in Rome as Reflected in Justin Martyr.* In: *The Ecumenical World...* (cf. 1975/76, 139) 9—34

IUVENCUS

[3000] KARTSCHOKE, D.: Patrum exegesis Veteris et Novi Testamenti

1996 OPELT, I. *Die Szenerie bei Iuvencus. Ein Kapitel historischer Geographie* — VigChr 29 (1975) 191—207

1997 ALFONSI, L. *Potuit esse verus Dei cultor... (Lattanzio. Div. inst. VI, 24, 13). Sestio, Seneca e i Vangeli* — AtPavia 54 (1976) 175—176

[2779] DÖLGER, F. J.: Christologia

1998 GUALANDRI, I. *Un papiro milanese, Lattanzio, Claudiano e il mito della Fenice* — RAL 29 (1974) 293—311

1999 HECK, E. *Die dualistischen Zusätze und die Kaiseranreden bei Laktanz.* In: *Studia Patristica 13* (cf. 1975/76, 200) 185—188

2000 LAUSBERG, MARION *Christliche Nächstenliebe und heidnische Ethik bei Laktanz.* In: *Studia Patristica 13* (cf. 1975/76, 200) 29—34

2001 Loi, V. *Il termine arcanum e la disciplina dell'arcano nelle testimo- nianze di Lattanzio* — AFLC 37 (1974/75) 71—89
2002 Maggiulli, G. *Nonio e Lattanzio* — Studi Noniani 3 (1972) 119—122
2003 Messmer, E. *Laktanz und die Dichtung* [Diss.]. München 1975. 151 pp.
2004 Monat, P. *Lactance et Cicéron. A propos d'un fragment de l'Hor- tensius* — REL 53 (1975) 248—267
2005 Nautin, Pierre *Les additions du manuscrit de Bologne au „De opificio Dei" de Lactance* — REA 21 (1975) 273—288
2006 Ogilvie, R. M. *Four notes on Lactantius* — JThS 26 (1975) 410—412
2007 Rougé, J. *Le De mortibus persecutorum, 5ᵉ livre des Macchabées.* In: *Studia Patristica XII* (cf. 1975/76, 199) 135—143
[1773] Schäublin, C.: Hieronymus

PSEUDO-LACTANTIUS

2008 Roncoroni, A. *Sul De passione Domini pseudolattanziano* — VigChr 29 (1975) 208—221

LAZARUS A P'ARPI

[638] Dowsett, C. J. F.: Palaeographica atque manuscripta
2009 Sanspeur, C. *Trois sources byzantines de l'Histoire des Arméniens de Lazare de P'arpi* — Byzan 44 (1974) 440—448

LEO MAGNUS

2010 *[Leo Magnus] Léon le Grand. Sermons III.* Trad. et notes de R. Dolle [SC 74 bis]. Paris: Cerf 1976. 336 pp.
2011 Agrelo, S. *La simbología de la luz en el Sacramentario Veronense. Estudio históricoliterario* — Ant 50 (1975) 5—123
2012 Agrelo, S. *El tema biblico de la luz* — Ant 50 (1975) 353—417
2013 Carbonero, O. *La struttura letteraria dei Sermones di San Leone Magno* — Sileno 1 (1975) 259—270
2014 Chavasse, A. *Les lettres du pape Léon le Grand (440—461), dans l'Hispana et la collection dite des Fausses Décrétales.* In: *Institu- tions de l'Église* (cf. 1975/76) 28—39
2015 Dölger, Franz Joseph *Die Inschrift im Baptisterium S. Giovanni in Fonte an der Lateranensischen Basilika aus der Zeit Xystus' III (432—440) und die Symbolik des Taufbrunnens bei Leo dem Gro- ßen.* In: *Antike und Christentum II* (cf. 1975/76, 135) 252—257
2016 Garrido Bonaño, Manuel *Prolongación de Cristo en su cuerpo místico según San León Magno* — StudiumAv 15 (1975) 491—505

2017 GUZIE, T. W. *Exegetical and sacramental language in the sermons of Leo the Great*. In: *Studia Patristica XII* (cf. 1975/76, 199) 208—213

[3011] SMOLAK, K.: Specialia in Vetus Testamentum

2018 SQUIRE, A. K. *Universal Compassion in Leo the Great*. In: *Studia Patristica 13* (cf. 1975/76, 200) 280—285

[516] STOCKMEIER, P.: Opera ad historiam

2019 STUDER, B. *Consubstantialis patri — consubstantialis matri, une antithèse christologique chez Léon le Grand*. In: *Studia Patristica 13* (cf. 1975/76, 200) 286—294

[1247] STUDER, B.: Augustinus

2020 VOGEL, C. *Rata socerdotia. Position de Léon Ier (460—461) sur les ordinations conférées irrégulièrement*. In: *Institutions de l'Église* (cf. 1975/76) 19—27

2021 WEIJENBORG, R. *Leo der Große und Nestorius. Erneuerung der Fragestellung* — AugR 16 (1976) 353—398

LEONTIUS BYZANTINUS

2022 DALEY, B. *The Origenism of Leontius of Byzantium* — JThS 27 (1976) 333—369

2023 LYNCH, J. J. *Leontius of Byzantium. A Cyrillian christology* — ThSt 36 (1975) 455—471

PSEUDO-LEONTIUS BYZANTINUS

2024 WAEGEMAN, M. *The text tradition of the treatise De sectis (Ps.-Leontius Byzantinus)* — ACl 45 (1976) 190—196

LEONTIUS NEAPOLITANUS

2025 LAGA, C. *Remarques sur l'emploi de quelques particules dans l'œuvre hagiographique de Léonce de Neapolis* — OLP 6—7 (1975/76) 341—353

LIBERIUS PAPA

[2028] TIETZE, W.: Lucifer Calaritanus

LUCIANUS ANTIOCHENUS

2026 TOV, EMANUEL *Lucian and Proto-Lucian*. In: *Qumran and the History of the Biblical Text* (cf. 1975/76, 190) 293—305

LUCIFER CALARITANUS

2027 DIERKS, G. F. *Les formes verbales périphrastiques dans les œuvres de Lucifer de Cagliari.* In: *Corona Gratiarum I* (cf. 1975/76, 130) 139—150

2028 TIETZE, WALTER *Lucifer von Calaris und die Kirchenpolitik des Constantius II. Zum Konflikt zwischen dem Kaiser Constantius und der nikänisch-orthodoxen Opposition.* Tübingen: Universität 1976. III, 371 pp.

MACARIUS AEGYPTIUS

2029 *[Macarius Aegyptius] Macarius Aegyptius/Symeon Messalianus. Das arabische Sondergut.* Übersetzt von WERNER STROTHMANN. Wiesbaden: Harrassowitz 1975. X, 102 pp.

MACARIUS MAGNES

2030 GOULET, R. *Makarios Magnès, Monogénès (Apocriticus). Introduction générale. Édition, traduction et commentaire du livre IV ainsi que des fragments des livres IV et V* — AEHESR 88 (1974/75) 351—353

2031 WAELKENS, R. *L'économie, thème apologétique et principe herméneutique dans l'Apocriticos de Macarios Magnés* [RTCHP 6e Sér. 6]. Louvain: Publ. Universitaires 1974. 322 pp.

MACROBIUS

2032 GUITTARD, CH. *Une tentative de conciliation des valeurs chrétiennes et païennes à travers l'œuvre de Macrobe. Syncrétisme et philosophie de l'histoire à la fin du IVe s.* In: *Assoc. G. Budé* (cf. 1975/76, 110) 1019—1030

2033 MARINONE, N. *Frammenti di storiografi latini in Macrobio* — StUrbino 49B (1975) 493—527

MARCELLUS ANCYRANUS

[385] GESSEL, W.: Opera ad historiam

MARCIANUS MONACHUS

2034 ROEY, A. VAN *Remarques sur le moine Marcien.* In: *Studia Patristica XII* (cf. 1975/76, 199) 160—177

MARIUS VICTORINUS

2035 *[Marius Victorinus] Opera theologica*. Ed. A. LOCHER [Bibl. script. Graec. et Roman. Teubneriana]. Leipzig: BSB Teubner 1976. XXXVI, 214 pp.

2036 GORI, F. *Per il testo dei Commentarii in Apostolum di Mario Vittorino* — RFC 104 (1976) 149—162

2037 HADOT, P. *A propos d'une récente édition des commentaires de Marius Victorinus sur les Épîtres de saint Paul* — Latomus 35 (1976) 133—142

[3011] SMOLAK, K.: Specialia in Vetus Testamentum

MARTINUS BRACCARENSIS

2038 FLECHA ANDRÉS, JOSÉ-ROMAN *La teología del domingo en San Martín de Braga* — ArLeon 30 (1976) 341—357

2039 HASELBACH, H. *Sénéque des III vertus. La formula honestae vitae de Martin de Braga (pseudo-Sénèque) traduite et glosée par Jean Courtecuisse (1403). Étude et édition critique* [Publ. Univ. Europ. sér 13; Langue et litt. franc. 30]. Berne: Lang 1975. 514 pp.

MARTYRIUS ANTIOCHENUS

2040 OMMESLAEGHE, F. VAN *La valeur historique de la vie de S. Jean Chrysostome attribuée à Martyrius d'Antioche (BGH 871)*. In: *Studia Patristica XII* (cf. 1975/76, 199) 478—483

MAXIMUS CONFESSOR

2041 BALTHASAR, H. U. VON *Liturgia cosmica. L'immagine dell'universo in Massimo il Confessore* [Coll. Teol. oggi 24]. Roma: AVE 1976. XVI, 396 pp.

2042 BOOJAMRA, JOHN *Original sin according to St. Maximus the Confessor* — VladQ 20 (1976) 19—30

2043 DALMAIS, I. H. *Théologie de l'église et mystère liturgique dans la Mystagogie de S. Maxime le Confesseur*. In: *Studia Patristica 13* (cf. 1975/76, 200) 145—153

2044 GARRIGUES, J. M. *Maxime le Confesseur. La charité, avenir divin de l'homme* [ThH 38]. Paris: Beauchesne 1976. 208 pp.

2045 GARRIGUES, J.-M. *Le martyre de Saint Maxime le Confesseur* — RThom 84 (1976) 410—452

2046 GARRIGUES, JUAN-MIGUEL *Le sens de la primauté romaine chez saint Maxime le Confesseur* — Istina 21 (1976) 6—24

2047 LACKNER, W. *Ein angebliches Gedicht Maximos' des Bekenners* — By 44 (1974) 195—197

2048 MEYENDORFF, JOHN *Free will (γνώμη) in Saint Maximus the Confessor*. In: *The Ecumenical World...* (cf. 1975/76, 139) 71—76
2049 PRADO, J. J. *Voluntad y naturaleza. La antropologia filosófica de Máximo el Confesor*. Argentina: Ed. de la Univ. nacion. de Rio Cuarto 1974. 298 pp.

MAXIMUS TAURINENSIS

2050 CHAFFIN, CHRISTOPHER *Civic values in Maximus of Turin and his contemporaries*. In: *Forma futuri* (cf. 1975/76, 149) 1041—1053

MELITO SARDENSIS

2051 *[Melito Sardensis] Melito z Sardes. Homilia paschalna (Homelie paschale)*. Traduite par A. BOBER — Znak 27 (1975) 1571—1585
2052 *[Melito Sardensis] Melitón de Sardes, Homilia sobre la Pascua*. Ed. por J. IBÁÑEZ IBÁÑEZ, F. MENDOZA RUIZ [Biblioteca de theología 11] Pamplona: Ediciones Universidad de Navarra 1975. 291 pp.
2053 *[Melito Sardensis] Melito of Sardis, Sermon On the Passover*. A new English transl. with introd. and commentary by R. C. WHITE [Lexington Theological seminary library occasional studies]. Lexington/Kentucky: Theological seminary library 1976. I, 83 pp.
2054 HALL, S. G. *The Christology of Melito: A Misrepresentation Exposed*. In: *Studia Patristica 13* (cf. 1975/76, 200) 154—168
2055 HAWTHORNE, GERALD F. *A New English Translation of Melito's Paschal Homily*. In: *Current issues...* (cf. 1975/76, 132) 147—175
2056 MCDONALD, J. I. H. *Some comments on the form of Melito's Paschal homily*. In: *Studia Patristica XII* (cf. 1975/76, 199) 104—112
2057 MENDOZA RUIZ, F. *Los hápax legómena en la Homilia Pascual de Melitón de Sardes*. In: *Studia Patristica 12* (cf. 1975/76, 199) 238—241
2058 NOAKES, K. W. *Melito of Sardis and the Jews*. In: *Studia Patristica 13* (cf. 1975/76, 200) 244—249
2059 PERLER, OTHMAR *Méliton „Peri Pascha" 56 et la traduction géorgienne*. In: *Forma futuri* (cf. 1975/76, 149) 334—349
2060 WILKEN, ROBERT L. *Melito, the Jewish Community at Sardis, and the Sacrifice of Isaac* — ThSt 37 (1976) 53—69

METHODIUS

2061 *[Methodius] Die Apokalypse des Ps.-Methodios*. Hrsg. v. A. LOLOS [BKP 83]. Meisenheim: Hain 1976. 156 pp.

2062 MILLER, T. A. *Methodius von Olympus und die Tradition des plato-nischen Dialogs* [in russisch]. In: *Antike und Byzanz* (cf. 1975/76, 105) 175—194

2063 MONTSERRAT-TORRENTS, J. *Methodius of Olympus, „Symposium" III, 4—8: An Interpretation.* In: *Studia Patristica 13* (cf. 1975/76, 200) 239—243

2064 PATTERSON, L. G. *De libero arbitrio and Methodius' Attack on Origen.* In: *Studia Patristica 14* (cf. 1975/76, 201) 160—166

2065 PÉPIN, JEAN *Platonisme et stoïcisme dans le „De Autexusio" de Méthode d'Olympe.* In: *Forma futuri* (cf. 1975/76, 149) 126—144

[512] SIMONETTI, M.: Opera ad historiam

MINUCIUS FELIX

2066 *[Minucius Felix] The Octavius.* Transl. by G. W. CLARKE. [ACW 39]. Paramus, N.J.: Newman Press 1974. V, 414 pp.

2067 MUTH, R. *Der Dialog Octavius des Minucius Felix* — Arbeitstag. der Altphilol. von Oberösterreich und Salzburg (Puchberg bei Wels 1975) 108—125

2068 O'CONNER, JOSEPH F. *The conflict of rhetoric in the Octavius of Minucius Felix* — CFH 30 (1976) 165—173

[2368] PARATORE, E.: Tertullianus

NEMESIUS EMESENUS

2069 *[Nemesius Emesenus] De natura hominis.* Trad. de BURGUNDIO DE PISE, éd. crit. avec introd. sur *L'anthropologie de Némésius* par G. VERBEKE — J. R. MONCHO [Corpus Lat. Comment. in Aristo-telem Graec. Suppl. 1]. Leiden: Brill 1975. CXXIII, 260 pp.

NESTORIUS

2070 TURNER, H. E. W. *Nestorius Reconsidered.* In: *Studia Patristica 13* (cf. 1975/76, 200) 306—321

[528] VOGT, H. J.: Opera ad historiam

[2021] WEIJENBORG, R.: Leo Magnus

2071 WEIJENBORG, RINALDO *Nestorio secondo una recente interpreta-zione* — Ant 51 (1976) 293—301

NICETAS REMESIANUS

2072 GAMBER, KLAUS *Zur Liturgie in Dacien. Die Taufkatechesen des Bischofs Niceta.* In: *Klaus Gamber, Liturgie und Kirchenbau...* (cf. 1975/76, 151) 46—55

2073 SENJAK, Z. *Niceta von Remesiana. Christliche Unterweisung und christliches Leben im spätantiken Dacien.* [Diss.] Freiburg: 1975. X, 116 pp.; XVI, 45 pp.

NILUS ANCYRANUS

2074 CAMERON, ALAN *The authenticity of the letters of St. Nilus of Ancyra* — GrRoBySt 17 (1976) 181—196
2075 CAMERON, ALAN *A Quotation from S. Nilus of Ancyra in an Iconodule Tract?* — JThS 27 (1976) 128—131

NILUS SINAITICUS

2076 MAYERSON, P. *Observations on the „Nilus" Narrationes. Evidence for an unknown Christian sect?* — JARCE 12 (1975) 51—74

NOVATIANUS

2077 *[Novatianus] Novaziano, La Trinità.* Introduzione, testo critico, traduzione, commento, glossario e indici di V. LOI [Corona Patrum 2]. Turin: Società edit. internazionale 1975. 339 pp.
2078 DÖLGER, FRANZ JOSEPH *Zum Oikiskos des Novatianus. Klausnerhäuschen oder Versteck?* In: *Antike und Christentum 6* (cf. 1975/76, 137) 61—64
2079 DÖLGER, FRANZ JOSEPH *Die Taufe bei Novatian, Die Beurteilung der klinischen Taufe im Fieber nach Kirchenrecht und Pastoral des christlichen Altertums.* In: *Antike und Christentum 2* (cf. 1975/76, 135) 258—267
[393] GREGORY, T. E.: Opera ad historiam
[1497] GÜLZOW, H.: Cyprianus
2080 MARUVATHRAIL, MATHEW J. *The hypostatic union in Novatian* [Salesian Pontifical University, Thesis 143]. Rom: Salesian Pontificial University 1975. XD, 130 pp.
2081 PETITMENGIN, PIERRE *Une nouvelle édition et un ancien manuscrit de Novatien* — REA 21 (1975) 256—272

NUMENIUS APAMENSIS

2082 MASTANDREA, P. *Numenio 57 des Places e la cronologia di Cornelio Labeone* — AMAPat 87 (1974/75) 77—88
2083 PLACES, E. DES *Du Dieu jaloux au nom incommunicable.* In: *Hommages à C. Préaux* (cf. 1975/76, 182) 338—342
[601] PLACES, E. DES: ἀκοινώνητος

OPTATUS MILEVITANUS

2084 NASH, E. „*Convenerunt in domum Faustae in Laterano*" *S. Optati Milevitani I, 23* — RQ 71 (1976) 1—21

ORIGENES

2085 *[Origenes] Origène. Commentaire sur saint Jean*, III: *Livre XIII.* Texte, avant-propos, trad. et notes par C. BLANC [SC 222]. Paris: du Cerf 1975. 306 pp.

2086 *[Origenes] Origene. Commento al Cantico dei cantici.* Trad., introd., note a cura di M. SIMONETTI. Roma: Città Nuova ed. 1976. 285 pp.

2087 *[Origenes] Origène. Contre Celse, V.* Par M. BORRET [SC 227]. Paris: Éd. du Cerf. 1976. 552 pp.

2088 *[Origenes] Origene: Disputa con Eraclide.* Introd., trad. e note a cura di GIOBBE GENTILI. Alba: Ed. Paoline 1971. 351 pp.

2089 *[Origenes] Origène. Homélies sur la Genèse.* Introd. de HENRI DE LUBAC et LOUIS DOUTRELEAU. Texte latin, trad. et notes de LOUIS DOUTRELEAU. Novelle éd. [SC 7 bis]. Paris: Éd. du Cerf 1976. 431 pp.

2090 *[Origenes] Origène. Homélies sur Jérémie. I.* Trad. par P. HUSSON, P. NAUTIN (SC 232]. Paris: Éd. du Cerf. 1976. 448 pp.

2091 *[Origenes] Origene. Omelie sulla Genesi e sull'Esodo.* Introduzione, traduzione e note di GIOBBE GENTILLI [Collana patristica e del pensiero cristiano]. Alba: Edizioni paoline 1976. 592 pp.

2092 *[Origenes] Origène Philocalie 21—27. Sur le libre arbitre.* Avant-propos, texte, trad. et notes par E. JUNOD [SC 226]. Paris: Éd. du Cerf 1976. 346 pp.

2093 *[Origenes] I principi. Contra Celsum e altri scritti filosofici.* Scelta, introd., trad. e note a cura di M. SIMONETTI [Coll. di class. della filos. crist. 7]. Firenze: Sansoni 1975. 340 pp.

2094 *[Origenes] Origenes. Von den Prinzipien: Περὶ ἀρχῶν; De principiis.* Hrsg., übers., mit kritischen und erläuternden Anmerkungen von H. GOERGEMANNS und H. KARPP [Texte der Forschung 24]. Darmstadt: Wiss. Buchges. 1976. X, 880 pp.

2095 *[Origenes] Origenes. Werke, XI: Matthäuserklärung, 2: Die lateinische Übersetzung der Commentariorum series.* Hrsg. von E. KLOSTERMANN, 2. bearbeitete Auflage hrsg. von U. TREU [GCS]. Berlin: Akademie-Verl. 1976. X, 307 pp.

2096 *[Origenes] Traité des principes. Traduction de la version latine de Rufin avec un dossier annexe d'autres témoins du texte.* Par M. HARL — G. DORIVAL — A. LE BOULLUEC. Paris: Études Augustiniennes 1975. 312 pp.

2097 ALEXANDRE, M. *Le statut des questions concernant la matière dans le Peri Archôn.* In: *Origeniana* (cf. 1975/76, 183) 63—81

2098 ALVES DE SOUSA, PIO GONÇALO *A presença de Cristo nos comentários de Origenes a Jo. 6, 55—57* — ThBraga 11 (1976) 313—334

2099 ARMANTAGE, J. *The best of both worlds. Origen's views on religion and resurrection.* In: *Origeniana* (cf. 1975/76, 183) 339—347

2100 BALÁS, D. L. *The idea of participation in the structure of Origen's thought. Christian transposition of a theme of the Platonic tradition.* In: *Origeniana* (cf. 1975/76, 183) 257—275

2101 BENZ, ERNST *The Contribution of Origin of Alexandria* — Abba 6 (1975) 17—36

2102 BLANC, CÉCILE *L'angélologie d'Origène.* In: *Studia Patristica 14* (cf. 1975/76, 201) 79—109

2103 BLANC, CÉCILE *Les nourritures spirituelles d'après Origène* — Didaskalia 6 (1976) 3—19

2104 BOSTOCK, D. G. *Egyptian influence on Origen.* In: *Origeniana* (cf. 1975/76, 183) 243—256

2105 BOYD, W. J. P. *Origen's concept of the love of God.* In: *Studia Patristica 14* (cf. 1975/76, 201) 110—116

2106 CHAPMAN, M. G. *Some Aspects of the Spirituality of Origen* — Diak 11 (1976) 178—184

[3020] CHAPPUZEAU, G.: Specialia in Vetus Testamentum

2107 CIGNELLI, L. *Giovanni 14, 28 nell'esegesi di Origene* — StBibF 25 (1975) 136—163

2108 CROUZEL, H. *Chronique origénienne* — BLE 76 (1975) 131—138; 77 (1976) 128—160

2109 CROUZEL, HENRI *Les personnes de la Trinité sont-elles de puissance inégale selon Origène, Peri Archon 1, 3, 5—8?* — Greg 57 (1976) 109—125

2110 CROUZEL, HENRI *Les prophéties de la résurrection selon Origène.* In: *Forma futuri* (cf. 1975/76, 149) 980—992

2111 CROUZEL, H. *Qu'a voulu faire Origène en composant le „Traité des principes"?* — BLE 76 (1975) 161—186; 241—260

[1423] CROUZEL, H.: Celsus

[2022] DALEY, B.: Leontius Byzantinus

2112 DALY, R. J. *Early Christian influences on Origen's concept of sacrifice.* In: *Origeniana* (cf. 1975/76, 183) 313—326

[1581] DECHOW, J. F.: Epiphanius

[1762] DENIAU, F.: Hieronymus

2113 DÖLGER, FRANZ JOSEPH *Christus als himmlischer Eros und Seelenbräutigam bei Origenes.* In: *Antike und Christentum 6* (cf. 1975/76, 137) 273—275

[1812] DÖLGER, F. J.: Ignatius Antiochenus

2114 DORIVAL, G. *Origène dans les „Chaînes sur les Psaumes": deux séries inédites de fragments.* In: *Origeniana* (cf. 1975/76, 183) 199—213

2115 DORIVAL, G. *Remarques sur la forme du Peri Archôn.* In: *Origeniana* (cf. 1975/76, 183) 33—45

2116 DOUTRELEAU, LOUIS *Le fragment grec de l'homélie II d'Origène sur la Genèse. Critique du texte* — RHT 5 (1975) 13—44

2117 ELORDUY, E. *El influjo estóico en Orígenes.* In: *Origeniana* (cf. 1975/76, 183) 277—288

[643] FINCH, C. E.: Palaeographica atque manuscripta

2118 FRÜCHTEL, EDGAR *Zum Todesgedanken bei Origenes (Eine Marginalie).* In: *Forma futuri* (cf. 1975/76, 149) 993—1002

[602] FRÜCHTEL, E.: ἀρχη

2119 GALLUCIO, A. *Attributi del Logos nella traduzione rufiniana del „De principiis" di Origene* — Nicolaus 3 (1975) 229—245

2120 GESSEL, W. *Die Theologie des Gebetes nach „De Oratione" von Origenes.* Paderborn: Schöningh 1975. 276 pp.

2121 GIROD, R. *La traduction latine anonyme du Commentaire sur Matthieu.* In: *Origeniana* (cf. 1975/76, 183) 125—138

2122 GODIN, A. *Une lecture sélective d'Origène à la Renaissance. Érasme et le Peri Archôn.* In: *Origeniana* (cf. 1975/76, 183) 83—95

[1609] GRANT, R. M.: Eusebius Caesariensis

[850] HADOT, P.: Ambrosius

2123 HARL, MARGUERITE *La „bouche" et le „cœur" de l'apôtre: Deux images bibliques du „sens divin" de l'homme (Proverbes 2, 5) chez Origène.* In: *Forma futuri* (cf. 1975/76, 149) 17—42

2124 HARL, M. *Structure et cohérence du Peri Archôn.* In: *Origeniana* (cf. 1975/76, 183) 11—32

2125 JACQUEMONT, PATRICK *Origène.* In: *L'eucharistie des premiers chrétiens* (cf. 1975/76, 143) 177—186

[556] KELBER, W.: Philosophica

[664] KRAMER, B.: Palaeographica atque manuscripta

2126 LANGE, N. R. M. DE *Jewish influence on Origen.* In: *Origeniana* (cf. 1975/76, 183) 225—242

2127 LANGE, NICHOLAS ROBERT MICHAEL DE *Origen and the jews. Studies in Jewish-Christian relations in third-Century Palestine* [University of Cambridge Oriental Publications 25]. Cambridge: Cambridge Univ. Press 1976. II, 234 pp.

2128 LANGE, N. R. M. DE *Origen and the Rabbis on the Hebrew Bible.* In: *Studia Patristica 14* (cf. 1975/76, 201) 117—121

2129 LAU, D. *Vermis conscientiae. Zur Geschichte einer Metapher.* In: *Apophoreta U. Hölscher* (cf. 1975/76, 106) 110—121

2130 LEANZA, S. *L'esegesi di Origene al libro dell'Ecclesiaste.* Reggio di Calabria: Ed. Parallelo 1975. 123 pp.

2131 LE BOULLUEC, A. *De la croissance selon les Stoiciens à la résurrection selon Origène* — REG 88 (1975) 143—155

2132 LE BOULLUEC, A. *La place de la polémique antignostique dans le Peri Archôn.* In: *Origeniana* (cf. 1975/76, 183) 47—61

2133 LINTON, O. *Origen and the Interpretation of the Baptist's Call to Repentance.* In: *Studia Patristica 14* (cf. 1975/76, 201) 148—159

2134 LOMIENTO, G. *Note sulla tradizione geronimiana delle „Omelie su Geremia" di Origene.* In: *Origeniana* (cf. 1975/76, 183) 139—162

[3038] MALINGREY, A.-M.: Specialia in Novum Testamentum

[1424] MARIÑO, P.: Celsus

2135 MARIÑO, PRIMITIVO *La guerra en el pensamiento de Orígenes y su entorno cristiano* — RIS 34 (1976) 7—37

[1986] MÉHAT, A.: Iustinus Martyr

[2758] MOELLER, E. W.: Creatio, providentia

[1329] NALDINI, M.: Basilius

2136 NAUTIN, P. *Notes critiques sur l'In Iohannem d'Origène (livre VI)* — RPh 49 (1975) 204—216

2137 NAUTIN, PIERRE *Note sur Origène, Hom. Luc. IV, 4 (substantia et natura = οὐσία)* — REA 22 (1976) 78—81

2138 OSBORN, E. F. *Origen and Justification: The Good Is One. There Is None Good But God* — AusBR 24 (1976) 18—29

[3036] PAPAGNO, J. L.: Specialia in Novum Testamentum

[3016] PARENTE, F.: Specialia in Vetus Testamentum

[2064] PATTERSON, L. G.: Methodius

2139 PENNA, A. *Levi il publicano nel „Contra Celsum" di Origene* — Bibbia e Oriente 18 (1976) 161

2140 PENNA, A. *La variante di Marco 3, 18 secondo Origene.* In: *Homenaje a Juan Prado* (cf. 1975/76, 160) 329—339

2141 PERETTO, E. *La lettura origeniana di Lc 2, 41—52* — Marianum 37 (1975) 336—357

2142 PERI, V. *Criteri di critica semantica dell'esegesi origeniana* — AugR 15 (1975) 5—27

2143 RIST, J. M. *The Greek and Latin texts of the discussion on free will in De Principiis, Book III.* In: *Origeniana* (cf. 1975/76, 183) 97—111

2144 RIUS-CAMPS, JOSEP *Orígenes y Marción. Carácter preferentemente antimarcionita del prefacio y del segundo ciclo del „Peri Archôn".* In: *Origeniana* (cf. 1975/76, 183) 297—312

2145 RIUS-CAMPS, J. *La suerte final de la naturaleza corpórea según el Peri archon de Origenes. Formulación fluctuante entre el dato revelado y los presupuestos filosóficos de un sistema.* In: *Studia Patristica 14* (cf. 1975/76, 201) 167—179

[2759] SANS, I.: Creatio, Providentia

2146 SCHÄFER, TH. *Das Priesterbild im Leben und Werk des Origenes* [Diss.]. Regensburg: 1975

2147 SGHERRI, G. *Il Patriarca Iullo (Origene, Prol. Ps.). Qualche nota in merito ad una identificazione* — Aevum 50 (1976) 142—150
2148 SHEERIN, D. *St. John the Baptist in the lower world* — VigChr 30 (1976) 1—22
[512] SIMONETTI, M.: Opera ad historiam
[2799] SIMONETTI, M.: Soteriologia
[3013] STAROBINSKI-SAFRAN, E.: Specialia in Vetus Testamentum
[574] TESELLE, E.: Philosophica
[2800] TORRANCE, T. F.: Soteriologia
2149 TOWNSLEY, A. L. *Origen's ὁ θεός Anaximander's τὸ θεῖον and a series of worlds. Some remarks* — OrChrP 41 (1975) 140—149
2150 TREVIJANO ETCHEVERRÍA, RAMÓN *Hermeneútica de la historia en Orígenes: el lenguaje des los relatos históricos.* In: *Miscelánea J. Zunzunegui,* III (cf. 1975/76, 179) 37—59
2151 TREVIJANO ETCHEVERRÍA, RAMÓN *Orígenes y la „Regula Fideï".* In: *Origeniana* (cf. 1975/76, 183) 327—338
2152 WALTER, V. L. *A reassessment of the tension between the biblical sources and Greek philosophy as it is expressed in the play between biblical and philosophical concepts in the development of Trinitarian thought in Origen of Alexandria.* In: *Origeniana* (cf. 1975/76, 183) 289—295
[577] YOUNG, M. O.: Philosophica

OROSIUS

[1011] BONAMENTE, G.: Augustinus
2153 CARVALHO CORREIA, F. *Orósio e Hidácio perante as invasões* — ThBraga 11 (1976) 81—98
[55] FONTAINE, J.: Opera ad patrologiam universalem
[1606] FREND, W. H. C.: Eusebius Caesariensis
2154 GREEN, TAMARA MARCUS *Zosimus, Orosius and their traditions: comparative studies in pagan and Christian historiography.* Diss. New York University 1974. 286 pp. U. M.

OSSIUS CORDUBENSIS

[2028] TIETZE, W.: Lucifer Calaritanus

PACHOMIUS

2155 *[Pachomius] Die Briefe des Pachomius. Griechischer Text der Handschrift W. 145 des Chester Beatty Library.* Eingeleitet und herausgegeben von H. QUECKE. Anhang: *Die koptischen Fragmente und Zitate der Pachombriefe* [TPL 11]. Regensburg: Pustet 1975. 118 pp.

2156 CRANENBURGH, H. VAN *Les noms de Dieu dans la prière de Pachôme et de ses frères* — RHSpir 52 (1976) 193—211
[1356] DESEILLE, P.: Benedictus Nursinus
2157 LOZANO, J. M. *La comunità pacomiana: dalla comunione all'istituzione* — Claretianum 15 (1975) 237—267
2158 LOZANO, J. M. *The doctrine and Practice of Poverty in Early Monasticism* — Claretianum 16 (1976) 5—32
2159 LOZANO, JUAN MANUEL *The Pachomian Experience* — RRel 35 (1976) 559—571
2160 QUECKE, H. *Ein Brief von einem Nachfolger Pachoms (Chester Beatty Library Ms. Ac. 1486)* — Orientalia 44 (1975) 426—433
2161 QUECKE, H. *Die griechische Übersetzung der Pachombriefe (Dublin, Chester Beatty Library, Ms. W. 145)* — StPap 15 (1976) 153—159
2162 SAMIR, K. *Témoins arabes de la catéchèse de Pachôme. „A propos d'un moine rancunier" (CPG 2354.1)* — OrChrP 42 (1976) 494—508
2163 VOGÜÉ, A. DE *Les noms de la porte et du portier dans la Règle de Pachôme* — StMon 17 (1975) 233—235
2164 VOGÜÉ, A. DE *Sur la terminologie de la pénitence dans la Règle de saint Pachôme* — StMon 17 (1975) 7—12

PALLADIUS HELENOPOLITANUS

2165 BERG, B. *Dandamis. An early christian portrait of Indian ascetism* — CM 31 (1970) 269—305
2166 BERG, B. *The letter of Palladius on India* — By 44 (1974) 5—16
2167 BUCK, D. F. *The structure of the Lausiac history* — Byz 46 (1976) 292—307
2168 MEYER, R. T. *Palladius and the Study of Scripture.* In: *Studia Patristica 13* (cf. 1975/76, 200) 487—490

PAPIAS

2169 MULLINS, T. Y. *Papias and Clement and Mark's two Gospels* — VigChr 30 (1976) 189—192

PATRES APOSTOLICI

2170 *[Patres Apostolici] Die Apostolischen Väter.* Eingel., hrsg., übertr. und erl. von JOSEPH ANTON FISCHER [Schriften des Urchristentums 1]. Darmstadt: Wissenschaftliche Buchgesellschaft 1976. XV, 281 pp.
[2690] ARIAS GÓMEZ, J.: Ius canonicum
2171 BARNARD, L. W. *Studies in the Apostolic Fathers and their Background.* Oxford: 1976, x, 176 pp.

2172 FISCHER, J. A. *Die ältesten Ausgaben der Patres Apostolici. Ein Beitrag zu Begriff und Begrenzung der Apostolischen Väter, 2* — HJ 95 (1975) 88—119

2173 KUHN, H.-W. *Jesus als Gekreuzigter in der frühchristlichen Verkündigung bis zur Mitte des 2. Jahrhunderts* — ZThK 72 (1975) 1—46

2174 MŁOTEK, A. *Trynitarne aspekty moralności w nauce Ojców Apostolskich (Trinitarische Aspekte der Moral in der Lehre der Apostolischen Väter)* — ColSal 7 (1975) 251—264

2175 ROHDE, J. *Urchristliche und frühkatholische Ämter. Eine Untersuchung zur frühchristlichen Amtsentwicklung im Neuen Testament und bei den apostolischen Vätern* [Theol. Arb. 23]. Berlin: Evang. Verl.-Anst. 1976. 220 pp.

[72] VIELHAUER, P.: Opera ad patrologiam universalem

PATRICIUS HIBERNORUM

2176 *[Patricius Sanctus] The bishop's synod ("The first synod of St. Patrick")*. A symposium with text, transl. and comm. ed. by M. J. FARIS [ARCA Classical Texts and Medieval Texts, Papers and Monographies 1]. Liverpool: School of Classics Univ. of Liverpool 1976. VI, 63 pp.

[2412] HANSON, R. P. C.: Victorinus Petaviensis

2177 HANSON, R. P. C. *The omissions in the text of the Confession of St. Patrick in the Book of Armagh.* In: *Studia Patristica XII* (cf. 1975/76, 199) 91—95

2178 O'MEARA, JOHN J. *Patrick's ,confessio' and Augustine's ,confessiones'.* In: *Latin Script and Letters* (cf. 1975/76, 171) 44—53

2179 ROWLAND, R. J. *The Patrick question. An hypothesis* — CM 30 (1969) 383—384

PAULINUS MEDIOLANENSIS

2180 BASTIAENSEN, A. *Paulin de Milan et le culte des martyrs chez saint Ambroise.* In: *Ambrosius Episcopus* (cf. 1975/76, 103) 143—150

2181 MCCLURE, ROBERT *St. Gall 569 and the text of the "Vita Ambrosii" of Paulinus.* In: *Forma futuri* (cf. 1975/76, 149) 656—665

PAULINUS NOLANUS

2182 *[Paulinus Nolanus] The Poems of St. Paulinus of Nola.* Tr. and annotated by P. G. WALSH [ACW 40]. Paramus, NJ: Newman Press 1975. VI, 443 pp.

[2230] CHARLET, J.-L.: Prudentius

2183 Corsaro, F. *L'autore del De mortibus boum. Paolino da Nola e la politica religiosa di Teodosio* — Orpheus 22 (1975) 3—26

2184 Costanza, S. *Aspetti autobiografici nell'opera poetica di Paolino di Nola* — GiorFil 27 (1975) 265—277

2185 Costanza, Salvatore *Il paesaggio nell'opera poetica di Paolino da Nola*. In: *Forma futuri* (cf. 1975/76, 149) 741—754

[834a] Costanza, S.: Ambrosius Mediolanensis

2187 Erdt, Werner *Christentum und heidnisch-antike Bildung bei Paulin von Nola*. Mit Kommentar und Übersetzung des 16. Briefes [BKP 82]. Meisenheim am Glan: Hain 1976. XVII, 317 pp.

2188 Frend, W. H. C. *The Two Worlds of Paulinus of Nola*. In: *Religion...* (cf. 1975/76, 150) Nr. XV

2189 Junod-Ammerbauer, Helena *Le poète chretien selon Paulin de Nole. L'adaptation des thèmes classiques dans les „Natalicia"* — REA 21 (1975) 13—54

2190 Lipinsky, A. *Le decorazioni per la basilica di S. Felice negli scritti di Paolino di Nola* — VetChr 13 (1976) 65—80

2191 Quiroga, S.; César, E. *Notas acerca de ‚demonio' en la poesía de Paulino de Nola. Contribuciones para la delimitación de un campo semático en la poesía latino-cristiana antigua* — Romanica 8 (1975) 75—105

2192 Shackleton, Bailey, D. R. *Critical notes on the poems of Paulinus Nolanus* — AJPh 97 (1976) 3—19

2193 Walsh, P. G. *Paulinus Nolanus, Carmen 24*. In: *Latin Script and Letters* (cf. 1975/76, 171) 37—43

2194 Walsh, P. G. *Paulinus of Nola and Virgil* — ProcVS 15 (1975/76) 7—15

2195 Wright, J. C. *Saint Paulinus of Nola*. In: *Classica et Iberica* (cf. 1975/76, 123) 417—425

PAULINUS PELLENSIS

2196 Griffe, É. *Paulin de Pella, le „pénitent"* — BLE 76 (1975) 121—125

2197 Johnston, C. *Paulinus of Pella* — HistoryT 25 (1975) 761—769

PAULUS DIACONUS

2198 Alfonsi, L. *Romani e barbari nella Historia Langobardorum di Paolo Diacono* — RomBarb 1 (1976) 7—22

2199 Alfonsi, L. *La Sicilia nell'historia di Paolo Diacono*. In: *Byzantino-Sicula II* (cf. 1975/76, 115) 49 45—50

2200 Peruzzi, E. *Un etruschismo del latino religioso* — RFC 104 (1976) 144—148

2201 TIRR, D. A. *The attitude of the West towards the Avars* —
AArchHung 28 (1976) 111—121

PAULUS SAMOSATENSIS

2202 BALDINI, A. *Il ruolo di Paolo di Samosata nella politica culturale
di Zenobia e la decisione di Aureliano ad Antiochia* — RSA 5
(1975) 59—78
[1602] BURKE, J.: Eusebius

PELAGIUS

2203 FRANSEN, PIET *Was Pelagius werkelijk pelagiaans? Notitie* —
BijFTh 37 (1976) 86—93
2204 GRESHAKE, G. *Gnade als konkrete Freiheit. Eine Untersuchung zur
Gnadenlehre des Pelagius.* Mainz: Grünewald 1976. 344 pp.
2205 GROSSI, V. *La formula „credo (in) remissionem peccatorum" agli
inizi della polemica pelagiana.* In: *Studia Patristica 14* (cf. 1975/76,
201) 428—442
2206 MARROU, H.-I. *Les attaches orientales du pélagianisme.* In: *Patristique et humanisme* (cf. 1975/76, 174) 331—344
[1161] MENGARELLI, A.: Augustinus
[692] SPEIGL, G.: Palaeographica atque manuscripta
[537] WERMELINGER, O.: Opera ad historiam

PETRUS ALEXANDRINUS

2207 ORLANDI, TITO *La raccolta copta delle lettere attribuite a Pietro
Alessandrino* — AB 93 (1975) 127—132

PETRUS CHRYSOLOGUS

2208 *[Petrus Chrysologus] Sancti Petri Chrysologi Collectio sermonum
a felice episcopo parata sermonibus extravagantibus adiectis.* Cura
et studio ALEXANDRI OLIVAR [CChr series latina 24]. Turnholti:
Brepols 1975. p. I. LXV, 361 pp.
2209 SOTTOCORNOLA, F. *L'anno liturgico nei Sermoni di Pietro Criso-
logo. Ricerca storico-critica sulla liturgia di Ravenna antica* [Studia
Ravennatensia 1]. Cesena: Centro Studi e ric. sulla antica provincia
eccles. ravennate 1973, 462 pp.

PHILEAS

2210 EMMETT, A. A.; PICKERING, K. *The importance of P. Bodmer XX.
The Apology of Phileas and its problems* — Prudentia 7 (1975)
95—103

PHILO CARPASIANUS

2211 CERESA-GASTALDO, ALDO *L'esegesi biblica nel „Commento al Can-tico dei Cantici" di Filone di Carpasia*. In: *Forma futuri* (cf. 1975/76, 149) 79—90

PHILOXENUS MABBUGENSIS

[2777] CHESNUT, R. C.: Christologia
2212 FOX, D. J. *The so-called Matthew-Luke commentary of Philo-xenius, Bishop of Mabbug (485—519) (British Museum MS Add. 17, 126 and related fragments)*. [Diss.]. Univ. of Toronto: 1975.
2213 VOÖBUS, ARTHUR *La biographie de Philoxène. Tradition des manuscrits* — AB 93 (1975) 111—114

POLYCARPUS

2214 *Die beiden Polykarp-Briefe*. In: *Die Apostolischen Väter* (cf. 1975/76, 2170) 227—265

POTAMIUS

2215 MONTES MOREIRA, A. *Le retour de Potamius de Lisbonne à l'orthodoxie nicéenne* — Didaskalia 5 (1975) 303—354

PRAXEAS

2216 HALL, S. G. *Praxeas and Irenaeus*. In: *Studia Patristica 14* (cf. 1975/76, 201) 145—147

PRISCILLIANUS

2217 CHADWICK, HENRY *Priscillian of Avila. The Occult and the Charismatic in the Early Church*. Oxford: Clarendon Press 1976. XIV, 250 pp.
2218 GOOSEN, ALOYSIUS BERNARDUS JOSEF MARIA *Achtergronden van Priscillianus' christelijke ascese*. Nijmegen: Katholieke Univ. 1976. VIII, 123 pp.
2219 MARTIN, J. *Logos bei Priscillianus* — Tr 31 (1975) 317—318

PROCLUS

2220 ISAAC, D. *Le thème de la genèse chez Proclos ou les servitudes du discours, IV* — RMM 81 (1976) 467—477
2221 SAFFREY, H. D. *Allusions antichrétiennes chez Proclus; le diadoque platonicien* — RSPhTh 59 (1975) 553—563

2222 SAFFREY, H.-D. *Théologie et anthropologie d'après quelques préfaces de Proclus.* In: *Images of man in ancient and medieval thought* (cf. 1975/76, 163) 199—212
[2983] WHITTAKER, J.: Gnostica
[1697] WHITTAKER, J.: Gregorius Nazianzenus

PROCLUS CONSTANTINOPOLITANUS

2223 HALKIN, F. *L'éloge de Jean Chrysostome par Proclus de Constantinople* — AB 93 (1975) 20

PROCOPIUS GAZAEUS

2224 GARZYA, A. *Per la storia della tradizione delle Epistole di Procopio di Gaza* — BolClass 24 (1976) 60 63

PROSPER AQUITANIUS

2225 FERNÁNDEZ LÓPEZ, LORENZO *Significado de San Próspero de Aquitania en la historia de la teología* — NatGrac 23 (1976) 399—415
2226 LETTER, P. DE *Gratia generalis in the De vocatione omnium gentium and in St. Augustine.* In: *Studia Patristica 14* (cf. 1975/76, 201) 393—401

PRUDENTIUS

2227 ARCE, J. *Los versos de Prudencio sobre el emperador Juliano* — Emerita 44 (1976) 129—141
2228 ASSENDELFT, MARION M. VAN *Sol ecce surgit igneus. A comm. on the morning and evening hymns of Prudentius.* Groningen: Bouma 1976. VII, 275 pp.
2229 BARNES, T. D. *The historical setting of Prudentius' Contra Symmachum* — AJPh 97 (1976) 373—386
2230 CHARLET, J.-L. *Prudence lecteur de Paulin de Nole. A propos du 23e quatrain du Dittochaeon* — REA 21 (1975) 55—62
2231 CUNNINGHAM, M. P. *Contexts of Prudentius' poems* — ClPh 71 (1976) 56—66
2232 DÍAZ Y DÍAZ, M. *Prudencio en la Hispania visigótica. Unas breves notas.* In: *Corona gratiarum II* (cf. 1975/76, 132) 61—70
2233 DÖLGER, FRANZ JOSEPH *Die religiöse Brandmarkung in den Kybele-Attis-Mysterien nach einem Texte des christlichen Dichters Prudentius.* In: *Antike und Christentum I* (cf. 1975/76, 134) 66—72
2234 FONTAINE, JACQUES *Le mélange des genres dans la poésie de Prudence.* In: *Forma futuri* (cf. 1975/76, 149) 755—777
[55] FONTAINE, J.: Opera ad patrologiam universalem

2235 FRASCA, A. *Alcuni nuovi elementi protrettici nel Contra Symmachum di Prudenzio* — NDid 23 (1973) 3—21

[1432] GNILKA, C.: Claudius Claudianus

2236 HERMANN, J. P. *The Pater noster battle sequence in Solomon and Saturn and the Psychomachia of Prudentius* — NPM 77 (1976) 206—210

2237 KENNEL, W. VON *Die Rolle des Sprechers in den Märtyrerhymnen des Prudentius.* Konstanz: 1975. 202 pp.

2238 MAGUZZU, C. *L'utilizzazione allegorica di Virgilio nella Psychomachia di Prudenzio* — BStudLat 5 (1975) 13—23

2239 MARINER BIGORRA, SEBASTIÁN *Prudencio y Venancio Fortunato: influencia de un metro* — Helmántica 26 (1975) 333—340

2240 PASCUAL TORRO, JOAQUIN *Antropología de Aurelio Prudencio* [Publicaciones del Instituto Español de Historia Eclesiástica. Monografías, 23]. Roma: Iglesia Nacional Española 1976. 152 pp.

2241 PILLINGER, R. *Ein Textproblem bei Prudentius (Per 12, 31—34)* — VetChr 13 (1976) 113—115

2242 PILLINGER, R. *Die Tituli Historiarum oder das sogenannte Dittochaeon des Prudentius. Versuch eines archäologisch-philologischen Kommentars.* [Diss.]. Wien: 1976. V, 189 pp.

2243 SMITH, MACKLIN *Prudentius' „Psychomachia"; a Reexamination.* Princeton: Univ. Press 1976. XII, 312 pp.

2244 VEREMANS, J. *L'asclépiade mineur chez Horace, Sénèque, Terentianus Maurus, Prudence, Martianus Capella et Luxorius* — Latomus 35 (1976) 12—42

QUADRATUS

2245 *Das Quadratus-Fragment.* In: *Die Apostolischen Väter* (cf. 1975/76, 2170) 267—273

QUOTVULTDEUS

2246 *[Quodvultdeus] Opera Quodvultdeo Carthaginiensi episcopo tributa (Liber promissionum et praedictorum Dei, Sermons, Lettres).* ed. RENÉ BRAUN [CChr Series Latina 60]. Turnhout: Brepols 1976. CVI, 690 pp.

REGULA MAGISTRI

2247 *[Regula Magistri] Die Regel des Magister oder Die Regel der heiligen Väter.* Ins Dt. übertr. von A. OHLMEYER. Münsterschwarzach: Vier-Türme-Verl. 1974. 159 pp.

2248 *** *Quasi una ecclesia. L'ecclésiologie monastique du Maître. Essai d'anamorphose par un cistercien.* In: *Mélanges E. Bréguet* (cf. 1975/76, 177) 55–62

2249 BHALDRAITHE, E. DE *The morning office of the Rule of the Master* — RBS 5 (1976) 201—223

[1351] BHALDRAITHE, E. DE: Benedictus

2250 BORIAS, A. *Les relations du moine avec sa famille d'après le Maître et S. Benoît* — RBS 5 (1976) 13—25

2251 BORIAS, A. *La Règle du Maître et la Règle de S. Benoît ou l'histoire des origines d'une controverse. A propos d'un livre de Bernd Jaspert* — RBS 5 (1976) 299—306

2252 CORBETT, P. B. *Unidentified source material common to Regula Magistri, Regula Benedicti and Regula IV Patrum?* — RBS 5 (1976) 27—31

2253 GÉNESTOUT, A. *Die Magisterregel — eine würdige Grundlage der Regel des hl. Benedikt?* In: *Askese und Mönchtum* (cf. 1975/76, 107) 327—348

2254 GINDELE, C. *Gerichtsengel und Gerichtsreden der Visio Pauli in der Magister- und Benediktsregel und bei Cäsarius* — RBS 3/4 (1974/75) 15—34

2255 GINDELE, C. *Verspätung, Verzögerung und Kürzung im Gottesdienst der Magister- und Benedictusregel* — RBen 86 (1976) 306—321

[1592] HAEUSSLING, A. A.: Eugippius

[1368] JASPERT, B.: Benedictus Nursinus

2256 KNOWLES, M. D. *The Monastic Life of the Master's Rule.* In: *Studia Patristica 13* (cf. 1975/76, 200) 471—478

[1834] MASAI, F.: Iohannes Cassianus

2257 SELLA, B. *La Regla del Maestro* — Cistercium 28 (1976) 135—143; 239—255; 305—317

2258 VEUBEKE, A. C. *L'emploi de enim pour autem dans la Règle du Maître* — Latomus 34 (1975) 449—464

2259 VOGÜÉ, A. DE *L'abbé et son conseil. Cohérence du chapitre second du Maître* — RBS 3/4 (1974/75) 7—14

2260 VOGÜÉ, ADALBERT DE *Les conseils évangeliques chez le Maître et Saint Benoît.* In: *Los Consejos Evangelicos...* (cf. 1975/76, 129) 13—27

2261 VOGÜÉ, A. DE *Sur un titre de chapitre de la Règle du Maître* — RHSpir 51 (1975) 305—309

ROMANUS MELODUS

2261 GROSDIDIER DE MATONS, JOSÉ *Romanos le Mélode et les origines de la poésie religieuse à Byzance.* Paris: Ed. Beauchesne 1975. 336 pp.

2262 REICHMUTH, ROLAND JOSEPH *Typology in the genuine of Romanus the Melodist.* Univ. of Minnesota, Diss. 1975. 239 pp.

2263 SCHORK, R. J. *Romanos, On Joseph I, stanza a. Text and type —* Byzan 45 (1975) 131—144
2264 TOPPING, EVA *The Apostle Peter, Justinian and Romanos the Melodos* — BMGS 2 (1976) 1—15

RUFINUS AQUILEIENSIS

2265 RYBA, B. *Rufini Historiae monachorum reliquiae Altovadenses* — Studie o rukopisech 12 (1973) 161—173

SALVIANUS MASSILIENSIS

2266 *[Salvianus] Œuvres*, II: *Du gouvernement de Dieu.* Introd., texte crit., trad. et notes par G. LAGARRIGUE [SC 220]. Paris: Ed. du Cerf 1975. 604 pp.
2267 BADOT, PH. *L'utilisation de Salvien et de la Vita Patrum Iurensium comme sources historiques* — RBPh 54 (1976) 391—405
2268 FISCHER, HUBERT *Die Schrift des Salvian von Marseille „An die Kirche". Eine historisch-theologische Untersuchung* [Europäische Hochschulschriften 23, 57]. Bern: H. Lang 1976. 189 pp.
[1606] FREND, W. H. C.: Eusebius Caesariensis
2269 LOF, L. J. VAN DER *Die Gotteskonzeption und das Individuum bei Salvianus.* In: *Studia Patristica 13* (cf. 1975/76, 200) 322—329

SEDULIUS

2270 OPELT, ILONA *Die Szenerie bei Sedulius* — JAC 19 (1976) 109—119
2271 TIBILETTI, CARLO *Note al testo del „Paschale Carmen" di Sedulio.* In: *Forma futuri* (cf. 1975/76, 149) 778—788

SEMʿÔN dBÊṮ ARŠĀM

2272 DEVOS, P. *Quelques aspects de la nouvelle lettre, récemment découverte, de Siméon de Bêth-Aršām sur les martyrs Himyarites.* In: *IV Congr. Internaz. di Studi Etiopicii* (cf. 1975/76, 128) 107—116

SERGIUS IACOBITA

2273 ROEY, A. VAN *Une lettre du patriarche jacobite Serge I (557—561)* — ParOr 6/7 (1975/76) 213—228

SEVERIANUS GABALENSIS

[1853] AUBINEAU, M.: Iohannes Chrysostomus
[1619] LEHMANN, H. J.: Eusebius Emesenus

SEVERUS ANTIOCHENUS

2274 *[Severus Antiochenus]* Les *‚Homeliae'* cathedrales de Sévère *d'Antioche: hom. 1 à 17.* Ed. par M. Brière et autres [PO 38,2]. Turnholt: Brepols 1976. pp. 249—467

2275 Brock, S. P. *Some new letters of the patriarch Severos.* In: *Studia Patristica 12* (cf. 1975/76, 199) 17—24

2276 Caubet Iturbe, J. *La cadena coptoárabe de los evangelios y Severo de Antioquía.* In: *Homenaje a Juan Prado* (cf. 1975/76, 160) 421—432

[2777] Chesnut, R. C.: Christologia

2277 Dalmais, I. H. *Source baptismale et mystère pascal, d'après les homélies de Sévère d'Antioche sur „La préparation quadragésimale de l'entrée au baptistère"* — ParOr 6/7 (1975/76) 349—356

2278 Frend, W. H. C. *Severus of Antioch and the Origins of the Monophysite Hierarchy.* In: *Religion...* (cf. 1975/76, 150) Nr. XIX

2279 Gribomont, Jean *La catéchèse de Sévère d'Antioche et le „Credo"* — ParOr 6/7 (1975/76) 125—158

2280 Halleux, André de *Une notice syro-chalcédonienne sur Sévère d'Antioche* — ParOr 6/7 (1975/76) 461—478

2281 Lash, C. J. A. *The scriptural citations in the Homiliae Cathedrales of Severus of Antioch and the textual criticism of the Greek Old Testament.* In: *Studia Patristica 12* (cf. 1975/76, 199) 321—327

2282 Samuel, V. C. *Further Studies in the Christology of Severus of Antioch* — EPh 58 (1976) 270—301

2283 Vööbus, A. *Découverte d'une lettre de Sévère d'Antioche* — REB 33 (1975) 295—298

2284 Vööbus, Arthur *Die Entdeckung einzigartiger liturgischer Urkunden. Der Gedächtnistag des Severus von Antiochien in neuer Beleuchtung* — ALW 17/18 (1975/76) 76—79

2285 Vööbus, A. *Die Entdeckung von zwei neuen Biographien des Severus von Antiochien* — ByZ 68 (1975) 1—3

2286 Vööbus, A. *Neue Entdeckungen für die Biographie des Severus von Antiochien von Jōhannān von Bēt Aphtōnjā* — OstkiSt 24 (1975) 333—337

2287 Zabolotskij, N. *La christologie des anciennes Églises orientales dans la théologie de Sévère d'Antioche* [en russe] — ŽurMP 10 (1975) 66—69, 11 (1975) 64—67, 12 (1975) 56—61

SEVERUS ENDELECHIUS RHETOR

2288 Alimonti, Terenzio *Struttura, ideologia ed imitazione virgiliana nel „De mortibus boum" di Endelechio.* Torino: Giappichelli 1976. 117 pp.

2289 SCHATKIN, MARGARET *Endelechius' Eclogue and the Conversion of Constantine* — Andover Newton Quarterly 15 (1975) 228—237

SOCRATES

2290 CHESNUT, G. F. *Kairos and cosmic sympathy in the church historian Socrates Scholasticus* — CH 44 (1975) 161—166

SOPHRONIUS

2291 FERNÁNDEZ MARCOS, NATALIO *Los „Thaumata" de Sofronio: Contribución al estudio de la „Incubatio" cristiana* [CSIC, Manuales y anejos de Emerita, 31]. Madrid: Instituto „Antonio de Nebrija" 1975. XXVI, 409 pp.

SULPICIUS SEVERUS

2292 ANDEL, G. K. VAN *The christian concept of history in the chronicle of Sulpicius Severus*. Amsterdam: Hakkert 1976. IV, 195 pp.
[2431] FONTAINE, J.: Hagiographica
2293 FONTAINE, JACQUES *L'Affaire Priscillien ou l'ère des nouveaux Catilina; observations sur le „Sallustianisme" de Sulpice Sévère.* In: *Classica et Iberica* (cf. 1975/76, 123) 355—392

SYMEON/MACARIUS

2294 QUISPEL, GILLES *An Apocryphal Variant in Macarius* — OLP 6/7 (1975/76) 487—492
2295 STROTHMANN, W. *Makarios/Symeon. Das arabische Sondergut* [GöO 1. R. Syriaca 11]. Wiesbaden: Harrassowitz 1975. XI, 102 pp.

SYMMACHUS

2296 BONNEY, R. *A new friend for Symmachus?* — Historia 24 (1975) 357—374
2297 CRISTO, S. *A note on four letters of Symmachus on the revival of the censorship* — CB 51 (1975) 53—54
2298 CRISTO, S. *The Relationship of Symmachus to Stilicho and Claudian* — AteRo 21 (1976) 53—59
2299 FORLIN PATRUCCO, M.; RODA, S. *Le lettere di Simmaco ad Ambrogio. Vent'anni di rapporti amichevoli.* In: *Ambrosius Episcopus* (cf. 1975/76, 103) 284—297

SYNESIUS CYRENENSIS

2300 BREGMAN, JAY ALAN *Synesius of Cyrene: a case study in the conversion of the Greco-Roman aristocracy* [Diss.]. Yale University 1974. 284 pp.

[1594] CAVALCANTI, E.: Eunomius

2301 CAVALCANTI, ELENA *Y a-t-il des problèmes Eunomiens dans la pensée trinitaire de Synésius?* In: *Studia Patristica 13* (cf. 1975/76, 200) 138—144

2302 GARZYA, ANTONIO *Per l'edizione delle Epistole di Sinesio, 1—3.* In: *Storia e interpretazione*... (cf. 1975/76, 152) Nr. XXII

2303 GARZYA, ANTONIO *Per l'edizione delle Epistole di Sinesio, 4.* In: *Storia e interpretazione*... (cf. 1975/76, 152) Nr. XXIII

2304 GARZYA, ANTONIO *Per l'edizione delle Epistole di Sinesio, 5: I.* In: *Storia e interpretazione*... (cf. 1975/76, 152) Nr. XXV

2305 GARZYA, ANTONIO *Per l'edizione delle Epistole di Sinesio, 5: II.* In: *Storia e interpretazione*... (cf. 1975/76, 152) Nr. XXVa

2306 GARZYA, ANTONIO *Per l'edizione delle Epistole di Sinesio, 6.* In: *Storia e interpretazione*... (cf. 1975/76, 152) Nr. XXVI

2307 GARZYA, ANTONIO *Inventario dei manoscritti delle Epistole di Sinesio.* In: *Storia e interpretazione*... (cf. 1975/76, 152) Nr. XXI

2308 GARZYA, ANTONIO *Nuovi scoli alle Epistole di Sinesio.* In: *Storia e interpretazione*... (cf. 1975/76, 152) Nr. XXVIII

2309 GARZYA, ANTONIO *Scoli inediti alle Epistole di Sinesio.* In: *Storia e interpretazione*... (cf. 1975/76, 152) Nr. XXVII

2310 GARZYA, ANTONIO *Synesios' Dion als Zeugnis des Kampfes um die Bildung im 4. Jahrhundert nach Christus.* In: *Storia e interpretazione*... (cf. 1975/76, 152) Nr. II

2311 MARROU, H.-I. *Synesius of Cyrene and Alexandrian Neoplatonism.* In: *Patristique et humanisme* (cf. 1975/76, 174) 295—320

2312 PFLIGERSDORFFER, GEORG *Der Schicksalsweg der Menschenseele nach Synesios und nach dem jungen Augustinus* — GB 5 (1976) 147—179

2313 PIÑERO SÁENZ, ANTONIO *La imagen del filósofo y sus relaciones con la literatura. Un estudio sobre el „Dión" de Sinesio de Cirene y de sus fuentes* — CFC 9 (1975) 133—200

2314 TINNEFELD, FRANZ *Synesios von Kyrene: Philosophie der Freude und Leidensbewältigung.* In: *Studien zur Literatur der Spätantike* (cf. 1975/76, 203) 139—180

2315 VOGT, J. *Philosophie und Bischofsamt. Der Neuplatoniker Synesios in der Entscheidung* — GB 4 (1975) 295—309

TATIANUS

2316 BAARDA, TJITZE *An Archaic Element in the Arabic Diatessaron (T^A 46 : 18 = Joh XV 2)?* — NovTest 17 (1975) 151—155

2317 BIRDSALL, J. N. *The sources of the Pepysian harmony and its links with the Diatessaron* — NTS 22 (1976) 215—223

2318 HIGGINS, ANGUS *Tatian's Diatessaron and the Arabic and Persian Harmonies.* In: *Studies in New Testament Language and Text* (cf. 1975/76, 205) 246—261

[557] KING, J. T.: Philosophica

2319 QUISPEL, GILLES *Tatian and the Gospel of Thomas. Studies in the history of the Western Diatessaron.* Leiden: Brill 1975. X, 200 pp.

2320 WHITTAKER, MOLLY *Tatian's Educational Background.* In: *Studia Patristica 13* (cf. 1975/76, 200) 57—59

TERTULLIANUS

2321 *[Tertullianus] Le baptême. Le premier traité chrétien.* Introd. et notes par F. REFOULE, trad. en collab. avec M. DROUZY [Coll. Foi vivante 176]. Paris: Ed. du Cerf 1976. 120 pp.

2322 *[Tertullianus] Tertullien, La chair du Christ.* I: *Introduction, texte critique et traduction.* II: *Commentaire et index.* Par J.-M. MAHÉ [SC 216/217]. Paris: du Cerf 1975. 477 pp.

2323 *[Tertullianus] La corona.* Introd., e trad. con testo a fronte a cura di C. A. RAPISARDA — Orpheus 21 (1974) 61—115

2324 *[Tertullianus] A moda feminina. Os espectáculos.* Trad., introd. e notas de F. MELRO, J. MAIA [Origens do Cristianismo]. Lisboa: Ed. Verbo. 1974. 122 pp.

2325 AYERS, ROBERT H. *Tertullian's „Paradox" and „Contempt for Reason" Reconsidered* — ExpT 88 (1975/76) 308—311

2326 BARCALA, A. *„Con más razón hay que creer..." (un pasaje olvidado de Tertuliano)* — EE 51 (1976) 347—367

2327 BÉVENOT, MAURICE *Tertullian's thoughts about the christian „priesthodd".* In: *Corona Gratiarum I* (cf. 1975/76, 130) 125—137

2328 BOUGHNER, ROBERT FULKERSON *Satire in Tertullian* [Diss.]. The Johns Hopkins University 1975. 170 pp.

2329 BRAUN, R.; FREDOUILLE, J. C.; PETITMENGIN, P. *Chronica Tertulliana 1975* — REA 22 (1976) 298—314

2330 BRAUN, RENÉ *Deus Christianorum. Recherches sur le vocabulaire doctrinal de Tertullien.* 2e éd. Paris: Études Augustiniennes 1976. 740 pp.

2331 BRÜCK, M. *„Genugtuung" bei Tertullian* — VigChr 29 (1975) 276—290

2332 CANTALAMESSA, RANIERO *Una fonte pseudoclementina in Tertulliano?* In: *Forma futuri* (cf. 1975/76, 149) 350—360

2333 CARBONERO, O. „Astutia suadendi", „duritia saeviendi". I due volti del sistema pagano in Tertulliano — RFN 67 (1975) 718—722

2334 CARBONERO, O. Un esempio di ritorsione implicita in Tertulliano — VetChr 13 (1976) 23—28

2335 CARBONERO, O. La fortuna letteraria della polemica tertulliana intorno all'osservanza del mos maiorum — Vichiana 5 (1976) 305—307

2336 CHURCH, F. FORRESTER Sex and Salvation in Tertullian — HThR 68 (1976) 83—102

[226] CLAESSON, G.: Subsidia

[227] CLAESSON, G.: Subsidia

2337 DÖLGER, FRANZ JOSEPH Ne quis adulter! Christliche und heidnische Ächtung des Ehebruchs in der Kultsatzung. Zum Verständnis der scharfen Kritik Tertullians an dem Bußedikt des christlichen „Pontifex Maximus". In: Antike und Christentum III (cf. 1975/76, 135a) 132—148

2338 DÖLGER, FRANZ JOSEPH Anulus pronubus. Der eiserne und goldene Verlobungsring nach Plinius und Tertullianus „Unser tägliches Brot". In: Antike und Christentum V (cf. 1975/76, 136) 188—200

2339 DÖLGER, FRANZ JOSEPH Die Apollinarischen Spiele und das Fest Pelusia. Zu Tertullian „De baptismo 5". In: Antike und Chrsitentum I (cf. 1975/76, 134) 150—155

2340 DÖLGER, FRANZ JOSEPH Heidnische Begrüßung und christliche Verhöhnung der Heidentempel. Despuere und exsufflare in der Dämonenbeschwörung. Kultur- und religionsgeschichtliche Bemerkungen zu Tertullian „De idolatria 11". In: Antike und Christentum III (cf. 1975/76, 135a) 192—203

2341 DÖLGER, FRANZ JOSEPH Bewertung von Mitleid und Barmherzigkeit bei Tertullianus. Vermeintliche Beziehungen zur stoischen Philosophie. In: Antike und Christentum V (cf. 1975/76, 136) 262—271

2342 DÖLGER, FRANZ JOSEPH Esietus. „Der Ertrunkene oder der zum Osiris Gewordene". Ein sprachgeschichtlicher Beitrag zu Tertullian „De baptismo 5". In: Antike und Christentum I (cf. 1975/76, 134) 174—183

2343 DÖLGER FRANZ JOSEPH Das erste Gebet der Täuflinge in der Gemeinschaft der Brüder. Ein Beitrag zu Tertullian „De baptismo 20". In: Antike und Christentum II (cf. 1975/76, 135) 142—155

2344 DÖLGER, FRANZ JOSEPH Die Himmelskönigin von Karthago. Ein religionsgeschichtlicher Beitrag zu den Schriften Tertullians. In: Antike und Christentum I (cf. 1975/76, 134) 92—106

2345 DÖLGER, FRANZ JOSEPH Das Niedersitzen nach dem Gebet. Eine Auseinandersetzung zwischen Christentum und Heidentum im häuslichen und liturgischen Gebetsbrauch. Ein Kommentar zu Tertullianus

De oratione 16. In: *Antike und Chrstentum V* (cf. 1975/76, 136)
116—137

2346 Dölger, Franz Joseph *Der Rhetor Phosphorus von Karthago und seine Stilübung über den tapferen Mann. Zu Tertullianus, Adversus Valentinianos 8.* In: *Antike und Christentum V* (cf. 1975/76, 136)
272—274

2347 Dölger, Franz Joseph *Die Sphragis in den Mithrasmysterien. Eine Erläuterung zu Tertullian „De praescriptione haereticorum 40".* In: *Antike und Christentum I* (cf. 1975/76, 134) 88—91

2348 Dölger, Franz Joseph *Die Sünde in Blindheit und Unwissenheit. Ein Beitrag zu Tertullian „De baptismo 1".* In: *Antike und Christentum II* (cf. 1975/76, 135) 222—229

2349 Dölger, Franz Joseph *Die „Taufe" an den Apollinarischen und Pelusischen Spielen. Zu Tertullian „De baptismo 5".* In: *Antike und Christentum I* (cf. 1975/76, 134) 156—159

2350 Dölger, Franz Joseph *Tertullian kein Zeuge für eine Taufe in den Mysterien von Eleusis. Zur Textgeschichte von Tertullian „De baptismo 5".* In: *Antike und Christentum I* (cf. 1975/76, 134) 143—149

2351 Dölger, Franz Joseph *Tertullian über die Bluttaufe. Tertullian „De baptismo 16".* In: *Antike und Christentum II* (cf. 1975/76, 135) 117—141

2352 Dölger, Franz Joseph *„Wenn der Tiber in die Stadtmauern steigt ... dann heißt es: ,die Christen vor den Löwen'." Zu Tertullianus, Apologeticum 40, 2.* In: *Antike und Christentum 6* (cf. 1975/76, 137) 157—159

2353 Dölger, Franz Joseph *Vorbeter und Zeremoniar. Zu monitor und praeire. Ein Beitrag zu Tertullians Apologeticum XXX, 4.* In: *Antike und Christentum II* (cf. 1975/76, 135) 241—251

2354 Dolgova, I. J. *La formation de l'organisation épiscopale de l'Église d'après les œuvres de Tertullien et de Cyprien* [en russe]. In: *Histoire de la culture antique* (cf. 1975/76, 158) 111—119

2355 Dritsas, D. L. *Τὸ συγγραφικὸν ὕφος τοῦ Τερτυλλιανοῦ* — ThAthen 46 (1975) 851—881

2356 Efroymson, David Patrick *Tertullian's antijudaism and its role in his theology.* Temple University/Penns.: 1976. 254 pp.

2357 Eno, Robert B. *Ecclesia Docens. Doctrinal Authority in Tertullian and Vincent* — Thom 40 (1976) 96—115

2358 Frend, W. H. C. *A Note on Tertullian and the Jews.* In: *Religion...* (cf. 1975/76, 150) Nr. IV

2359 Klein, J. *Tertullian. Christliches Bewußtsein und sittliche Forderungen. Ein Beitrag zur Geschichte der Moral und ihrer Systembildung* [Nachdruck der Ausg. Düsseldorf 1940]. Hildesheim: Gerstenberg 1975. 360 pp.

2360 LO CICERO, C. *Elementi strutturali e motivi neo-testamentari nel De patientia di Tertulliano* — Pan 3 (1976) 73—86

2361 LORENZ, S. *Das Leben im römischen Afrika im Spiegel der Schriften Tertullians.* [Diss.]. Zürich: Juris-Druck und Verlag 1973. 119 pp.

2362 LUMPE, ADOLF *Das „concilium" als „repraesentatio totius nominis Christiani" bei Tertullian* — AHC 7 (1975) 79—81

2363 MACMULLEN, R. *Tertullian and national gods* — JThS 26 (1975) 405—410

2364 MARTINI, REMO *Tertulliano giurista e Tertulliano padre della Chiesa* — SDHI 41 (1975) 79—124

2365 MEIJERING, E. P. *Bemerkungen zu Tertullians Polemik gegen Marcion (Adversus Marcionem 1, 1—25)* — VigChr 30 (1976) 81—108

2366 NIEBERGALL, ALFRED *Tertullians Auffassung von Ehe und Eheschließung.* In: *Traditio-Krisis-Renovatio* (cf. 1975/76, 209) 56—72

2367 OJOADE, J. O. *A latin text on the veiling of women in pre-Islamic Arabia* — MusAfr 4 (1975) 57—58

2368 PARATORE, ETTORE *Il c. 17 dell' „Apologeticum" e il c. 18 dell' „Octavius".* In: *Forma futuri* (cf. 1975/76, 149) 361—394

[2956] PETRELLA, E.: Gnostica

[3035] PIETRELLA, E.: Specialia in Novum Testamentum

[251] QUELLET, H.: Subsidia

2369 RAMBAUX, CLAUDE *La composition et l'exégèse dans les deux lettres „Ad uxorem", le „De exhortatione castitatis" et le „De monogamia", ou la construction de la pensée dans les traités de Tertullien sur le remariage* — REA 22 (1976) 3—28; 201—217

2370 REARDON, PATRICK HENRY *The Metaphysics of Idolatry: An Existential Approach to Tertullian* — AER 168 (1974) 609—624

[609] RING, T. G.: auctoritas

2371 ROCA MELIÁ, I. *Observaciones sobre la prosa de Tertulliano* — Millars 2 (1975) 49—67

2372 ROCA MELIÁ, ISMAEL *Significado espacial del „saeculum" tertulianeo* — Helmántica 26 (1975) 523—552

2373 SAXER, VICTOR *Tertullien.* In: *L'eucharistie des premiers chrétiens* (cf. 1975/76, 123) 129—150

2374 TIBILETTI, C. *Osservazioni sul testo di Tertulliano* — GiorFil 7 (1976) 169—180

2375 TIBILETTI, C. *Stoicismo nell' Ad martyras di Tertulliano* — AugR 15 (1975) 309—323

2376 VERSTEGEN, R. *L'église dans l'œuvre de Tertullien. Pour une réinterprétation* — TPh 35 (1974) 393—410

THEODORETUS CYRENSIS

2377 *[Theodoretus]* Θεοδορήτου Φιλόθεος 'Ιστορία. Μεταφρ. ὑπὸ A. KARABETSOS ['Ανθη τῆς ἐρήμου 7/8]. 'Αθῆναι: 'Εκδ. Μονῆς Κεχροβουνίου Τήνου 1974. 128, 168 pp.

2378 CANIVET, P. *Contributions archéologiques à l'histoire des moines de Syrie (IVᵉ—Vᵉ s.). À propos de l'„Histoire Philothée" de Théodoret (444 env.).* In: *Studia Patristica 13* (cf. 1975/76, 200) 444—460

2379 ETTLINGER, G. H. *Some problems encountered in editing patristic texts, with special reference to the Eranistes of Theodoret of Cyrus.* In: *Studia Patristica 12* (cf. 1975/76, 199) 25—29

THEODORUS MOPSUESTENUS

2380 BRADE, LUTZ *Untersuchungen zum Scholienbuch des Theodorus Bar Konai. Die Übernahme des Erbes von Theodorus von Mopsuestia in die nestorianische Kirche* [GöO Syriaca 8]. Wiesbaden: Harrassowitz 1975. XXXIX, 405 pp.

2381 CAÑIZARES LLOVERA, A. *El catecumenado según Teodoro de Mopsuestia* — EMerced 32 (1976) 147—193

2382 DEWART, J. McW. *The notion of person underlying the Christology of Theodore of Mopsuestia.* In: *Studia Patristica 12* (cf. 1975/76, 199) 199—207

2383 FERRARO, G. *L'„ora" di Cristo e della Chiesa nel commentario di Teodoro di Mopsuestia al quarto Vangelo* — AugR 15 (1975) 275—307

2384 MACOMBER, WILLIAM *An anaphora prayer composed by Theodore of Mopsuestia* — ParOr 6/7 (1975/76) 341—348

2384a SPRENGER, H. N. *Theodori Mopsuesteni in XII prophetas Commentarius. Einleitung und Ausgabe.* [Diss.]. Göttingen: 1975.

THEODORUS SYNCELLUS

2385 *[Theodorus Syncellus]* Homilia de obsidione Avarica Constantinopolis. Traduction et commentaire par FERENC MARK. Avec une préf. de S. SZADECZKY-KARDOSS. Texte français: B. TATRAY [Opuscula byzantina 3. Acta Universitatis de Jozsef Hom. Acta antiqua et archaeologica 19]. Szeged 1975. 121 pp.

THEODOSIUS ALEXANDRINUS

2386 KUHN, K. H. *Three further fragments of a panegyric on John the Baptist attributed to Theodosius, archbishop of Alexandria* — Mu 88 (1975) 103—112

THEODOTUS ANCYRANUS

2387 ROEY, A. VAN *Le florilège nestorien dans le Traité contre Nestorius de Théodote d'Ancyre.* In: *Studia Patristica 12* (cf. 1975/76, 199) 155—159

THEOPHILUS ALEXANDRINUS

2388 DÖLGER, FRANZ JOSEPH *Drei Theta als Schatzsicherung und ihre Deutung durch den Bischof Theophil von Alexandrien. Eine Szene aus dem Kampfe gegen die Heidentempel.* In: *Antike und Christentum III* (cf. 1975/76, 135a) 189—191
2389 RICHARD, M. *Nouveaux fragments de Théophile d'Alexandrie* [NAG 1975,2]. Göttingen: Vandenhoeck & Ruprecht 1975. 11 pp.

THEOPHILUS ANTIOCHENUS

2390 BENTIVEGNA, J. *A Christianity without Christ by Theophilus of Antioch.* In: *Studia Patristica 13* (cf. 1975/76, 200) 107—130
2391 BOLGIANI, FRANCO *L'ascesi di Noè: a proposito di Teofilo, „Ad Autolicum" III, 19.* In: *Forma Futuri* (cf. 1975/76, 149) 295—333
2392 ΧΡΗΣΤΟΥ, ΠΑΝΑΓΙΩΤΗΣ Κ. *Ἡ περὶ ἀνϑρώπου διδασκαλία τοῦ Θεοφίλου Ἀντιοχείας.* In: *Θεολογικὰ μελετήματα 1* (cf. 1975/76, 118) 243—272
2393 DRITSAS, D. A. *Θεόφιλος ὁ Ἀντιοχείας ὡς συγγραφεύς* — ThAthen 47 (1976) 105—113
2394 KADICHEENI, P. B. *Sacramental Symbolism. According to Theodore of Mopsuetia.* Jeevadhara. A Journal of Christian Interpretation 5 (1975) 366—378
2395 KEARY, M. B. *Un fils cannibale de Poséidon. Théophile d'Antioch, Ad Autolycum, II, 7* — REG 89 (1976) 101—102
2397 TABOR, JAMES D. *The Theology of Redemption in Theophilus of Antioch* — RestQ 18 (1975) 159—169
2398 ZEEGERS-VAN DER VORST, N. *Les citations du Nouveau Testament dans les Livres à Autolycus de Théophile d'Antioche.* In: *Studia Patristica 12* (cf. 1975/76, 199) 371—382
2399 ZEEGERS-VAN DER VORST, N. *La création de l'homme (Gn 1, 26) chez Théophile d'Antioche* — VigChr 30 (1976) 258—267
2400 ZEEGERS-VAN DER VORST, NICOLE *Notes sur quelques aspects judaïsants du Logos chez Théophile d'Antioche.* In: *Actes de la XIIe conférence...* (cf. 1975/76, 101) 69—87

THEOPHYLACTUS SYMOCATES

2401 MORAUX, PAUL *Le début inédit de l'ouvrage de Théophylacte Simo-catès sur la prédestination.* In: *Le monde grec* (cf. 1975/76, 182) 234—244

PSEUDO-TIMOTHEUS ALEXANDRINUS

[1356] DESEILLE, P.: Benedictus Nursinus

TITUS BOSTRENSIS

2402 REUSS, JOSEPH *Bemerkungen zu den Lukas-Homilien des Titus von Bostra* — Bibl 57 (1976) 538—541

TYCONIUS

2403 ANDERSON, DOUGLAS LESLIE *The Book of Rules of Tyconius: An introduction and translation with commentary* [Diss.]. The Southern Baptist Theological Seminary 1974. 257 pp.
[1830] CAZIER, P.: Iohannes Cassianus
2404 CHRISTE, Y. *Apocalypse et Traditio legis* — RQ 71 (1976) 42—55

VALERIUS BERGIDENSIS

2405 GIL, JUAN *Sumario sobre la transmisión textual de los opúsculos autobiográficos de Valerio* — CFC 10 (1976) 305—307
2406 GIL, JUAN — LÖFSTEDT, BENGT *Sprachliches zu Valerius von Bierzo* — CFC 10 (1976) 271—304

VENANTIUS FORTUNATUS

[2431] FONTAINE, J.: Hagiographica
2407 GARBE, BURCKHARD; GARBE, GISELA *Ein verstecktes Figurengedicht bei Daniel von Czepko. „Das treuhertzige Creutze" als Krypto-Technopaignie eines Hymnus von Venantius Fortunatus* — Euphorio 69 (1975) 100—106
2408 LONGPRÉ, A. *L'étude de l'hexamètre de Venantius Fortunatus* — CahEA 5 (1976) 45—58
[2239] MARINER BIGORRA, S.: Prudentius
2409 STEINMANN, K. *Die Gelesuintha-Elegie des Venantius Fortunatus (Carm. VI, 5)* [Diss.] Zürich: Iuris-Verl. 1975. 217 pp.

VERECUNDUS IUNCENSIS

2410 *[Verecundus Iuncensis] Commentarii super cantica ecclesiastica, Carmen de satisfactione paenitentiae.* Cura et studio R. DE-MEULENAERE [CChr Ser. Lat. 93]. Turnhout: Brepols 1976. XXXI, 468 pp.

VICTOR VITENSIS

2411 COSTANZA, S. *Considerazioni storiografiche nell' Historia persecutionis Africanae provinciae di Vittore di Vita* — BStudLat 6 (1976) 30—36

VICTORINUS PETAVIENSIS

2412 HANSON, R. P. C. *The rule of faith of Victorinus and of Patrick.* In: *Latin Script and Letters* (cf. 1975/76, 171) 25—36

VICTRICIUS ROTOMAGENSIS

2413 GUSSONE, N. *Adventus-Zeremoniell und Translation von Reliquien. Victricius von Rouen, De laude sanctorum* — FMSt 10 (1976) 125—133

VIGILIUS PAPA

[2011] AGRELO, S.: Leo Magnus
[2012] AGRELO, S.: Leo Magnus

VIGILIUS THAPSITANUS

2414 BOUHOT, J. P. *Fragments attribués à Vigile de Thapse dans l'Expositio missae de Florus de Lyon* — REA 21 (1975) 302—316

VINCENTIUS LIRINENSIS

2415 LODS, M. *Le progrès dans le temps de l'Église selon Vincent de Lérins* — RHPhR 55 (1975) 365—385
[1836] PASTORINO, A.: Iohannes Cassianus

ZENO VERONENSIS

2416 DÖLGER, FRANZ JOSEPH *Das Sonnengleichnis in einer Weihnachtspredigt des Bischofs Zeno von Verona. Christus als die wahre und ewige Sonne.* In: *Antike und Christentum 6* (cf. 1975/76, 137) 1—56
[2779] DÖLGER, F. J.: Christologia
2417 HÜBNER, W. *Das Horoskop der Christen (Zeno 1, 38 L)* — VigChr 29 (1975) 120—137
2418 LÖFSTEDT, BENGT; PACKARD, DAVID W. *A Concordance to the Sermons of Bishop Zeno of Verona* [PMAPA 32]. University Park: 1975. 409 pp.
[586] LÖFSTEDT, B.: Philologia patristica

3. HAGIOGRAPHICA

a) Generalia

2419 ALTMAN, CHARLES F. *Two Types of Opposition and Structure in
      Latin Saints' Lives* — MHum 6 (1975) 1—11
2420 AMORE, A. *I martiri di Roma* [Spicilegium Pont. athenaei An-
      toniani]. Roma: Ed. Antonianum 1975. 322 pp.
2421 *Atti dei martiri.* A cura di C. ALLEGRO. Roma: Città nuova ed.
      1974. 278 pp.; 226 pp.
2422 *Atti dei martiri.* Introd., trad. e note di G. CALDARELLI. Alba: Ed.
      Paoline 1975. 840 pp.
[624] AUBINEAU, M.: Palaeographica atque manuscripta
2423 BRAGHT, THIELEMAN J. VAN *The bloody theater or Martyrs mirror
      of the defenseless Christians, who baptized only upon confession
      of faith, and who suffered and died for the testimony of
      Jesus, ... from the time of Christ to the year A.D. 1660.* Compl.
      from various authentic chronicles, memorials and testimonies.
      Transl. from the org. Dutch ... edition of 1660 by JOSEPH F. SOHM.
      Scottdale, Pa.: Kitchener 1975. 1157 pp.
[80] *Bulletin. . . :* Bibliographica
2424 CALDER, D. G. *The fates of the Apostles, the Latin martyrologies
      and the litany of the saints* — MAev 44 (1975) 219—224
2425 DEROUET, J.-L. *Les possibilités d'interprétation sémiologique des
      textes hagiographiques* — RHEF 62 (1975) 153—162
2426 DEVOS, P. *Le manteau partagé. Un thème hagiographique en trois
      de ses variantes* — AB 93 (1975) 157—165
2427 DEVOS, P. *Quelques dates hagiographiques (dernier quart du
      IVᵉ siècle)* — AB 93 (1975) 166
2428 DÖLGER, FRANZ JOSEPH *Der Feuertod ohne die Liebe. Antike
      Selbstverbrennung und christlicher Martyrium-Enthusiasmus. Ein
      Beitrag zu I Korinther 13, 3.* In: *Antike und Christentum I* (cf.
      1975/76, 134) 254—262
2429 DOLBEAU, F. *Le tome perdu du légendier de Saint-Omer reconstitué
      grâce aux Collectanea Bollandiana* — AB 93 (1975) 363—375
2430 DUBOIS, JACQUES *La méthode historique appliquée à l'hagio-
      graphie, principes et bibliographie* — AEHESHP 108 (1975—1976)
      715—721
2431 FONTAINE, J. *Hagiographie et politique, de Sulpice Sévère à Venance
      Fortunat* — RHEF 62 (1975) 113—140
2432 GAIFFIER, B. DE *Les Bollandistes et les légendes Hagiographiques.*
      In: *Classica et Iberica* (cf. 1975/76, 123) 261—271
2433 GAIFFIER, BAUDOUIN DE *Hispana et Lusitana, VII* — AB 94 (1976)
      395—414

2435 GAIFFIER, BAUDOUIN DE *Priscillien mentionné dans le martyrologe hiéronymien?* — AB 94 (1976) 234

2436 GAIFFIER, B. DE *Sub Daciano praeside* — AB 94 (1976) 18

2437 GAMILLSCHEG, E. *Historische Gegebenheiten im Spiegel hagiographischer Texte* — JOBG 25 (1976) 1—23

[1361] GRÉGOIRE, R.: Benedictus Nursinus

[1362] GRÉGOIRE, R.: Benedictus Nursinus

2438 HALKIN, FRANÇOIS *Un recueil hagiographique du Mont Athos* — AB 94 (1976) 391—393

2439 *Die Heiligen. Alle Biographien zum Regionalkalender für das deutsche Sprachgebiet.* Hrsg. von PETER MANNS. Mainz: Matthias-Grünewald 1975. XIV, 608 pp.

2440 HEINZELMANN, M. *Neue Aspekte der biographischen und hagiographischen Literatur in der lateinischen Welt (1.—6. Jahrhundert)* — Francia 1 (1973) 27—44

[2025] LAGA, C.: Leontius Cyprius

2441 *Les légendes grecques des saints militaires.* Ed. H. DELEHAYE. [Réimpression de l'édition Paris 1909]. Paris 1975. IX, 271 pp.

2442 LOMANTO, VALERIA *Rapporti fra la „Passio Perpetuae" e „Passiones" africane.* In: *Forma futuri* (cf. 1975/76, 149) 566—586

2443 MAGOULIAS, HARRY J. *Education and Learning in the Sixth and Seventh Century as Viewed in the Lives of Saints* — GrOrthThR 21 (1976) 114—124

2444 MUÑOZ VALLE, ISIDRO *Las figuras modélicas del mundo clásico y los mártires cristianos (Coincidencias y contrastes de actitudes ante la vida y la muerte)* — SVict 22 (1975) 291—309

2445 MUÑOZ VALLE, ISIDRO *Las figuras modélicas del mundo clásico y los mártires cristianos (Coincidencia y contraste de actitudes ante la vida y la muerte)* — EAg 10 (1975) 29—45

2446 MUSSET, L. *De saint Victrice à saint Ouen. La christianisation de la province de Rouen d'après l'hagiographie* — RHEF 62 (1975) 141—152

2447 NOONAN, F. THOMAS *Political thought in Greek Palestinian hagiography.* Univ. of Chicago, Diss. 1975. (microfilm)

2448 PEÑA, I.; CASTELLANA, P.; FERNÁNDEZ, R. *Les stylites syriens.* [Studium Biblicum Franciscanum, Collectio minor 16]. Milano: Editions de la Custodie de la Terre Sainte 1975. 222 pp.

2449 PIZZOLATO, L. F. *Cristianesimo e mondo in tre passiones dell'età degli Antonini* — StPad 23 (1976) 501—519

2450 POPOVA, T. B. *Die antike Biographie und die byzantinische Hagiographie.* In: *Antike und Byzanz* (cf. 1975/76, 105) 218—266 [in russisch]

[685] RICHARD, M.: Palaeographica atque manuscripta

[214] STRYCKER, É. DE: Methodologica

2451 *Three lives of English saints.* Ed. by M. WINTERBOTTOM [Toronto
Medieval Latin Texts 1]. Toronto: Pontifical Institute of Medieval
Studies 1972. 94 pp.

2452 TRAPP, E. *Hagiographische Elemente im Digenis-Epos* — AB 94
(1976) 275—287

2453 TROUBNIKOFF, A. *Les premiers martyrs de Lyon* — MEPRO 77
(1975) 10—14

2454 UYTFANGHE, M. VAN *La Bible dans les Vies de saints mérovin-
giennes* — RHEF 62 (1975) 103—112

[271] *Vollständiges Heiligenlexikon:* Subsidia

b) Sancti singuli
(in ordine alphabetico sanctorum)

AGRIPPINA

2455 FOLLIERI, ENRICA *Santa Agrippina nell'innografia e nell'agiografia
greca.* In: *Byzantino-Sicula II* (cf. 1975/76, 115) 209—260

ALEXANDER ET SOCII

2456 LLEWELLYN, P. A. B. *The Passions of S. Alexander and his com-
panions, of S. Hermas and S. Quirinius; a suggested date and
author* — VetChr 13 (1976) 289—274

AMBROSIUS MEDIOLANENSIS

2457 SILVESTRE, H. *Miroir ou mica? A propos d'une Vita Ambrosii caro-
lingienne* — RThAM 42 (1975) 243—246

[2465] *Vita di Cipriano...*: Cyprianus

ANTONIUS MAGNUS

[940] MARX, M.: Athanasius

ARTEMIUS

[2458] LÓPEZ SALVÁ, M.: Artemius

2458 LÓPEZ SALVÁ, MERCEDES *Observaciones lexicales a los „Thaumata"
de Artemio y de Cosme y Damián* — CFC 8 (1975) 303—320

AUGUSTINUS

[2465] *Vita di Cipriano...:* Cyprianus

BARBARA

2459 WILLIAMS, HARRY F. *Old French Lives of Saint Barbara* — ProcAmPhS 119 (1975) 156—186

CASARIA

2460 MARROU, HENRI-IRÉNÉE *L'Épitaphe de Sainte Casarie.* In: *Forma futuri* (cf. 1975/76, 149) 666—682

CONSTANTINUS MAGNUS

2461 LINDER, A. *The myth of Constantine the Great in the West. Sources and hagiographic commemoration* — StMe 16 (1975) 43—95

COSMAS ET DAMIANUS

2462 LÓPEZ SALVÁ, MERCEDES *El sueño incubatorio en el cristianismo oriental* — CFC 10 (1976) 147—188
2463 TOOLE, H. *Τὰ ἰάματα τῶν ἁγίων Ἀναργύρων* — EEBS 42 (1975/76) 253—297

CRISPINA

2464 CASTELLI, GIOVANNI *Osservazioni sulla lingua della „Passio S. Crispinae.* In: *Forma futuri* (cf. 1975/76, 149) 587—584

CYPRIANUS

2465 *Vita di Cipriano, Vita di Ambrogio, Vita di Agostino.* Introd. CHRISTINE MOHRMANN, testo crit. e comm. A. A. R. BASTIAENSEN, trad. di LUCA CANALI, CARLO CARENA [Vite dei Santi 5]. Verona: Arnoldo Mondadori 1975. 465 pp.

CYRUS ET IOHANNES

2466 COZZOLINO, CYRO *Origine del culto ai Santi martiri Ciro e Giovanni in oriente e in occidente* [Diss.] Jerusalem: Franciscan Printing Pr. 1975. 269 pp.

DANIEL STYLITA

2467 CAMERON, ALAN *Δυσώνυμος Βασιλίσκος (V. Dan Styl. 70)* — Her 103 (1975) 383

EULALIA

2468 CERNYAK, A. *Pour l'interprétation du vers 15 de la Séquence de sainte Eulalie* — Romania (Paris) 96 (1975) 145—162

2469 VILLALÓN, JOAQUIN *¿Dos Eulalias o una?* — RaExtr 32 (1976) 449—458

EUSTATHIUS, THESPESIUS, ANATOLIUS

2470 HALKIN, FRANÇOIS *La Passion inédite des saints Eustathe, Thespésius et Anatole* — AB 93 (1975) 287—311

2471 OLIVER, J.-M. *La Passio Eustathii (Placidae) et sociorum dans le codex Nürnberg, Cent. V App. 46* — AB 93 (1975) 109—110

FELIX ET FORTUNATUS

2472 BILLANOVICH, M. P. *Appunti di agiografia aquileiese* — RSCI 30 (1976) 5—24

GREGORIUS ILLUMINATOR

2473 LAFONTAINE, G. *Un nouveau remaniement grec de la Vie de saint Grégoire l'Illuminateur (Cod. Athon. Philoth. 9)* — Mu 88 (1975) 125—152

GELASINUS HELIOPOLITANUS

2474 WEISMANN, WERNER *Gelasinos von Heliopolis, ein Schauspieler-Märtyrer* — AB 93 (1975) 39—66

GREGORIUS NAZIANZENUS

2475 *The Encomium of Gregory Nazianzen by Nicetas the Paphlagonian.* Greek text ed. and transl. by J. J. RIZZO [SHG 58]. Bruxelles: Soc. des Bollandistes 1976. 127 pp.

GORDIUS CAESARIENSIS

2476 ESBROECK, MICHEL VAN *La Passion arménienne de S. Gordius de Césarée* — AB 94 (1976) 357—386

HERACLIUS, IUSTUS, MAURUS

2477 PHILIPPART, GUY *La Passion des SS. Heraclius, Iustus et Maurus de Foligno* — AB 93 (1975) 21—27

HERMENEGILDUS

2478 VÁZQUEZ DE PÁRGA, L. *San Hermenegildo ante las fuentas históricas.* Madrid: Acad. de la Historia 1973. 53 pp.

HILARION

2479 DÖLGER, FRANZ JOSEPH *Ein christlicher Rennstallbesitzer aus Maiuma beim heiligen Hilarion.* In: *Antike und Christentum I* (cf. 1975/76, 134) 215—220
2480 DÖLGER, FRANZ JOSEPH *Der heilige Hilarion und der heidnische Rennfahrer aus Gaza.* In: *Antike und Christentum I* (cf. 1975/76, 134) 212—214
[2491] *Vita di Martino....:* Martinus

ILDEFONSUS TOLETANUS

2481 GAIFFIER, BAUDOUIN DE *Les Vies de S. Ildephonse. A propos d'attributions discutées* — AB 94 (1976) 235—244
2482 *Vida de San Ildefonso por Beneficiado de Ubieda.* Estudio, edición y notas por MANUEL ALVAR EZQUERRA [Biblioteca de Publicaciones del Instituto Caro y Cuervo 36]. Bogotá: Caro y Cuervo 19 1975. 403 pp.

IOHANNES EVANGELISTA

2483 SAMULAK, TADEUSZ *La vie de la légende de saint Jean l'Évangéliste du IIe siècle jusqu'à la fin du XIIIe siècle en Occident* — AEHESHP 107 (1974—75) 1063—1064

IOHANNES LYCOPOLITANUS

2484 DEVOS, PAUL *Saint Jean de Lycopolis et l'empereur Marcien. A propos de Chalcédoine* — AB 94 (1976) 303—316

IULIANUS HOSPITATOR

2485 GAIFFIER, BAUDOUIN DE *La Légende de S. Julien l'Hospitalier. Notes complémentaires* — AB 94 (1976) 5—17

LUCIA

2486 HALKIN, F. *La Passion de sainte Lucie dans un manuscrit de l'Académie, à Léningrad.* In: *Byzantino-Sicula II* (cf. 1975/76, 115) 289—294

MACRINA

[1711] DÖLGER, F. J.: Gregorius Nyssenus

MARIA/MARINUS

2487 RICHARD, MARCEL *La Vie ancienne de Sainte Marie surnommée Marinos.* In: *Corona Gratiarum I* (cf. 1975/76, 130) 83—115

MARINUS

2488 *La Vita sancti Marini. Texte du manuscrit F. III. 16 de la Bibliothèque nationale de Turin.* ed. P. AEBISCHER. Saint-Marin. 1974, 77 pp.

MARTINUS TURONENSIS

2489 PEEBLES, B. M. *A problematical Martyrium Sancti Martini Turonensis.* In: *Studia Patristica 12* (cf. 1975/76, 199) 38—45
2490 STRAETEN, JOSEPH VAN DER *Le recueil de miracles de S. Martin dans le ms. 117 de Charleville* — AB 94 (1976) 83—94
2491 *Vita di Martino. Vita di Ilarione. In memoria di Paola.* Introd. CHRISTINE MOHRMANN, testo crit. e comm. di A. A. R. BASTIAENSEN e JAN W. SMIT, trad. di LUCA CANALI e CLAUDIO MORESCHINI [Vite dei Santi 4]. Verona: Arnoldo Mondadori 1975. 385 pp.

MAXIMILIANUS

2492 *Gli Acta S. Maximiliani Martyris.* Introd., testo, trad. e. comm. di E. DI LORENZO. Napoli: Loffredo. 1975, 79 pp.
2493 SINISCALCO, PAOLO *Bibbia e letteratura cristiana d'Africa nella „Passio S. Maximiliani".* In: *Forma futuri* (cf. 1975/76, 149) 595—613

MELANIA

2494 DOLBEAU, FRANÇOIS *Fragments métriques consacrés à S. Melaine de Rennes* — AB 93 (1975) 115—124
2495 MAINAS, ELEUTHÈRE *Vie de Sainte Mélanie.* Athènes: éd. Couvent de la Dormition de N. D., Vytoumas (Trikala) 1975. 110 pp. (en grec)

MERCURIUS

2496 *Passione e miracoli di S. Mercurio.* Introd. e testo copto a cura di TITO ORLANDI, trad. a cura di SARA DI GIUSEPPE CAMAIONI [Testi e documenti per lo studio dell'antichità 54]. Milano: Cisalpino Goliardica 1976. 136 pp.

NICOLAUS

2497 EBON, MARTIN *Saint Nicholas. Life and legend.* New York: Harper & Row 1975. 119 pp.

NONNA

2498 DÖLGER, FRANZ JOSEPH *Nonna. Ein Kapitel über christliche Volks-frömmigkeit des vierten Jahrhunderts.* In: *Antike und Christentum* Bd. 5 (cf. 1975/76, 136) 44—75

OLBIANUS EPISCOPUS

2499 HALKIN, FRANÇOIS *La Passion inédite de S. Olbianos, évêque d'Anaea* — AB 93 (1975) 29—37

PACHOMIUS

2500 *The Life of Pachomius (Vita prima Graeca).* Tr. by APOSTOLOS N. ATHANASSAKIS. Missoula, MT: Scholars Press for the Society of Biblical Literature 1975. xi, 201 pp.

PATRICIUS HIBERNORUM

2501 BIELER, LUDWIG *Ancient Hagiography and the Lives of St. Patrick.* In: *Forma futuri* (cf. 1975/76, 149) 650—655

PAULA

[2491] *Vita di Martino....:* Martinus

PELAGIA

[847] GIRARD, J.-L.: Ambrosius
[1803] PAVLOVSKIS, Z.: Iacobus Diaconus

PELAGIUS

2502 BECKER, KARL *Über die Herkunft der Reliquien des hl. Pelagius, des zweiten Patrons der Konstanzer Bischofskirche* — FDA 96 (1976) 358—360

PERPETUA

2503 CORSINI, EUGENIO *Proposte per una lettura della „Passio Perpetuae"*. In: *Forma futuri* (cf. 1975/76, 149) 481—541

2504 DÖLGER, FRANZ JOSEPH *Antike Parallelen zum leidenden Dinocrates in der Passio Perpetuae*. In: *Antike und Christentum II* (cf. 1975/76, 135) 1—40

[371] FREUDENBERGER, R.: Opera ad historiam

[2442] LOMANTO, V.: Hagiographica, Generalia

2505 MAZZUCCO, CLEMENTINA *Il significato cristiano della „libertas" proclamata dai martiri della „Passio Perpetuae"*. In: *Forma futuri* (cf. 1975/76, 149) 542—565

2506 PETRAGLIO, RENZO *Lingua Latina e mentalita biblica nella passio Sancta Perpetuae. Analisi di caro, carnalis e corpus.* Brescia: Morcelliana 1976. 164 pp.

PHILOTHEUS ANTIOCHENUS

2507 ESBROECK, MICHEL VAN *Saint Philotheos d'Antioche* — AB 94 (1976) 107—135

PIONIUS PRESBYTER

2508 KEHNSCHERPER, G. *Apokalyptische Redewendungen in der griechischen Passio des Presbyters Pionios von Smyrna.* In: *Studia Patristica 12* (cf. 1975/76, 199) 96—103

POLYCARPUS

2509 GUILLAUMIN, MARIE-LOUISE *En marge du „Martyre de Polycarpe": le discernement des allusions scripturaires.* In: *Forma Futuri* (cf. 1975/76, 149) 462—469

2510 MARROU, H.-I. *La date du martyre de saint Polycarpe.* In: *Patristique et humanisme* (cf. 1975/76, 174) 281—294

PORPHYRIUS MARTYR

2511 DÖLGER, FRANZ JOSEPH *Der Flammentod des Märtyrers Porphyrios in Caesarea Maritima. Die Verkürzung der Qualen durch Einatmung des Rauches.* In: *Antike und Christentum I* (cf. 1975/76, 134) 243—253

SAMSON

2512 WINTERBOTTOM, M. *Variations on a nautical theme* — Hermathena 120 (1976) 55—58

SEVERINUS

2513 HABERL, JOHANNA *Favianis, Vindobona und Wien. Eine archäolo-
gisch-historische Illustration zur Vita S. Severini des Eugippius.*
Leiden: Brill 1976. X, 224 pp.
[443] LOTTER, F.: Opera ad historiam
2514 NOLL, R. *Die Vita Sancti Severini des Eugippius im Lichte der
neueren Forschung* — AOAW 112 (1975) 61—75
[1593] QUACQUARELLI, A.: Eugippius

SYLVESTER

2515 LOENERTZ, R. J. *Actus Sylvestri. Genèse d'une légende* — RHE 70
(1975) 426—439

SYMEON

2516 GOLINELLI, G. *Per una riconsiderazione della Vita sancti Symeonis* —
RSLR 11 (1975) 66—71

THALELAEUS

2517 BROECKER, H. *Der heilige Thalelaios. Texte und Untersuchungen.*
[Forschungen zur Volkskunde 48]. Münster: Regensburg 1976.
176 pp.

THECLA

2518 AUBINEAU, MICHEL *Compléments au dossier de sainte Thècle* —
AB 93 (1975) 356—362
[1850] AUBINEAU, M.: Iohannes Chrysostomus

THEMISTOCLES

2519 WORTLEY, JOHN *The Passion of Saint Themistocles* — AB 94
(1976) 23—33

THEODOSIUS COINOBIARCHA

2520 USENER, HERMANN *Der heilige Theodosius. Schriften des Theodoros
und Kyrillos* [Nachdruck der Ausgabe Leipzig 1890]. Hildesheim:
Gerstenberg 1975. XXIII, 210 pp.

ZOTICUS CONSTANTINOPOLITANUS

2521 AUBINEAU, MICHEL *Zôticos de Constantinople, nourricier des
pauvres et serviteur des lépreux* — AB 93 (1975) 67—108

IV. Liturgica

1. GENERALIA

2522 AGRELO, S. *Ignis alienus. Anotaciones para una lectura correcta de Ve 1246* — Ant 51 (1976) 170—200

2523 ALDAZABAL, JOS *La doctrina eclesiológica del „Liber Orationum Psalmographus". Las colectas de salmos del antiguo rito hispánico* [Biblioteca di Scienze Religiose, 11]. Zurigo/Roma: Pas Verlag — Las 1975. 355 pp.

[614] ALESSIO, L.: imitamini quod tractatis

2524 ARRANZ, MIGUEL *Les prières presbytérales de la „Pannychis" de l'ancien Euchologe byzantin et la „Panikhída" des défunts.* In: *La maladie et la mort du chrétien...* (cf. 1975/76, 173) 31—82

[923] BARNARD, L. W.: Athanasius

[2249] BHALDRAITHE, E. DE: Regula Magistri

2525 BOROBIO, DIONISIO *Perdón de Dios en la oración de los hombres. Doctrina del „Liber Orationum Psalmographus"* — SVict 23 (1976) 121—163

2526 BOTTE, BERNARD *Les plus anciennes formules de prière pour les morts.* In: *La maladie et la mort du chrétien...* (cf. 1975/76, 173) 83—100

[1025] CAALS, C. L.: Augustinus

2527 COLESS, G. *Theological levels of the Sacramentarium Veronense.* In: *Studia Patristica 13* (cf. 1975/76, 200) 356—359

2528 COLOMINA TORNER, JAIME *Temas marianos en la liturgia mozárabe* — EphMariol 25 (1975) 97—130

2529 *Corpus benedictionum pontificalium.* Éd. par E. MOELLER. [CChr Series Latina 162]. Turnhout: Brepols 1971—1973. XLVI, 175 pp.

2530 CREHAN, J. H. *The liturgical trade route: East to West* — StIr 65 (1976) 87—99

[2043] DALMAIS, I. H.: Maximus Confessor

[2277] DALMAIS, I. H. Severus Antiochenus

2531 DEKKERS, ELIGIUS *La codification des prières liturgiques. Le rôle de Saint Augustin.* In: *Forma futuri* (cf. 1975/76, 149) 845—855

2532 DÖLGER, FRANZ JOSEPH *Die Heiligkeit des Altars und ihre Begründung im christlichen Altertum.* In: *Antike und Christentum II* (cf. 1975/76, 135) 161—183

2533 DÖLGER, FRANZ JOSEPH *Lumen Christi. Untersuchungen zum abendlichen Lichtsegen in der Antike und Christentum. Die deo gra-*

tias-Lampen von Selinunt in Sizilien und Cuicul in Numidien. In:
Antike und Christentum Bd. 5 (cf. 1975/76, 136) 1—43

2534 DÖLGER, FRANZ JOSEPH *„Nihil innovetur nisi quod traditum est".*
Ein Grundsatz der Kulttradition in der römischen Kirche. In:
Antike und Christentum I (cf. 1975/76, 134) 79—82

2535 DÖLGER, FRANZ JOSEPH *„Teufels Großmutter"*. *Magna Mater*
Deum und Magna Mater Daemonum. Die Umwertung der Heiden-
götter im christlichen Daemonenglauben. In: *Antike und Christentum*
III (cf. 1975/76, 135a) 153—176

[2015] DÖLGER, F. J.: Leo Magnus

[1073] FERNÁNDEZ GONZÁLEZ, J.: Augustinus

[1075] FERNÁNDEZ GONZÁLEZ, J.: Augustinus

2536 FERNÁNDEZ, PEDRO *Testimonio de la comunión eclesial en la histo-*
ria de la liturgia mozárabe — CT 103 (1976) 231—273

[645] FISCHER, B.: Palaeographica atque manuscripta

[646] FREND, W. H. C.; MUIRHEAD, I. A.: Palaeographica atque manuscripta

[2762] GARRIDO BONAÑO, M.: Trinitas

[2255] GINDELE, C.: Regula Magistri

2537 GINDELE, C. *Alleluiaticum und Responsorium. Ihre Reihenfolge in den*
altmonastischen Offizien — RBS 3/4 (1974/75) 35—44

2538 GOGAN, B. *Penance rites of the West Syrian liturgy. Some liturgical*
and theological implications — ITQ 42 (1975) 182—196

2539 GROS, MIGUEL S. *Estado actual de los estudios sobre la liturgia*
hispánica — Phase 16 (1976) 227—241

2540 HAEUSSLING, A. A. *Mönchskonvent und Eucharistiefeier. Eine*
Studie über die Messe in der abendländischen Klosterliturgie des
frühen Mittelalters und zur Geschichte der Messhäufigkeit [Liturgie-
wissenschaftliche Quellen und Forschungen 58]. Münster: Aschen-
dorf 1973. XIV, 380 pp.

[404] HAMMAN, A.: Opera ad historiam

2541 HENNIG, JOHN *Studies in the Vocabulary of the ‚Sacramentarium*
Veronense'. In: *Latin Script and Letters* (cf. 1975/76, 171) 101—112

[23] HUGLO, M.: Historia patrologiae

[2806] IBÁÑEZ, J.; MENDOZA, F.: Mariologia

[1110] IMAS,·C.: Augustinus

[658] JANINI, J.: Palaeographica atque manuscripta

[659] JANINI, J.: Palaeographica atque manuscripta

2542 KOWALSKI, J. W. *Hymnodyka a statystyka. Analiza leksykalna*
Euchologium Serapiona (Hymnodik und Statistik. Eine lexikalische
Analyse des Euchologiums von Serapion) — Studia Religioznawcze
10 (1975) 171—190

[2809] MARGERIE, B. DE: Mariologia

[2861] MARTÍNEZ Y MARTÍNEZ, G.: Novissima

188 Liturgica

2543 McCormick, M. *Un fragment inédit de lectionnaire du VIIIe siècle* — RBen 86 (1976) 75—82

2544 Molin, J.-B. *Les manuscrits de la „Deprecatio Gelasii". Usage privé des Psaumes et dévotion aux Litanies* — EL 90 (1976) 113—148

[2699] Montevecchi, O.: Symbola

2545 Moreton, Bernard *The eighth-century Gelasian sacramentary; study in tradition* [Oxford theological monographs]. New York: Oxford Univ. Press 1976. XII, 222 pp.

2546 Nocent, Adrien *La maladie et la mort dans le sacramentaire Gélasien.* In: *La maladie et la mort du chrétien*... (cf. 1975/76, 173) 243—260

[1428] Palazzi, M. L.: Chromatius

2547 Rehle, S. *Lectionarium Plenarium Veronense (Bibl. Cap., Cod. LXXXII)* — SE 22 (1974—75) 321—376

2548 Schmitz, Joseph *Gottesdienst im altchristlichen Mailand. Eine liturgiewissenschaftliche Untersuchung über Initiation und Meßfeier während des Jahres zur Zeit des Bischofs Ambrosius († 397)* [Theoph 25]. Bonn: Hanstein 1975. XXVI, 474 pp.

2549 Sirch, Bernhard *Der Ursprung der bischöflichen Mitra und päpstlichen Tiara.* Diss. München: 1975. XI, 212 pp.

[691] Solá, F. de P.: Palaeographica atque manuscripta

2550 Thaler, Anton *Das Selbstverständnis der Kirche in den Gebetstexten der altspanischen Liturgie* [Europäische Hochschulschriften 23, 53] Bern: H. Lang 1975. 228 pp.

2551 Thompson, J. D. *The contribution of Vaticanus Reginensis 316 to the history of western service books.* In: *Studia Patristica 13* (cf. 1975/76, 200) 425—429

[697] Treu, K.: Palaeographica atque manuscripta

2552 Verheul, Ambrosius *De Dienst van het woord in synagoge en christendom.* In: *Corona Gratiarum II* (cf. 1975/76, 131) 3—49

[2284] Vööbus, A.: Severus Antiochenus

2553 Webb, Douglas *La liturgie des funérailles dans l'Église nestorienne.* In: *La maladie et la mort du chrétien*... (cf. 1975/76, 173) 415—432

2554 Witakowski, W. *Geneza chrześcijańskiej kultury syryjskiej (The Origin of the Christian Syriac Culture)* — STV 16 (1978) 125—153

2. MISSA, SACRAMENTA, SACRAMENTALIA

2555 Abad, José Antonio *El „carácter sacerdotal" en la Liturgia Hispana.* In: *Teología del Sacerdocio, 8* (cf. 1976, 206) 271—303

[821] Aliaga Girbés, E.: Ambrosius

[1806] ALVES DE SOUSA, P.-G.: Ignatius Antiochenus
[1760] CAPRIOLI, M.: Hieronymus
2556 CELADA, G. *Unidad de los sacramentos de la iniciación cristiana* — Nicolaus 4 (1976) 139—174
[1861] CORSATO, C.: Iohannes Chrysostomus
[2656] DÖLGER, F. J.: Concilia
2557 DÖLGER, FRANZ JOSEPH *Der Durchzug durch das Rote Meer als Sinnbild der christlichen Taufe. Zum Oxyrhynchos-Papyrus Nr. 840.* In: *Antike und Christentum II* (cf. 1975/76, 135) 63—69
2558 DÖLGER, FRANZ JOSEPH *Der Durchzug durch den Jordan als Sinnbild der christlichen Taufe.* In: *Antike und Christentum II* (cf. 1975/76, 135) 70—79
[1637] DÖLGER, F. J.: Gelasius
[2896] DÖLGER, F. J.: Gnostica
2559 DÖLGER, FRANZ JOSEPH *Das Schuh-Ausziehen in der altchristlichen Taufliturgie.* In: *Antike und Christentum* Bd. 5 (cf. 1973/74, 136) 95—108
[2343] DÖLGER, F. J.: Tertullianus
2560 DÖLGER, FRANZ JOSEPH *Das Verbot des Barfußgehens und der kultisch reine Schuh der Täuflinge in der Oktav nach der Taufe.* In: *Antike und Christentum* Bd. 5 (cf. 1975/76, 136) 109—115
2561 DÖLGER, FRANZ JOSEPH *Zu den Zeremonien der Meßliturgie. III. ,Ite, missa est' in kultur- und sprachgeschichtlicher Beleuchtung.* In: *Antike und Christentum 6* (cf. 1975/76, 137) 81—132
2562 DÖLGER, FRANZ JOSEPH *Zu den Zeremonien der Meßliturgie.* In: *Antike und Christentum II* (cf. 1975/76, 135) 190—212
2563 DÖLGER, FRANZ JOSEPH *Zu den Zeremonien der Meßliturgie.* In: *Antike und Christentum I* (cf. 1975/76, 136) 236—242
2564 EISSING, D. *Ordination und Amt des Presbyters. Zur Interpretation des römischen Priesterweihegebetes* — ZKTh 98 (1976) 35—51
2565 FERGUSON, E. *The liturgical function of the Sursum Corda.* In: *Studia Patristica 13* (cf. 1975/76, 200) 360—363
[1072] FERNÁNDEZ GONZÁLEZ, J.: Augustinus
2566 FERREIRA, JOSÉ MANUEL DOS SANTOS *O regime peculiar da Penitência dos Clérigos no Occidente nos séculos IV—VI* — Itinerarium 21 (1975) 129—155
[1082] FRANKOVICH, L. F.: Augustinus
[1085] GALLEGO, P.: Augustinus
2567 GAMARRA MAYOR, SATURNINO *Influjo de la ordenación en la relación clérigo-obispo en la España romano-visigoda.* In: *Memorial J. Zunzunegui,* III (cf. 1975/76, 179) 163—202
2568 GAMBER, KLAUS *Die gallikanische Meßfeier, ihre Beziehung zur ost-kirchlichen Liturgie und zum jüdischen Tempelkult.* In: *Klaus Gamber, Liturgie und Kirchenbau* (cf. 1975/76, 151) 97—119

2569 GAMBER, KLAUS *Die Hinwendung nach Osten bei der Meßfeier im 4. und 5.Jahrhundert.* In: *Klaus Gamber, Liturgie und Kirchenbau...* (cf. 1975/76, 151) 7—27

2570 GAMBER, KLAUS *Die Liturgie der Goten vor allem im Reich des Theoderich in Italien.* In: *Klaus Gamber, Liturgie und Kirchenbau...* (cf. 1975/76, 151) 72—96

2571 GAMBER, KLAUS *Die Liturgie in Norikum zur Zeit des hl. Severin.* In: *Klaus Gamber, Liturgie und Kirchenbau* (cf. 1975/76, 151) 55—71

2572 GAMBER, KLAUS *Die Meßliturgie in Nordafrika zur Zeit des hl. Augustinus.* In: *Klaus Gamber, Liturgie und Kirchenbau...* (cf. 1975/76, 151) 28—45

[2072] GAMBER, K.: Nicetas Remesianus

2573 GAMBER, K. *Das Regensburger Fragment eines Bonifatius-Sakramentars. Ein neuer Zeuge des vorgregorianischen Meßkanons* — RBen 85 (1975) 266—302

2574 GARRIDO BONAÑO, MANUEL *La potestad de Orden en la Iglesia según la Liturgia.* In: *Teología del Sacerdocio 8* (cf. 1975/76, 206) 7—70

[2718] GERKEN, A.: Doctrina auctorum

2575 HADDAD, GEORGE IBRAHIM *The Mass of the Apostles Addai and Mari: A Translation from the Syriac with an Introduction and Notes.* Diss. New York University 1974. U.M.

2576 HALKIN, FRANÇOIS *Une litanie des saints dans un office grec pour un mourant.* In: *Corona Gratiarum II* (cf. 1975/76, 131) 51—59

[2725] HANSON, R. P. C.: Doctrina auctorum

[1658] HERNANDO PEREZ, J.: Gregorius Magnus

2577 JANERAS, SEBASTIÀ *Sobre el cicle de predicació de les antigues catequesis baptismals* — RCatT 1 (1976) 159—182

2578 KEIFER, RALPH A. *The Unity of the Roman Canon: An Examination of its Unique Structure* — StLit 11 (1976) 39—58

2579 KILPATRICK, G. D. *Anamnesis* — Liturg. Review (Edinburgh) 5 (1975) 35—40

2580 KOSECKI, B. *Wyznanie grzechów w praktyce pokuty Kościoła na Zachodzie (Confessio peccatorum in Ecclesia Occidentali)* — RBL 29 (1976) 65—81

2581 KRETSCHMAR, GEORG *Die Ordination im frühen Christentum* — FZPT 22 (1975) 35—69

2582 LARRABE, JOSÉ LUIS *Cómo hacían penitencia las primeras comunidades cristianas. Fundamentos patrísticos del nuevo Ritual de la Penitencia* — StLeg 17 (1976) 67—149

[1133] LATTE, R. DE: Augustinus

2583 LEDIT, JOSEPH *Marie dans la liturgie de Byzance.* Préface de ALBERTUS MARTIN [ThH 39]. Paris: Beauchesne 1976. 368 pp.

2584 LLEWELLYN, P. *Le indicazioni numeriche del Liber Pontificalis rela-tivamente alla ordinazioni del V secolo* — RSCI 29 (1975) 439—443
2585 LUIKS, A. G. *Baptisterium. De bediening van de doop in de oud-christelijke kerk.* Kampen: Kok 1975. 195 pp.
[2384] MACOMBER, W.: Theodorus Mopsuestenus
2586 MADEC, GOULVEN *„Panis angelorum" (selon les Pères de l'Église, surtout S. Augustin).* In: *Forma futuri* (cf. 1975/76, 149) 818—829
[1531] MAGNE, J.: Didascalia
[854] MARCHIORO, R.: Ambrosius
2587 MARGANSKI, B. *Formy pozasakramentalnego gładzenia grzechów w kościołach wschodnich [De postsacramentali remissione pecca-torum in Ecclesiis Orientalibus]* — RBL 29 (1976) 96—105
2588 MCKENNA, JOHN H. *Response to Prof. Talley's Paper* — StLit 11 (1976) 207—208
2589 MÉLIA, ELIE *Le sacrement de l'Onction des malades dans son dé-veloppement historique et quelques considérations sur la pratique actuelle.* In: *La maladie et la mort du chrétien...* (cf. 1975/76, 173) 193—228
2590 MENSBRUGGHE, ALEXIS VAN DER *The „Trecanum" of the Expositio Missae Gallicanae of S. Germanus of Paris. Its Identification and Tradition.* In: Studia Patristica 13 (cf. 1975/76, 200) 430—436
2591 MITCHELL, LEONEL *The Alexandrian Anaphora of St. Basil of Caesarea: Ancient Source of „A Common Eucharistic Prayer"* — AnglThR 58 (1976) 194—216
2592 MOLL, HELMUT *Die Lehre von der Eucharistie als Opfer. Eine dogmengeschichtliche Untersuchung vom Neuen Testament bis Irenäus von Lyon.* [Theoph 26]. Köln, Bonn: Hanstein 1975. 208 pp.
2593 MÜGGE, MARLIES *Reconciliatio cum ecclesia. Eine dogmengeschicht-liche Untersuchung über den ekklesiologischen Aspekt der Buß-sakramente.* Münster: Universität 1975. 391, XLIX pp.
2594 MUGICA, L. *Los Sacramentos de la Humanidad de Cristo. Perspec-tiva patrística y teológica sobre los sacramentos.* Zaragoza 1976
2595 NADOLSKI, B. *Apologie w celebracji eucharystycznej jako poza-sakramentalne formy pokuty (De apologiis in celebratione eucha-ristica ut formis poenitentiae)* — RBL 29 (1976) 86—96
2596 NICOLAU, MIGUEL *La unción de los enfermos. Estudio histórico-dogmático.* [BAC 379]. Madrid: Editorial Católica 1975. XXIII, 260 pp.
2597 PARASKEVAIDES, CHRISTODOULOS *Le Baptême selon les saints Canons de l'Église.* [en grec]. Athènes 1976.
[1527] PILLINGER, R.: Didache
2598 *Prayers of the Eucharist: Early and Reformed.* Transl. and ed. by R. C. D. JASPER, G. J. CUMING. London: Collins 1975. 190 pp.

192   Liturgica

[1795] REUTTERER, R.: Hippolytus
[1797] RICHTER, K.: Hippolytus
 2599 RICHTER, KLEMENS *Die Ordination des Bischofs von Rom. Eine
       Untersuchung zur Weiheliteratur vom Neuen Testament bis zum
       Pontificale Romanum von 1968* [LQF 60]. Münster: Aschendorff
       1976. XVI, 159 pp.
[1890] RIZZI, M.: Iohannes Chrysostomus
 2600 RUTHERFORD, R. *Psalm 113 (114—115) and christian burial.* In:
       Studia Patristica 13 (cf. 1975/76, 200) 391—396
 2601 SCHULTZE, BERNHARD *Die dreifache Herabkunft des Heiligen Gei-
       stes in den östlichen Hochgebeten* — OstkiSt 26 (1977) 105—143
 2602 SCHULZ, HANS-JOACHIM *Die Grundstruktur des kirchlichen Amtes
       im Spiegel der Eucharistiefeier und der Ordinationsliturgie des
       römischen und des byzantinischen Ritus* — Cath 29 (1975) 325—340
[1798] SEGELBERG, E.: Hippolytus
[2684] SORIA, J. L.: Concilia
 2603 SPINKS, BRYAN D. *The Consecratory Epiklesis in the Anaphora of
       St. James* — StLit 11 (1976) 18—38
 2604 TAFT, ROBERT *The great entrance. A history of the transfer of gifts
       and other preanaphoreal rites of the liturgy of St. John Chrysostom*
       [OCA 200]. Roma: Pont. Inst. Studiorum Orientalium 1975. XL,
       485 pp.
 2605 TAFT, R. *Evolution historique de la liturgie de saint Jean Chry-
       sostome Ière partie: „Entrée des mystères". Chapitre IV: L'encense-
       ment et le lavabo* — PrOrChr 25 (1975) 274—299
 2606 TAFT, ROBERT F. *The historical evolution of the Liturgy of Saint
       Chrysostom. The pre-anaphoral rites.* Diss. 1970. Rom: Pont. Inst.
       Orientalium Studiorum 1975. 74 pp.
 2607 TALLEY, THOMAS J. *Von der Berakah zur Eucharistia. Das eucha-
       ristische Hochgebet der alten Kirche in neuerer Forschung. Ergeb-
       nisse und Fragen* — LJ 26 (1976) 93—115
 2608 TALLEY, THOMAS J. *The Eucharistic Prayer of the Ancient Church
       According to Recent Research: Results and Reflections* — StLit 11
       (1976) 138—158
 2609 TALLEY, THOMAS J. *Het eucharistisch gebed in de jonge kerk in het
       hedendaags wetenschappelijk onderzoek* — TLit 60 (1976) 119—136
 2610 TAYLOR, T. F. *Sursum corda. No dialogue.* In: *Studia Patristica 13*
       (cf. 1975/76, 200) 422—424
 2611 TRIACCA, ACHILLE M. *Le rite de l'„impositio manuum super infir-
       mum" dans l'ancienne liturgie ambrosienne.* In: *La maladie et la mort
       du chrétien...* (cf. 1975/76, 173) 339—360
 2612 VOGEL, CYRILLE *Pénitence et excommunication dans l'Église an-
       cienne et durant le Haut-Moyen-Age. Perspective historique* —
       ConciliumT 107 (1975) 11—22

2613 VOGEL, CYRILLE *Buße und Exkommunikation in der Alten Kirche und im Mittelalter. Ein historischer Überblick* — Concilium 11 (1975) 446—452

[2020] VOGEL, C.: Leo Magnus

2614 WALZ, JOHANN BAPTIST *Die heilige Eucharistie als Kommunionsakrament und Opfer im Lichte unseres heiligen Glaubens: Im Urteil des kirchlichen Lehramts, in der Hl. Schrift und in der Lehre der Väter und Theologen.* Mönchengladbach-Odenkirchen, Postfach 4: C. Altgott, Selbstverlag 1975. 225 pp.

[1995] WILLIAMS, G. H.: Iustinus Martyr

3. ANNUS LITURGICUS

2615 BACCHIOCHI, SAMUELE *An Examination of the Biblical and Patristic texts of the first four centuries to ascertain the time and the causes of the origin of Sunday as the Lord's day.* Roma: Pont. Univ. Gregoriana Diss 1975. 141 pp.

2616 BERNAL, JOSÉ MANUEL *La Pascua como proceso de liberación. Una lectura contemporánea de dos homilías pascuales del siglo II.* In: *Ministerio y carisma. Homenaje a Monseñor García Lahiguera* (cf. 1975/76, 178) 145—179

[1518] DEDDENS, K.: Cyrillus Hierosolymitanus

2617 DOEVE, J. W. *De Christelijke Paasdatum* — KT 27 (1976) 265—275

[2038] FLECHA ANDRÉS, J.-R.: Martinus Braccarensis

2618 L'HUILLIER, PIERRE *Les décisions du Concile de Nicée sur la célébration commune de Pâques et leur signification actuelle* — MEPRO 24 (1976) 67—79

2619 MARTÍN PINDADO, VICENTE *Las lecturas cuaresmales del Antiguo Testamento en la antigua liturgia hispánica. Estudio de liturgia comparada* — Salmant 22 (1975) 217—269

2620 PERI, V. *La data della Pasqua. Nota sull'origine e lo sviluppo della questione pasquale tra le Chiese cristiane* — VetChr 13 (1976) 319—348

2621 ROCHA, P. *As Vésperas Pascais na Liturgia Bracarense* — ThBraga 11 (1976) 61—79

[2209] SOTTOCORNOLA, F.: Petrus Chrysologus

[890] VANYO, L.: Anonymus

4. HYMNI

2622 *Altchristliche Gebete.* Hrsg. von F. J. SCHIERSE, Texte ins Dt. übertr. von den Benediktinerinnen der Abtei St. Hildegard, Eibingen [Topos-Taschenbücher 35]. Düsseldorf: Patmos-Verl. 1975. 162 pp.

[2228] ASSENDELFT, M. M. VAN: Prudentius

2623 BASTIAENSEN, A. *The hymn "Ad cenam agni providi"* — EL 90 (1976) 43—71

2624 BOUVIER, B.; WEHRLI, C. *Fragment hymnographiyque d'un papyrus de Genève* — CE 50 (1975) 175—187

2625 BRASWELL, B. K. *Kleine textkritische Bemerkungen zu frühchristlichen Hymnen* — VigChr 29 (1975) 222—226

2626 BULST, WALTHER *Hymnologica partim Hibernica.* In: *Latin Script and Letters* (cf. 1975/76, 171) 83—100

2627 DIHLE, A. *Textkritische Bemerkungen zu frühbyzantinischen Autoren* — ByZ 69 (1976) 1—8

2628 DÖLGER, FRANZ JOSEPH *Die Sonne der Gerechtigkeit auf einer griechischen Inschrift von Salamis auf Cypern.* In: *Antike und Christentum* Bd. 5 (cf. 1975/76, 136) 138—140

[2261] GROSDIDIER DE MATONS, J.: Romanus Melodus

2629 HUXLEY, HERBERT H. *Charles Stuart Calverley and the De Die Judicii.* In: *Classica et Iberica* (cf. 1975/76, 123) 321—330

[2237] KENNEL, W. VON: Prudentius

2630 LAUSBERG, H. *Der Hymnus "Ave maris stella".* [Abhandlung der Rheinisch-Westfälischen Akademie der Wissenschaft 61]. Opladen: Westdt. Verl. 1976. 151 pp.

2631 LAUSBERG, H. *Minuscula philologica, I: De hymno illo qui incipit verbis "Ave maris stella".* [NAG (1976, 2)]. Göttingen: 1976. 17 pp.

2632 MICHEL, A. *In hymnis et canticis. Culture et beauté dans l'hymnique chrétienne latine* [Philos. médiévaux 20]. Louvain: Publ. Universitaires 1976. 412 pp., Index

2633 PIACENTE, L. *Note su un ritmo merovingio* — RomBarb 1 (1976) 195—201

[2262] REICHMUTH, R. J.: Romanus Melodus

2634 SKERIS, R. A. *Chroma theu. On the origins and theological interpretation of the musical imagery used by the ecclesiastic writers of the first three centuries, with special reference to the image of Orpheus* [Publ. of the Catholic Church Music Associates 1]. Altötting: Coppenrath 1976. 259 pp.

2635 STANFORD, W. B. *Monsters and Odyssean Echoes in the Early Hiberno-Latin and Irish Hymns.* In: *Latin Script and Letters* (cf. 1975/76, 171) 113—120

2637 SZELESTEI-NAGY, L. *Zeitmaß und Wortbetonung in den frühchristlichen Hymnen in lateinischer Sprache* — AUB 2 (1974) 75—89

[2264] TOPPING, E.: Romanus Melodus

5. CULTUS (HYPER-)DULIAE, VENERATIO ICONUM RELIQUIARUMQUE

[2523] ALDAZABAL, J.: Liturgica, Generalia

2638 BECK, HANS GEORG *Von der Fragwürdigkeit der Ikone.* [SAM 1975, 7]. München: Beck 1975. 44 pp.

2639 BUGGE, R. *Effigiem Christi, qui transis, semper honora. Verses condemning the cult of sacred images in art and literature* — AcArO 6 (1975) 127—139

2640 CLARK, NEVILLE *The Jesus Prayer. Its History and Meaning* — Sob 7 (1976) 148—165

2641 CONSTANTELOS, DEMETRIOS J. *A Note on „Christos Philanthropos"* in Byzantine Iconography — Byzan 46 (1976) 9—12

[2353] DÖLGER, F. J.: Tertullianus

[1802] GERO, S.: Hypatius Ephesenus

[2413] GUSSONE, N.: Victricius Rotomagensis

2642 HERMANN-MASCARD, NICOLE *Les reliques des saints. Formation coutumière d'un droit* [Collection d'histoire institutionelle et sociale 6]. Paris: Klincksiek 1975. 446 pp.

[1907] JUŠKOV, K.: Iohannes Damascenus

[1660] McCULLOH, J. M.: Gregorius Magnus

[1908] NIKOLAOU, T.: Iohannes Damascenus

[1334] SCHÖNBORN, C. VON: Basilius

V. Iuridica, symbola

1. GENERALIA

[1006] BLÁZQUEZ FERNÁNDEZ, N.: Augustinus
[1007] BLÁZQUEZ FERNÁNDEZ, N.: Augustinus
[1008] BLÁZQUEZ FERNÁNDEZ, N.: Augustinus
[1009] BLÁZQUEZ FERNÁNDEZ, N.: Augustinus
[1010] BLÁZQUEZ FERNÁNDEZ, N.: Augustinus
[1039] CAVALLA, F.: Augustinus
[1040] CAVALLA, F.: Augustinus
 [320] CONRAT, M.: Opera ad historiam
2643 *Diversorum patrum sententiae sive Collectio in LXXIV titulos digesta.* Ed. J. T. GILCHRIST [Monumenta iuris canonici Series B Corpus Collectionum 1]. Città del Vaticano: Bibl. apost. Vat. 1973. CXXVI, 213 pp.
[2566] FERREIRA, J. M. DOS SANTOS: Missa, sacramenta, sacramentalia
 [845] GAUDEMET, J.: Ambrosius
 [617] LUMPE, A.: recipere
2644 MAZZINI, I. *La terminologia della ripartizione territoriale ecclesiastica nei testi conciliari latini dei secoli IV e V. Contributo sociolinguistico* — StUrbino 43 (1974/75) 235—266
 [857] METZ, R.: Ambrosius
 [687] RODRÍGUEZ, F.: Palaeographica atque manuscripta
2645 RYBCZYŃSKI, H. *Recepcja rzymskiej instytucji przedawnienia (zasiedzenia) w prawie kanonicznym pierwszych dziedięciu wieków (Die Rezeption der römischen Verjährungsinstitution im kanonischen Recht der ersten zehn Jahrhunderte)* — RoczTK 22 (1975) 55—72
[1241] SILVA, E.: Augustinus
2646 STICKLER, ALFONSO M. *La norma canonica nel primo millennio della Chiesa* — IC 16 (1976) 15—38
2647 TAYLOR, J. *The Early Papacy at Work: Gelasius I (492—6)* — JRH 8 (1975) 317—332

2. CONCILIA, ACTA CONCILIORUM, CANONES

2648 ABRAMOWSKI, LUISE *Die Synode von Antiochien 324/25 und ihr Symbol* — ZKG 86 (1975) 356—366

2649 *Actes de la conférence de Carthage en 411. III: Texte et traduction des actes de la 2ᵉ et de la 3ᵉ séance.* Éd. par S. LANCEL [SC 224]. Paris: du Cerf 1975. 917—1243 pp.

2650 BENGSCH, ALFRED *Zum Gedächtnis des I. Konzils von Nicäa* — Der Christliche Osten 30 (1975) 167, 170—171

[316] CHRISTOPOULOS, M.: Opera ad historiam
[316a] CHRISTOPOULOS, M.: Opera ad historiam

2651 CHRYSOS, EVANGELOS *Der sog. 28. Kanon von Chalkedon in der Collectio Prisca.* In: *Festgabe Hubert Jedin* (cf. 1975/76, 146) 109—117

2652 *Concilia Africae 345—525.* A cura et studio C. MUNTER [CChr Series Latina 149]. Turnhout: Brepols 1974. XXXVIII, 430 pp.

2653 COURTHAL, PIERRE *Actualité de Chalcédoine* — Foi 75 (1976) 59—66

2654 DARROUZÈS, J. *Listes épiscopales du concile de Nicée (787)* — REB 33 (1975) 5—76

[234] DENZINGER, H.: Subsidia

2655 DÖLGER, FRANZ JOSEPH *Die Münze im Taufbecken und die Münzenfunde in Heilquellen der Antike. Kultur- und Religionsgeschichtliches zum Kanon 48 der Synode von Elvira in Spanien.* In: *Antike und Christentum III* (cf. 1975/76, 135a) 1—24

2656 DÖLGER, FRANZ JOSEPH *„Öl der Eucharistie".* Zum Schreiben der Synode von Karthago im Frühjahr 255. In: *Antike und Christentum II* (cf. 1975/76, 135) 184—189

[233] *Enchiridion....:* Subsidia
[234] *Enchiridion....:* Subsidia

2657 FISCHER, JOSEPH A. *Die Synoden im Osterfeststreit des 2. Jahrhunderts* — AHC 8 (1976) 15—39

[2781] FOUYAS, M.: Christologia
[2782] FOUYAS, M.: Christologia

2658 GIGANTE, JOSÉ ANTONIO MARTINS *Ambiente e significado da legislaçâo particular do Concilio de Braga.* In: *El Concilio de Braga y la función de la legislación particular en la Iglesia* (cf. 1975/76, 127) 13—31

[391] GRANT, R. M.: Opera ad historiam

2659 GRIFFE, É. *Le Concile d'Elvire et les origines du célibat ecclésiastique* — BLE 77 (1976) 123—127

2660 GRIGG, R. *Aniconic worship and the apologetic tradition. A note on canon 36 of the Council of Elvira* — ChH 45 (1976) 428—433

[2784] GRILLMEIER, A.: Christologia
[2785] HALLEUX, A. DE: Christologia

2661 HANSSENS, J.-M. *Il concilio di Aquileia del 381 alla luce dei documenti contemporanei* — ScCat 103 (1975) 562—644

2662 JONKERS, E. J. *De strijd om het celibaat van geestelijken van de derde tot de tiende eeuw volgens de concilies* — NAKG 57 (1976—1977) 129—144

[1485] JONKERS, E. J.: Constitutiones Apostolorum

2663 KOTULA, T. *Konferencja w 411 r. Walczące Kościoły, reprezentaci, reprezentowane ośrodki; w związku z nowym wydaniem Gesta Conlationis Carthaginiensis (Conférence de Carthage en 411: Églises en lutte, représentants, centres représentés. A propos d'une nouvelle édition des „Gesta Conlationis Carthaginiensis")* — Antiquitas (Wrocław) 5 (1975) 79—90

2664 LEHMANN, KARL *Dogmengeschichtliche Hermeneutik am Beispiel der Christologie des Konzils von Nizäa.* In: *Jesus. Ort der Erfahrung* (cf. 1975/76, 165) 190—209

2665 LE ROY, Y. *Les conciles gaulois et le Décret de Gratien* — AEHESR 84 (1975/76) 467—469

2666 L'HUILLIER, PIERRE *Origines et développement de l'ancienne collection canonique grecque* — MEPRO 24 (1976) 53—66

[2618] L'HUILLIER, P.: Annus Liturgicus

[2767] LONERGAN, B. J. F.: Trinitas

[2362] LUMPE, A.: Tertullianus

2667 MARELLA, M. *Roma nel sistema pentarchico. Problemi e perspettive* — Nicolaus 4 (1976) 99—138

2668 MARTÍNEZ DÍEZ, GONZALO *Los Concilios suevos de Braga en las colecciones canónicas de los siglos VI—XII.* In: *El Concilio de Braga y la función de la legislación particular en la Iglesia* (cf. 1975/76, 127) 93—105

2669 MEIGNE, M. *Concile ou collection d'Elvire?* — RHE 70 (1975) 361—387

2670 MUNIER, CHARLES *La tradition littéraire des canons africains (345—525)* — RechAug 10 (1975) 3—22

2671 MURPHY, FRANCIS-XAVIER; SHERWOOD, POLYCARP *Constantinople II et Constantinople III* [Histoire des conciles oecuméniques 3]. Paris: Orante 1974. 358 pp.

2672 OBERMAN, H. A. *,Et tibi dabo claves regni caelorum'. Kirche und Konzil von Augustin bis Luther. Tendenzen und Ergebnisse II* — NedThT 29 (1975) 97—118

[947] PAPADOPOULOS, S.: Athanasius

[2597] PARASKEVAIDES, C.: Missa, sacramenta, sacramentalia

2673 PERI, VITTORIO *C'è un concilio ecumenico ottavo?* — AHC 8 (1976) 53—79

2674 PHEIDAS, VLASSIOS *Le premier Concile oecuménique. Questions concernant sa convocation, sa composition et sa fonction* [en grec]. Athènes: 1974. 104 pp.

2675 PHEIDAS, VLASSIOS *La présidence du Ier Concile oecuménique* [en grec]. Athènes: 1975. 100 pp.

2676 PINHEIRO, CARLOS FRANCISCO MARTINS *Legislaçâo Bracarense sobre Festas Religiosas.* In: *El Concilio de Braga y la función de la legislación particular en la Iglesia* (cf. 1975/76, 127) 107—132

2677 PRIETO PRIETO, ALFONSO *El marco político-religioso de los Concilios Bracarenses I y II.* In: *El Concilio de Braga y la función de la legislación particular en la Iglesia* (cf. 1975/76, 127) 33—91

2678 RIEDINGER, R. *Aus den Akten der Lateran-Synode von 649* — ByZ 69 (1976) 17—38

2679 RIEDINGER, R. *Grammatiker-Gelehrsamkeit in den Akten der Lateran-Synode von 649* — JOBG 25 (1976) 57—61

2680 SCHULTZE, B. *Die Papstakklamationen auf dem 4. und 6. ökumenischen Konzil und Vladimir Soloviev* — OrChrP 41 (1975) 211—225

2681 SIEBEN, H. J. *Zur Entwicklung der Konzilsidee, IX: Aspekte der Konzilsidee nach Konzilssynopsen des 6. bis 9. Jahrhunderts* — ThPh 50 (1975) 347—380

2682 SIEBEN, H. J. *Zur Entwicklung der Konzilsidee, X: Die Konzilsidee des Lukas* — ThPh 50 (1975) 481—503

2683 SIEBEN, H. J. *Zur Entwicklung der Konzilsidee, XI: Typen sogenannter Partikularsynoden* — ThPh 51 (1976) 52—92

2684 SORIA, JOSÉ LUIS *El Concilio de Elvira y su práctica sacramental* — Mayeútica 2 (1976) 28—42

[513] SPEIGL, J.: Opera ad historiam

2685 STIERNON, DANIEL *Konstantinopel IV.* Aus dem Französischen übersetzt von NIKOLAUS MONZEL. Übersetzung der Texte im Anhang von HEINRICH BACHT [Geschichte der ökumenischen Konzilien 5]. Mainz: Matthias-Grünewald-Verlag 1975. 368 pp.

2686 STOCKMEIER, PETER *Das anthropologische Modell der Spätantike und die Formel von Chalkedon* — AHC 8 (1976) 40—52

2687 *The Synodicon in the West Syrian Tradition I.* Edited by ARTHUR VÖÖBUS [CSCO 367, Scriptores Syri 161]. Louvain: Secrétariat du Corpus SCO 1975. 284 pp.

2688 *The Synodicon in the West Syrian Tradition I.* Translated by ARTHUR VÖÖBUS [CSCO 368, Scriptores Syri 162]. Louvain: Secrétariat du Corpus SCO 1975. XII, 274 pp.

[956] TETZ, M.: Athanasius
[2821] VANNESTE, A.: Anthropologia

2689 VRIES, W. DE *Das Konzil von Ephesus 449, eine „Räubersynode"?* — OrChrP 41 (1975) 357—398

[542] WOLF, E.: Opera ad historiam

3. IUS CANONICUM, HIERARCHIA, DISCIPLINA ECCLESIASTICA

2690 ARIAS GÓMEZ, JUAN *La pena canónica en la Iglesia primitiva. Estudio histórico-doctrinal del Nuevo Testamento y de los Padres Apostólicos.* Pamplona: Eunsa 1975. 176 pp.

2691 ARIAS GÓMEZ, JUAN *A pena canónica em ordem á conversão do delinquente e à sua reconciliação na Igreja primitiva a na dos nossos dias* — ThBraga 11 (1976) 220—227

[1651] DAGENS, C.: Gregorius Magnus

2692 DIX, GREGORY *Jurisdiction in the early Church* [Nachdruck aus „Laudate" 1938]. London: Church Literature Association 1975. 124 pp.

[2354] DOLGOVA, I. J.: Tertullianus

2693 GARRIGUES, J. M.; LE GUILLOU, M. J. *Statut eschatologique et caractère ontologique de la succesion apostolique* — RThom 75 (1975) 395—417

[1496] GRANFIELD, P.: Cyprianus

2694 GRYSON, ROGER *Aux origines du célibat écclésiastique: la continence culturelle des clercs majeurs dans l'ancienne Église d'Occident.* In: *Corona Gratiarum II* (cf. 1975/76, 131) 123—128

2695 GRYSON, R. *Il ministero della donna nella chiesa anticha.* Roma: Città Nuova 1974. 234 pp.

2696 GRYSON, ROGER *The ministry of women in the early church.* Transl. by JEAN LAPORTE and MARY LOUISE HALL. Collegeville, Minn.: Liturgical Press 1976. XVI, 156 pp.

[90] LEGRAND, H. M.: Bibliographica

[1206] PINTARD, J.: Augustinus

[1965] REYNOLDS, R. E.: Isidorus Hispalensis

[2175] ROHDE, J.: Patres apostolici

[1946] UNGER, D.: Irenaeus

4. SYMBOLA

[2648] ABRAMOWSKI, L.: Concilia

[2279] GRIBOMONT, J.: Severus Antiochenus

2697 HALLEUX, A. DE „*Dieu le Père tout-puissant"* — RThL 8 (1976) 401—422

2698 HOLLAND, D. L. *The third article of the creed. A study in second- and thirdcentury theology.* In: *Studia Patristica 13* (cf. 1975/76, 200) 189—197

2699 MONTEVECCHI, O. *Il Simbolo costantinopolitano in una tavola* *lignea della collezione dell'Università Cattolica di Milano* — Aeg 55 (1975) 58—69
2700 PEROSANZ, J. M. *El simbolo atanasiano.* Madrid: Ediciones Palabra 1976. 125 pp.
2701 SMULDERS, P. *The Sitz im Leben of the old Roman creed. New conclusions from neglected data.* In: *Studia Patristica 13* (cf. 1975/76, 200) 409—421

VI. Doctrina auctorum et historia dogmatum

1. GENERALIA

2702 ÁLVAREZ, J. *Apostolic Writings and the Roots of Anti-Semitism.* In: *Studia Patristica 13* (cf. 1975/76, 200) 69—76
2703 BAKHUIZEN VAN DEN BRINK, J. N. *Reconciliation in the Early Fathers.* In: *Studia Patristica 13* (cf. 1975/76, 200) 90—106
2704 BARABANOW, EWGENIJ V. *Ästhetik des Frühchristentums* — ThQ 156 (1976) 259—276
2705 BARBEL, JOSEPH *Einführung in die Dogmengeschichte.* Stein am Rhein: Christiana-Verlag 1975. 215 pp.
[612] BECKER, K. J.: dogma
2706 BLOOMING, MARY CATHERINE *The Role of Matter in Eastern Christian Spirituality* — Diak 10 (1975) 197—214
2707 BØRRESEN, KARI-ELISABETH *Die anthropologischen Grundlagen der Beziehung zwischen Mann und Frau in der klassischen Theologie* — Concilium 12 (1976) 10—16
2708 BØRRESEN, KARI-ELISABETH *Fondements anthropologiques de la relation entre l'homme et la femme dans la théologie classique* — Concilium 111 (1976) 27—39
2709 CANTALAMESSA, R. *Incarnazione e immutabilità di Dio. Una soluzione moderna nella patristica?* — RFN 67 (1975) 631—647
2710 COURCELLE, P. *Connais-toi toi-même de Socrate à S. Bernard. I—III.* Paris: Études Augustiniennes 1975. 291, VIII, 293—530, 531—790 pp.
2711 DAHL, NILS ALSTRUP *Jesus in the Memory of the Early Church.* Minneapolis, Minn.: Augsburg Publ. House 1976. 175 pp.
2712 DIHLE, ALBRECHT *Antikes und Unantikes in der frühchristlichen Staatslehre.* In: *Assimilation et résistance...* (cf. 1975/76, 109) 323—332
2713 DIHLE, ALBRECHT *Greek and Christian concepts of justice* [Protocol series of the colloquies of the Center for Hermeneutical Studies in Hellenistic and Modern Culture 10]. Berkeley: The Graduate Theol. Union and the Univ. of Calif. 1975. 72 pp.
2714 EIJK, A. H. C. VAN *Resurrection-language. Its various meanings in early Christian literature.* In: *Studia Patristica XII* [TU 115] (cf. 1975/76, 199) 271—276

2715 FEDALTO, GIORGIO *San Pietro e la sua chiesa. Tra i padri d'oriente e d'occidente nei primi secoli.* Roma: Città Nuova Ed. 1976. 118 pp.

2716 FORREST, JAMES F. *Patristic Tradition and Psychological Image in Bunyan's Three Shining Ones at the Cross* — HThR 68 (1976) 61—72

2717 FREND, W. H. C. *The Roman Empire in the Eyes of Western Schismatics during the Fourth Century A.D.* In: *Religion...* (cf. 1975/76, 150) Nr. X

2718 GERKEN, A. *Kann sich die Eucharistielehre ändern?* — ZKTh 97 (1975) 415—429

2719 GOMAN, JON CLIFFORD *The Ordination of Women: The Bible and the Fathers* [Diss.]. Claremont: School of Theology 1976. 277 pp.

2720 GRANT, ROBERT MCQUEEN *Patristic aspects of Scripture and Tradition* [Perspectives on Scripture and Tradition]. Notre Dame: Fides 1976. xi, 129 pp.

2721 GROSS, K. *Lob der Hand im klassischen und christlichen Altertum* — Gy 83 (1976) 423—440

2722 GUILLEN, L. F. *Es posible lo trágico cristiano?* — MCom 33 (1975) 69—97

2723 HALTON, T. *The coming of spring a patristic motif* — CFH 30 (1976) 150—164

2724 HANSON, R. P. C. *Dogma and Formula in the Fathers.* In: *Studia Patristica 13* (cf. 1975/76, 200) 169—184

2725 HANSON, R. P. C. *Eucharistic offering in the Pre-Nicene Fathers* — ProcIrAc 76 (1976) 75—95

2726 HOCHSTAFFL, J. *Negative Theologie. Ein Versuch zur Vermittlung des patristischen Begriffs.* München: Kösel 1976. 272 pp.

2727 HRYNIEWICZ, W. *Wczesnochrześcijańskie rozumienie dogmatu a reintepretacja teologiczna (Early Christian Understanding of Dogma and Theological Reinterpretation)* — CoTh 46 (1976) 5—22

2728 JAEGER, H. *Les doctrines bibliques et patristiques sur la royauté face aux institutions monarchiques hellénistiques et romaines* — Rec. de la Soc. Jean Bodin (Paris) 20 (1970) 409—428

2729 KRAFT, ROBERT A. *The Development of the Concept of „Orthodoxy" in Early Christianity.* In: *Current issues...* (cf. 1975/76, 132) 47—59

2730 KRATZ, D. M. *Fictus lupus. The werewolf in Christian thought* — CFH 30 (1976) 57—79

2731 MARTINI, R. *Consuetudo e ratio nella costituzione di Costantino C. 8, 52 (53), 2 e nella patristica.* In: *Accademia Romanistica Costantiniana* (cf. 1975/76, 99) 163—182

2732 MEYENDORFF, J. *Byzantine theology. Historical trends and doctrinal themes.* New York: Fordham Univ. Pr. 1974. 243 pp.

2733 MEYENDORFF, J. *Initiation à la théologie byzantine. L'histoire et la doctrine.* Paris: Ed. du Cerf. 1975. 320 pp.

2734 NEAGA, NICOLAE *Le Dimanche dans les œuvres des saints Pères* — MitrBan 25 (1975) 306—312 (en roumain)

2735 NORRIS, R. A., JR. *The Hellenization of Early Christian Doctrine* — JR 55 (1975) 255—259

2736 OLD, HUGHES OLIPHANT *The patristic roots of reformed worship* [Zürcher Beiträge zur Reformationsgeschichte 5]. Zürich: Theologischer Verlag 1975. XIV, 382 pp.

2737 OSBORN, E. F. *Empiricism and transcendence* — Prudentia 8 (1976) 115—122

2738 OSBORN, ERIC FRANCIS *Ethical Patterns in Early Christian Thought.* New York: Cambridge Univ. Press 1976. VIII, 252 pp.

2739 OSBORN, E. *Problems of ethics in early christian thought* — Prudentia 7 (1975) 11—19

2740 PIZZORNI, R. *Il diritto naturale nel pensiero dei Padri* — Ang 53 (1976) 495—565

2741 POPA, C. A. *Le principe de la loyauté envers l'État chez les Apologistes chrétiens* [en roum.] — StBuc 27 (1975) 52—63

2742 QUACQUARELLI, ANTONIO *Il leone e il drago nella simbolica dell'età patristica* — [QVChr 11]. Bari: Inst. di letteratura cristiana antica 1975. 152 pp.

2743 QUACQUARELLI, ANTONIO *Note sugli ideali patristici delle piante di edifici di culto.* In: *Forma futuri* (cf. 1975/76, 149) 1125—1138

2744 QUACQUARELLI, A. *Per una revisione critica degli studi attuali sulla simbolica dei primi secoli cristiani* — VetChr 13 (1976) 5—22

2745 RATZINGER, J. *L'unità delle nazione. Una visione dei padri della Chiesa.* Brescia: Morcelliana 1973. 120 pp.

2746 ROENSCH, MANFRED *Repetitorium zur Dogmengeschichte der Alten Kirche in Form von Thesen* — LuthRundbl 23 (1975) 45—60; 136—141

2747 RORDORF, WILLY *L'espérance des martyrs chrétiens.* In: *Forma futuri* (cf. 1975/76, 149) 445—461

2748 ROUSSEAU, H. *La pensée chrétienne.* Paris: 1973. 128 pp.

2749 ROUX, RODOLFO RAMON DE *La comunicación de bienes en la enseñanza de los Santos Padres* — ThXaver 26 (1976) 343—352

2750 SCHOOF, MARK *The Theological Roots of Christian Dogmatism* — DR 94 (1976) 178—196

2751 SEMYONOV TIAN-SHANSKY, ALEXANDER *Ascetics in the Teaching of the Holy Fathers* [en serbe avec résumé en anglais] — TP 4 (1975) 233—244

[2634] SKERIS, R. A.: Hymni

2752 STEPHANOU, EUSEBIUS A. *The charismata in the Early Church Fathers* — GrOrthThR 21 (1976) 125—146

2753 VALER, FRANCISCO JAVIER *La propiedad y la distribución de bienes en la doctrina de los Santos Padres* — Mayeútica 1 (1975) 193—211
2754 WILES, MAURICE *Working papers in doctrine*. London: S.C.M. Press 1976. IX, 213 pp.
2755 WILLIS, JOHN RANDOLPH *A history of Christian thought: from apostolic times to Saint Augustine*. Hicksville, N.Y.: Exposition Press 1976. 410 pp.
2756 WILLMANN, OTTO *Der Idealismus der Kirchenväter und der Realismus der Scholastiker*. Aalen: Scientia 1975. 501 pp.

2. SINGULA CAPITA HISTORIAE DOGMATUM

a) Religio, revelatio
(fontes, scriptura, traditio)

[1121] KOWALCZYK, S.: Augustinus
[565] MEIJERING, E. P.: Philosophica
[1193] PEGUEROLES, J.: Augustinus
[960] ZAPHIRIS, G.: Athanasius

b) Creatio, providentia

2757 BOMBA, W. *Miłość Boża w afrykańskiej kolekcji modlitw po psalmach (Caritas Dei in collectis psalmorum seriei Africanae)* — Studia Gdańskie 2 (1976) 85—96
[1920] BROWN, R. F.: Irenaeus Lugdunensis
[929] CLARKE, F. S.: Athanasius
[1863] DRAGAS, G. D.: Iohannes Chrysostomus
[604] DUCHATELEZ, K.: Θεός φιλάνθρωπος
[1569] EL KHOURY, N.: Ephraem Syrus
[1402] HUBER, P.: Boethius
2758 MÖLLER, E. WILHELM *Geschichte der Kosmologie in der griechischen Kirche bis auf Origenes. Mit Specialuntersuchungen über die gnostischen Systeme*. Hildesheim: Olms 1976. 572 pp.
[1552] NEIDL, W. M.: Ps.-Dionysius Areopagita
[1331] ORPHANOS, M.: Basilius
[1204] PINCHERLE, A.: Augustinus
2759 SANS, I. M. *Presciencia divina del futuro humano. Esbozo histórico del problema* — EE 51 (1976) 429—462
[1743] WOLFSON, H. A.: Gregorius Nyssenus

2760 YOUNG, FRANCES M. *Atonement and Theodicy: Some Explorations.*
In: *Studia Patristica 13* (cf. 1975/76, 200) 330—333

c) Trinitas

[998] BAILLEUX, É.: Augustinus
2761 BARBEL, JOSEPH *Der Gott Jesu im Glauben der Kirche. Die Trinitätslehre bis zum 5. Jahrhundert.* Hrsg. von ALBERT FRIES. Aschaffenburg: Pattloch 1976. 109 pp.
[1857] BOBRINSKOY, B.: Iohannes Chrysostomus
[1706] CAVALCANTI, E.: Gregorius Nyssenus
[1315] CHRISTOU, P. K.: Basilius Magnus
[1318] ΧΡΗΣΤΟΥ, Π. Κ.: Basilius Magnus
2762 GARRIDO BONAÑO, MANUEL *El Espíritu Santo en las liturgias occidentales* — Burgense 16 (1975) 9—76
[1521] GIORDANO, A. F.: Cyrillus Hierosolymitanus
[1323] GIRARDI, M.: Basilius Magnus
2763 HAMMAN, A. *El Espíritu Santo en la vida de la Iglesia durante los
tres primeros siglos* — ETrin 9 (1975) 273—292
2764 HAMMAN, ADALBERT *El Espíritu Santo en la vida de la Iglesia
durante los tres primeros siglos.* In: *El Espíritu Santo ayer y hoy*
(cf. 1975/76, 141) 135—156
2765 HAMMAN, ADALBERT *L'Esprit Saint dans la vie de l'Église, au cours
des trois premiers siècles.* In: *Corona Gratiarum I* (cf. 1975/76, 130)
11—35
[1928] JASCHKE, H.-J.: Irenaeus
[1113] JESS, W. G. VAN: Augustinus
[1722] KRIVOCHEINE, B.: Gregorius Nyssenus
2766 LILLA, S. *Le fonti di un opuscolo sulla teologia trinitaria* —
VetChr 12 (1975) 375—381
2767 LONERGAN, BERNHARD JOSEPH FRANCIS *The way to Nicea. The
dialectical development of trinitarian theology.* A translation by
CONN O'DONAVAN from the first part of „De Deo Trino", London:
Darton, Longman and Todd 1976. XXXI, 143 pp.
2768 MARGERIE, BERTRAND DE *La trinité chrétienne dans l'histoire*
[ThH 31]. Paris: Éd. Beauchesne 1975. 499 pp.
[1687] MEIJERING, E. P.: Gregorius Nazianzenus
[2174] MŁOTEK, A.: Patres Apostolici
[1551] MUÑIZ RODRÍGUEZ, V.: Ps.-Dionysius Areopagita
2769 OFFERMANNS, HELGA *Der christologische und trinitarische Person-
begriff der frühen Kirche. Ein Beitrag zum Verständnis von
Dogmenentwicklung und Dogmengeschichte* [Europäische Hochschulschriften 23, 58]. Bern: H. Lang 1976. 198 pp.

[1690] PAPADOPOULOS, S.: Gregorius Nazianzenus
[1733] PARMENTIER, M.: Gregorius Nyssenus
2770 PEDRINI, ARNALDO *Lo Spirito Santo nei Padri della Chiesa* [Nuova collana liturgica 5]. Milano: O. R. 1975. 142 pp.
2771 ROMANIDES, JOHN *The Filioque* — Kleronomia 7 (1975) 285—314
[1696] TRISOGLIO, F.: Gregorius Nazianzenus
[1264] VERHEES, J.: Augustinus
[1265] VERHEES, J.: Augustinus
[1337] VERHEES, J.: Basilius Magnus
[2152] WALTER, V. L.: Origenes

d) Christologia

2772 AALST, A. J. VAN DER *Het oosterse Christusbeeld. De syrische kerken* — TTh 15 (1975) 141—157
2773 AALST, A. J. VAN DER *Het oosterse Christusbeeld: nabeschouwing* — TTh 16 (1976) 121—137
2774 AALST, A. J. VAN DER *Het oosterse christusbeeld. De byzantijnse kerk* — TTh 15 (1975) 237—254
[1297] ABRAMOWSKI, L.: Babaeus Magnus
[1918] ALTERMATH, F.: Irenaeus
[2098] ALVES DE SOUSA, P.-G.: Origenes
[921] ATZBERGER, L.: Athanasius
2775 BARBEL, JOSEPH *Jesus im Glauben der Kirche. Die Christologie bis zum 5. Jh.* [Der Christ in der Welt 5: Die großen Wahrheiten 15 b/c] Aschaffenburg: Pattloch 1976. 250 pp.
[999] BASEVI, C.: Augustinus
[1000] BASEVI, C.: Augustinus
2776 BERGER, KLAUS *Die Auferstehung des Propheten und die Erhöhung des Menschensohnes. Traditionsgeschichtliche Untersuchung zur Deutung des Geschickes Jesu in frühchristlichen Texten* [Studien zur Umwelt des Neuen Testaments 13]. Göttingen: Vandenhoeck & Ruprecht 1976. 650 pp.
[1904] BUZESCU, N. C.: Iohannes Damascenus
[829] CHAFFIN, C.: Ambrosius
2777 CHESNUT, ROBERTA C. *Three Monophysite Christologies: Severus of Antioch, Philoxenus of Mabbug, and Jacob of Sarug.* Oxford: Clarendon Press 1976. 192 pp.
[1905] CHIȚESCU, N.: Iohannes Damascenus
[1906] CHIȚESCU, N.: Iohannes Damascenus
[1509] DARTSELLAS, C.: Cyrillus Alexandrinus
2778 DEWART, J. M. *Moral union in Christology* — Laval 32 (1976) 283—299
[2382] DEWART, J. M.: Theodorus Mopsuestenus

2779 DÖLGER, FRANZ JOSEPH *Der Heiland.* In: *Antike und Christentum 6* (cf. 1975/76, 137) 241—272

2780 DÖLGER, FRANZ JOSEPH *Sonne und Sonnenstrahl als Gleichnis in der Logostheologie des christlichen Altertums.* In: *Antike und Christentum I* (cf. 1975/76, 134) 271—290

[2113] DÖLGER, F. J.: Origenes

[1519] FERNÁNDEZ, D.: Cyrillus Hierosolymitanus

2781 FOUYAS, M. G. *The person of Jesus Christ in the decisions of the ecumenical councils. A historical and doctrinal study with the relevant documents to the christological relations of the western, eastern and oriental churches.* Addis Abeba: Central Printing Pr. 1976. 301 pp.

2782 FOUYAS, METHODIOS *The Christology of the Ecumenical Synods* — EPh 58 (1976) 148—163

2783 GALOT, JEAN *L'unica persona del Cristo* — CC 127 (1976) 336—347

2783a ΓΙΑΝΝΟΠΟΥΛΟΣ, Β. Ν. *Αἱ χριστολογικαί ἀντιλήψεις τῶν εἰκονομάχων* [Diss.]. Ἀθῆναι: 198 pp.

2784 GRILLMEIER, A. *Christ in Christian Tradition, I: From the Apostolic Age to Chalcedon,* 2nd ed. Oxford: Mowbrays 1975. XXIV, 600 pp.

[2054] HALL, S. G.: Melito Sardensis

2785 HALLEUX, A. DE *La définition christologique à Chalcédoine* — RThL 7 (1976) 3—23; 155—170

2786 HAMMAN, A. *La résurrection du Christ dans l'antiquité chrétienne* — ReSR 49 (1975) 292—318; 50 (1976) 1—24

2788 HENGEL, MARTIN *Der Sohn Gottes. Die Entstehung der Christologie und die jüdisch-hellenistische Religionsgeschichte.* Tübingen: Mohr 1975. 143 pp.

[1781] JACOBS, J. W.: Hilarius Pictaviensis

[935] ΚΑΛΟΓΗΡΟΥ, Ι.: Athanasius

[936] KANNENGIESSER, C.: Athanasius

[1871] KANNENGIESSER, CH.: Iohannes Chrysostomus

[1984] KURZ, W. S.: Iustinus Martyr

[2664] LEHMANN, K.: Concilia, acta conciliorum, canones

[2023] LYNCH, J. J.: Leontius Bynzantinus

[2080] MARUVATHRAIL, M. J.: Novatianus

2789 MEYENDORFF, J.: *Christ in eastern christian thought.* New York: St. Vladimir Semin. Pr. 1975. 248 pp.

[2048] MEYENDORFF, J.: Maximus Confessor

[1513] NORRIS, R. A.: Cyrillus Alexandrinus

[2769] OFFERMANNS, H.: Trinitas

[2946] ORBE, A.: Gnostica

2790 PANYAGUA, ENRIQUE R. *Pastor — Maestro* — Helmántica 26 (1975) 467—481

[1909] PARASKEVAIDIS, C.: Iohannes Damascenus
2791 POKORNÝ, PETR *Der Gottessohn. Literarische Übersicht und Fragestellung.* Zürich: Theologischer Verlag 1971. 70 pp.
[1910] ROMANIDES, J. S.: Iohannes Damascenus
[1785] RUSCH, W. G.: Hilarius Pictaviensis
[2282] SAMUEL, V. C.: Severus Antiochenus
2792 SCHÖNBORN, CHRISTOPH VON *L'Icône du Christ. Fondements théologiques élaborés entre le Ier et le IIe Concile de Nicée (325—787)* [Paradosis 24]. Fribourg: Editions universitaires 1976. 245 pp.
[1334] SCHÖNBORN, C. VON: Basilius
[2019] STUDER, B.: Leo Magnus
2793 TALBERT, C. H. *The Myth of a Descending-Ascending Redeemer in Mediterranean Antiquity* — NTS 22 (1976) 418—440
[1994] TRAKATELLIS, D.: Iustinus Martyr
2794 WILLIAMS, ROWAN „*Person*" *and* „*Personality*" *in Christology* — DR 94 (1976) 253—260
[2287] ZABOLOTSKIJ, N.: Severus Antiochenus
[961] ΖΗΣΗΣ, Θ.: Athanasius

e) Soteriologia

[998] BAILLEUX, É.: Augustinus
[1437] BERCIANO, M.: Cyrillus Hierosolymitanus
[2525] BOROBIO, D.: Liturgica
2795 BURNS, P. J.: *The economy of Salvation: Two patristic traditions* — ThSt 37 (1976) 596—619
2796 ΧΡΗΣΤΟΥ, ΠΑΝΑΓΙΩΤΗΣ Κ. *Ἡ ἔννοια τῆς σωτηρίας κατὰ τοὺς Καππαδόκας.* In: *Θεολογικὰ μελετήματα 2* (cf. 1975/76, 119) 25—53
[2336] CHURCH, F. F.: Tertullianus
[1923] CLERICI, A. M.: Irenaeus
[2204] GRESHAKE, G.: Pelagius
[1517] CUTRONE, E. J.: Cyrillus Hierosolymitanus
2797 HANSON, ANTHONY TYRELL *Grace and truth. A study in the doctrine of the incarnation.* London: S.P.C.K. 1975. 134 pp
2798 HEVIA BALLINA, AGUSTIN *Salvación y Pascua* — Helmántica 26 (1975) 267—288
[935] ΚΑΛΟΓΗΡΟΥ, I.: Athanasius
[1872] KOSECKI, B.: Iohannes Chrysostomus
[1331] ORPHANOS, M.: Basilius
[1940] PIEPOLI, V.: Irenaeus
[1737] RITTER, A. M.: Gregorius Nyssenus
[1578] SABER, G.: Ephraem Syrus

2799 SIMONETTI, M. *Variazioni gnostiche e origeniane sul tema della storia della salvezza* — AugR 16 (1976) 7—21
[953] SKURAT, K. E.: Athanasius
[2397] TABOR, J. D.: Theophilus Antiochenus
2800 TORRANCE, T. F. *The Relation of the Incarnation to Space in Nicene Theology.* In: *The Ecumenical World*... (cf. 1975/76, 139) 43—70
[2031] WAELKENS, R.: Macarius Magnes

f) Ecclesiologia

[2523] ALDAZABAL, J. Liturgica, Generalia
[1844] ALVES DE SOUSA, P.-G.: Iohannes Chrysostomus
[1002] BAVEL, T. J. VAN: Augustinus
[1490] BOUZAS MARTINEZ, F.: Cyprianus
[1027] CAMPO DEL POZO, F.: Augustinus
2801 COMAN, IOAN G. *Christ et l'Église comme sacrement de salut selon les Pères* — IKZ (Sonderheft 1974) 56—74
[2043] DALMAIS, I. H.: Maximus Confessor
2802 ENO, ROBERT B. *Pope and Council: The Patristic Origins* — ScEs 28 (1976) 183—211
2803 ENO, ROBERT B. *Some nuances in the ecclesiology of the Donatists.* In: *Studia Patristica 14* (cf. 1975/76, 201) 417—421
[1633] ENO, R. B.: Ferrandus
[2357] ENO, R. B.: Tertullianus
[1473] FAIVRE, A.: Pseudo-Clemens Romanus
[1814] FERNÁNDEZ GONZÁLEZ, J.: Ignatius Antiochenus
[1494] FIETTA, P.: Cyprianus Carthaginiensis
[1510] FORTE, B.: Cyrillus Alexandrinus
[2016] GARRIDO BONAÑO, M.: Leo Magnus
[2046] GARRIGUES, J.-M.: Maximus Confessor
[1815] HERMANS, J.: Ignatius Antiochenus
[1369] KURTZ, W.: Benedictus
[1930] LANNE, E.: Irenaeus
[2362] LUMPE, A.: Tertullianus
[1162] MIRÓ, M.: Augustinus
2804 MURRAY, ROBERT *Symbols of Church and Kingdom. Rāzē de-ʿēdtā wa-de-malkūtā. A Study in Early Syriac Tradition.* London—New York: Cambridge Univ. Press. 1975. XV, 394 pp.
[2672] OBERMAN, H. A.: Concilia, acta conciliorum, canones
[1885] PANEDAS, P.: Iohannes Chrysostomus
2805 PAPANDREOU, DAMASKINOS *Die Verfügbarkeit gegenüber dem Heiligen Geist und die Treue zum Ursprung nach der Lehre der griechischen Kirchenväter* — FZPT 22 (1975) 234—253

[1198] PELLEGRINO, M.: Augustinus
[1820] REMOUNDOS, V.: Ignatius Antiochenus
 [949] REZÉTTE, J.: Athanasius
[1229] SALAVERRI, J.: Augustinus
[1333] SCAZZOSO, P.: Basilius Magnus
[2376] VERSTEGEN, R.: Tertullianus
[1237] SCIPIONI, L.: Augustinus

g) Mariologia

2805 ÁLVAREZ CAMPOS, SERGIUS *Corpus Marianum Patristicum,* IV/1:
*Scriptores graeci qui a Concilio Ephesino usque ad finem saeculi
V fuerunt* [Facultas Theologica Hispaniae Septentrionalis]. Burgos:
Ediciones Aldecoa 1976. 606 pp.
[2528] COLOMINA TORNER, J.: Liturgica
 [340] DÖLGER, F. J.: Opera ad historiam
 [841] DUCCI, M. S.: Ambrosius
[1520] FERNÁNDEZ, D.: Cyrillus Hierosolymitanus
2806 IBÁÑEZ, JAVIER — MENDOZA, FERNANDO *María en la Liturgia
Hispana* [Colección del Instituto de Historia de la Iglesia]. Pamplona: Ediciones de la Universidad de Navarra 1975. 420 pp.
2807 KOEHLER, TH. *„Blessed" from generation to generation. Mary in
Patristics and in the history of the Church. Outline of an evolving
image* — Seminarium 27 (1975) 587—606
 [88] LAURENTIN, R.: Bibliographica
[2583] LEDIT, J.: Missa, sacramenta, sacramentalia
2809 MARGERIE, BERTRAND DE *La doctrine de la maternité spirituelle de
Marie et les liturgies de l'Église Catholique* — Eph Mariol 25
(1975) 51—96; 26 (1976) 201—245
[1936] NAZARKO, I.: Irenaeus
[1821] ROCCA, G.: Ignatius Antiochenus
2810 SPEDALIERI, F. *Maria nella Scrittura e nella tradizione della Chiesa
primitiva, II: Studi e problemi, 1: Maternità spirituale della Ver-
gine.* Roma: Herder 1975. 338 pp.
2811 SPEDALIERI, F. *Maria nella Scrittura e nella tradizione della Chiesa
primitiva, II: Studi e problemi, 2: I privilegi.* Roma: Herder 1975.
220 pp.
 [954] STAROWIEYSKI, M.: Athanasius
[1339] WEIJENBORG, R.: Basilius Magnus

h) Anthropologia

[1306] AGHIORGOUSSIS, M.: Basilius
[1307] AGHIORGOUSSIS, M.: Basilius
[1919] ARRONIZ, J. M.: Irenaeus

2812 BAUMGARTNER, C. *El pecado original* [El Misterio Cristiano. Teologia Dogmática 13]. Barcelona: Herder 1971. 237 pp.

[1033] CAPÁNAGA, V.: Augustinus

2813 ΧΡΗΣΤΟΥ, ΠΑΝΑΓΙΩΤΗΣ Κ. *Ὁ ὑπαρκτικὸς διάλογος κατὰ τοὺς θεολόγους τῆς Καππαδοκίας.* In: *Θεολογικὰ μελετήματα* 2 (cf. 1975/76, 119) 55—68

[1316] ΧΡΗΣΤΟΥ, Π. Κ.: Basilius Magnus

[1708] ΧΡΗΣΤΟΥ, Π. Κ.: Gregorius Nyssenus

[2392] ΧΡΗΣΤΟΥ, Π. Κ.: Theophilus Antiochenus

2814 *La culpabilité fondamentale. Péché originel et anthropologie moderne.* Publ. sous la dir. de PAUL GUILLUY, préf. de PH. DELHAYE. Gembloux: Duculot 1975. VIII, 199 pp.

[2899] ELORDUY, E.: Gnostica

[1813] ESCALLADA TIJERO, A.: Ignatius Antiochenus

[1714] ESCRIBANO-ALBERCA, I.: Gregorius Nyssenus

[1071] FERNÁNDEZ, F.: Augustinus

[1072] FERNÁNDEZ GONZÁLEZ, J.: Augustinus

[1073] FERNÁNDEZ GONZÁLEZ, J.: Augustinus

[1074] FERNÁNDEZ GONZÁLEZ, J.: Augustinus

[1092] GEURS, H.: Augustinus

[1094] GIOVANNI, A. DI: Augustinus

[1099] GROSSI, V.: Augustinus

2815 GUERRA, MANUEL *Antropologías y teología. Antropologías helénico-bíblicas y su repercusión en la teología y espiritualidad cristianas* [Colección Teologica de la Universidad de Navarra 12]. Pamplona: Ed. Univ. de Navarra 1976. XXI, 558 pp.

[2123] HARL, M.: Origenes

[1402] HUBER, P.: Boethius

[1107] IAMMARRONE, G.: Augustinus

[1961] LOZANO SEBASTIAN, F. J.: Isidorus Hispalensis

2816 MALONEY, GEORGE A. *Man, the divine icon; the patristic doctrine of man made according to the image of God.* Pecos, NM: Dove Publications 1973. XVI, 222 pp.

[1155] MARROU, H.-I.: Augustinus

[1728] MILITELLO, C.: Gregorius Nyssenus

[941] ΜΑΤΣΟΥΚΑΣ, N.: Athanasius

[1729] MOSTO, M. C.: Gregorius Nyssenus

2817 OSBORN, E. F. *Problems of Ethics in Early Christian Thought* — Prudentia 7 (1975) 11—19

[2240] PASCUAL TORRO, J.: Prudentius

2818 PHILIPS, G. *L'Union personnelle avec le Dieu vivant: essai sur l'origine et le sens de la grace créée.* Gembloux: J. Duculot 1974. 299 pp.

[1734] POJAVNIK, I.: Gregorius Nyssenus

[2049] PRADO, J. J.: Maximus Confessor
[1736] RITACCO, G. L.: Gregorius Nyssenus
[1219] RODRÍGUEZ, DÍEZ, J.: Augustinus
[1226] RUIZ RETEGUI, A.: Augustinus
2819 STĂNILOAE, DUMITRU *L'image de Dieu et la déification de l'homme* — CV 19 (1976) 109—119
2820 VANNESTE, ALFRED *The Dogma of Original Sin.* Translated by ED-WARD P. CALLENS. With an Introduction by ROBERT W. GLEASON. Louvain: Nauwelaerts 1975. VI, 187 pp.
2821 VANNESTE, A. *Où en est le problème du péché originel?* — EThL 52 (1976) 143—161
[1280] WOLFSKEEL, C. W.: Augustinus
[1894] ŽITNIK, M.: Iohannes Chrysostomus

i) Vita christiana, monastica

2822 ADAM, A. *Rezension von A. Vööbus: History of Asceticism in Syrian Orient* (1958, 1122). In: *Askese und Mönchtum* (cf. 1975/76, 107) 230—254
2823 ALCALÁ, MANUEL „*Tercera vía*" *y antigüedad cristiana* — RF 194 (1976) 333—347
[991] ARMAS, G.: Augustinus
[1754] ARTEAGA, C.: Hieronymus
2824 BACHT, H. *Antonius und Pachomius. Von der Anachorese zum Cöno-bitentum.* In: *Askese und Mönchtum* (cf. 1975/76, 107) 183—229
[1313] BENITO Y DURÁN, A.: Basilius
[2250] BORIAS, A.: Regula Magistri
2825 BREMOND, A. *Der Mönch und der Stoiker.* In: *Askese und Mönchtum* (cf. 1975/76, 107) 91—106
2826 BROOKE, CHRISTOPHER *The Monastic World.* London: Paul Elek Ltd. 1974. 272 pp.
2827 CARRIL, MARIA MERCEDES DEL *Reflexiones sobre el trabajo en el monacato primitivo* — Yermo 13 (1975) 19—29
[318] COLOMBÁS, G. M.: Opera ad historiam
[323] COURTOIS, C.: Opera ad historiam
2828 COWLEY, PERCIVAL *El humanismo de los Padres de la Iglesia; los cristianos y la justicia en los Padres de la Iglesia.* Santiago de Chile: Instituto Chileno de Estudios Humanísticos 1975. 266 pp.
2829 CROUZEL, HENRI *Divorce et remariage dans l'Église primitive* — NRTh 98 (1976) 891—917
[211] CROUZEL, H.: Methodologica
2830 DAMME, DIRK VAN *MAPTYC XPICTIANOC. Überlegungen zur ursprünglichen Bedeutung des altkirchlichen Märtyrertitels* — FZPT 23 (1976) 286—303

[1055] DESJARDINS, R.: Augustinus
[2079] DÖLGER, F. J.: Novatianus
[2337] DÖLGER, F. J.: Tertullianus
2831 FORLIN PATRUCCO, M. *Aspetti di vita familiare nel IV secolo negli scritti dei padri cappadoci.* In: *Etica sessuale e matrimonio nel cristianesimo delle origini* (cf. 1975/76) 158—179
[2695] GRYSON, R.: Ius canonicum
[2696] GRYSON, R.: Ius canonicum
2832 GUILLAUMONT, A. *La conception du désert chez les moines d'Egypte* — RHR 188 (1975) 3—21
[404] HAMMAN, A.: Opera ad historiam
[1474] HARNACK, A. VON: Ps.-Clemens Romanus
[1718] HEINE, R. E.: Gregorius Nyssenus
2833 ILLMER, DETLEF *Totum namque in sola experientia usque consistit. Eine Studie zur monastischen Erziehung und Sprache.* In: *Mönchtum und Gesellschaft* (cf. 1975/76, 181) 430—455
[1498] JACOBS, J. W.: Cyprianus Carthaginiensis
2834 KRETSCHMAR, G. *Ein Beitrag zur Frage nach dem Ursprung frühchristlicher Askese.* In: *Askese und Mönchtum* (cf. 1975/76, 107) 129—180
2835 LACARRIÈRE, J. *Les hommes ivres de Dieu.* Paris: Fayard 1975. 282 pp.
2836 LELOIR, LOUIS *Virginité et célibat d'après le Nouveau Testament. De l'Orient à l'Occident* — ParOr 6/7 (1975/76) 433—446
[1874] LEROUX, J.-M.: Iohannes Chrysostomus
2837 LINAGE CONDE, ANTONIO *La autoridad en el monacato visigótico* — Ligarzas 7 (1975) 5—24
2838 LINAGE CONDE, ANTONIO *Pobreza, castidad y obediencia en el monacato visigótico.* In: *Los Consejos Evangelicos...* (cf. 1975/76, 129) 29—55
[2157] LOZANO, J. M.: Pachomius
[2158] LOZANO, J. M.: Pachomius
[2158] LOZANO, J. M.: Pachomius
2839 MAXWELL, J. *Slavery and the Catholic Church. The history of Catholic teaching concerning the moral legitimacy of the institution of slavery.* Foreword by LORD WILBERFORCE pub. in assn. with the Anti-Slavery Society for the Protection of Human Rights. Chichester: 1975. 142 pp.
[1162] MIRÓ, M.: Augustinus
2840 MODA, A. *Il battesimo dei bambini nei primi quattro secoli. Su un recente lavoro di P. A. Gramaglia* — Nicolaus 3 (1975) 393—408
2841 MOLINA PIÑEDO, RAMÓN *El trabajo intelectual entre los benedictinos* — Yermo 14 (1976) 133—159

2842 MURRAY, ROBERT *The Features of the Earliest Christian Asceticism.* In: *Christian spirituality* (cf. 1975/76, 117) 63—78

2843 NEYT, F. *Un type d'autorité charismatique* — By 54 (1974) 343—361

[2366] NIEBERGALL, A.: Tertullianus

2844 NIEDERWIMMER, KURT *Askese und Mysterium. Über Ehe, Ehescheidung und Eheverzicht in den Anfängen des christlichen Glaubens.* Göttingen: Vandenhoeck & Ruprecht 1975. 267 pp.

2845 ORLANDIS, JOSÉ *El trabajo en el monacato visigótico* — Yermo 13 (1975) 87—102

[1130] PAULIAT, P.: Augustinus

[1332] PEKAR, A. B.: Basilius

[1523] PIASECKI, B.: Cyrillus Hierosolymitanus

2846 PLOEG, J. M. VAN DER *Die Essener und die Anfänge des christlichen Mönchtums.* In: *Askese und Mönchtum* (cf. 1975/76, 107) 107—128

[2369] RAMBAUX, C.: Tertullianus

2847 RUPPERT, F. *Arbeit und geistliches Leben im pachomianischen Mönchtum* — OstkiSt 24 (1975) 3—14

[1287] SCHMIDT, A.: Aurelianus Arelatensis

2848 SEVERUS, E. VON *Was heißt ἐκκλησιαστικῶς μονάζειν heute?* — RBS 5 (1976) 165—170

2849 SOTO, JOSÉ MARIA *El matrimonio „in fieri" en la doctrina de S. Ambrosio y S. Juan Crisóstomo. Estudio comparativo* [Analecta Gregoriana 202]. Roma: Università Gregoriana Editrice 1976. XX, 240 pp.

2850 TROELTSCH, E. *Askese.* In: *Askese und Mönchtum* (cf. 1975/76, 107) 69—90

[1460] TISSOT, Y.: Clemens Alexandrinus

[2520] USENER, H.: Hagiographica: Theodosius

[1268] VERHEIJEN, L.: Augustinus

[1270] VERHEIJEN, L. M. J.: Augustinus

2851 VERHEIJEN, L.: *Aux origines du monachisme occidental* — AEHESR 84 (1975/76) 323—324

2852 VOGÜÉ, A. DE *Les deux fonctions de la méditation dans les Règles monastiques anciennes* — RHSpir 51 (1975) 3—16

2853 VOGÜÉ, A. DE *To study the early monks* — MonStud 12 (1976) 55—83

2854 WARE, KALLISTOS *Schweigen im Gebet. Was „Hesychia" bedeutet* — EA 52 (1976) 427—447

k) Angeli et daemones

2855 BARNARD, L. W. *The figure of „trumpets" in Syriac tradition. An Egyptian parallel* — Mu 88 n (1975) 327—329

[2102] BLANC, C.: Origenes

2856 LASH, C. J. A. *Where do devils live? A problem in the textual criticism of Ephesians 6, 12* — VigChr 30 (1976) 161—174
2857 MARROU, H.-I. *Un ange déchu, un ange pourtant.* In: *Patristique et humanisme* (cf. 1975/76, 174) 393—408
[2191] QUIROGA, S.: CÉSAR, E.: Paulinus Nolanus

l) Novissima

2858 AUNE, DAVID E. *The Significance of the Delay of the Parousia for Early Christianity.* In: *Current issues...* (cf. 1975/76, 132) 87—109
2859 BISSELS, P. *Die frühchristliche Lehre vom Gottesreich auf Erden* — TTZ 84 (1975) 44—47
[2905] GARCIA BAZAN, F.: Gnostica
[1122] KOWALCZYK, S.: Augustinus
2860 LERNER, R. E. *Refreshment of the saints. The time after Antichrist as a station for earthly progress in medieval thought* — Tr 32 (1976) 97—144
2861 MARTÍNEZ Y MARTÍNEZ, GERMAN *La escatología en la liturgia romana antigua* [Colección de Estudios del Instituto Superior de Pastoral, Universidad Pontificia de Salamanca, 10]. Salamanca/ Madrid: Instituto Superior de Pastoral 1976. 375 pp.
2862 PELLAND, GILLES *Dans l'Attente de la Résurrection: Un thème central de l'évangélisation dans l'église ancienne* — ScEs 28 (1976) 125—146
[1469] WEISS, B.: Clemens Romanus

VII. Gnostica

2863 *The Book of Thomas the Contender from Codex II of the Cairo Gnostic Library from Nag Hammadi (CG II, 7).* The Coptic text with translation, introduction and commentary by JOHN DOUGLAS TURNER. Missoula: Scholars Press 1975. VII, 247 pp.

2864 *„Die drei Stelen des Seth".* Die fünfte Schrift aus Nag-Hammadi-Codex VII. Berliner Arbeitskreis für koptisch-gnostische Schriften — ThLZ 100 (1975) 571—580

2865 *The facsimile edition of the Nag Hammadi codices. Codex III.* Leiden: Brill 1976. XX, 144 pp.

2866 *The fac-simile edition of the Nag Hammadi Codices. Codex IV.* Leiden: Brill 1975. XVI pp. 96 Abb.

2867 *The fac-simile edition of the Nag Hammadi Codices. Codex V.* Leiden: Brill 1975. XVI pp. 100 Abb.

2868 *The Gospel according to Thomas.* Coptic text, established and translated by A. GUILLAUMONT, H.-CH. PUECH, G. QUISPEL, W. TILL, Y. ABD AL-MASIH. Leiden: Brill 1976. VIII, 62 pp.

2869 *Nag Hammadi Codices. 3, 2 and 4, 2. The Gospel of the egyptians. The Holy Book of the great invisible spirit.* Ed. with translation and commentary by ALEXANDER BÖHLIG and FREDERIK WISSE in cooperation with PAHOR LABIB. Publ. under the auspices of the German Archaeolog. Inst. [Nag Hammadi Studies 4]. Leiden: Brill 1975. XIV, 234 pp.

2870 *Tractatus tripartitus,* II et III: *Codex Jung f. LII^r—f. LXX^v (p. 104—140); Oratio Pauli apostoli, Codex Jung f. LXXII (?) (p. 143?—144?).* Ed. R. KASSER — M. MALININE — H. CH. PUECH — G. QUISPEL — J. ZANDEE. Bern: Francke 1975. 348 pp. 136 Abb.

2871 *„Vom Ursprung der Welt".* Die fünfte Schrift aus Nag-Hammadi-Codex II. Neu herausgegeben und unter bevorzugter Auswertung anderer Nag-Hammadi-Texte erklärt von HANS-GEBHARD BETHGE. Berlin: Humboldt-Univ. 1975. 489 pp. in 2 Bd.

2872 *Die zweite Apokalypse des Jakobus aus Nag-Hammadi-Codex V.* Neu herausgegeben, übersetzt und erklärt von WOLF-PETER FUNK [TU 119]. Berlin: Akademie-Verlag 1976. VI, 246 pp.

2873 *Corpus Hermeticum IV.* Ins Polnische übersetzt von W. MYSZOR — SVT 16 (1978) 189—196

2874 *Die Exegese über die Seele. Die sechste Schrift aus Nag-Hammadi-Codex II.* Eingel. u. übers. vom Berliner Arbeitskreis für kopt.-gnost. Schr. — ThLZ 101 (1976) 93—104

2875 *Die Lehren des Silvanus. Die vierte Schrift aus Nag-Hammadi-Codex VII.* Eingel. u. übers. vom Berliner Arbeitskreis für koptisch-gnostische Schriften — ThLZ 100 (1975) 7—23

2876 *Zweiter Logos des großen Seth. Die zweite Schrift aus Nag-Hammadi-Codex VII.* Eingel. u. übers. vom Berliner Arbeitskreis für koptisch-gnostische Schriften — ThLZ 100 (1975) 97—110

2877 ABRAMOWSKI, L. *Notizen zur Hypostase der Archonten* — ZNW 67 (1976) 280—285

2878 ALBANESE, C. L. *Inwardness: A Study of Some Gnostic Themes and their Relation to Early Chrisitianity with Specific Reference to the Gospel according to Thomas* — RThAM 43 (1976) 64—88

2879 BARNS, JOHN *Greek and Coptic Papyri from the Covers of the Nag Hammadi Codices: A Preliminary Report.* In: *Essays on the Nag Hammadi Texts* (cf. 1975/76, 142) 9—18

2880 BELTZ, W. *Gnosis und Altes Testament. Überlegungen zur Frage nach dem Ursprung der Gnosis* — ZRGG 28 (1976) 352—357

2881 BERTRAND, DANIEL ALAIN *„Paraphrase de Sem" et „Paraphrase de Seth".* In: *Les textes de Nag Hammadi* (cf. 1975/76, 207) 146—157

2882 BETHGE, H. *Die Exegese über die Seele, Die sechste Schrift aus Nag-Hammadi-Codex II* — ThLZ 101 (1976) 93—104

2883 BETHGE, H.-G. *Zweiter Logos des großen Seth, Die zweite Schrift aus Nag-Hammadi-Codex VII* — ThLZ 100 (1975) 98—110

2884 BÖHLIG, ALEXANDER *Die griechische Schule und die Bibliothek von Nag Hammadi.* In: *Les textes de Nag Hammadi* (cf. 1975/76, 207) 41—44

2885 BÖHLIG, A. *Zum Hellenismus in den Schriften von Nag-Hammadi* [Göttinger Orientforsch. 6. R. Hellenistica 2]. Wiesbaden: Harrassowitz 1975. 86 pp.

2886 BÖHLIG, ALEXANDER *Zum „Pluralismus" in den Schriften von Nag Hammadi. Die Behandlung des Adams in den Drei Stelen des Seth und im Ägypterevangelium.* In: *Essays on the Nag Hammadi Texts* (cf. 1975/76, 142) 19—34

2887 BOOTH, K. N. *,Deficiency': A Gnostic Technical Term.* In: *Studia Patristica 14* (cf. 1975/76, 201) 191—202

2888 BROWNE, G. M. *Notes on the Gospel of the Egyptians* — BASP 12 (1975) 103—106

2889 BROWNE, G. M. *Textual notes on the Exegesis of the soul* — BASP 12 (1975) 1—8

2890 BRUNS, J. E. *The forbidden gospel.* New York: Harper and Row 1976. 64 pp.

2891 COLPE, CARSTEN *Heidnische, jüdische und christliche Überlieferung in den Schriften aus Nag Hammadi IV* — JAC 18 (1975) 144—165; 19 (1976) 120—138

2892 CULIANU, I. P. *La femme céleste et son ombre. Contribution à l'étude d'un mythologème gnostique* — Numen 23 (1976) 191—209

2893 DEHANDSCHUTTER, B. *L'Épître à Rhéginos. Quelques problème critiques* — OLP 4 (1973) 101—111

[764] DEHANDSCHUTTER, B.: Apocrypha

2894 DEHANDSCHUTTER, D. *Tractatus Triparitus* — BijFTh 37 (1976) 320—324

2895 DE JESUS MARQUES, ARMANDO *Hermes Trismegisto en dos escritores portugueses del „Quinientos": Fr. Sebastián Toscano y Fr. Héctor Pinto* — CD 189 (1976) 283—288

2896 DÖLGER, FRANZ JOSEPH *Die Sphragis als religiöse Brandmarkung im Einweihungsakt der gnostischen Karpokratianer.* In: *Antike und Christentum I* (cf. 1975/76, 134) 73—78

[342] DÖLGER, F. J.: Opera ad historiam

2897 DRUMMOND, RICHARD H. *Studies in Christian Gnosticism* — RelLife 45 (1976) 7—21

2898 DUBOIS, J. D. *Remarques sur le texte de l'Évangile de vérité (CG I, 2)* — VigChr 29 (1975) 138—140

2899 ELORDUY, ELEUTERIO *El hombre-imagen de Dios en Séneca, Simón Mago y San Pablo.* In: *Miscelánea J. Zunzunegui, V* (cf. 1975/76, 179) 165—211

[142] *Essays on the Nag Hammadi Texts....*: Collectanea et miscellanea

2900 FILORAMO, G. *Aspetti del processo rivelativo nel Logos di rivelazione gnostico* — AtTor 109 (1975) 67—116

2901 FISCHER, KARL-MARTIN *Die Paraphrase des Sēem.* In: *Essays on the Nag Hammadi Texts* (cf. 1975/76, 142) 255—267

2902 FREND, W. H. C. *The Gnostic-Manichaean Tradition in Roman North Africa.* In: *Religion...* (cf. 1975/76, 150) Nr. XII

2903 FUNK, WOLF-PETER *Bemerkungen zu den Lehren des Silvanus.* In: *Essays on the Nag Hammadi Texts* (cf. 1975/76, 142) 286—290

2904 FUNK, W.-P. *Die Lehren des Silvanus, Die vierte Schrift aus Nag-Hammadi Codex VII* — ThLZ 100 (1975) 7—23

2905 GARCIA BAZAN, F. *La doctrina de la resurrección en S. Pablo y en los gnósticos* — RaBi 37 (1975) 341—352

2906 GARCIA BAZAN, F. *Plotino, el hinduismo y la gnosis* — Stromata 31 (1975) 313—328

2907 GARCIA BAZAN, F. *„Sobre la Resurrección" (Epístola a Reginos).* Traducción, Introducción y Comentario — RaBi 38 (1976) 147—178

2908 GHERRO, E. *L'aquila nella farmacopea medioevale e Bizantina (Con
       testi inediti dal Marc. Gr. 512)* — ´AMAPat 88, 3 (1975/76)
       125—135

[155] *Gnosis und Gnostizismus....:* Collectanea et miscellanea

2909 GUILLAUMONT, A. *Christianismes orientaux* — AEHESR 84
       (1975/76) 325—331

2910 GUILLAUMONT, ANTOINE *Une citation de l'Apocryphe d'Ezéchiel
       dans l'Exégèse au sujet de l'âme (Nag Hammadi II, 6).* In: *Essays
       on the Nag Hammadi Texts* (cf. 1975/76, 142) 35—39

[2786] HAMMAN, A.: Christologia

2911 HARNACK, ADOLF VON *Rezension über: Wilhelm Bousset, Haupt-
       probleme der Gnosis.* In: *Gnosis und Gnostizismus* (cf. 1975/76, 155)
       231—237

2912 HARNACK, ADOLF VON *Die Versuche der Gnostiker, eine apostolische
       Glaubenslehre und eine christliche Theologie zu schaffen, oder: die
       akute Verweltlichung des Christentums.* In: *Gnosis und Gnostizismus*
       (cf. 1975/76, 155) 142—173

2913 HARTIN, P. *Gnosticism and the New Testament* — ThEv 9 (1976)
       131—146

[212] HEDRICK, C. W.: Methodologica

2914 HELDERMAN, JAN *Anachorese zum Heil. Das Bedeutungsfeld der
       Anachorese bei Philo und in einigen gnostischen Traktaten von Nag
       Hammadi.* In: *Essays on the Nag Hammadi Texts* (cf. 1975/76,
       142) 40—55

2915 HÜBNER, W. *Die Paranatellonten im Liber Hermetis* — Sudhoffs
       Archiv (Wiesbaden) 59 (1975) 387—414

2916 KASSER, RUDOLPHE *Citations des grands prophètes bibliques dans les
       textes gnostiques coptes.* In: *Essays on the Nag Hammadi Texts*
       (cf. 1975/76, 142) 56—64

2917 KASSER, RODOLPHE *Fomation de „l'Hypostase des Archontes"* —
       BulArchCopte 21 (1971—73) 83—103

2918 KEIZER, LEWIS S. *The eighth reveals the ninth: a new Hermetic
       initiation discourse (Tractate 6, Nag Hammadi Codex VI).* Seaside,
       Ca.: Academy of Arts and Humanities 1974. III, 103 pp.

2919 KOSCHORKE, K. *Die Polemik der Gnostiker gegen das kirchliche
       Christentum unter besonderer Berücksichtigung der Nag-Hammadi-
       Traktate „Apokalypse des Petrus" (NHC VII, 3) und „Testimo-
       nium Veritatis" (NHC IX, 3).* [Diss.]. Heidelberg: 1976. 329 pp.

[1790] KOSCHORKE, K.: Hippolytus

2920 KRAUSE, MARTIN *Zur Bedeutung des gnostisch-hermetischen Hand-
       schriftenfundes von Nag Hammadi.* In: *Essays on the Nag Ham-
       madi Texts* (cf. 1975/76, 142) 65—89

2921 KRAUSE, M. *Zur Bedeutung des Handschriftenfundes von Nag Ham-
       madi für die Koptologie* — OLP 6/7 (1975/76) 329—338

2922 KRAUSE, MARTIN *Die Sakramente in der ,Exegese über die Seele'* *in Codex II von Nag Hammadi.* In: *Studies in the History of Religions* (cf. 1975/76) 179—188

2923 KRAUSE, MARTIN *Die Sakramente in der „Exegese über die Seele".* In: *Les textes de Nag Hammadi* (cf. 1975/76, 207) 47—55

2924 LAYTON, BENTLEY *Critical Prolegomena to an Edition of the Coptic „Hypostasis of the Archons" (CG II, 4).* In: *Essays on the Nag Hammadi Texts* (cf. 1975/76, 142) 90—109

2925 LAYTON, B. *The hypostasis of the archons. Part II —* HThR 69 (1976) 31—101

[2132] LE BOULLUEC, A.: Origenes

[1450] LILLA, S. R. C.: Clemens Alexandrinus

2926 LOGAN, A. H. B. *The meaning of the term „the All" in Gnostic thought.* In: *Studia Patristica 14* (cf. 1975/76, 201) 203—208

2927 LÜDEMANN, GERD *Untersuchungen zur simonianischen Gnosis* [GöThA 1]. Göttingen: Vandenhoeck & Ruprecht 1975. 156 pp.

2928 MAGNE, J. *Sacrifice et sacerdoce. Du dépouillement gnostique à la mise en commun des biens* [Origines chrétiennes 2]. Paris: Imp. Laballery 1975. 220 pp.

2929 MAHÉ, JEAN-PIERRE *Le sens des symboles sexuels dans quelques textes hermetiques et gnostiques.* In: *Les textes de Nag Hammadi* (cf. 1975/76, 207) 123—145

2930 MARROU, H.-I. *La théologie de l'histoire dans la gnose valentinienne.* In: *Patristique et humanisme* (cf. 1975/76, 174) 381—392

2931 MCNEIL, B. *A note on P. Berol 9794 —* Numen 22 (1976) 239—240

[1934] MEIJERING, E. P.: Irenaeus

2932 MÉNARD, JACQUES E. *La Bibliothèque de Nag-Hammadi et la connaissance de la gnose —* Laval 31 (1975) 3—10

2933 MÉNARD, J. É. *L'Epître à Rhèginos et la resurrection.* In: *Studies in the History of Religions 31* (cf. 1975/76) 189—199

2934 MÉNARD, JACQUES-É. *L'„Évangile selon Philippe" et l'„Exégèse de l'âme".* In: *Les textes de Nag Hammadi* (cf. 1975/76, 207) 56—67

2935 MÉNARD, J.-E. *L'évangile selon Thomas* [Nag Hammadi Studies 5]. Leiden: Brill 1975. XV, 252 pp.

2936 MÉNARD, JACQUES E. *Mystère et gnose —* Laval 32 (1976) 131—144

2937 MÉNARD, JACQUES-E. *La notion de „résurrection" dans l'Épître à Rhèginos.* In: *Essays on the Nag Hammadi Texts* (cf. 1975/76, 142) 110—124

2938 MÉNARD, J. E. *Les problèmes de l'Evangile selon Thomas.* In: *Studia Patristica 14* (cf. 1975/76, 201) 209—228

2939 MÉNARD, JACQUES-E. *Symboles et Gnose —* ReSR 49 (1975) 33—48

2940 MÜHLENBERG, EKKEHARD *Wieviel Erlösungen kennt der Gnostiker Herakleon? —* ZNW 66 (1975) 170—193

2941 MYSZOR, W. *Pradzieje biblijne w tekstach z Nag Hammadi (Die biblische Urgeschichte in den Nag-Hammadi-Texten)*. In: *Warszawskie Studia Biblijne* (ed. J. FRANKOWSKI — B. WIDŁA, Warszawa 1976) 148—167

2942 MYSZOR, W. *Na tropach tajemnej wiedzy (Vers une réinterprétation de l'histoire du gnosticisme)* — Znak 27 (1975) 655—687

[92] MYSZOR, W.: Bibliographica

[471] NOLD, M.: Opera ad historiam

2943 OERTER, W. B. *Die Thomaspsalmen des manichäischen Psalters als genuiner Bestandteil der manichäischen Literatur*. [Diss.]. Leipzig: 1976. 179 pp.

2944 OEYEN, CHRISTIAN *Fragmente einer subachmimischen Version der gnostischen „Schrift ohne Titel"*. In: *Essays on the Nag Hammadi Texts* (cf. 1975/76, 142) 125—144

2945 ORBE, ANTONIO *Los ,apéndices' de Basílides I, II* — Greg 57 (1976) 81—107, 251—284

2946 ORBE, ANTONIO *Cristología gnóstica. Introducción a la soteriología de los siglos II y III* [BAC 384—385]. Madrid: Editorial Católica 1976. XVI, 595—VIII, 654 pp.

2947 ORBE, ANTONIO *La Pasión según los gnósticos* — Greg 56 (1975) 5—43

2948 ORBE, ANTONIO *En torno a un tratado gnóstico (Tractatus Tripartitus, Pars I De Supernis)* — Greg 56 (1975) 558—566

2949 PAGELS, ELAINE H. *„The Demiurge and His Archons" — A Gnostic View of the Bishop and Presbyters?* — HThR 69 (1976) 301—324

2950 PAGELS, ELAINE HIESEY *The Gnostic Paul: gnostic exegesis of the Pauline letters*. Philadelphia: Fortress Press 1975. XII, 180 pp.

[1937] PARKINS, P.: Irenaeus

2951 PARROTT, DOUGLAS *Evidence of Religious Syncretism in Gnostic Texts from Nag Hammadi*. In: *Religious syncretism in antiquity* (cf. 1975/76, 193) 173—189

2952 PEARSON, BIRGER A. *Anti-Heretical Warnings in Codex IX from Nag Hammadi*. In: *Essays on the Nag Hammadi Texts* (cf. 1975/76, 142) 145—154

2953 PEARSON, BIRGER A. *The Figure of Melchizedek in the First Tractate of the Unpublished Coptic-Gnostic Codex IX from Nag Hammadi*. In: *Studies in the History of Religions 31* (cf. 1975/76) 200—208

2954 PEARSON, BIRGER A. *Jewish Haggadic Traditions in The Testimony of Truth from Nag Hammadi (CG IX, 3)*. In: *Religious syncretism in antiquity* (cf. 1975/76, 193) 205—222

2955 PEARSON, B. A. *„She became a tree." A note to CG II, 4. 89, 25—26* — HThR 69 (1976) 413—415

[3037] PERETTO, E.: Specialia in Novum Testamentum

[1939] PERKINS, P.: Irenaeus
2956 PIETRELLA, E. *Caro et sanguis regnum Dei possidere non possunt (I Cor. XV, 50)* — Aevum 49 (1975) 36—76
[3035] PIETRELLA, E.: Specialia in Novum Testamentum
2957 QUISPEL, GILLES *Genius and Spirit.* In: *Essays on the Nag Hammadi Texts* (cf. 1975/76, 142) 155—169
2958 QUISPEL, GILLES *Jewish Gnosis and Mandaean Gnosticism: Some Reflections on the Writing Brontè.* In: *Les Textes de Nag Hammadi* (cf. 1975/76, 207) 82—122
2959 RIES, J. *Le dialogue gnostique du salut dans les textes manichéens coptes* — OLP 6/7 (1975/76) 509—520
2960 RIES, J. *La fête de Bêma dans l'Église de Mani* — REA 22 (1976) 218—233
2961 RIES, JULIEN *La révélation dans la gnose de Mani.* In: *Forma futuri* (cf. 1975/76, 149) 1085—1096
2962 ROBINSON, JAMES M. *On the Codicology of the Nag Hammadi Codices.* In: *Les textes de Nag Hammadi* (cf. 1975/76, 207) 15—31
2963 ROBINSON, JAMES M. *The Construction of the Nag Hammadi Codices.* In: *Essays on the Nag Hammadi Texts* (cf. 1975/76, 142) 170—190
2964 ROLL, E. *Mani. Der Gesandte des Lichts.* Stuttgart: Mellinger 1976. 145 pp.
2965 RUDOLPH, KURT *Coptica-Mandaica. Zu einigen Übereinstimmungen zwischen koptisch-gnostischen und mandäischen Texten.* In: *Essays on the Nag Hammadi Texts* (cf. 1975/76, 142) 191—216
2966 SÄVE-SÖDERBERGH, TORGNY *Holy Scriptures or Apologetic Documentations? The „Sitz im Leben" of the Nag Hammadi Library.* In: *Les textes de Nag Hammadi* (cf. 1975/76, 207) 3—15
2967 SCHENKE, HANS-MARTIN *Bemerkungen zur Apokalypse des Petrus.* In: *Essays on the Nag Hammadi Texts* (cf. 1975/76, 142) 277—285
2968 SCHENKE, H.-M. *Zur Faksimile-Ausgabe der Nag-Hammadi-Schriften* — ZÄA 102 (1975) 123—138
2969 SCHENKE, HANS-MARTIN *Sprachliche und exegetische Probleme in den beiden letzten Schriften des Codex II von Nag Hammadi* — OLZ 70 (1975) 5—13
[96] SCHOLER, D. M.: Bibliographica
2970 SCHWARTZ, JACQUES *La Koré Kosmou et Lucien de Samosate (à propos de Momus et de la création de l'homme).* In: *Le monde grec* (cf. 1975/76, 182) 223—233
2971 SEGELBERG, ERIC *Syncretism at Work: On the Origin of Some Coptic Manichaean Psalms.* In: *Religious syncretism in antiquity* (cf. 1975/76, 193) 191—203

2972 SELL, JESSE JEREMIAH *A study of the self-predication statements attributed to „Jesus Christ" in the Naga-Hammadi Coptic „gnostic" corpus* [Diss.]. Duke Univ. 1976. 316 pp.

2973 SEVRIN, J. M. *A propos de la Paraphrase de Sem* — Mu 88 (1975) 69—96

[2799] SIMONETTI, M.: Soteriologia

2974 STANDAERT, B. *Evangelium veritatis et Veritatis evangelium. La question du titre et les témoins patristiques* — VigChr 30 (1976) 138—150

2975 STANDAERT, B. *L'Évangile de vérité. Critique et lecture* — NTS 22 (1976) 243—275

2976 STEEL, C. *Porphyrius reactie tegen het amoralisme van de Gnostici* — TPh 37 (1975) 211—225

2977 TARDIEU, M. *Les papyrus magiques grecs et les textes gnostiques coptes de Nag Hammadi* — AEHESR 84 (1975/76) 293—294

2978 TARDIEU, MICHEL „*Psychaios spinther". Histoire d'une métaphore dans la tradition platonicienne jusqu'à Eckhart* — REA 21 (1975) 225—255

2979 TARDIEU, M. *Le titre de CG VI 2 (Addenda)* — Mu 88 (1975) 365—369

[207] *Les textes de Nag Hammadi:* Collectanea et miscellanea

2980 TRÖGER, KARL-WOLFGANG *Der zweite Logos des großen Seth — Gedanken zur Christologie in der zweiten Schrift des Codex VII.* In: *Essays on the Nag Hammadi Texts* (cf. 1975/76, 142) 268—276

2981 UNGER, R. *Zur sprachlichen und formalen Struktur des gnostischen Textes „Der Donner: der vollkommene Nous"* — OrChr 59 (1975) 78—107

2982 VENTURA, GASTONE *Cosmogonie gnostiche. Saggio storico-critico sulle principali teogonie gnostiche cristiane.* Roma: Atanòr 1975. 110 pp.

2983 WHITTAKER, J. *The historical background of Proclus' doctrine of the αὐθυπόστατα.* In: *De Jamblique à Proclus* (cf. 1975/76) 193—237

2984 WILSON, R. McL. *The Gospel of the Egyptians.* In: *Studia Patristica 14* (cf. 1975/76, 201) 243—252

2985 WILSON, ROBERT McL. *Old Testament Exegesis in the Gnostic Exegesis on the Soul.* In: *Essays on the Nag Hammadi Texts* (cf. 1975/76, 142) 217—224

2986 WILSON, ROBERT McL. *The Trials of a Translator: Some Translation Problems in the Nag Hammadi Texts.* In: *Les textes de Nag Hammadi* (cf. 1975/76, 207) 32—40

2987 WISSE, FREDERIK *On Exegeting „The Exegese on the Soul".* In: *Les textes de Nag Hammadi* (cf. 1975/76, 207) 68—81

2988 WISSE, FREDERIK *Nag Hammadi Codex III: Codicological Introduction.* In: *Essays on the Nag Hammadi Texts* (cf. 1975/76, 142)
225—238

2989 WYNDHAM, W. *The concept of the Gnostic heretic in patristic
literature.* [Diss.] Univ. of California. Riverside: 1975. 323 pp.

2990 ZANDEE, J. *Deviations from standardized Sahidic in „The Teachings
of Silvanus" (Nag Hammadi Library Codex VII, 4)* — Mu 89
(1976) 367—381

2991 ZANDEE, JAN „*Les Enseignements de Silvain*" *et le platonisme.* In:
Les textes de Nag Hammadi (cf. 1975/76, 207) 158—179

2992 ZANDEE, J. *God and Man in ‚The Teachings of Silvanus'.* In:
Studies in the History of Religions 31 (cf. 1975/76) 209—220

2993 ZANDEE, JAN *Die „Lehren des Silvanus" als Teil der Schriften von
Nag Hammadi und der Gnostizismus.* In: *Essays on the Nag
Hammadi Texts* (cf. 1975/76, 142) 239—252

2994 ZANDEE, J. *La morale des „Enseignements de Silvain"* — OLP 6/7
(1975/76) 615—630

VIII. Patrum exegesis Veteris et Novi Testamenti

1. GENERALIA

2995 ACCAME, S. *La storicità della Bibbia* — Aevum 50 (1976) 1—24

[822] ARGAL, M. A.: Ambrosius

[995] AVILÉS BARTINA, M.: Augustinus

2996 BARNARD, LESLIE W. *The Use of the Bible in the Byzantine Iconoclastic Controversy* — ThZ 31 (1975) 78—83

[1757] BEJARANO, V.: Hieronymus

[219] *Biblia patristica:* Subsidia

2997 BITTER, STEPHAN *Die Ehe des Propheten Hosea. Eine auslegungsgeschichtliche Untersuchung* [GöThA 3]. Göttingen: Vandenhoeck & Ruprecht 1975. 251 pp.

[1647] CATRY, P.: Gregorius Magnus

[2276] CAUBET ITURBE, J.: Severus Antiochenus

[1493] FASHOLÉ-LUKE, E.: Cyprianus Carthaginiensis

[1982] FAU, G.: Iustinus Martyr

2998 *Florilegia Biblica Africana saeculi V: Contra Varimadum. Solutiones. Testimonia. De Trinitate.* Cura et studio B. SCHWANK, D. DE BRUYNE, J. FRAIPONT [CChr Ser. Lat. 90]. Turnhout: Brepols 1971. XVI, 304 pp.

2999 KANNENGIESSER, CH. *Une leçon d'athlétisme. Saint Paul commenté par les Pères* — Christus 85 (1975) 22—35

3000 KARTSCHOKE, D. *Bibeldichtung. Studien zur Geschichte der epischen Bibelparaphrase von Juvencus bis Otfried von Weissenburg.* München: Fink 1975. 354 pp.

[2916] KASSER, R.: Gnostica

3001 *Kazania i homilie na święta pańskie i maryjne (Predigten und Homilien für Herren- und Marienfesttage).* Ed. LUDWIK GŁADYSZEWSKI [Starożytne Teksty Chrześcijańskie, Praca zbiowora]. Lublin: 1976. 322 pp.

[2281] LASH, C. J. A.: Severus Antiochenus

3002 LONGENECKER, R. N. *Biblical exegesis in the apostolic period.* Grand Rapids: Mich. Eerdmans 1975. 246 pp.

3003 *Ojcowie żywi (Die lebendigen Väter).* Die Kirchenväter kommentieren die Sonntagsevangelien, Lesejahr A. Hrsg. und teilweise ins Polnische übersetzt von M. STAROWIEYSKI. Kraków: Społeczny Instytut Wydawniczy Znak 1978. 399 pp.

[1987] OTRANTO, G.: Iustinus
[1938] *The Pauline basis . . . :* Ireneaus Lugdunensis
3004 ROMANIUK, K. *Biblia u Ojców Kościoła a Ojcowie Kościoła w studium Biblii (La Bible chez les Pères de l'Église et les Pères de
l'Église dans les études bibliques)* — RoczTK 22 (1975) 65—74
3005 *Rozważania o Męce Pańskiej (Les Pères de l'Église sur la Passion
de Notre Seigneur Jésus Christ).* Anthologie traduite par A. BOBER —
Znak 28 (1976) 303—310
3006 THOMSON, R. W. *The Maccabees in early Armenian historiography* —
JThS 26 (1975) 329—341

2. SPECIALIA IN VETUS TESTAMENTUM

3007 FREND, W. H. C. *The Old Testament in the Age of the Greek
Apologists A.D. 130—180.* In: *Religion . . .* (cf. 1975/76, 150)
Nr. III
3008 ROMPAY, L. VAN *A hitherto unknown Nestorian commentary on
Genesis and Exodus 1—9, 32 in the Syriac manuscript (olim)
Dijarbekr 22* — OLP 5 (1974) 53—78

Genesis

[1845] ASENSIO, F.: Iohannes Chrysostomus
3009 DEVOS, PAUL *Une Histoire de Joseph le Patriarche dans une œuvre
copte sur le Chant de la Vigne* — AB 94 (1976) 137—154
3010 *In principio. Interprétations des premiers versets de la Genèse.* Éd.
de P. VIGNAUX et A. CAQUOT. Paris: Études augustiniennes 1973.
313 pp.
3011 SMOLAK, K. *Lateinische Umdichtungen des biblischen Schöpfungs-
berichtes.* In: *Studia Patristica 12* (cf. 1975/76, 199) 350—360

Gen 1, 1—2a

[1703] ALEXANDRE, M.: Gregorius Nyssenus

Gen 1, 26

[1919] ARRONIZ, J. M.: Irenaeus
[2399] ZEEGERS—VAN DER VORST, N.: Theophilus Antiochenus

Gen 2, 10

3012 FRICKEL, J. *Ein Kriterium zur Quellenscheidung innerhalb einer
Paraphrase. Drei allegorische Deutungen der Paradiesflüsse Gen
2, 10.* In: *Studia Patristica 12* (cf. 1975/76, 199) 299—303

Gen 22

[1224] ROUILLER, G.: Augustinus
[2060] WILKEN, R. L.: Melito Sardensis

Leviticus

Lev 25

3013 STAROBINSKI-SAFRAN, E.: *Sabbats, années sabbatiques et jubilés. Réflexions sur l'exégèse juive et chrétienne de Lévitique 25.* In: *Mélanges E. Bréguet* (cf. 1975/76, 177) 37—45

Iosua

[1988] OTRANTO, G.: Iustinus Martyr

Psalmi

[984] ALIAGA GIRBÉS, E.: Augustinus
[1846] ASENSIO, F.: Iohannes Chrysostomus
[664] KRAMER, B.: Palaeographica atque manuscripta
3014 *Psalmenkommentare aus der Katenenüberlieferung, I.* Hrsg. v. EKKEHARD MÜHLENBERG [PTS 15]. Berlin: de Gruyter 1975. XXXIV, 375 pp.

Ps 90, 13

3015 QUACQUARELLI, A. *I riflessi di Ps 90 (91), 13 nell'età patristica. Le arti figurative —* VetChr 12 (1975) 5—45

Ps 109, 3c

3016 PARENTE, F. Πρὸ ποίου ἑωσφόρου ἐγεννήθη ἡμῶν ὁ κύριος. *L'interpretazione cristiana di Salmo 109, 3c LXX da Giustino ad Origene —* StClOr 24 (1975) 197—210

Ps 110

3017 HAY, D. M. *Glory at the right hand. Psalm 110 in early Christianity* [SBLMS 18]. Nashville, N.Y.: Abingdon Pr. 1973. 176 pp.

Ps 113

[2600] RUTHERFORD, R.: Missa, sacramenta, sacramentalia

Ecclesiastes

3018 *Kohelet in syrischer Dichtung. Drei Gedichte über das Kohelet-Buch von Afrem, Jakob von Sarug und Johannes von Mossul.* Hrsg., übers. und mit einem vollständigen Wortverzeichnis versehen von KLAUS DEPPE. [GöO Reihe 1 Band 6]. Wiesbaden: Harrassowitz 1975. 192 pp.

Proverbia

[1123] LA BONNARDIÈRE, A.-M.: Augustinus

Prv 2, 5

[2123] HARL, M.: Origenes

Canticum

[2211] CERESA-GASTALDO, A.: Philo Carpasianus
3019 CHAPPUZEAU, GERTRUD *Die Auslegung des Hohenliedes durch Hippolyt von Rom* — JAC 19 (1976) 45—81

Cant 1, 2 et 7

3020 CHAPPUZEAU, GERTRUD *Die Exegese von Hohelied 1, 2a.b und 7 bei den Kirchenvätern von Hippolyt bis Bernhard.* — JAC 18 (1975) 90—143
3021 MELONI, P. *Il profumo dell'immortalità. L'interpretazione patristica di Cantico 1, 3* [VSen 7]. Roma: Ed. Studium 1975. XII, 408 pp.

Habacuc Propheta

Hab 2, 11

3022 DÖLGER, FRANZ JOSEPH *Christus im Bilde des Skarabäus. Der Text „Scarabaeus de ligno" in Habakuk 2, 11 nach der Auslegung von Ambrosius und Hieronymus.* In: *Antike und Christentum II* (cf. 1975/76, 135) 230—240

Isaias Propheta

Is 6,9—10

3023 STANFORD, LEO PAUL *Interpretation, Motive and Procedure in the Ante-Nicene use of Isaiah 6:9—10: A comparative study* [Diss.]. Marquette University 1974. 466 pp.

Ieremias Propheta

3024 KANNENGIESSER, C. *L'interprétation de Jérémie dans la tradition alexandrine.* In: *Studia Patristica 12* (cf. 1975/76, 199) 317—320

Liber Daniel

1769 LARRIBA, T.: Hieronymus

Tobias

3025 DOIGNON, JEAN *Tobie et le poisson dans la littérature et l'iconographie occidentales (IIIe—Ve siècle). Du symbolisme funéraire à une exégèse christique* — RHR 190 (1976) 113—126

Liber Hiob

3026 BASKIN, JUDITH REESA *Reflections of Attitudes towards the Gentiles in Jewish and Christian Exegesis of Jethro, Ballam and Job* [Diss.] Yale Univ. 1976. 376 pp.
3027 GUILLAUMIN, M.-L. *Recherches sur l'exégèse patristique de Job.* In: *Studia Patristica 12* (cf. 1975/76, 199) 304—308

3. SPECIALIA IN NOVUM TESTAMENTUM

Evangelium secundum Matthaeum

[1779] DOIGNON, J.: Hilarius Pictaviensis

Mt 3, 1—5

[1778] DOIGNON, J.: Hilarius Pictaviensis

Mt 5, 1—7, 29

[1461] ZAPHIRIS, G.: Clemens Alexandrinus

Mt 6, 11

[3028] RORDORF, W.: Specialia in Novum Testamentum
3028 RORDORF, W. *Le „pain quotidien" (Matth. 6, 11) dans l'histoire de l'exégèse* — Didaskalia 6 (1976) 221—235

Mt 25, 1—13

[1153] MARIN, M.: Augustinus

Evangelium secundum Marcum

Mc 3, 18

[2140] PENNA, A.: Origenes

Evangelium secundum Lucam

[865] PINCHERLE, A.: Ambrosius

Lc 2, 41—52

[2141] PERETTO, E.: Origenes

Lc 4, 4

[2137] NAUTIN, P.: Origenes

Lc 15, 11—32

3029 TISSOT, YVES *Allégories patristiques de la parabole lucanienne des deux fils, Luc 15, 11—32*. In: *Exegesis* (cf. 1975/76, 145) 243—272

Evangelium secundum Iohannem

[1748] BLANC, C.: Heracleon Gnosticus
[1866] FERRARO, G.: Iohannes Chrysostomus
[2383] FERRARO, G.: Theodorus Mopsuestenus

Ioh 1, 3—4

[1105] HOCKEY, F.: Augustinus

Ioh 6, 44—45

3030 AMENGUAL BATLE, JOSEP *Fe y gracia en la exégesis patrística griega de Jn 6, 44—45*. In: *Exégesis y Teología* (cf. 1975/76) 127—204

Ioh 6, 55—57

[2098] ALVES DE SOUSA, P.-G.: Origenes

Ioh 9, 6—7

[870] RAMOS-LISSÓN, D.: Ambrosius

Ioh 14, 28

3031 CIGNELLI, L. *L'esegesi di Giovanni 14, 28 nella Gallia del secolo IV* — StBibF 24 (1974) 329—358
[2107] CIGNELLI, L.: Origenes

Ioh 17, 5

3032 LAURENTIN, A. *Doxa. Jean 17, 5 et ses commentaires patristiques.*
Paris: Desclée 1972. 2 vol., 281 pp., 338 pp.

Acta Apostolorum

Ac 4, 31, 32—35

[1270] VERHEIJEN, L.: Augustinus
[1272] VERHEIJEN, L.: Augustinus

Epistula ad Romanos

Rom 8, 19

3033 BARTNICKI, R. *Współczesna a patrystyczna interpretacja Rz 8, 19
(The Contemporary and Patristic Interpretation of Ro 8, 19)* —
STV 16 (1978) 49—65

Epistula ad Corinthios I

I Cor 11, 19

[1985] LE BOULLUEC, A.: Iustinus Martyr

I Cor 13, 1

3034 DÖLGER, FRANZ JOSEPH „*Die gellende Klingel*". *1 Kor. 13, 1 in
kultur- und religionsgeschichtlicher Beleuchtung.* In: *Antike und
Christentum I* (cf. 1975/76, 134) 184—185

I Cor 13, 3

[2428] DÖLGER, F. J.: Hagiographica, Generalia

I Cor 13, 12

[1453] MORTLEY, R.: Clemens Alexandrinus

I Cor 15, 50

[2956] PIETRELLA, E. Gnostica (= 3035)

3035 PIETRELLA, EGIDIO „Caro et sanguis regnum Dei possidere non possunt" (I Cor. XV, 50): I. L'esegesi gnostica ed ecclesiastica fino ad Ireneo; II. L'esegesi gnostica ed ecclesiastica in Tertulliano — Aevum 49 (1975) 36—76

Epistula ad Ephesios

Eph 6, 12

[2856] LASH, C. J. A.: Angeli et daemones

Ad Philippenses

Phil 2, 6—11

3036 PAPAGNO, JOSÉ LUIS Flp 2, 6—11 en la cristología y soteriología de Orígenes — Burgense 17 (1976) 395—429

Ad Colossenses

Col 1, 15—20

3037 PERETTO, E. L'inno cristologico di Col 1, 15—20. Dagli gnostici ad Ireneo — AugR 15 (1975) 257—274

I Tim 2, 15

3038 MALINGREY, A.-M. Note sur l'exégèse de I Tim. 2, 15. In: Studia Patristica 12 (cf. 1975/76, 199) 334—339

I Tim 3, 5

3039 MUSZYŃSKI, H. Interpretacja 1 Tm 3, 5 w świetle źródeł qumrańskich i patrystycznych (L'interprétation de 1 Tm 3, 5 d'après les sources de Qumran et les Pères de l'Église) — StPel 10 (1975) 37—62

Epistula Iohannis I

[1057] DIDEBERG, D.: Augustinus

1 Ioh 4, 8 + 16

[1058] DIDEBERG, D.: Augustinus

IX. Recensiones

R 1 AALST, A. J. VAN DER (1973/74, 2343): TTh 15 (1975) 86 = Davids, A. — BijFTh 36 (1975) 219 = Smulders, P. — NedThT 30 (1976) 73—75 = Haas, C.

R 2 ABRAMOWSKI, L., GOODMAN, A. E. (1971/72, 1613): JSS 20 (1975) 93—109 = Jansma, T. — Byzantine Studies 2 (1975) 71—72 = Frend, W. H. C. — ScTh 7 (1975) 802—805 = Ibáñez, J., Mendoza, F. — CO 27 (1975) 215 = Franken, S.

R 3 *Acta Consiliorum Oecumenicorum* ed. E. SCHWARTZ, J. STRAUB, R. SCHIEFFER (1973/74, 2227): ByZ 69 (1976) 102—103 = Riedinger, R. — JEcclH 26 (1975) 434—435 = Browning, R. — ArGran 38 (1975) 317 = Segovia, A. — REB 33 (1975) 300 = Darrouzès, J.

R 4 *Acta S. Maximiliani* ed. E. DI LORENZO (1975/76, 2492): BStudLat 6 (1976) 131 = Cupaiuolo — ACl 45 (1976) 708—709 = de Decker

R 5 *Actes de la conf. de Carthage* ed. S. LANCEL (1971/72, 2060): Laval 31 (1975) 106—108 = Poirier — RFC 103 (1975) 118—119 = Moreschini, C. — Latomus 34 (1975) 257 = Duval — RSR 49 (1975) 360 = Munier, C. — Sc 30 (1976) 257—263 = Manning, E. — NRTh 98 (1976) 709 = Martin, Ch. — CRAI (1976) 353 = Veer, A. C. de — LEC 44 (1976) 404—JRS 66 (1976) 241 = Frend, W. H. C.

R 6 *Actes de la Conférence de Carthage* ed. S. LANCEL (1975/76, 2649): REL 54 (1976) 408—410 = Petitmengin, P. — NRTh 98 (1976) 709 = Martin — JThS 27 (1976) 543 = Chadwick, H.

R 7 *The Acts of the Christian Martyrs* ed. H. MUSURILLO (1971/72, 1832): Irénikon 48 (1975) 272 = N. E. — Sc 29 (1975) 2—4 = Masai, F.

R 8 *Das Ägypterevangelium von Nag Hammadi* ed. A. BOEHLIG (1973/74, 2554): ThLZ 101 (1976) 750—751 = Schenke — Mu 88 (1975) 246 = Janssens, Y. — OrChr 60 (1976) 203 = Davids — ZKG 87 (1976) 343 = Ménard, J.-É.

R 9 *Agathangelus* ed. G. LAFONTAINE (1973/74, 607): ByZ 69 (1976) 458—462 = Lackner, W. — RBen 84 (1974) 415 = Bogaert, P. M.

R 10 ALCAIN, J. A. (1973/74, 1735): RechSR 63 (1975) 601 = Kannengiesser, Ch. — BLE 76 (1975) 131—134 = Crouzel, H. — JThS 26 (1975) 469—470 = Hanson, R. P. C. — Salmant 22 (1975) 386—387 = Oroz, J. — Cistercium 28 (1976) 63—64 = Gutiérrez, D. — ThBraga 11 (1976) 278—279 = Faria, M. de —

ensiones235

MCom 33 (1975) 316—318 = Barcala, A. — Burgense 16 (1975)
364—367 = Trevijano Etcheverría, R. — ETrin 10 (1976) 160 =
Vélez de Mendizábal, A. — VetChr 13 (1976) 410 = Lomiento —
ThLZ 101 (1976) 932—936 = Nagel, W. — Ang 52 (1975) 257—258
= Huerga, A. — AugR 15 (1975) 474
R 11 ALDAZÁBAL, J. (1975/76, 2523): SelLib 13 (1976) 130—131 =
Bayés, G. — EE 51 (1976) 137 = Segovia, A. — Phase 15 (1975)
322 = Llopis, J. — EThL 52 (1976) 227
R 12 *Alessandro e Ario*... ed. E. BELLINI (1973/74, 611): RechSR 63
(1975) 606 = Kannengiesser, Ch. — BLE 76 (1975) 156 = Bou-
larand — RHPhR 55 (1975) 318 = Moda, A. — VetChr 12
(1975) 235 = Girardi, M.
R 13 *Alexander Lycopolitanus* ed. P. W. VAN DER HORST et J. MANS-
FELD (1973/74, 613): RBi 83 (1976) 464 = Layton — JThS 27
(1976) 211 = Gersh — Aph 39 (1976) 154 = Solignac, A.
R 14 ALIMONTI, T. (1975/76, 2288): REL 54 (1976) 539—541 = Fon-
taine
R 15 ALLARD, J. B. (1975/76, 988): RThL 7 (1976) 383 = Delhaye
R 16 ALTHAUS, H. (1971/72, 1310): VigChr 29 (1975) 152 = Meijering —
ThQ 155 (1975) 249—250 = Vogt, J.
R 17 ALVES DE SOUSA, P. G. (1975/76, 1844): SelLib 13 (1976) 450 =
Tortras, A. M. — CD 188 (1975) 475 = Ozaeta, J. M. — NatGrac
23 (1976) 328 = González, M. — TEsp 20 (1976) 198 = Fuster,
S. — EAg 11 (1976) 150 = Campo, F. — Burgense 17 (1976)
657 = Esquerda Bifet, J. — ArGran 39 (1976) 303 = Aldama, J.
A. de — RAgEsp 17 (1976) 119 = Martínez Compadre, A. —
ThBraga 10 (1975) 239—242 = Marqués, J. A. — ScTh 7 (1975)
790—795 = IBÁñez, J. — Mendoza, F. — EJos 30 (1976) 512 =
Sierra, J. — LicFr 28 (1975) 284 = Alcarez, S. — EFil 24 (1975)
487 = I. E. — Greg 57 (1976) 163 = Galoz, J.
R 18 *Ambroise de Milan. XVIᵉ centenaire*... ed. Y.-M. DUVAL (1973/74,
616): Aph 38 (1975) 490—493 = Solignac
R 19 *Ambrosius* ed. W. T. WIESNER (1969/70, 612): JThS 27 (1976)
535 = Chadwick, H.
R 20 *Ambrosius* ed. R. GRYSON (1971/72, 615): Sc 30 (1976) 257—263 =
Manning, E. — RHE 70 (1975) 474—478 = Paredi — StOv 3
(1975) 395 = Hevia Ballina, A. — REAnc 76 (1974) 201 = Courcelle, P.
R 21 *Ambrosius* ed. M. P. MCHUGH (1971/72, 614): RHE 70 (1975)
889 = Dauphin — VetChr 12 (1975) 505 = Girardi — JThS 27
(1976) 535 = Chadwick, H.
R 22 *Ambrosius* ed. O. FALLER — E. BELLINI (1973/74, 615): BLE 76
(1975) 305 = Boularand — VetChr 12 (1975) 211—214 = Girardi — CC 127 (1976) 101 = Ferrua, A.

R 23 *Ambrosius* ed. G. LAZZATI (1975/76, 102; 103): REL 54 (1976) 530—535 = Fontaine

R 24 *L'amicizia cristiana* ed L. F. PIZZOLATO — M. PELLEGRINO (1973/74, 564): ACl 44 (1975) 305 = Marrou, H.-I.

R 25 AMIET, R. (1973/74, 2067): AB 93 (1975) 183 = Philippart — JThS 26 (1975) 209—210 = Cuming, G. J.

R 26 AMORE, A. (1975/76, 2420): RiAC 51 (1975) 365—368 = Saxer, V. — NRTh 98 (1976) 643 = Plumat, N.

R 27 *Anaphorae syriacae...* ed. H. G. CODRINGTON, J. M. SAUGET, A. RAES (1973/74, 2130a): AB 93 (1975) 215—216 = Devos, P.

R 28 ANDRESEN, C. (1971/72, 192): ThLZ 101 (1976) 199—206 = Karpp, H.

R 29 ANDRESEN, C. (1975/76, 279): ThLZ 101 (1976) 673—675 = Haendler, G.

R 30 *Anges et démons* ed. E. DE SOLMS (1971/72, 2371): CCM 17 (1974) 391—392 = Kelly, H. A.

R 31 ANSON, P. F. (1973/74, 2480): CCM 18 (1975) 87 = Oury

R 32 *Die Antike im Umbruch...* ed. ST. OTTO (1973/74, 316): ThRe 72 (1976) 29—31

R 33 ANTIN, P. (1967/68, 1279): Augustinus 20 (1975) 148—149 = Capánaga, V.

R 34 *Apocrifi...* ed. L. MORALDI (1971/72, 523): RSLR 11 (1975) 113—119 = Schneemelcher

R 35 *Apophthegmata* ed. L. MORTARI (1975/76, 899): CC 127 (1976) 607 = Ferrua, A.

R 36 *Apophthegmata* ed. L. REGNAULT (1975/76, 895): NRTh 98 (1976) 847 = Renard, L. J.

R 37 *Apophthegmata* ed. B. WARD (1975/76, 897): RBen 86 (1976) 360 = R.-F. P. — MAev 45 (1976) 296—298 = Chadwick, O. — JThS 27 (1976) 277 = Chadwick, H. — Sob (1976) 219 = Williams, R.

R 38 *Apophthegmata* ed. B. WARD (1975/76, 898): JThS 27 (1976) 277 = Chadwick, H. — MAev 45 (1976) 296—298 = Chadwick, O.

R 39 ARIAS GÓMEZ, J. (1975/76, 2690): ScTh 7 (1975) 907—909 = Polo, J. — StudiumAv 15 (1975) 594 = Muñoz, V. — AKK 145 (1976) 326—328 = Merzbacher, F. — ArGran 39 (1976) 377 = Olivares, E. — EAg 11 (1976) 153 = Andrés, A. — IC 15 (1975) 360 = Marques, J. A. — MCom 34 (1976) 116 = Urteaga, J. M. — Burgense 17 (1976) 661 = Villar Pérez, A. — ThBraga 10 (1975) 534 = Marques, J. A. — Burgense 16 (1975) 602 = Guerra, M. — REDC 32 (1976) 192 = García Barberena, T. — Apollinaris 48 (1975) 604—605 = Marqués, J. A. — OrChrP 42 (1976) 574 = Pujol

R 40 ARSENAULT, F. (1973/74, 824): ReSR 49 (1975) 361—362 = Becker, A. — EtThR 50 (1975) 380 = Lods, M. — Divinitas 19

(1975) 386 = Petino, C. — Esprit 86 (1976) 112 — NRTh 97
(1975) 876 = H. J. — ThLZ 101 (1976) 363—364 = Kraft, H. —
JThS 26 (1975) 533 = Bonner, G.

R 41 *Askese und Mönchtum...* ed. K. S. FRANK (1975/76, 107): ArGran
39 (1976) 384 = Segovia, A. — KrS 132 (1976) 364 = Brändle, R.—
RBen 86 (1976) 360 = Verbraken, P.

R 42 *Aspetti del ministero...* ed. G. MARCHESI (1975/76, 823): Ang 53
(1976) 135 = Vaselý, J. M. — CC 126 (1975) 412 = Ferrua, A.

R 43 *Assimilation et résistance...* par D. M. PIPPIDI (1975/76, 109):
BALux 7 (1976) 217 = Ternes

R 44 *Athanasius* ed. R. W. THOMSON (1971/72, 680): RSLR 10 (1974)
439—440 = Simonetti, M.

R 45 *Athanasius* ed. CH. KANNENGIESSER (1973/74, 705): RSLR 12 (1976)
140 = Simonetti, M. — StMon 18 (1976) 518 = Pifarré, C. M. —
ByZ 69 (1976) 450—452 = Uthemann — RThPh 26 (1976)
59—60 = Junod — REAug 76 (1974) 205—206 = Courcelle,
P. — ReSR 49 (1975) 353 = Winling, R. — REG 88 (1975)
378—380 = Malingrey, A.-M. — ThAthen 46 (1975) 456 =
Moutsoulas, E. D. — EE 50 (1975) 291 = Aldama, J. A. de —
HistRel 188 (1975) 204 = Nautin, P. — Esprit 84 (1974) 509 =
Duval, Y.-M. — VigChr 29 (1975) 77—79 = Meijering —
RechSR 63 (1975) 443—446 = Simonetti, M. — BLE 76 (1975)
71—74 = Boularand, E. — OrChrP 41 (1975) 242 = Ortiz de
Urbina, I. — Greg 56 (1975) 575—576 = Orbe, A.

R 46 *Athanasius* ed. CH. MOHRMANN, G. J. M. BARTELINK, P. CITATI,
S. LILLA (1973/74, 708): CC 127 (1976) 302 = Ferrua, A. —
GiorFil 7 (1976) 214—218 = Donnini, M. — VetChr 12 (1975)
193—203 = Mazzini — RSLR 12 (1976) 111—113 = Angiletta —
Vichiana 4 (1975) 164—166 = Nazzare — Latinitas 24 (1976)
185 = Egger, C.

R 47 *Athanasius* ed. A. BALLANO (1975/76, 916): StMon 18 (1976)
213 = Lluch, A. — SelLib 13 (1976) 469 = Vives, J.

R 47a *Athanasius* (1975/76, 918): StMon 18 (1976) 213 = Badia, B.

R 47b *Athanasius* (1975/76, 919): Yermo 13 (1975) 353 = Gómez,
I. M. — CD 189 (1976) 304 = Manrique, A.

R 48 *Athenagoras* ed. W. R. SCHOEDEL (1971/72, 700): VigChr 29
(1975) 316 = Meijering, E. P. — ACR 2 (1972) 262 = Hanley —
JRS 65 (1975) 236—237 = Frend, W. H. C.

R 49 *Atti dei Martiri* ed. C. ALLEGRO (1973/74, 1966): CC 126 (1975)
207 = Ferrua, A. — Ang 53 (1976) 579—580 = Veselý, J.-M.

R 50 *Atti di Martiri* ed. G. CALDARELLI (1975/76, 2422): CC 127 (1976)
606—607 = Ferrua, A.

R 51 AUBINEAU, M. (1973/74, 449): JOBG 25 (1976) 295—297 =
Lackner, W.

R 52 *Augustinus* ed. W. J. MOUNTAIN, F. GLORIE (1967/68, 767a): Sc 30 (1976) 58—84

R 53 *Augustinus* ed. S. ALIQUÒ (1969/70, 698): REA 21 (1975) 351 = Brix

R 54 *Augustinus* ed. W. M. GREEN, K. D. DAUR (1969/70, 704): Sc 30 (1976) 58—84

R 55 *Augustinus* ed. M. P. J. VAN DEN HOUT, E. EVANS, I. B. BAUER, R. VAN DER PLAETSE, S. D. RUEGG, M. V. O'REILLY, C. BEUKERS (1969/70, 705): Sc 30 (1976) 58—84

R 56 *Augustinus* ed. G. MARZI (1969/70, 699): Maia 25 (1973) 81 = Magioncalda, E.

R 57 *Augustinus* ed. A. MUTZENBECHER (1969/70, 703): Sc 30 (1976) 58—84

R 58 *Augustinus* ed. M. SKUTELLA (1969/70, 690): Latinitas 23 (1975) 194—195 = Ton, I. del

R 59 *Augustinus* ed. R. ARBESMANN (1971/72, 726): REA 21 (1975) 350 = Brix — Augustinus 20 (1975) 131—133 = Capánaga, V.

R 60 *Augustinus* ed. C. CARENA (1971/72, 710): Augustinus 20 (1975) 385—387 = Capánaga, V.

R 61 *Augustinus* ed. L. CARROZZI (1971/72, 721): REA 21 (1975) 352 = Brix

R 62 *Augustinus* ed. A. MARZULLO (1971/72, 720): Augustinus 20 (1975) 135—136 = Capánaga, V.

R 63 *Augustinus* ed. C. J. PERL (1971/72, 715): Augustinus 20 (1975) 127—128 = Capánaga, V. — ThLZ 100 (1975) 433—434 = Beyschlag

R 64 *Augustinus* ed. A. ZUMKELLER, R. HABITZKY, S. KNOPP, A. MAXSEIN (1971/72, 735): Augustinus 20 (1975) 130 = Capánaga, V.

R 65 *Augustinus* ed. L. CARROZZI (1973/74, 806): AugR 15 (1975) 237 = Grossi

R 66 *Augustinus* ed. E. KALINKA, E. ZELZER (1973/74, 808): REA 21 (1975) 352 = Brix

R 67 *Augustinus* ed. H. LUETCKE, G. WEIGEL, C. ANDRESEN (1973/74, 41): Augustinus 21 (1976) 85 = Capánaga, V. — CW 69 (1976) 385 = Schuetzinger — BiblOr 31 (1974) 153—154 = Meer, F. van der — AugR 15 (1975) 488 = Beinlich

R 68 *Augustinus* ed. E. STANULA (1973/74, 810) ThLZ 100 (1975) 919 = Lerle, E.

R 69 *Augustinus* ed. F.-J. THONNARD, E. BLEUZEN, A. C. DE VEER (1973/74, 805): APh 39 (1976) 152—154 = Solignac, A. — Esprit 86 (1976) = Pintard, J. — REA 22 (1976) 322 = Brix, L. — RAgEsp 16 (1975) 400 = Fernández González, J. — Ang 52 (1975) 597 = Correa, D. J.

R 70 *Augustinus* ed. A. TRAPÈ et M. F. SCIACCA (1973/74, 807): AugR 15 (1975) 235—237 = Grossi — ETrin 10 (1976) 427 = Silanes, N.

R 71 *Augustinus* ed. B. D. JACKSON (1975/76, 981): Augustinus 21 (1976) 397—403 = Capánaga, V., Oroz Reta, J. — AugSt 6 (1975) 207 = Meara — MT 27 (1976) 80—82 = Pedersen

R 72 *Augustinus* ed. A. MUTZENBECHER (1975/76, 971): REA 22 (1976) 318—320 = Brix, L.

R 73 *Augustinus* ed. M. PELLEGRINO (1975/76, 972): AugR 15 (1975) 237 = Grossi

R 74 *Augustinus* ed. C. J. PERL (1975/76, 979): REA 21 (1975) 349

R 75 *Augustinus* ed. G. U. PIZZUTI (1975/76, 974): REA 22 (1976) 321 = Brix, L. — Augustinus 21 (1976) 395—397 = Capánaga, V., Oroz Reta, J. — Nicolaus 4 (1976) 438 = Moda — CC 126 (1975) 101 = Castelli, F.

R 76 *Augustinus* ed. J. PLAGNIEUX et F. J. THONNARD (1975/76, 975): REA 22 (1976) 321 = Folliet, G. — Greg 57 (1976) 771—772 = Pelland, G.

R 77 *Augustinus* ed. E. SCHADEL (1975/76, 978): REA 22 (1976) 316—317 = Bucher — MThZ 27 (1976) 407—408 = Gessel, W.

R 78 *Augustinus* ed. G. SCHLACHTER, R. ARBESMANN (1975/76, 977): REA 22 (1976) 323—325 = Brix, L. — Augustinus 21 (1976) 198—199 = Capánaga, V. — ArGran 38 (1975) 297 = Segovia, A.

R 79 *Augustinus* ed. A. TRAPÈ (1975/76, 982): REA 22 (1976) 325

R 80 *Ps.-Augustinus* ed. B. JUSTEL CALABOZO (1975/76, 1281): CD 189 (1976) 580 = Díaz, G.

R 81 AUNE, D. E. (1973/74, 2545): RHR 188 (1975) 86—87 = Nautin, P.

R 82 AZCONA, J. L. (1971/72, 744): NRTh 98 (1976) 370 = D. D.

R 83 BACHT, H. (1971/72, 2326): RThAM 43 (1976) 258 = van Doren — ZRGG 27 (1975) 186—187 = Häussling — CT 102 (1975) 491 = González, G.

R 84 BAKHUIZEN VAN DEN BRINK, J. N. (1975/76, 283): NAKG 57 (1976—77) 240—241 = Boer, S. de

R 85 BALTHASAR, H. U. VON (1973/74, 1737): EAg 11 (1976) 514 = Morán, C.

R 86 BALTHASAR, H. U. VON (1975/76, 2041): NRTh 98 (1976) 851

R 87 BARDY, G. (1975/76, 285): Apollinaris 49 (1976) 321—322 = Bucci, O.

R 88 BÂRLEA, O. (1971/72, 1982a): ScTh 7 (1975) 811—816 = Ibáñez, J. — Mendoza, F.

R 89 *Barnabae Epistula* ed. F. SCORZA BARCELLONA (1975/76, 1298): EThL 52 (1976) 233 — Maia 28 (1976) 53—54 = Giovannini — Nicolaus 4 (1976) 432—433 = Moda — ETrin 10 (1976) 437 =

Aurrecoechea, J. L. — CC 127 (1976) 606 = Ferrua, A. — NRTh 98 (1976) 838—839 = Martin, Ch. — JEcclH 27 (1976) 212 = Hall, S. G.

R 90 BARNARD, L. W. (1971/72, 701): RSR 49 (1975) 260 = Munier — OrChrP 42 (1976) 529 = Dejaifve, G. — CO 28 (1976) 216 = Aalst, A. J. van der

R 91 BARNARD, L. W. (1973/74, 183): SelLib 12 (1975) 465—466 = Borrás, A. — ByZ 69 (1976) 103—105 = Gero, S. — CO 28 (1976) 293 = Franken, S.

R 92 BARNES, T. D. (1971/72, 1773): Phoenix 29 (1975) 104—106 = Green — JRS 66 (1976) 273—276 = Momigliano — CW 67 (1973—74) 227—228 = Groh, D. E.

R 93 BARTELINK, G. J. M. (1969/70, 407): Irénikon 48 (1975) 423 = N. E.

R 94 BARTNIK, C. S. (1971/72, 1558): RHE 71 (1976) 672 = Wiśniewski

R 95 BASDEKIS, A. (1973/74, 1667): OstkiSt 25 (1976) 211—212 = Thurn

R 96 *Basilius* ed. W. D. HAUSCHILD (1973/74, 1043): ACl 44 (1975) 301—303 = Amand de Mendieta, E. — Erasmus 27 (1975) 140— 142 = Kemmer — Kairos 17 (1975) 311 = Brox — VetChr 13 (1976) 416 = Girardi — LEC 43 (1975) 92 = Leroy, F. J. — Gn 48 (1976) 408—409 = Opelt, I. — AugR 15 (1975) 230 = Beinlich — CO 27 (1975) 292 = Franken, S.

R 97 *Basilius Seleucensis* ed. M. AUBINEAU (1971/72, 1375): ThPh 48 (1973) 294—295 = Grillmeier, A.

R 98 BATTLE, C. M. (1971/72, 559): RBen 85 (1975) 29 = Ledoyen — Sc 29 (1975) 14 = Manning

R 99 BAUER, J.-B. (1973/74, 545a): Laval 31 (1975) 98—99 = Poirier

R 100 BAUER, J.-B. (1973/74, 82): RHR 189 (1976) 108 = Guillaumont, A.

R 101 BAUMEISTER, TH. (1971/72, 2329): FZPT 22 (1975) 426—427 = Studer, B.

R 102 BAUMGARTNER, C. (1975/76, 2812): EBib 32 (1973) 320—321 = Arnaldich, L.

R 103 BAVEL, T. J. VAN (1973/74, 831): REA 21 (1975) 403

R 104 BENEDEN, P. VAN (1973/74, 448): RSPhTh 59 (1975) 676—680 = Legrand — ZKG 86 (1975) 389—391 = Speigl — RHE 71 (1976) 116—119 = Cabié — JThS 27 (1976) 209—210 = Powell — ThRe 72 (1976) 44—46 = Brox — NRTh 98 (1976) 711—712 = Martin, Ch. — JAC 19 (1976) 203—205 = Dassmann, E. — JEcclH 27 (1976) 73—74 = Greenslade, S. L.

R 105 *Benedictus Nursinus* ed. A. DE VOGÜÉ, J. NEUFVILLE (1971/1972, 1046): RBen 85 (1975) 4—8 — RSR 49 (1975) 265 = Munier, C. — ZKG 86 (1975) 101—103 = Haacke — WSt 9 (1975) 243—250 = Hanslik — Sc 30 (1976) 257—263 = Manning, E. — BijFTh 36 (1975) 106 = Dorpe, B. van

R 106 *Benedictus Nursinus* ed. G. BELLARDI et alii (1975/76, 1344): CC 127
(1976) 100 = Ferrua, A. — Paideia 31 (1976) 43 = Torti — NRTh
98 (1976) 571 = V. R.

R 107 BERNABEL, G. (1973/74, 2110): SelLib 12 (1975) 452 = Avesani, G.

R 108 BERNARDI, J. (1967/68, 646): AB 94 (1976) 186—188 = Esbroeck,
M. van

R 109 BENTIVEGNA, G. (1973/74, 1585): VetChr 13 (1976) 409 = Lomiento — ArGran 38 (1975) 297—298 = Segovia, A.

R 110 BERENDTS, A. J. (1971/72, 210): AHC 7 (1975) 496 = Lienhard,
J. T.

R 111 BERTI, C. M. (1973/74, 2135): REA 21 (1975) 423 = Folliet

R 112 BERTONNIÈRE, G. (1971/72, 2025): ByZ 68 (1975) 414—417 =
Winkler, G.

R 113 BERTRAND, D. A. (1973/74, 2691): StMon 17 (1975) 193 = Boix —
RHR (1975) 107 = Nautin, P. — TTh 15 (1975) 205 = Wegman, H.

R 114 BEYSCHLAG, K. (1973/74, 2563): RHPhR 55 (1975) 315 = Prigent —
StMon 18 (1976) 515 = Prieto — JBL 95 (1976) 509—511 = Grant,
R. M. — BiblOr 32 (1975) 420—422 = Quispel — ThLZ 101 (1976)
514—515 = Böcher — ArGran 38 (1975) 269 = Segovia — NRTh
97 (1975) 717 = Jacques, X. — CC 127 (1976) 399 = Jacques, X. —
OrChrP 41 (1975) = Schmithals, W. — PSPhTh 60 (1976) 505—
509 = Durand, G. M. de — ZKG 87 (1976) 346—351 = Lüdemann

R 115 *La Bible et les Pères* (1971/72, 105): JThS 26 (1975) 184—187 =
Kraft

R 116 *Biblia patristica I* ed. A. BENOÎT, P. PRIGENT (1975/76, 219): AB 94
(1976) 417—418 = Halkin, F. — StPap 15 (1976) 170—171 = Pegueroles, J. — RThL 7 (1976) 102 = Gilbert — EtThR 51 (1976)
119 = Bouttier — REA 22 (1976) 303—305 = Petitmengin, P. —
RechSR 64 (1976) 291 = Kannengiesser, Ch. — Mu 89 (1976) 251 =
Mossay, J. — StMon 18 (1976) 258 = Olivar — REL 53 (1975)
595 = Fontaine, J. — RHPhR 55 (1975) 466 = Prigent, P. —
DialEC 11 (1976) 579 = Garijo Güembe, M. M. — Irénikon 49
(1976) 118 = N. E.

R 117 *Bibliographia Augustiniana* ed. C. ANDRESEN (1973/74, 41): Sc 30
(1976) 294 = Masai, F. — NRTh 97 (1975) 473 = Martin, Ch.

R 118 *Bibliographia Origeniana* ed. R. FARINA (1969/70, 50): RechSR 63
(1975) 591—594 = Kannengiesser, Ch.

R 119 *Bibliographia Patristica XII/XIII,* ed. W. SCHNEEMELCHER (1975/76,
74): ThLZ 101 (1976) 366—367 = Fischer, J. A.

R 120 *Bibilographia patristica. Patres latini . . .* ed. A. VAN ROEY, G. DREE-
SEN (1973/74, 42): NRTh 97 (1975) 868 = Martin, Ch. — RBen 85
(1975) 233 = Verbraken, P. — BLE 76 (1975) 298 = Crouzel, H. —
REA 21 (1975) 346 = Brix — VetChr 12 (1975) 224 = Marin —
RechSR 64 (1976) 289 = Kannengiesser, Ch.

R 121 BIENERT, W. A. (1971/72, 1210): BiZ 19 (1975) 146—147 =
Fischer — CR 25 (1975) 147—148 = Birdsall — RSR 49 (1975)
263 = Wenger, A. — Gn 48 (1976) 609—610 = Gronewald

R 122 BIETENHARD, H. (1973/74, 1739): RHR 188 (1975) 203—204 = Nautin, P. — ThLZ 101 (1976) 209 = Wiefel, W. — MThZ 26 (1975)
305 = Gessel, W.

R 123 BLASS, F. — DEBRUNNER, A. (1975/76, 221): LEC 44 (1976) 393 =
Jacques

R 124 BLAZQUEZ FERNÁNDEZ, N. (1975/76, 1008): Mayeútica 1 (1975)
284 = Panedas, P.

R 125 Bleibendes im Wandel der Kirchengeschichte ed. B. MÖLLER, G. RUH-
BACH (1973/74, 85): RHR 187 (1975) 233 = Nautin, P. — BijFTh
36 (1975) 220 = Vercruysse, J.

R 126 BLUM, G. G. (1963, 283): Salmant 22 (1975) 613—614 = Garijo
Güembe, M. M.

R 127 BLUM, G. G. (1969/70, 1565): IKZ 65 (1975) 143 = Spuler, B.

R 128 BOEFT, J. DEN (1973/74, 377a): Latomus 34 (1975) 242—243 = de
Ley

R 129 BÖHLIG, A. (1975/76, 2885): IKZ 66 (1976) 126 = Spuler, B.

R 130 BOEHMER, H. (1973/74, 85a): NRTh 97 (1975) 149 = R. E.

R 131 BONIS, K. G. (1973/74, 24): ThAthen 46 (1975) 241—246 = Papadopoulos, St. G.; 446—447 = Stavridis, V. Th. — AB 93 (1975)
440 = Halkin, F. — RHE 71 (1976) 649 = Halleux, A. de

R 132 BONIS, K. (1975/76, 1314): REB 34 (1976) 359 — VetChr 13 (1976)
417 = Girardi — ByZ 69 (1976) 452 = Amand de Mendieta, E.

R 133 BONNER, G. (1971/72, 760): RPL 74 (1976) 663 = Borg — VetChr
13 (1976) 422 = Cannone — RHE 70 (1975) 617 = Poque

R 134 The Book of Thomas the Contender... ed. J. D. TURNER (1975/76,
2863): RBi 83 (1976) 462 = Layton, B. — Bibl 57 (1976)
429—432 = Quecke, H. — EThL 52 (1976) 232

R 135 BORI, P. C. (1973/74, 2451): REDC 31 (1975) 453—454 = García
y García, A. — EphMariol 26 (1976) 498 = Sánchez, R. — ETrin 10
(1976) 336 = Pikaza, J. — NRTh 97 (1975) 874 = V. R. — CC
126, 4 (1975) 409—410 = Ferrua — CBQ 38 (1976) 217—219 =
Kodell — JBL 95 (1976) 496—497 = Grassi, J. A. — Irénikon 49
(1976) 119 = N. E. — RechSR 64 (1976) 308 = Kannengiesser,
Ch. — RBen 86 (1976) 172 = Verbraken, P. — ZKG 87 (1976)
107 = Hanson — ThZ 31 (1975) 309—310 = Brändle

R 136 BORNKAMM, H. (1971/72, 171): NRTh 97 (1975) 149 = A. L.

R 137 BOULARAND, E. (1971/72, 664): RechSR 63 (1975) 514—515 = Sesboüé — RSPh 59 (1975) 439—441 = de Durand — CHR 61 (1975)
625—627 = Peter, C. J.

R 138 BOWEN, J. (1975/76, 302): ArGran 39 (1976) 359—360 = Segovia, A. — EMerced 32 (1976) 569 = Muñoz Delgado, V. — EAg 11 (1976) 536 = Aparicio, T.

R 139 BRÄNDLE, R. (1975/76, 1536): RechSR 63 (1975) 580—583 = Kannengiesser, Ch. — ThZ 32 (1976) 176 = Hamman, A. — EtThR 51 (1976) 241 = Lods, M.

R 140 *Braulius* ed. L. RIESCO TERRERO (1975/76, 1409): REA 22 (1976) 430 = Cazier — ZRPh 91 (1975) 658—659 = Baldinger — IF 81 (1976) 366—369 = Löfstedt, B.

R 141 BRECHTKEN, J. (1975/76, 1017): Aph 39 (1976) 511—512 = Solignac, A.

R 142 *Brevario patristico* ed. T. ŠPIDLÍK (1971/72, 107): Augustinus 20 (1975) 152 = Orosio, P.

R 143 *Die Briefe Pachoms* ed. H. QUECKE (1975/76, 2155): RBen 86 (1976) 344—345 = Bogaert, P.-M.

R 144 BRIOSO SÁNCHEZ, M. (1971/72, 2014): Augustinus 20 (1975) 148 = Oroz, J.

R 145 BROCK, S. (1973/74, 1687): RHE 70 (1975) 579—580 = Mossay, J., Yannopoulos, P.

R 146 BROEK, R. VAN DEN (1971/72, 562): RFC 102 (1974) 218—225 = Gualandri, I.

R 147 BRONTESI, A. (1971/72, 1107): RSLR 12 (1976) 139 = Simonetti, M. — RechSR 63 (1975) 584—586 = Kannengiesser, Ch. — JThS 26 (1975) 192—194 = Lilla, S.

R 148 BROOKE, CH. (1975/76, 2826): JThS 26 (1975) 475 = Chadwick, O.

R 149 BROWN, P. (1973/74, 844): JAC 17 (1974) 160—163 = Kehl

R 150 BROWN, P. (1971/72, 770): Maia 25 (1973) 161 = Pugliarello, M.

R 151 BROWN, P. (1971/72, 771): RHR 188 (1975) 90—92 = Cambronne, P. — REAnc 77 (1975) 405 = Cambronne

R 152 BROWN, P. (1971/72, 773): JRS 65 (1975) 204 = Wright — History 55 (1975) 426—427 = Warmington — CHR 61 (1975) 627—628 = Adams, J. — RHR (1975) 92 = Nautin, P. — BSEAA 42 (1976) 536 = Balil, A.

R 153 BROWN, P. (1975/76, 303): Durius 3 (1975) 195—199 = Muñoz Valle, I.

R 154 BROWNING, R. (1975/76, 306): Prudentia 8 (1976) 133—136 = Rousseau, P.

R 155 BRUNNER, G. (1971/72, 1139): RSR 49 (1975) 260 = Munier, C. — StMon 17 (1975) 194 = Ormaechea — RHPhR 55 (1975) 585 = Prigent — CT 102 (1975) 694 = Huarte, J.

R 156 BRUNS, J. E. (1975/76, 2890): ThSt 37 (1976) 526 = Murphy

R 157 BUMPUS, H. B. (1971/72, 1140): ThZ 31 (1975) 48—49 = Stücklin, Ch. — RHR 187 (1975) 225 = Jaubert, A. — JAAR 43 (1975) 318 = McBride, J.

R 158 *Byzantino-Sicula II* (1975/76, 115): Platon 28 (1976) 332—337 = Kominis

R 159 CABIÉ, R. (1973/74, 1505): RiAC 51 (1975) 196—197 = Saxer, V. — RHE 70 (1975) 213 = Vos — RHR 188 (1975) 207—208 = Nautin, P.

R 160 *Caesarius Arelatensis* ed. M. J. DELAGE (1971/72, 1077): Sc 30 (1976) 257—263 = Manning, E. — Gn 47 (1975) 767—771 = Hiltbrunner, O.

R 161 *Caesarius Arelatensis* ed. M. MUELLER (1973/74, 1144): Thought 50 (1975) 103 = Skalitzky, R.

R 162 CALCATERRA, C. (1971/72, 624): RSCI 29 (1975) 672 — VetChr 12 (1975) 233 = Pavan, V. — CC 126, 2 (1975) 619 = Ferrua, A.

R 163 *Callinicus Monachus* ed. G. J. M. BARTELINK (1971/72, 1083): Sc 30 (1976) 311 = Aubineau, M. — ByZ 68 (1975) 98—100 = Riedinger, R.

R 164 CAMERON, A. (1971/72, 1099): AnzAlt 28 (1975) 28—34 = Döpp

R 165 CAMPENHAUSEN, H. VON (1973/74, 2398): ThLZ 100 (1975) 517—519 = Wiefel, W.

R 166 CAMPO DEL POZO, F. (1966, 1049): RPL 73 (1975) 210—212 = Moncho Pascual, J. R.

R 167 CAPÁNAGA, V. (1973/74, 855): REA 21 (1975) 421 = Bleuzen — EJos 30 (1976) 495 = Carrasco, J. A. — Burgense 17 (1976) 323—325 = Fernández González, J. — SVict 23 (1976) 110 = Fernández González, J. — VyV 34 (1976) 133 = López, S. — EMerced 32 (1976) 116 = Lópoez Quintás, A. — ArGran 38 (1975) 298 = Segovia, A. — REspir 34 (1975) 268 = Castro, S. — RAgEsp 16 (1975) 385 = Fernández González, J. — RC 21 (1975) 259—262 = Langa, P. — Manresa 47 (1975) 186 = Arias, D. — Mayeútica 1 (1975) 182 = Gallego, P. — EAg 10 (1975) 531 = Cilleruelo, L. — CT 102 (1975) 492 = Hernández, R. — Augustinus 20 (1975) 371—384 = Oroz, J. — StMon 18 (1976) 520 = Tasies — SelLib 13 (1976) 192 = Pegueroles, J. — NRTh 98 (1976) 844—845 = Roisel — AugR 15 (1975) 238—240 = Russell

R 168 CARO, R. (1973/74, 2458): Mu 88 (1975) 462—464 = Halleux, A. de — BLE 76 (1975) 306 = Crouzel, H. — AB 94 (1976) 197—199 = Esbroeck, M. van — AST 47 (1974) 369 = Vives, J. — OrChr 60 (1976) 211 = Davids

R 169 CARO MENDOZA, R. (1971/72, 2292): RHE 71 (1976) 262 = Halleux, A. de — OrChrP 42 (1976) 524 = Ortiz de Urbina, I. — REB 34 (1976) 341 = Darrouzès, J. — AB 94 (1976) 197—199 = Esbroeck, M. van

R 170 CARON, P. G. (1975/76, 312): REDC 32 (1976) 177 = García y García, A.

R 171 *Cassiodorus* ed. Å. J. FRIDH — J. W. HALPORN (1973/74, 1145a): StOv 3 (1975) 393—394 = Hevia Ballina, A. — ETrin 10 (1976) 144 = Silanes, N.

R 172 *Catalogue of the Arabic mss. Vol. I* ed. O. LÖFGREN, R. TRAINI (1975/76, 666): AB 94 (1976) 429—431 = Esbroeck, M. van

R 173 CATTANEO, E. (1973/74, 621): VetChr 13 (1976) 216 = Pavan, V. — RSCI 29 (1975) 672 — NRTh 98 (1976) 268 = V.R. — CC 126 (1975) 338—339 = Ferrua, A.

R 174 CAVALLA, F. (1975/76, 1039): Riv. trim. di Diritto e Procedura civile (1976) 1606—1608 = Tarello

R 175 CERESA-GASTALDO, A. (1975/76, 715): REL 53 (1975) 593—595 = Fontaine — RSLR 12 (1976) 292 = Sacchi — VetChr 12 (1975) 477—480 = Pavan

R 177 CHADWICK, H. (1975/76, 2217): REA 22 (1976) 408—411 = Fontaine — AB 94 (1976) 396—398 = Gaiffier, B. de — HS 28 (1975) 427—428 = J. P. de U. — ExpT 88 (1976—77) 88 = Graham, A.

R 176 CHADWICK, H. (1971/72, 228): BiblOr 31 (1974) 157 = Bakhuizen, J. N. van den Brink

R 178 *La chaîne palest. sur le psaume 118* ed. M. HARL (1971/72, 2473): RHE 70 (1975) 73—79 = Olivier, J.-M. — OrChrP 41 (1975) 244 = Ortiz de Urbina, I. — RThPh (1975) 307—308 = Junod — StMon 18 (1976) 211 = Pifarré, C. M. — NRTh 96 (1975) 196 = Martin, Ch. — Irénikon 49 (1976) 254 = M. v. P.

R 179 CHARANIS, P. (1973/74, 203): REDC 31 (1975) 230—231 = Rosa Díaz, P. de la — REB 34 (1976) 357 — RHE 71 (1976) 649 = Mossay — Byzan 45 (1975) 164

R 180 CHESNUT, R. C. (1975/76, 2777): TLS 75 (1976) 1286 = Kelly

R 181 *Das frühe Christentum im Römischen Staat* ed. R. KLEIN (1971/72, 111): Crisis 23 (1976) 186—187 = Capánaga, V. — Augustinus 20 (1975) 190 = Capánaga, V. — Graecolatina et Orientalia (Bratislava) 7/8 (1975/76) 417—421 = Šimovičová

R 182 *Christianity, Judaism and Other Greco-Roman Cults* ed. J. NEUSNER (1975/76, 120; 121): CBQ 38 (1976) 411—415 = Aune, D. E. — JBL 95 (1976) 167—168 = Epp, E. J. — JSS 21 (1976) 194—196 = Bruce, F. F.

R 183 CHRISTOPOULOS, M. (1975/76, 316): NRTh 98 (1976) 721—722 = Chantraine, G. — JThS 27 (1976) 256 = Hardy, E. R. — Esprit 86 (1976) 528 = Jay, P. — OrChrP 42 (1976) 254—257 = Vries, W. de

R 184 CHRISTOU, P. C. (1975/76, 118): RHE 70 (1975) 933 = Anastasiou

R 185 *Church, society and politics* ed. D. BAKER (1975/76, 122): JEcclH 27 (1976) 303—307 = Chadwick, O.

R 186 CHURRUCA, J. DE (1975/76, 1954): AHDE 46 (1976) 786—787 = Martínez Díez, G.

R 187 CILENTO, V. (1973/74, 380): GCFI 54 (1975) 302—304 = Isnardi Parente, M.

R 188 CLAESSON, G. (1973/74, 1908): REL 53 (1975) 437—440 = Perret

R 189 CLARK, F. (1973/74, 210): SJTh 29 (1976) 391—393 = Wright, D. F. — Clergy 61 (1976) 252 = Richards, J. M. — HeythropJ 16 (1975) 453 = Butterworth, R.

R 190 *Claudianus* ed. H. L. LEVY (1971/72, 1097): CR 25 (1975) 54—55 = Hall

R 191 *Clavis Patrum Graecorum, Vol. II* ed. M. GEERARD (1973/74, 166): ThRe 72 (1976) 28—29 = Schieffer, R. — NRTh 97 (1975) 721 = Martin, Ch.

R 192 *Clemens Alexandrinus* ed. O. STAEHLIN, U. TREU (1971/72, 1104): VigChr 29 (1975) 231 = Winden, J. C. M. van — RechSR 63 (1975) 583 = Kannengiesser, Ch. — NRTh 97 (1975) 722 = Martin, Ch. — ThLZ 101 (1976) 522—523 = Ullmann, W.

R 193 *Clemens Romanus* ed. K. G. BONIS (1973/74, 1184a): RHE 70 (1975) 934 = Anastasiou

R 194 COCHRANE, C. N. (1969/70, 181): Sileno 1 (1975) 218—219 = Cataudella

R 195 *Nag Hammadi Codices III, 2 and IV, 2* ed. A. BÖHLIG, F. WISSE, P. LABIB (1975/76, 2869): Mu 88 (1975) 244—246 = Janssens, Y.

R 196 COLA, S. (1965, 395): Augustinus 20 (1975) 152 = Orosio, P.

R 198 COLOMBÁS GARCÍA, M. (1975/76, 318): CT 103 (1976) 704 = Hernández, R. — EAg 11 (1976) 340 = Cilleruelo, L. — EJos 30 (1976) 489 = Gaitán, J. D. — RHE 70 (1975) 607 = Moral — StMon 17 (1975) 377 = Massot Muntaner — Manresa 47 (1975) 86 = Arias, D. — SelLib 12 (1975) 212; 13 (1976) 483 = Borrás, A. — Cistercium 28 (1976) 335 = Gutiérrez, D. — RC 22 (1976) 364 = Langa, P. — Espíritu 25 (1976) 81 = Solá, F. de P. — StMon 18 (1976) 209 = Badia — Irénikon 49 (1976) 423 = M. v. P. — RBS 5 (1976) 419 = Price — RBen 86 (1976) 361 = Verbraken, P.

R 199 COLOMBO, O. P. (1973/74, 623): REBras 35 (1975) 991—992 = Moser, A.

R 200 *Concilia Africae a. 345—a. 525* Ed. C. MUNIER (1973/74, 2232): RThL 7 (1976) 94—96 = Gryson — REDC 32 (1976) 467 = García y García, A. — REA 22 (1976) 186—190 = Veer, A. C. de

R 201 *El Concilio de Braga...* (1975/76, 127): REDC 32 (1976) 516—521 = Mansilla, D. — IC 16 (1976) 360—363 = Tejero, E. — ArGran 39 (1976) 378 = Olivares, E. — CT 103 (1976) 510 = Acebal, J. L. — AB 94 (1976) 411 = de Gaiffier, B. de

R 202 *Conciliorum oecumenicorum decreta* ed. J. ALBERIGO, J. A. DOSSETTI, P. P. JOANNOU (1973/74, 2233): AHP 13 (1975) 432 = Schneider, B. — AHDE 45 (1975) 730 = Linage Conde, A. — REDC 31 (1975) 192 = García y García, A. — HistRel 188 (1975) 217 =

Nautin, P.

R 203 *Concordance to the Corpus Hermeticum* ed. D. GEORGI, J. STRUGNELL (1971/72, 174): CW 67 (1973—74) 185 = Roberts, L.

R 204 *Concordance de Paulin de Pella* ed. P. TORDEUR (1973/74, 1835): REL 54 (1976) 374 = Fontaine

R 205 *Concordance verbale du De corona de Tertullien* ed. H. QUELLET (1975/76, 251): REA 22 (1976) 302 = Braun — VetChr 13 (1976) 212 = Otranto — HumanitasCoim 27—28 (1975—76) 294 = Freire

R 206 *First Annual Byzantine Studies Conference...* (1975/76, 147): Sp 51 (1976) 370—371 = Bloomfield, M.

R 207 *Los consejos evangélicos...* (1975/76, 129): SelLib 13 (1976) 197 = Solá, F. de P. — StMon 17 (1975) 380 = Massot Muntaner — REDC 32 (1976) 172 = Acebal, J. L.

R 208 *Constantinople II, III* ed. F. MURPHY, P. SHERWOOD (1975/76, 2671): NRTh 98 (1976) 714 = Mols, R.

R 209 CONTE, P. (1971/72, 2261): ByZ 68 (1975) 117—118 = Riedinger, R.

R 210 CONZELMANN, H. (1971/72, 235): RHR 188 (1975) 87 = Nautin, P.

R 211 COQUIN, R.-G. (1975/76, 321): AB 94 (1976) 199—200 = Esbroeck, M. van

R 212 *Corona Gratiarum...* (1975/76, 130; 131): SelLib 13 (1976) 136—137 = Solá, F. de P. — RechSR 64 (1976) 297—298 = Kannengiesser, Ch. — RBS 5 (1976) 428—429 = Matzner

R 213 *Corpus benedictionum pontificalium* ed. E. MOELLER (1975/76, 2529): RThAM 43 (1976) 261—261 = Moeller — StOv 4 (1976) 575 = Hevia Ballina, A.

R 214 *Corpus Marianum Patristicum II* ed. S. ÁLVAREZ CAMPOS (1971/72, 2293): EE 50 (1975) 287—288 = Aldama, J. A. de

R 215 *Corpus Marianum Patristicum III* ed. S. ÁLVAREZ CAMPOS (1973/74, 21): REA 21 (1975) 369 = Brix — EphMariol 25 (1975) 302 = Fernández, D. — SC 30 (1976) 325 = Steel

R 216 *Cosmas Indicopleustes* ed. W. WOLSKA-CONUS (1967/68, 99; 1969/70, 1055; 1973/74, 1206): RHE 71 (1976) 132—135 = Laga, C. — REB 33 (1975) 302—303 = Darrouzès, J. — RHR 187 (1975) 110 = Nautin, P. — OrChrP 42 (1976) 266 = Vries, W. de — RPh 50 (1976) 139 = Places, É. des

R 217 *Cosmas Indicopleustes* ed. W. WOLSKA-CONUS (1973/74, 1206): EE 50 (1975) 269 = Aldama, J. A. de — ByZ 69 (1976) 96 = Riedinger, R. — CO 27 (1975) Franken, S. — Esprit 86 (1976) 57 = Duval, Y.-M. — Clergy 60 (1975) 807 = Murray, R.

R 218 *Councils and assemblies* ed. G. J. CUMING, D. BAKER (1971/72, 114): Francia (München) 3 (1975) 777—782 = Scheler, D. —NRTh 97 (1975) 144—145 = Mols, R.

R 219 COURCELLE, P. (1973/74, 626): JS (1975) 147—149 = Marrou, H. I. — Sc 29 (1975) 194 = Silvestre — Latomus 34 (1975) 241— 242 = Duval, Y.-M. — RSLR 12 (1976) 141 = Simonetti, M. — ThRe 72 (1976) 290—292 = Hahn

R 220 COURCELLE, P. (1975/76, 2710): CRAI (1975) 471 = Courcelle, P. — REA 22 (1976) 334 = Folliet — MSR 33 (1976) 205 = Le-fèvre — Aph 39 (1976) 654—656 = Solignac — Vichiana 5 (1976) 139—143 = Vivo, A. de

R 221 COURTONNE, Y. (1973/74, 1057): AB 94 (1976) 186—188 = Es-broeck, M. van — StudiumAv 16 (1976) 183 = Fernández de León, M. — RHR 188 (1975) 205 = Nautin, P. — NRTh 97 (1975) 732 = Martin, Ch. — Sc 29 (1975) 195 = Joly — LEC 43 (1975) 100 = Wankenne — CR 26 (1976) 269 = Browning — CW 69 (1976) 392 = Schoedel — Emerita 43 (1975) 296—297 = Díez, M. — Maia 26 (1974) 152 = Pera, R. — Irénikon 48 (1975) 420— 421 = O. R.

R 222 CRAMER, M. (1973/74, 2101): ThLZ 100 (1975) 315 = Onasch, K.

R 223 CROCE, V. (1973/74, 1688): Aevum 50 (1976) 189—191 = Sci-pioni, L.

R 224 CROCETTI, G. — SETTIMI, G. (1973/74, 2060): AB 93 (1975) 228 = Gaiffier, B. de

R 225 CROMBIE, A. C. (1973/74, 216): StOv 3 (1975) 364—365 = Cerra, S.

R 226 CROUZEL, H. (1971/72, 63): RechSR 63 (1975) 588—591 = Kan-nengiesser, Ch.

R 227 La culpabilité fondamentale ed. P. GUILLUY (1975/76, 2814): EThL 52 (1976) 216—217 = Coppens, J.

R 228 De Primordiis Cultus Mariani vol. I—VI (1969/70, 2065): ThBraga 11 (1976) 269—274 = Correia, F. C.

R 229 Current Issues... ed. F. HAWTHORNE (1975/76, 132): EvanQ 48 (1976) 58 = Marshall, I. H.

R 230 CURTI, C. (1971/72, 1251): ThLZ 100 (1975) 205 = Winkelmann, F.

R 231 CURTI, C. (1971/72, 1252): REG 88 (1975) 372 — Paideia 30 (1975) 250—251 = Torti

R 232 Cyprianus Carthaginiensis ed. G. SIROLLI (1969/70, 1057/58): RSLR 11 (1975) 119—123 = Gallicet

R 233 Cyprianus Carthaginiensis ed. R. WEBER, M. BÉVENOT (1971/72, 1160): ThRe 71 (1975) 35—36 = Marschall — Sc 30 (1976) 58—84— RThL 7 (1976) 94 = Gryson

R 234 Cyrillus Alexandrinus ed. C. SCANZILLO (1975/76, 1508): CC 127 (1976) 207 = Bentivegna, G. — OrChrP 42 (1976) 313 = Ortiz de Urbina, I. — VetChr 13 (1976) 414 = Quacquarelli, A.

R 235 DANIÉLOU, J. (1973/74, 2348): JBL 95 (1976) 684—685 = Kraft, R. A. — Colloquium 8 (1975) 47 = Osborn, E. F.

R 236 *Jean Daniélou 1905—1974* ed. Y. RAGUIN... (1975/76): Irénikon 48 (1975) 286 —287 = O. R.

R 237 DANIÉLOU, J., CHARLAT, R. (1975/76, 330): NRTh 97 (1975) 885 = V. R.—Mayeútica I (1975) 286 = Gallego, P.—RC 22 (1976) 364 = Sánchez Polanco, P. — VyV 34 (1976) 438 = Aperribay, F. — Lumen 25 (1976) 95 = Ortiz de Urtaran, F. — RAgEsp 17 (1976) 118 = Sabugal, S. —FrBogotá 18 (1976) 140 = Roa, G. — EJos 29 (1975) 262 = Antolín, F. — EAg 10 (1975) 512 = Prieto, M. — EE 51 (1976) 576 = Codina, V. — ThXaver 25 (1975) 65 = Parra, A. — CT 103 (1976) 349 = Hernández, R. — EphMariol 26 (1976) 391 Fernández, D. — ETrin 10 (1976) 444 = Miguel, J. M. de — Augustinus 21 (1976) 212 = Ruiz

R 238 DARROUZÈS, J. (1975/76, 787): CCM 19 (1976) 57—59 = = Richard, M. — RHE 69 (1974) 300 = Mossay

R 239 DASSMANN, E. (1973/74, 2221): AB 94 (1976) 184—186 = Esbroeck, M. van — TTZ 84 (1975) 126—127 = Sanser, E. — FZPT 22 (1975) 423—426 = Studer, B. — JThS 26 (1975) 192 = Santer, M.

R 240 DAUVILLIER, J. (1969/70, 192): RHR 188 (1975) 201—202 = Nautin, P.

R 241 DECRET, F. (1973/74, 2570): RThPh 26 (1976) 149 = Keller — RechSR 64 (1976) 310—311 = Kannengiesser, Ch. — NRTh 97 (1975) 763 = Jacobs, H. — REA 21 (1975) 380 = Veer, A. C. de — NovaVet 60 (1975) 68—70 = Journet, Ch. — RHR 189 (1976) 229 = Tardieu, M. — RFN 68 (1976) 181—183 = Capitani, F. de — TTh 16 (1976) 88 = Davids, A.

R 242 DEDDENS, K. (1973/74, 1233): GTT 75 (1975) 249—254 = Lammens, G. N. — ThLZ 101 (1976) 680 = Meijering, E. P. — NrdThT 29 (1975) 377—379 = Honders, A. C.

R 243 *Politisches Denken bis zur Reichstheologie Justinians* ed. S. OTTO (1973/74, 316): ThRe 72 (1976) 29—31 = Stockmeier, P. — Gn 48 (1976) 206—208 = Brade, L. — PhJb 83 (1976) 437—439 = Uthemann, K.-H. — Kairos 17 (1975) 146—150 = Brox, N.

R 244 DENKER, J. (1975/76, 765): ThZ 32 (1976) 236—237 = Prigent, P.

R 245 DESJARDINS, R. (1975/76, 1056): EtThR 50 (1975) 381 = Lods — Esprit 86 (1976) 54 = Duval, Y.-M. — EAg 11 (1976) 516—517 = Espada, A. — ArGran 38 (1975) 299—300 = Segovia, A. — JThS 27 (1976) 229—230 = O'Donovan, O. M. T. — MSR 32 (1975) 154—155 = Bailleux, É. — NRTh 97 (1975) 875

R 246 DEVREESSE, R. (1971/72, 2471): RechSR 64 (1976) 295 = Kannengiesser, Ch.

R 247 DÍAZ Y DÍAZ, M. C. (1973/74, 1337): RaPortHist 15 (1975) 547— 548 = Da Costa, A. de J. — REA 22 (1976) 434—435 = Fontaine — RHE 70 (1975) 774—777 = Linage Conde, A.

R 248 *The Oxford Dictionary of the Christian Church* ed. F. L. CROSS,
E. A. LIVINGSTONE (1973/74, 171): JThS 26 (1975) 500—501 =
Sykes, S. W. — ThLZ 100 (1975) 434—435 = Congar, Y. — CO 27
(1975) 219 = Franken, S. — TTh 15 (1975) 195 = Schoof, T. M.

R 249 *Dictionnaire des auteurs...* ed. B. BORECKÝ, R. DOSTÁLOVA (1975/
76, 258): LF 99 (1976) 104—107 = Okal — Gy 83 (1976) 506—508
= Polaček

R 250 *Dictionnaire de la littérature chrétienne ancienne* ed. J. M. SZYMU-
SIAK, M. STAROWIEYSKI (1971/72, 186): AB 93 (1975) 410 = Noret

R 251 *Dictionnaire du Nouveau Testament* ed. X. LÉON-DUFOUR (1975/76,
242): NRTh 98 (1976) 685 = Jacques, X.

R 252 *Dictionnaire de spiritualité, ascétique et mystique ... fasc. 52—58*
(1975/76, 230): Irénikon 49 (1976) 265—266 = E. L. — BLE 76
(1975) 154 = Martimort — THE 70 (1975) 628—629 = Aubert —
Ant 49 (1974) 390—392 = Giamberardini — NRTh 97 (1975)
560—561 = L.J.R. — RechSR 64 (1976) 294—295 = Kannengiesser, Ch.

R 253 *Dictionnaire de spiritualité ... fasc. 59—60* (1975/76, 231): EThL 52
(1976) 403 = Thils — NRTh 98 (1976) 855 = L.J.R. — Irénikon 49
(1976) 265—266 = E.L. — BLE 76 (1975) 154 = Martimort —
RHE 70 (1975) 629—629 = Aubert

R 254 DIDEBERG, D. (1975/76, 1057): ZKTh 98 (1976) 221 = Beukers —
ThPh 51 (1976) 309—310 = Sieben — ThSt 37 (1976) 332—333 =
Burns — RBen 86 (1976) 167 = Verbraken, P. — MSR 33 (1976)
206—207 = Bailleux — OrChrP 42 (1976) 267 = Dejaifve —
Augustinus 21 (1976) 393—395 = Capánaga, V., Oroz Reta,
J. — NRTh 98 (1976) 713 = Martin, Ch. — Irénikon 49 (1976)
122 = O.R. — SelLib 13 (1976) 481 = Vergés, S. — CD 189 (1976)
302 = Manrique, E. — Esprit 86 (1976) 441 = Jay, P. — AugSt 7
(1976) 165—178 = TeSelle

R 255 *Didymus Alexandrinus* ed. J. HÖNSCHEID (1975/76, 1535): MH 33
(1976) 261 = Wehrli, C.

R 256 DIESNER, H.-J. (1973/74, 1607): JEcclH 26 (1975) 434 = Frend,
W. H. C.

R 257 DIETEN, J. L. VAN (1971/72, 240): Sp 50 (1975) 363—365 = Wortley, J.

R 258 *Dionysius Alexandrinus* ed. W. A. BIENERT (1971/72, 1215): BLE
76 (1975) 137—138 = Crouzel, H. — RSR 49 (1975) 261—263 =
Wenger — ZKG 86 (1975) 98—99 = Staab — Kairos 17 (1975)
310—311 = Brox, N. — LEC 43 (1975) 91—92 = Leroy, F. J. —
Gn 48 (1976) 408—409 = Opelt, I. — CO 27 (1975) 291 = Franken, S.

R 259 DIVJAK, J. (1973/74, 867): REA 21 (1975) 353—356 = Folliet

R 260 *Documents in early christian thought* ed. M. WILES, M. SANTER

R 260 (1975/76, 272): EtThR 51 (1976) 237 = Bouttier — Augustinus 21 (1976) 409 = Oroz — ThLZ 101 (1976) 849 = Schneider — NRTh 97 (1975) 874 = V. R. — EAg 10 (1975) 509—510 = De Luis, P. — JThS 27 (1976) 542 = Sykes, D. A. — AusBR 24 (1976) 44 = Osborn, E. F.

R 261 DODDS, E. R. (1975/76, 337): SelLib 13 (1976) 454 = Fondevila, J. M.

R 262 DONFRIED, K. P. (1973/74, 1186): JBL 94 (1975) 472—473 = Grant, R. M. — JThS 26 (1975) 460—462 = Roberts, C. H. — ThRe 71 (1975) 464—466 = Fischer, J. A. — RSPhTh 60 (1976) 509—512 = Durand, M.-G. de

R 263 DONINI, A. (1975/76, 345): RSLR 12 (1976) 429—432 = Marrou, H.-I. - RSCI 30 (1976) 541—543 = Rasco

R 264 *La dossologia trinitaria dei Padri Apostolici* ed. A. QUACQUARELLI (1973/74, 1818): AteRo 20 (1975) 213—214 = Naldini, M.

R 265 DUCHESNE, L. (1973/74, 167c): RHR 188 (1975) 208 = Turcan, R.

R 266 DULAEY, M. (1973/74, 870): Augustinus 20 (1975) 387—389 = Capánaga, V. — VetChr 13 (1976) 175—190 = Marin

R 267 DUQUENNE, L. (1971/72, 1168): RHR 188 (1975) 88 = Nautin, P. — ThRe 71 (1975) 346 = Vogt

R 268 DUVAL, Y.-M. (1973/74, 1444): RSLR 11 (1975) 281—285 = Gribomont, J. — RHR 188 (1975) 206 = Nautin, P.

R 269 EIJK, T. H. C. VAN (1973/74, 1811): BLE 76 (1975) 69 = Crouzel, H. — ThRe 71 (1975) 381—383 = Stuiber — JThS 26 (1975) 462—463 = Wilson — VetChr 12 (1975) 501 = Otranto — Irénikon 49 (1976) 121—122 = O. R. — RHR 188 (1975) 202 = Nautin, P. — EAg 10 (1975) 139 = Morán, C. — StudiumAv 15 (1975) 418 = García Extremeño, C. — TTh 15 (1975) 204 = Davids, A.

R 270 *Enchiridion marianum...* ed. D. CASAGRANDE (1973/74, 2459): Esprit 85 (1975) 18 = Billet, B. — RHE 71 (1976) 330 = Aubert, R.

R 271 *Enchiridion symbolorum...* 35. Auflage hrsg. von A. SCHÖNMETZER (1975/76, 233): TTh 16 (1976) 331 = Schoof, T. M.

R 272 ENGELHARDT, I. (1973/74, 229): REB 34 (1976) 348 = Failler

R 273 *Epektasis* ed. J. FONTAINE, CH. KANNENGIESSER (1971/72, 119): NatGrac 22 (1975) 322 = Rivera de Ventosa, E.

R 274 *Ps.-Epiphanius Scholasticus* ed. R. V. HOTCHKISS (1973/74, 1310): CBQ 37 (1975) 397—398 = Aune, D. E. — EThL 52 (1976) 233

R 275 ESBROECK, M. VAN (1975/76, 640): AB 93 (1975) 405—407 = Outtier, B. — JThS 27 (1976) 232—234 = Birdsall, J. N.

R 276 ESCRIBANO-ALBERCA, I. (1973/74, 2356): ThLZ 100 (1975) 203—204 = Andersen, W. — TTh 15 (1975) 199 = Davids, A.

R 277 *Essays on the Nag Hammadi Texts* ed. M. KRAUSE (1971/72, 121): ThLZ 100 (1975) 498—501 = Fischer, K.-M. — RBi 83 (1976) 461—462 = Layton, B.

R 278 *Essays P. Labib* ed. M. KRAUSE (1975/76, 142): JBL 95 (1976) 694 =
Epp, E. J.

R 279 *L'Eucharistie des premiers chrétiens* (1975/76, 143): Esprit 86
(1976) 544 = Jay, P. — EtThR 51 (1976) 528 = Lods, M. — ThRe
72 (1976) 388—390 = Moll — ArGran 39 (1976) 340 = Flórez, I.

R 280 *Eusebius* ed. E. KLOSTERMANN, G. CHR. HANSEN (1971/72, 1245):
VigChr 29 (1975) 152 = Winden, J. C. M. van — NRTh 97 (1975)
722—723 = Martin, Ch.

R 281 *Eusebius* ed. J. SIRINELLI, É. DES PLACES (1973/74, 1314): VigChr
29 (1975) 149—151 = Winden, J. C. M. van — RHE 70 (1975)
897 = Halleux, A. de — ACl 44 (1975) 296—299 = Amand de
Mendieta, E. — EE 50 (1975) 292 = Aldama, J. A. de — Esprit
86 (1976) 55 = Duval, Y.-M. — NRTh 97 (1975) 725 = Martin,
Ch. — ThLZ 101 (1976) 364 = Kraft, H. — RechSR 64 (1976)
312—313 = Kannengiesser, Ch. — REB 34 (1976) 334 = Darrouzès — RPFE 166 (1976) 218—221 = Dorival — REAnc 76 (1974)
453—455 = Courcelle — SG 28 (1975) 303—305 = Corsaro —
BijFTh 36 (1975) 218 = Smulders, P. — Clergy 61 (1976) 39 =
Richards, M. — Augustinus 21 (1976) 208 = Orosio, P.

R 282 *Eusebius* ed. A. V. DELGADO (1973/74, 1315): RC 21 (1975) 279 =
Mier, A. de — SelLib 12 (1975) 209 = Vives, J. — EE 50 (1975)
292 = Aldama, J. A. de — Burgense 16 (1975) 387 = Pacho, A. —
ThBraga 10 (1975) 116 = Correia, F. C. — Durius 3 (1975) 224 =
Espinosa Revilla, E. — Greg 56 (1975) 570 = Orbe, A. — RHE 71
(1976) 584 = Moral

R 283 *Eusebius* ed. F. WINKELMANN (1975/76, 1596): Byzan 46 (1976) 596 =
de Decker

R 284 *Eusebius* ed. J. ZIEGLER (1975/76, 1597): LEC 44 (1976) 275 = Esbroeck, M. van — ArGran 39 (1976) 278 = Segovia, A.

R 285 *Eusebius* ed. G. SCHROEDER et É. DES PLACES (1975/76, 1599): Augu-
stinus 21 (1976) 208 = Orosio — REB 34 (1976) 334 = Darrouzès —
BLE 77 (1976) 223—225 = Crouzel — RechSR 64 (1976) 313 =
Kannengiesser, Ch. — ACl 45 (1976) 302—306 = Amand de Men-
dieta, E. — LEC 43 (1975) 437 = Gilbert, M. — CRAI (1975) 437 =
Gilbert — Irénikon 48 (1975) 274—275 = O. R.

R 286 *Eusebius* ed. E. DES PLACES (1975/76, 1598) CRAI (1976) 567 =
Courcelle

R 287 *L'Évangile selon Marc* ed. M. SABBE (1973/74, 93) TTh 15 (1975)
447—448 = Standaert, B.

R 288 *Évangile de Pierre* ed. M. G. MARA (1973/74, 531): BLE 76 (1975)
69 = Crouzel, H. — RHE 70 (1975) 266 = Halleux, A. de — EE 50
(1975) 290 = Aldama, J. A. de — ThLZ 100 (1975) 270—272 =
Walter — RHR 189 (1976) 226—227 = Guillaumont, A. — CC
126, 2 (1975) 307—308 = Jacques, X. — RechSR 64 (1976) 312 =

Kannengiesser, Ch. — OrChrP 42 (1976) 251—254 = Baggarly —
Sc 30 (1976) 131 = Aubineau, M. — Greg 56 (1975) 576—577 =
Orbe, A. — CO 28 (1976) 66 = Franken, S.

R 289 *Evagrius Ponticus* ed. A. GUILLAUMONT — CL. GUILLAUMONT
(1971/72, 1273) REG 88 (1975) 371—372 = Rondeau, M. J. —
RSLR 10 (1974) 159—162 = Gribomont

R 290 *L'Évangile de Nicodème* ed. A. E. FORD (1975/76, 747): CCM 19
(1976) 59—61 = O'Gorman, R. — ZRPh 91 (1975) 193—194 =
Baldinger, K. — RHE 70 (1975) 344—345 = Silvestre, H.

R 291 *L'Évangile de verité* ed. J.-É. MÉNARD (1971/72, 2393): ReSR 50
(1976) 93—94 — RSLR 11 (1975) 269—272 = Filoramo — JBL 95
(1976) 511—513 = Pearson, B. A. — VigChr 29 (1975) 138—140 =
Dubois, J.-D. — RBi 83 (1976) 468 = Layton, B.

R 292 *L'Évangile selon Thomas* ed. J.-É. MÉNARD (1975/76, 2935): NRTh
98 (1976) 693—694 = Jacques, X. — ReSR 50 (1976) 93—95 —
CBQ 38 (1976) 574—576 = Fitzmyer, J. A.

R 293 EVANS, D. B. (1973/74, 1421): REG 88 (1975) 385 = Gouillard

R 294 EVANS, J. A. S. (1971/72, 1899): CR 25 (1975) 55—57 = Browning

R 295 EVANS, R. F. (1971/72, 2248): ScTh 7 (1975) 805—811 = Ibáñez, J.,
Mendoza, F. — StMon 18 (1976) 467 = Pifarré — JES 12 (1975)
268—269 = Prusak, B. P. — JAAR 43 (1975) 428 = Kress, R.

R 296 *Exegesis...* ed. F. BOVON et G. ROUILLER (1975/76, 145): Esprit
85 (1975) 538—540 = Bonnard, P. E.

R 297 *Fac-simile edition of the Nag Hammadi Codices, II* ed. J. M. ROBIN-
SON (1973/74, 2577): Bibl 56 (1975) 257—259 = Quecke, H. —
EtThR 51 (1976) 99 = Bouttier, M. — CE 49 (1974) 418 = Bingen,
J. — BiblOr 32 (1975) 370—372 = Haardt, R. — JThS 26 (1975)
195—196 = Chadwick — RBi 83 (1976) 458—459 = Layton, B.

R 298 *Fac-simile edition of the Nag Hammadi Codices, VI* ed. J. M. ROBIN-
SON (1971/72, 2392): Kairos 17 (1975) 142—146 = Haardt, R. —
ThLZ 100 (1975) 913—915 = Fischer

R 299 *Fac-simile edition of the Nag Hammadi Codices, VII* (1971/72, 2392):
Kairos 18 (1976) 72—74 = Haardt, R. — ThLZ 100 (1975) 913—
915 = Fischer, K. M. — ZÄA 102 (1975) 123—138 = Schenke,
H.-M. — BiblOr 32 (1975) 50—52 = Haardt, R.

R 300 *Fac-simile edition of the Nag Hammadi Codices, XI, XII, XIII*
(1973/74, 2578): StPap 14 (1975) 75—76 = Pegueroles — BiblOr 33
(1976) 186—188 = Haardt, R.

R 301 *Facundus* ed. J.-M. CLÉMENT, R. VAN DER PLAETSE (1973/74, 1331):
EFil 24 (1975) 303 = Petrina, J.

R 302 FARIA, S. (1973/74, 2189): ThBraga 10 (1975) 105—106 = Correia,
F. C.

R 303 FARINA, R. (1966, 1560): Latomus 34 (1975) 818—820 = Dupont,
C.

R 304 *Faustinus Luciferianus* ed. M. SIMONETTI (1967/68, 1190): Sc 30 (1976) 58—84

R 305 FEDALTO, G. (1973/74, 231): RHE 70 (1975) 794—795 = Hajjar, J. — RHEF 61 (1975) 98—99 = Hajjar, J.

R 306 FEDALTO, G. (1975/76, 2715): OrChrP 42 (1976) 531 = Capizzi

R 307 FELDMANN, E. (1975/76, 1070): REA 22 (1976) 335 = Madec, G.

R 308 FERGUSON, J. (1973/74, 1166): JEcclH 26 (1975) 177—178 = Ullmann, W. — REAnc 76 (1974) 451 = Courcelle — JEcclH 26 (1975) 198 = Hall, S. G. — RRel 34 (1975) 488 = Maloney, G. A.

R 309 FERLISI, C. G. (1973/74, 873): REA 21 (1975) 397 = Madec, G.

R 310 FERNANDEZ, J. (1969/70, 770): Burgense 16 (1975) 401—402 = Moliner, J. M.

R 311 FERNANDEZ CONDE, F. J. (1971/72, 806): Augustinus 20 (1975) 137 = Capánaga, V.

R 312 FIAICH, O. (1973/74, 1196): Clergy 60 (1975) Hockey, F.

R 313 FIERRO, A. (1964, 853): RPL 73 (1975) 209—210 = Hissette, R.

R 314 FIGUS, A. (1973/74, 1671): RSCI 29 (1975) 579 = Simonetti, M.

R 316 *Florilegia Biblica Africana* ed. B. SCHWANK, D. DE BRUYNE, J. FRAIPONT (1975/76, 2998): Sc 30 (1976) 58—84

R 317 FLOYD, W. E. G. (1971/72, 1111): JRH 9 (1976—77) 203—205 = Wagner, W. H.

R 318 FOERSTER, WERNER (1973/74, 2585): BiblOr 32 (1975) 372—373 = Quispel, G. — CBQ 37 (1975) 571—572 = Perkins, P. — EtThR 51 (1976) 399—400 = Dubois, J.-D. — Theology 78 (1975) 44—45 = Santer, M. — CHR 61 (1975) 620—621 = Johnson, D. W. — VigChr 29 (1975) 234 = Grant — NRTh 97 (1975) 988 = Jacques, X.

R 319 FONTAINE, J. (1973/74, 30): RSLR 11 (1975) 479—483 = Devoti — Euphrosyne 7 (1975—76) 287—292 = Nascimento — NRTh 97 (1975) 875 = V. R.

R 320 *Forma futuri* (1975/76, 149): ThZ 32 (1976) 110—111 = Brändle, R. — REL 53 (1975) 610 = Fredouille — REG 89 (1976) 654—655 = Dorival — RSCI 30 (1976) 549—551 = Simonetti, M.

R 321 FORSARI, M. (1975/76, 236): Aevum 50 (1976) 390—393 = Motta, G.

R 322 FORTIN, E. L. (1971/72, 819): RPFE 166 (1976) 464 = Verheijen — JThS 26 (1975) 255—256 = Matthews, J. F. — RHE 70 (1975) 618 = Poque — RThPh 25 (1975) 308 = Junod

R 323 FRANK, K. S. (1975/76, 366): StMon 18 (1976) 210 = Lluch

R 324 FRANZEN, A. (1973/74, 236) TTh 16 (1976) 86 = Laarhoven, J. van — BijFTh 36 (1975) 220 = Fransen, P.

R 325 FRANZEN, A. (1975/76, 367): NRTh 97 (1975) 149 = A. L.

R 326 FREDE, H. (1973/74, 512): RPh 49 (1975) 339—340 = Courcelle

R 327 FREI, J. (1973/74, 2172): ThLZ 100 (1975) 792—794 = Nagel, W. — ZRGG 27 (1975) 187—188 = Reifenberg, H. — Ang 52 (1975)

261—262 = Fuente, A. G. — RBen 85 (1975) 418 = Verbraken, P. — OrChrP 41 (1975) 286 = Raes — ArGran 38 (1975) 341—342 = Segovia, A. — Irénikon 49 (1976) 126 = N. E.

R 328 FREIRE, J. G. (1973/74, 684): Didaskalia 5 (1975) 209—212 = Moreira, A. M. — ArGran 38 (1975) 300 = Segovia, A. — RHE 70 (1975) 478—482 = Montes Moreira — StMon 17 (1975) 168 = García — Irénikon 48 (1975) 127—128 = M. v. P. — ReSR 50 (1976) 282 = Munier, C. — ThBraga 11 (1976) 279 = Correia, F. C. — LEC 43 (1975) 312 = Leroy, F. J. — Augustinus 21 (1976) 208 = Ortall — HS 28 (1975) 429 = J. P. de U.

R 329 FREIRE, J. G. (1971/72, 1682): BEC 133 (1975) 383—385 = Gallet-Guerne — AtPavia 53 (1975) 416—419 = Nicola, A. de

R 330 FREND, W. H. C. (1971/72, 260): ScTh 7 (1975) 817—823 = Ibáñez, J. — Mendoza, F. — History 59 (1974) 79—80 = Llewellyn, P. A. B. — EHR 91 (1976) 354—356 = Ware, K. — RSO 49 (1975) 142—144 = Orlandi, T. — CO 28 (1976) 220 = Aalst, A. J. van der — JEA 61 (1975) 306—307 = Brock

R 331 FRICKEL, J. (1971/72, 1419): OLZ 70 (1975) 45—47 = Closs, A.

R 332 FRIDH, Å. J. (1973/74, 1145b): CJ 70 (1975) 74—76 = Halporn, J. W.

R 333 FRIGGERI, M. (1973/74, 881a): Augustinus 20 (1975) 138 = Masino, V.

R 334 *Fructuosus* ed. C. DÍAZ Y DÍAZ (1973/74, 1337): RBen 86 (1976) 345 = Verbraken, P. — IF 81 (1976) 362—365 = Löfstedt

R 335 *Fulgentius Mythographus* ed. T. AGOZZINI, F. ZANLUCCHI (1971/72, 1284): Augustinus 20 (1975) 431 = Ortall — CR 25 (1975) 163 = Walsh

R 336 *Fulgentius Mythographus* ed. L. F. WHITBREAD (1973/74, 1338): CW 69 (1975) 153—154 = Stokes

R 337 *Fulgentius Ruspensis* ed. J. FRAIPONT (1967/68, 1187): Sc 30 (1976) 58—84

R 338 FUNK, R. W. (1973/74, 169): JBL 94 (1975) 471—472 = Walther, J. A.

R 339 GAGER, J. G. (1975/76, 374): JThS 27 (1976) 207—209 = Wilson — JEcclH 27 (1976) 413 = Drewery — CBQ 38 (1976) 380—382 = Quesnell — JBL 95 (1976) 506—508 = Kee — ThLZ 101 (1976) 675 = Wiefel

R 340 GAIFFIER, B. DE (1971/72, 1837): CCM 18 (1975) 296—297 = Straeten, J. van der

R 341 GALAVARIS, G. (1969/70, 1176): ByZ 68 (1975) 440—442 = Buschhausen — Byzan 46 (1976) 447—450 = Delvoye, Ch.

R 342 *Gregorius Nazianzenus* ed. P. GALLAY — M. JOURJON (1973/74, 1370): CH 44 (1975) 243—244 = Kopecek — ThLZ 100 (1975) 687—688 = Treu, U. — ACl 44 (1975) 299—301 = Amand de

Mendieta, E. — EE 50 (1975) 293 = Aldama, J. A. de — NRTh 97 (1975) 726—727 = Martin, Ch. — ScCat 104 (1976) 125 = Bellini, E. — ReSR 49 (1975) 354 = Wiling, R. — REG 89 (1976) 176 = Bernardi — REAnc 76 (1974) 453—455 = Courcelle — Sc 30 (1976) 168 = Aubineau, M. — RPh 50 (1976) 308 = Places, É. des — Esprit 86 (1976) 302 = Viard, P. — JThS 26 (1975) 473 = Sykes, D. A.

R 343 *Gallia monastica I* ed. J. F. LEMARIGNIER, F. POIRIER-COUTANSAIS (1973/74, 2498): AB 93 (1975) 210—211 = Gaiffier, B. de — StMon 18 (1976) 232 = Amengual

R 344 GALLINARI, L. (1975/76, 1716): GiorFil 28 (1976) 228—229 = Tibiletti

R 345 GAMBER, K. (1971/72, 1991): Irénikon 49 (1976) 126 = N. E.

R 346 GARCÍA BAZÁN, F. (1971/72, 2397): RSLR 11 (1975) 155 = Filoramo

R 347 GARCÍA MORENO, L. A. (1973/74, 244): ArGran 38 (1975) 364—365 = Segovia, A. — REDC 31 (1975) 456 = Echeverría, L. de

R 348 GARCÍA MORENO, L. A. (1975/76, 377): AHDE 46 (1976) 794—795 = Orlandis, J.

R 349 GARCÍA Y GARCÍA, A. 1976 (1975/76, 649): LicFr 28 (1975) 283—284

R 350 GARRIGUES, J. M. (1975/76, 2044): MSR 33 (1976) 208 = Bacon, J. — StMon 18 (1976) 468 = Pifarré

R 351 GASTALDELLI, F. (1973/74, 1268a): Augustinus 20 (1975) 155 = Masino

R 352 GASTALDELLI, F. (1975/76, 1399): Latomus 35 (1976) 947 = Courcelle

R 353 GATTUCCI, A. (1973/74, 1984): RSCI 29 (1975) 588—590 = Dolbeau, F.

R 354 GEERARD, M. (1973/74, 166): VetChr 12 (1975) 480—482 = Studer, B. — Cl 45 (1976) 295—298 = Amand de Mendieta, E. — RHR 189 (1976) 227 = Guillaumont — ThRe 72 (1976) 28—29 = Schieffer — REA 22 (1976) 191 = Madec, G. — RHE 71 (1976) 120—123 = Halleux, A. de — RThAm 43 (1976) 257 = Petit — RechSR 64 (1976) 286—289 = Kannengiesser — Augustinus 21 (1976) 208 = Ortall, J. — AB 93 (1975) 202 = van Esbroeck — Mu 88 (1975) 227 = Mossay — ThPh 50 (1975) 624—626 = Sieben, H. J. — Cistercium 27 (1975) 251—254 = Aranguren, I. — ArGran 38 (1975) 299 = Segovia, A. — EphMariol 25 (1975) 468 = Rivera, A. — EFil 24 (1975) 131 = Lobo, J. A. — Byslav 36 (1975) 202—203 = Winkelmann, F. — NRTh 97 (1975) 721 = Martin, Ch. — DA 31 (1975) 578 = R. S. — TTh 16 (1976) 85 = Davids, A.

R 355 GEEST, J. E. L. VAN DER (1971/72, 1782): CR 26 (1976) 126—127 = Birdsall — Mn 29 (1976) 204—205 = Thierry

R 356 GESSEL, W. (1975/76, 2120): ZKTh 98 (1976) 221 = Beukers —
JAC 18 (1975) 174—177 = Gögler — BLE 77 (1976) 128—132 =
Crouzel — StMon 18 (1976) 211 = Olivar — ArGran 38 (1975)
301 = Segovia, A. — ThRe 71 (1975) 467—469 = Speigl, J. —
MThZ 26 (1975) 412 = Ziegenaus, A. — Irénikon 49 (1976) 119—
120 = N. E. — RechSR 63 (1975) 596 = Kannengiesser, Ch. —
TTh 16 (1976) 87 = Davids, A.

R 357 *Gesta conlationis Carthaginiensis* Ed. S. LANCEL (1973/74, 2242):
REA 22 (1976) 347—353 = Veer, A. C. de — EFil 24 (1975) 129 =
Soria, F.

R 358 GIL, J. (1973/74, 578): ECl 19 (1975) 145—157

R 359 GILCHRIST, J. T. (1975/76, 2643): JEcclH 26 (1975) 177—178 = Ullmann, W. — RSLR 12 (1976) 249—251 = Motta

R 360 GIOVANNI, A. DI (1975/76, 1094): Aph 38 (1975) 654 = Solignac —
CC 126 (1975) 548 = Bortolaso, G. — Greg 56 (1975) 595—596 =
Finance, J. de — NRTh 97 (1975) 876 = R. E.

R 361 GIRARDET, K. M. (1975/76, 386): JAC 18 (1975) 185—188 = Noethlichs, K. L. — ThPh 51 (1976) 284—287 = Sieben, H.-J. — Latomus 35 (1976) 931—933 = Dupont — AHC (1976) 647—648 =
Gessel, W.

R 362 *San Giuseppe nei primi quindici secoli...* (1973/74, 2030):
EphMariol 25 (1975) 300—301 = Rivera, A.

R 363 GNILKA, C. (1971/72, 2317): Latomus 34 (1975) 262—263 = Fontaine, J. — Gn 48 (1976) 261—265 = Andresen, C.

R 364 *Gnosis Bd. I* ed. W. FOERSTER, trad. R. WILSON, Bd. I (1971/72,
2401): RSLR 12 (1976) 137 = Scopello — CHR 61 (1975) 620—
621 = Johnson, D. W.

R 365 *Gnosis...* ed. WERNER FOERSTER, trad. R. WILSON (1973/74, 2585):
JAAR 43 (1975) 322—323 = Turner, J.

R 366 *Gnosis und Neues Testament* ed. K.-W. TRÖGER (1973/74, 99):
Theologická revue 1976, 79—80 = Beneš, M. A.

R 367 *Gnosis und Gnostizismus* ed. K. RUDOLPH (1975/76, 155): Euhemer
102 (1976) 105—109 = Poniatowski, Z.

R 368 *God being History* ed. E. P. MEIJERING (1975/76, 176): Irénikon 49
(1976) 125 = N. E. — RSPhTh 60 (1976) 501—505 = Durand,
M.-G. de

R 369 GOLTZ, N. (1973/74, 1257): OrChrP 42 (1976) 313 = Špidlík —
ZKG 87 (1976) 113—114 = Podskalsky — Irénikon 49 (1976)
124—125 = N. E.

R 370 GONZÁLEZ DEL VALLE, J. M. (1971/72, 1992): AKK 145 (1976)
307—320 = Schmaus, M. — Apollinaris 48 (1975) 605—606 = Car-
tez, J.

R 371 GOOSEN, A. B. J. M. (1975/76, 2218): REA 22 (1976) 405—407 =
Fontaine

R 372 *The Gospel of the Egyptians* ed. A. BOEHLIG et F. WISSE (1975/76, 2869): NRTh 97 (1975) 989 = Jacques, X.

R 373 *Gospel of Nicodemus* ed. H. C. KIM (1973/74, 535): CR 25 (1975) 331—332 = Walsh — RHE 70 (1975) 232 = Silvestre — MHum 6 (1975) 212 = Sheerin — BEC 134 (1976) 141 = Fohlen — Sc 30 (1976) 146 = Jodogne — StMe 14 (1973) 531 = Leonardi

R 374 GOTTLIEB, G. (1973/74, 633): ZKG 86 (1975) 243—244 = Mulvi-hill — CW 69 (1975) 152—153 = Crouse — Latomus 34 (1975) 855 = Duval — LEC 43 (1975) 100 = Esbroeck — ACl 44 (1975) 303 = Brisson — CR 26 (1976) 129 = Frend, W. H. C. — Gn 48 (1976) 818—820 = Ritter — Maia 26 (1974) 149 = Salvaneschi, E.

R 375 GRAMAGLIA, P. A. (1973/74, 2150): NRTh 97 (1975) 749 = Ren-wart, L.

R 376 *Greek New Testament* ed. K. ALAND (1975/76, 701): BiTransl 26 (1975) 325—332 = Elliot, J. K. — JBL 95 (1976) 112—121 = Ross, J. M.

R 377 GREEN, R. P. H. (1971/72, 1694): Gn 48 (1976) 612—613 = Her-zog — CW 68 (1975) 480—481 = Sider

R 378 GREER, R. A. (1973/74, 2700): RSLR 12 (1976) 134—135 = Simo-netti, M. — ThSt 37 (1976) 331—332 = Schatkin. — FZPT 22 (1975) 419—423 = Studer — RSPhTh 59 (1975) 453—457 = Du-rand, M.-G. de

R 379 GREGO, I. (1973/74, 249): VetChr 12 (1975) 503 = Otranto — RHE 71 (1976) 323 = Gryson — Salmant 22 (1975) 156—157 = Guillén Preckler, F.

R 380 *Gregorius Illiberitanus* ed. M. SIMONETTI (1975/76, 1641): RBen 86 (1976) 345 = Verbraken, P. — SG 28 (1975) 581—583 = Corsaro — ETrin 10 (1976) 438 = Aurrecoechea, J. L. — BLE 77 (1976) 303—305 = Boularand — JEcclH 27 (1976) 415 = Bonner — BStudLat 6 (1976) 341—343 = Constanza

R 381 *Gregorius Illiberitanus* ed. V. BULHART (1967/68, 1190): Sc 30 (1976) 58—84

R 382 *Gregorius Magnus* ed. R. GILLET, A. DE GAUDEMARIS (1975/76, 1646): REL 54 (1976) 401—403 = Fontaine — BijFTh 37 (1976) 432 = Smulders, P. — ETrin 10 (1976) 137 = Silanes, N. — EtThR 51 (1976) 122 = Petit, P. — NRTh 98 (1976) 708 = Martin, Ch. — RBen 86 (1976) 169 = Verbraken, P.

R 383 *Gregorius Magnus* ed. A. BOCOGNANO (1973/74, 1351): VetChr 12 (1975) 239 = Recchia — RBen 85 (1975) 227 = Verbraken, P. — BLE 76 (1975) 308 = Crouzel, H. — ACl 44 (1975) 307 = Ver-heijen — EE 50 (1975) 296 = Aldama, J. A. de — JThS 26 (1975) 474—475 = Ullmann — NRTh 97 (1975) 728—729 = Martin, Ch. — Latomus 35 (1976) 146—147 = Courcelle — Esprit 85 (1975) = Duval, Y.-M. — MA 82 (1976) 138—139 = Riché, P. —

REL 54 (1976) 401—403 = Fontaine — REAnc 77 (1975) 407 = Courcelle — BijFTh 36 (1975) 456 = Smulders, P. — ETrin 10 (1976) 137 = Silanes, N.

R 384 *Gregorius Nazianzenus* ed. A. Tuilier (1969/70, 1170): RSLR 11 (1975) 350—354 = Trisoglio

R 385 *Gregorius Nazianzenus* ed. A. Knecht (1971/72, 1309): Perficit 6 (1975) 131 = Iglesias — ByZ 68 (1975) 88—91 = Amand de Mendieta, E. — CW 68 (1975) 467—469 = Cummings — CR 26 (1976) 123 = MacLeod — REAnc 76 (1974) 192 = Courcelle — GB 5 (1976) 287—294 = Schwarz

R 386 *Gregorius Nazianzenus* ed. C. Jungck (1973/74, 1369): Gy 83 (1976) 134—136 = Hörmann — ByZ 69 (1976) 455—458 = Amand de Mendieta, E. — JOBG 25 (1976) 299—302 = Lackner — CW 70 (1976) 197—198 = Cummings — RPh 50 (1976) 307 — Places, É. des — ArGran 38 (1975) 301 = Segovia, A. — AB 93 (1975) 418—420 = Ommelslaeghe, F. van

R 387 *Gregorius Nazianzenus* ed. P. Gallay et M. Jourjon (1973/74, 1370): NRTh 97 (1975) 726 = Martin — SG 28 (1975) 302—303 = Crimi — BijFTh 36 (1975) 218 = Smulders, P. — REG 89 (1976) 176 = Bernardi, J. — Clergy 60 (1975) 407 = Hockey, F.

R 388 *Gregorius Nazianzenus* ed. C. Peri (1975/76, 1671): CC 127 (1976) 608 = Ferrua, A. — Vichiana 5 (1976) 169—172 = Morrone

R 389 *Gregorius Nyssenus* ed. J. Daniélou (1967/68, 1231): ETrin 9 (1975) 314 = Silanes, N.

R 390 *Gregorius Nyssenus* ed. M. Harl (1971/72, 117): REAnc 76 (1974) 193 = Courcelle

R 391 *Gregorius Nyssenus* ed. H. Hoerner (1971/72, 1328): RSLR 11 (1975) 291—294 = Pietrella — Gn 47 (1975) 710—711 = van Winden — RHR 188 (1975) 205 = Guillaumont, A.

R 392 *Gregorius Nyssenus* ed. J. Barbel (1971/72, 1329): LEC 43 (1975) 91 = Leroy, F. J. — RSR 49 (1975) 261—263 = Wenger, A. — Kairos 17 (1975) 310—313 = Brox, N. — CO 27 (1975) 291 = Franken, S.

R 393 *Gregorius Nyssenus* ed. P. Maraval (1973/74, 1330): RHR 188 (1975) 90 = Guillaumont, A.

R 394 *Gregorius Turonensis* ed. L. Thorpe (1973/74, 1420): RHE 70 (1975) 917 = Dauphin — MA 82 (1976) 137—138 = Craecker-Dussart, C. de

R 395 *Gregorius Turonensis* ed. F. Thuerlemann (1975/76, 1746): SZG 26 (1976) 498 = Clavadetscher — HZ 223 (1976) 680—683 = Ziezl

R 396 Greshake, G. (1971/72, 1700): JAC 19 (1976) 205—208 = Mulvihill

R 397 Gretch, M. (1973/74, 1102): RBen 85 (1975) 8—9 = Ledoyen, H.

R 398 GRILLMEIER, A. (1973/74, 2434): AHC 8 (1976) 651 = Stockmeier, P. — EphMariol 25 (1975) 303 = Fernández, D. — RHR 188 (1975) 89 = Nautin, P. — RechSR 63 (1975) 511—514 = Sesboüé, B.

R 399 GRILLMEIER, A. (1975/76, 2784): ArGran 39 (1976) 319 = Segovia, A. — SJTh 29 (1976) 482—484 = Newlands, G. M. — Greg 57 (1976) 162 = Pelland, G. — Irénikon 49 (1976) 124 = N. E. — JEcclH 27 (1976) 307—308 = Wiles, M. — OrChrP 42 (1976) 245—251 = Vries, W. de — TTh 16 (1976) 219 = Davids, A. — ExpT 87 (1975—76) 27 = Crowther, C. — RThL 7 (1976) 60—62 = Halleux, A. de — SelLib 13 (1976) 398—400 = González Faus, J. I.

R 400 GRYSON, R. (1971/72, 2120): Seminarios 22 (1976) 271 = Martín, M.

R 401 GUELZOW, H. (1975/76, 1497): ThPh 51 (1976) 307—308 = Sieben, H. J. — Erasmus 28 (1976) 202—206 = Kemmer — DLZ 97 (1976) 1007—1009 = Haendler — HeythropSt 16 (1976) 216—218 = Bévenot, M. — ArGran 38 (1975) 302 = Segovia, A.

R 402 GUNERMANN, H. (1973/74, 891): Augustinus 20 (1975) 392—393 = Capánaga, V.

R 403 HABRA, G. (1973/74, 2359): NRTh 96 (1974) 853 = Martin — EThR 50 (1975) 378 = Lods — VetChr 12 (1975) 504 = Girardi — Irénikon 48 (1975) 423 = P. K. — CuadMon 11 (1976) 114—115 = Matthei, M. — Esprit 86 (1976) 54 = Duval, Y.

R 404 HADOT, P. (1971/72, 1582): RHR 187 (1975) 227—229 = Nautin, P.

R 405 HAEUSSLING, A. (1975/76, 2540): HZ 222 (1976) 659—663 = Semmler — ThRe 72 (1976) 150—151 = Angenendt — RHE 70 (1975) 490—495 = Vogüé, A. de — ThLZ 100 (1975) 630—633 = Nagel

R 406 HAGNER, D. A. (1973/74, 1190): Bibl 56 (1975) 424—426 = Swetnam — JBL 94 (1975) 314—315 = Fahey — ThRe 71 (1975) 200—202 = Knoch — EvangQ 47 (1975) 179 = Marshall, I. H.

R 407 HAHN, F. (1975/76, 403): AER 169 (1975) 359

R 408 HAHNER, U. (1973/74, 1146): Durius 4 (1976) 286—287 = Peris

R 409 HALKIN, F. (1973/74, 1987): OrChrP 41 (1975) 281 = Capizzi — Mu 89 (1976) 247 = Mossay

R 410 HALKIN, F. (1973/74, 1986): RechSR 64 (1976) 315 = Kannengiesser, Ch.

R 411 HAMMAN, A. (1971/72, 280): REG 88 (1975) 365—367 = Malingrey, A.-M.

R 412 HAMMAN, A. G. (1975/76, 22): EThR 51 (1976) 410 = Petit — REA 22 (1976) 196 = Folliet — RHE 71 (1976) 619 = Aubert — Et 342 (1975) 957—958 = Holstein, H. — CC 127 (1976) 311 = Ferrua, A. — NRTh 97 (1975) 790—791 = Martin, Ch. — Irénikon 48 (1975) 277 = O. R. — RThL 6 (1975) 515 = Petit — CRAI (1975) 259 = Courcelle, P. — RBen 85 (1975) 422 = Verbraken, P. — RSPhTh 59 (1975) 497 = Congar, Y. — ArGran 38 (1975) 303 =

Segovia, A. — EE 51 (1976) 418—419 = Llorca Vives, B. —
FrBogotá 18 (1976) 140—141 = Roa, G. — CD 188 (1975) 272 =
Rubio, L. — SelLib 13 (1976) 193 = Borrás, A. — Laval 32 (1976)
321 = Roberge — AugR 15 (1975) 477 = Guirau — TTH 16 (1976)
92 = Davids, A.

R 413 *Handbuch der Kirchengeschichte II/1* ed. H. JEDIN, K. BAUS e. a.
(1973/74, 259): AugR 15 n (1975) 477 = Gavigan — NRTh 98 (1976)
251 = Mols

R 414 *Handbuch der Kirchengeschichte II/2* ed. H. JEDIN, K. BAUS, H.-G.
BECK, H. J. VOGT, E. EWIG (1975/76, 406): TGL 32 (1976) 494 =
Bary, E. H. — NAKG 57 (1976—77) 241 — TTh 16 (1976) 329 =
Davids, A. — KT 27 (1976) 244—246 = Nijenhuis, W. — TTZ 85
(1976) 379—381 = Sauaer, E. — NRTh 98 (1976) 251 = Mols, R. —
AHP 13 (1975) 428—431 = Monachino, V. — DtPfrBl 75 (1975)
771 = Ruhbach, G. — KrS 131 (1975) 42 = Hammer, K. —
NZMW 31 (1975) 230 = Maur, I. auf der — RHE 71 (1976) 119 =
Gryson, R. — EJos 29 (1975) 268 = Egido, T. — Irénikon 48 (1975)
424 = N. E. — OrChrP 42 (1976) 542—544 = Stephanou, P. —
CO 28 (1976) 292 = Burg, A. — ArGran 39 (1976) 359 = Sego-
via, A. — TGL 31 (1975) 58—61 = Bary, E. H.

R 415 *Handbuch der Religionsgeschichte* ed. J. P. ASMUSSEN, J. LAESSÖE,
C. COLPE Bd. I (1975/76, 407): RThPh 25 (1975) 298—299 = Keller,
C.-A. — NRTh 97 (1975) 993 = Scheuer, J. — OLZ 70 (1975) 329 =
333 = Bernhardt, K.-H.

R 416 *Handbuch der Religionsgeschichte Bd. II* ed. J. P. ASMUSSEN, J. LAS-
SÖE, C. COLPE (1973/74, 99 a): RThPh 25 (1975) 299—300 = Keller,
C.-A.

R 417 HANSACK, E. (1973/74, 1346): Byslav 37 (1976) 62 = Herodes, S.

R 418 HANSON, A. T. (1975/76, 2797): Clergy 61 (1976) 77 = Toffolo,
A. — EvangQ 48 (1976) 116 = Smalley, S. — JVictoria 103 (1976)
80 = Ellis, D. J. — ModCh 19 (1975—76) 174 = Wadsworth, M. —
HeythropSt 16 (1976) 211—213 = Butterworth, R.

R 419 HANSON, R. P. C. (1973/74, 2360): SJTh 28 (1975) 184—186 =
Fraser, J. W.

R 420 HARDY, R. P. (1973/74, 893): MSR 32 (1975) 155 = Bailleux —
BLE 76 (1975) 157—159 = Poque — REA 21 (1975) 403 = Veer,
A. C. de — Mu 88 (1975) 235 = Bogaert — ThSt 36 (1975) 817 =
Kelly — RAgEsp 16 (1975) 401 = Fernández González, J. —
ArGran 38 (1975) 277 = Segovia, A. — JThS 27 (1976) 230—231 =
O'Donovan — StMon 18 (1976) 521 = Pifarré, C. M. — NRTh 97
(1975) 734 = Martin, Ch.

R 421 HASELBACH, H. (1975/76, 2039): BiblHR 38 (1976) 374—375 =
Polak

R 422 HATHAWAY, R. F. (1971/72, 1217a): Irénikon 49 (1976) 124—125 = N. E.

R 423 HAUSCHILD, W.-D. (1971/72, 2169): BLE 77 (1976) 139—146 = Crouzel, H. — JThS 27 (1976) 210—211 = Louth, A. — VetChr 12 (1975) 469—473 = Simonetti, M.

R 424 HAY, D. M. (1975/76, 3017): RBi 82 (1975) 283—286 = Gourgues

R 425 HAYES, W. M. (1971/72, 1043): ByZ 68 (1975) 86—88 = Gribomont, J. — CR 25 (1975) 148—149 = Birdsall

R 426 HECK, E. (1971/72, 1554): CR 26 (1976) 127 = Birdsall — REAnc 76 (1974) 189 = Doignon — CW 68 (1975) 405—407 = Swift — Latomus 35 (1976) 945—946 = de Decker

R 427 HEGGELBACHER, O. (1973/74, 2222): ZSKG 69 (1975) 385—386 = Perler, O. — RHE 70 (1975) 769—770 = Munier — ThRe 71 (1975) 492—494 = Kaiser, M. — REDC 31 (1975) 191 = García y García, A. — AHC 8 (1976) 642—645 = Fischer, J. A.

R 428 HEIN, K. (1973/74, 2298): Irénikon 49 (1976) 582 = N. E. — CO 27 (1975) 142 = Aalst, A. J. van der — TTh 16 (1976) 87 = Wegman, H.

R 429 HEINTZ, J. G. (1971/72, 52): RHR 187 (1975) 114 = Guillaumont, A.

R 430 HENSELLEK, W. — SCHILLING, P. (1973/74, 894): REA 21 (1975) 362 = Madec, G.

R 431 HENSS, W. (1973/74, 516): ThLZ 101 (1976) 676—678 = Schreyer-Kochmann — ArGran 38 (1975) 278—279 = Segovia, A. — RBi 83 (1976) 632—633 = Boismard, M.-É.

R 432 The Heritage of the Early Church ed. D. NEIMAN, M. SCHATKIN (1973/74, 100): ArGran 38 (1975) 323 = Segovia, A. — EE 51 (1976) 140 = Llorca Vives, B. — TTh 16 (1976) 329 = Aalst, A. J. van der

R 433 HERVADA, J. (1973/74, 445): IC 15 (1975) 349—350 = Marques, J. A. — EAg 10 (1975) 325—326 = Campo, F.

R 434 HERZHOFF, B. (1973/74, 2593): RSLR 12 (1976) 469—470 = Filoramo — VigChr 29 (1975) 73—75 = Ménard — ZKG 87 (1976) 352 = Koschorke

R 435 Hésychius de Jérusalem, Basile... cinq homélies ed. M. AUBINEAU (1971/72, 1375): REG 88 (1975) 382 = Jaubert — BiblOr 32 (1975) 117—118 = Hendrix — Augustinus 20 (1975) 152 = Oroz — VetChr 12 (1975) 206—211 = Lozito

R 436 Hieronymus ed. D. HURST, M. ADRIAEN (1969/70, 1231): Sc 30 (1976) 58—84

R 437 Hieronymus ed. D. HURST, M. ADRIAEN (1971/72, 1378a): Sc 30 (1976) 58—84

R 438 *Ps.-Hieronimus* ed. A. SALTMAN (1975/76, 1777): JThS 27 (1976) 236—239 = Smalley — JBL 95 (1976) 518—519: Larose — EThR 51 (1976) 516 = Lys — RBi 83 (1976) 471 = Langlamet

R 439 HINCHLIFF, P. (1973/74, 1210): SJTh 28 (1975) 489—495 = Fasholé-Luke, E. — JEcclH 26 (1975) 198—199 = Bonner, G.

R 440 *Hippolytus Romanus* ed. B. BOTTE (1967/68, 1312): ETrin 10 (1976) 424 = Silanes, N.

R 441 *Der Hirt des Hermas. Die apostolischen Väter I* ed. V. M. WHITTAKER (1969/70, 1535): Irénikon 49 (1976) 254 = M. v. P.

R 442 *Histoire des dogmes I...* trad de l'allemand par A. CHAZELLE (1973/74, 2361): EtThR 50 (1975) 379 = Lods, M. — MSR 33 (1976) 43 — RHE 70 (1975) 67—69 = Congar, Y.

R 443 HOCHSTAFFL, J. (1975/76, 2726): ArGran 39 (1976) 307—308 = Flórez, I.

R 444 HUEBNER, R. M. (1973/74, 1406): AB 94 (1976) 186—188 = Esbroeck, M. van — ThPh 51 (1976) 281—284 = Sieben, H. J. — JThS 27 (1976) 489—490 = Meredith — ThZ 32 (1976) 311 = Brändle, R. — VigChr 29 (1975) 153—155 = Meijering — MSR 32 (1975) 216—218 = Spanneut — RSPhTh 59 (1975) 448—453 = de Durand — CH 44 (1975) 396 = Ferguson — ThLZ 101 (1976) 931—932 = Winkelmann, F. — JEcclH 26 (1975) 432—433 = Sykes, D. A.

R 445 *Hydatius Lemicensis* ed. A. TRANOY (1973/74, 1489a): Augustinus 21 (1976) 408—409 = Oroz, J. — NRTh 97 (1975) 731 = Martin, Ch. — JEcclH 27 (1976) 74—75 = Markus, R. A. — CaHist 21 (1976) 369—371 = Guichard — Conimbriga 15 (1976) 171—177 = Ferreira da Almeida — BijFTh 37 (1976) 439 = Fransen, P.

R 446 IAMMARONE, G. (1975/76, 1107): BLE 77 (1976) 307—309 = Poque — REA 22 (1976) 364 = Madec, G. — EThL 52 (1976) 233 — Ang 53 (1976) 580 = Lobato, A. — Salmant 23 (1976) 688 = Oroz, J. — StudiumAv 16 (1976) 410 = Fernández de Léon, M. — RC 22 (1976) 358 = Langa, P. — EAg 11 (1976) 340 = Cilleruelo, L. — CD 189 (1976) 313 = Uña, A. — Ant 50 (1975) 616 = Maiani — ETrin 10 (1976) 428—429 = Silanes, N.

R 447 IBÁÑEZ, J. — MENDOZA, F. (1975/76, 2806): CD 188 (1975) 479 = Manrique, A. — ScTh 7 (1975) 903—905 = Polo, J. — EphMariol 25 (1975) 443—44 = Fernández, D. — Ant 51 (1976) 528—533 = Agrelo — RHE 71 (1976) 587 = Moral — Apollinaris 48 (1975) 625—626 = Bucci, O. — ThBraga 10 (1975) 543—544 = Alves de Sousa, P.-G. — AST 47 (1974) 382 = Vives, J. — EJos 30 (1976) 489 = Llamas, E. — TEsp 20 (1976) 377—378 = Bernal, J. M. — ArGran 39 (1976) 395—396 = Aldama, J. A. de — OrChrP 41 (1975) 535 = Ortiz de Urbina, I. — VyV 34 (1976) 529—531 = Rodríguez, I.

R 448 IGAL, J. (1971/72, 410): CR 25 (1975) 202—203 = O'Daly — REG 88 (1975) 376 = Hadot

R 449 *Ildefonsus Toletanus* ed. C. CODOÑER MERINO (1971/72, 1447): Sc 29 (1975) 229 = Badot — VetChr 12 (1975) 238 = Recchia — Maia 28 (1976) 57—59 = Valori — Emerita 42 (1974) 457 = García de la Fuente, O.

R 450 *Index Tertullianeus* ed. G. CLAESSON (1973/74, 1908); (1975/76, 226; 227): REA 22 (1976) 300 = Braun

R 451 *Interpreti del lieto messagio* ed. G. MONTUSCHI (1975/76, 238): StOv 3 (1975) 398 = Hevia Ballina, A.

R 452 JOANNOU, P.-P. (1971/72, 298): ByZ 68 (1975) 444—445 = L'Huillier, P.

R 453 JOANNOU, P. P. (1971/72, 2266): CO 27 (1975) = Aalst, A. J. van der

R 454 *Iohannes Apameaensis* ed. W. STROTHMANN (1971/72, 1451): ByZ 68 (1975) 404—409 = Davids — JSS 20 (1975) 124—126 = Wickham, L. R. — NedThT 29 (1975) 352 = Lane, D. J. — CO 27 (1975) 65 = Aalst, A. J. van der — HeythropJ 16 (1975) 92—94 = Murray, R.

R 455 *Iohannes Berytus* ed. M. AUBINEAU (1971/72, 1375): ThPh 48 (1973) 294—295 = Grillmeier, A.

R 456 *Iohannes Chrysostomus* (1969/70, 1302): ETrin 10 (1976) 135—137 = Silanes, N.

R 457 *Iohannes Chrisostomus* ed. J. DANIÉLOU et alii (1969/70, 1303): Irénikon 48 (1975) 420 = M. v. P.

R 458 *Iohannes Chrysostomus* ed. A.-M. MALINGREY (1971/72, 1453): OrChrP 41 (1975) 241 = Špidlík — EE 50 (1975) 293 = de Aldama — RHR (1975) 206 = Guillaumont — CO 27 (1975) 213 = Franken, S.

R 459 *Iohannes Chrysostomus* ed. P. K. NIKOLOPOULOS (1973/74, 1550): JOBG 24 (1975) 274—281 = Lackner, W.

R 460 *Iohannes Chrysostomus* ed. R. CALLEGARI (1975/76, 1840): VetChr 13 (1976) 418 = Girardi

R 461 *Pseudo-Iohannes Chrysostomus* ed. M. AUBINEAU (1971/72, 1375): ThPh 48 (1973) 294—295 = Grillmeier, A.

R 462 *Iohannes Damascenus* ed. B. KOTTER (1973/74, 1569): ByZ 68 (1975) 92—93 = Riedinger — RPL 74 (1976) 460 = Deschepper — StMon 18 (1976) 219 = Olivar — Irénikon 47 (1974) 579 = Egender, N.

R 463 *Iohannes Damascenus* ed. B. KOTTER (1975/76, 1901): OrChrP 42 (1976) 268—270 = Capaldo — REB 34 (1976) 335 = Darrouzès, J. — StMon 18 (1976) 219 = Olivar — LEC 44 (1976) 275 — ArGran 38 (1975) 303 = Segovia, A. — EphMariol 25 (1975) 461— 462 = Fernández, D. — AB 93 (1975) 424 = Halkin, F. — ByZ 68

(1975) 92—93 = Riedinger, R. — NRTh 98 (1976) 850 = Martin, Ch. — StOv 4 (1976) 578 = Hevia Ballina, A. — SelLib 13 (1976) 194 = Vives, J. — Irénikon 49 (1976) 125 = N. E.

R 464 *Irenaeus* ed. A. ROUSSEAU (1965, 771): ETrin 10 (1976) 137 = Silanes, N.

R 465 *Irenaeus* ed. A. ROUSSEAU — L. DOUTRELEAU (1973/74, 1581): ReSR 49 (1975) 352—353 = Winling, R. — ACl 44 (1975) 747— 749 = Amand de Mendieta, E. — ThAthen 46 (1975) 254—256 = Moutsoulas, E. D. — NRTh 97 (1975) 727 = Martin, Ch. — Irénikon 48 (1975) 273—274 = L. E. — JThS 27 (1976) 550 = Chadwick — RHR 189 (1976) 228 = Nautin, P. — EE 50 (1975) 289— 290 = Aldama, J. A. de — ETrin 10 (1976) 425—426 = Silanes, N. — RBen 85 (1975) 225—227 = Bogaert, P.-M. — VigChr 29 (1975) 230 = Grant — RHE 70 (1975) 69—73 = Houssiau — OrChrP 41 (1975) 243 = Ortiz de Urbina — REB 33 (1975) 308 = Darrouzès, J. — BijFTh 36 (1975) 454 = Smulders, P. — Esprit 86 (1976) 54 = Duval, Y.-M.

R 466 *Isidorus Hispalensis* ed. C. RODRÍGUEZ ALONSO (1975/76, 1951): REA 22 (1976) 427—429 = Fontaine — AB 94 (1976) 405—406 = Gaiffier, B. de — StMon 18 (1976) 220 = Badia — RHE 71 (1976) 586 = Moral — StOv 4 (1976) 576—578 = Fernández Conde, Hevia Ballina — CFC 11 (1976) 586—587 = Álvarez Morán, M. C.

R 467 *Itala* ed. A. JÜLICHER, W. MATZKOW, K. ALAND (1975/76, 703): BiZ 20 (1976) 288—289 = Schnackenburg — RThAM 43 (1976) 265 = Verheul — EBib 31 (1972) 218—220 = Yubero, D. — EAg 11 (1976) 499 = Mielgo, C. — RBi 83 (1976) 632 = Boismard — NRTh 98 (1976) 689 = Jacques, X. — BijFTh 37 (1976) 327 = Tison, J.-M.

R 468 *Iulianus Arianus* ed. D. HAGEDORN (1973/74, 1624): ThPh 50 (1975) 626 = Sieben, H. J. — OrChr 59 (1975) 194—197 = Davids — CR 25 (1975) 330—331 = Birdsall — RSPhTh 59 (1975) 457—459 = Durand, M.-G. de — RPh 49 (1975) 137 = Places, É. des — RHR 187 (1975) 109 = Nautin, P. — Sc 30 (1976) 318 = Aubineau, M. — BiblOr 32 (1975) 235—236 = Helderman — ByZ 69 (1976) 94—95 = Riedinger — Irénikon 48 (1975) 275 = N. E.

R 469 *Iulianus Imperator* ed. I. LABRIOLA (1975/76, 1976): Belfagor 30 (1975) 243 = Russo — BIFG 2 (1975) 310—313 = Avezzù — GiorFil 28 (1976) 212—214 = Bonamente

R 470 *Iulianus Toletanus* ed. M. A. H. MAESTRE YENES (1973/74, 1626): Latomus 35 (1976) 888—890 = Cazier — LEC 44 (1976) 396— 397 = Esbroeck, M. van — RFC 104 (1976) 471—479 = Munzi

R 471 *Iulianus Toletanus* ed. J. N. HILLGARTH (1975/76, 1977): REA 22 (1976) 431—433 = Fontaine — ALMA 40 (1975/76) 177—180 = Löfstedt

R 472 *Iustinianus Imperator* ed. E. SCHWARTZ (1973/74, 1627): TRG 43 (1975) 115 = Wal, N. van der

R 473 *Iustinus Martyr* ed. J. C. M. VAN WINDEN (1971/72, 1541): ThPh 51 (1976) 467 = Vries, W. de

R 474 JAMMERS, E. (1973/74, 2157): APraem 51 (1975) 303—306 = Huybens, G.

R 475 JASPERT, B. (1975/76, 1368): AB 94 (1976) 216 = Gaiffier, B. de — StMon 18 (1976) 216 = Massot Muntaner — RHE 71 (1976) 455— 457 = Vogüé, A. de — ZKG 87 (1976) 353—355 = Haacke — SM 86 (1975) 839—841 = Renner, F. — NRTh 98 (1976) 556 = Roisel, V. — Yermo 13 (1975) 355 = Gómez, I. M.

R 476 *Jean Chrysostome et Augustin. Colloque 1974* par CH. KANNEN-GIESSER (1975/76, 164): RBen 86 (1976) 167 = Bogaert — Augustinus 21 (1976) 391—393 = Capánaga, V., Oroz Reta — ThSt 37 (1976) 368 = Burns — ThPh 51 (1976) 308—309 = Sieben — NRTh 98 (1976) 712—713 = Martin, Ch. — Greg 57 (1976) 162 = Pelland, G. — Irénikon 49 (1976) 121—122 = O. R. — CD 189 (1976) 303 = Manrique, A. — ArGran 39 (1976) 304 = Segovia, A. — EAg 11 (1976) 143 = De Luis, P. — FrBogotá 18 (1976) 278—279 = Roa, G. — SelLib 13 (1976) 481—482 = Vergés, S.

R 477 JEDIN, H. (1975/76, 416): NRTh 97 (1975) 148—149 — VetChr 12 (1975) 220 = Cannone

R 478 JEREMIAS, J. (1969/70, 541): RHR 187 (1975) 224—225 = Guillaumont, A.

R 479 JEREMIAS, J. (1975/76, 749): EMerced 32 (1976) 549—550 = Pikaza, J. — VyV 34 (1976) 541—542 = Rodriguez, I. — EFil 25 (1976) 498 = Coronas

R 480 JOHANN, H. T. (1975/76, 140): ArGran 39 (1976) 413—414 = Segovia, A.

R 481 JOLY, R. (1973/74, 1631): Greg 56 (1975) 572—573 = Orbe, A. — HistRel 188 (1975) 202—203 = Nautin, P. — NatGrac 22 (1975) 167—168 = Rivera de Ventosa, E. — VigChr 29 (1975) 65—67 = Meijering — Laval 31 (1975) 326—329 = Poirier — RHPhR 56 (1976) 425 = Prigent — VetChr 12 (1975) 473—477 = Otranto — REG 89 (1976) 177—180 = Malingrey — RThPh 26 (1976) 150— 152 = Junod — AugR 15 (1975) 475 = Grossi

R 482 JONAS, H. (1973/74, 2599): Aevum 49 (1975) 585—587 = Culianu

R 483 JUDANT, D. (1969/70, 25): Aph 39 (1976) 522—525 = Baumgartner, C.

R 484 JUERGENS, H. (1971/72, 2361): ZKG 87 (1976) 109—113 = Binder

R 485 KACZYNSKI, R. (1973/74, 1547): ZKTh 97 (1975) 316—318 =
Meyer, H. B. — RiAC 51 (1975) 368—372 = Saxer, V. — ThPh 50
(1975) 618—619 = Sieben, H. J. — MThZ 26 (1975) 321—323 =
Dürig, W. — ThRe 72 (1976) 149 = Stockmeier — TTh 16 (1976)
88 = Spiertz, F. X.

R 486 KAEGI, W. E. (1967/68, 225): ByZ 68 (1975) 100—101 = Tsirpan-
lis, C. N. — HispAnt 3 (1973) 463—465 = Arce

R 487 KARPP, H. (1969/70, 1951): REBras 36 (1976) 511—512 = Moser,
A.

R 488 KARTSCHOKE, D. (1975/76, 3000): Erasmus 28 (1976) 82—86 = Rudolf

R 489 KASCH, E. (1973/74, 2509): Sc 30 (1976) 291 = Masai — RHE 71
(1976) 454—455 = Vogüé, A. de — RBen 85 (1975) 17 = Ledoyen

R 490 KELLY, J. N. D. (1971/72, 2095): Greg 56 (1975) 577 = Orbe, A. —
ThLz 101 (1976) 274—276 = Kraft, H. — BiblOr 31 (1974) 154 =
Bakhuizen, J. N. van den Brink — RBS 3/4 (1974/75) 155—156 =
Studer, B. — ThRe 71 (1975) 31—33 = Kaiser

R 491 KELLY, J. N. D. (1973/74, 2336): ThPh 51 (1976) 133—135 = Moll

R 492 KELLY, J. N. D. (1975/76, 1767): JEcclH 27 (1976) 184 = Bonner — Expository Times (Edinburgh Clark) 87 (1976) 282 = Davies — ThSt 37 (1976) 695—696 = Kelly — TLS 75 (1976) 681 =
Chadwick — NYRB 23 (1976) 3—4 = Frend — RHE 71 (1976)
451—453 = Hockey, F. — ExpT 87 (1975—76) 282 = Davies,
J. G.

R 493 *Kirchengeschichte als Missionsgeschichte. I: Die Alte Kirche* ed.
H. FROHNES, U. W. KNORR (1973/74, 102): ZRGG 27 (1975)
382—383 = Müller — ThLZ 101 (1976) 518—521 = Brändle —
RHE 71 (1976) 119—120 = Gryson — Ant 51 (1976) 342—344 =
Hansen — NRTh 98 (1976) 255 = Mols, R. — TTZ 84 (1975) 127—
128 = Sanser, E. — ZKG 86 (1975) 367—381 = Hauschild,
W.-D. — NZMW 31 (1975) 229—230 = Maur, I. auf der — KrS
131 (1975) 168—169 = Hammer, K. — RBen 85 (1975) 229 =
P.-M. B. — NedThT 30 (1976) 337 = Enklaar, I. H.

R 494 *Biographisch-Bibliographisches Kirchenlexikon* ed. FR. W. BAUTZ
(1975/76, 220): NRTh 98 (1976) 81 = N. Pl. — Irénikon 48 (1975)
293 = N. E. — NedThT 29 (1975) 351—352 = Dankbaar, W. F. —
RHE 70 (1975) 830—831 = Aubert

R 495 KLAUSER, TH. (1973/74, 103): JThS 26 (1975) 256 = Chadwick,
H. — AB 93 (1975) 415 = Halkin, F. — JEcclH 26 (1975) 324—
325 = Frend, W. H. C.

R 496 KLEIN, R. (1971/72, 311): CW 68 (1975) 407—408 = Pohlsander —
JRS 65 (1975) 202—204 = Tomlin

R 497 KLEIN, J. (1975/76, 2359): REA 22 (1976) 307 = Fredouille

R 498 *Die byzantinischen Kleinchroniken, 1.* ed. P. SCHREINER (1975/76, 224): AB 94 (1976) 419 = Halkin, F. — REB 34 (1976) 335 = Darrouzès, J.

R 499 KLIJN, A. F. J., REININK, G. J. (1973/74, 585): ThZ 31 (1975) 239—240 = Prigent

R 500 KLINE, L. L. (1975/76, 1475): EThL 52 (1976) 232

R 501 KNIAZEFF, A. (1975/76, 25): CO 27 (1975) 224 = Burg, A.

R 502 KOCH, G. (1973/74, 1939): ArGran 38 (1975) 303—304 = Segovia, A. — Irénikon 49 (1976) 123—124 = N. E. — StMon 17 (1975) 381 = Izquierdo — AugR 15 (1975) 240 = Sabugal

R 503 KOENIG, E. (1969/70, 799): RPL 73 (1975) 210 = Hissette, R. — Aph 38 (1975) 147—149 = Solignac

R 504 KONIDARIS, G. (1969/70, 952): RHE 70 (1975) 936 = Istavridis

R 505 *Vollständige Konkordanz. . .* ed. K. ALAND (1975/76, 269): RBi 83 (1976) 634 = Boismard — ThR 41 (1976) 94 = Kümmel — RBen 86 (1976) 164 = Poswick — JBL 95 (1976) 679—681 = Fitzmeyer, J.

R 506 *Koptisches Christentum. . .* hrsg. v. PAUL VERGHESE, aus dem Englischen übersetzt v. INGRID JONAS (1973/74, 209): OrChrP 41 (1975) 259—261 = Poggi, V. — RKZ 116 (1975) 228 = Burkardt, K. — OstKiSt 23 (1974) 212—215 = Suttner, E. C. — ThLZ 101 (1976) 567—571 = Poggi, V. — Irénikon 48 (1975) 278 = N. E. — ALW 17/18 (1975/76) = H. B.

R 507 KOSTOF, S. (1971/72, 2340a): RHE 70 (1975) 620 = Dauphin — ByZ 68 (1975) 118—127 = Schiemenz — CO 27 (1975) 295 = Gennip, P. A. van

R 508 KRIKONIS, CHR. TH. (1973/74, 2694): RHE 70 (1975) 312 = Halleux, A. de — REB 33 (1975) 308 = Darrouzès, J. — JOBG 24 (1975) 287—289 = Lackner — AB 94 (1976) 442 = Halkin, F.

R 509 KÜBEL, P. (1973/74, 1759): BiblOr 31 (1974) 340—341 = Quispel, G. — BLE 77 (1976) 135—139 = Crouzel, H. — ThZ 31 (1975) 113 = Brändle, R.

R 510 KUNZE, K. (1969/70, 1754): KLatJb 10 (1975) 310—311 = Berschin

R 511 KUPISCH, K. (1973/74, 284a): ThLZ 101 (1976) 727—731 = Wendelborn, G.

R 512 LA BONNARDIÈRE, A.-M. (1971/72, 862): Augustinus 20 (1975) 133—135 = Capánaga, V.

R 513 LA BONNARDIÈRE, A.-M. (1975/76, 1123): REA 22 (1976) 343 = Brix, L.

R 514 LACARRIÈRE, J. (1973/74, 2607): RSLR 11 (1975) 347—348 = Filoramo

R 515 LaCARRIÈRE, J. (1975/76, 2835): EThR 51 (1976) 240 = Bouttier

R 516 *Lactantius Firmianus* ed. P. MONAT (1973/74, 1640): MSR 32 (1975) 153—154 = Spanneut — BLE 76 (1975) 71 = Crouzel —

RHE 70 (1975) 267 = Gryson — Latomus 34 (1975) 505—507 = Perrin—JRS 65 (1975) 238 = Gardner—RPh 49 (1975) 157—159 = André — EE 50 (1975) 291 = Aldama, J. A. de — REAnc 76 (1974) 452—453 = Courcelle — RSLR 11 (1975) 286—288 = Loi — Greg 56 (1975) 577—578 = Orbe, A. — LEC 44 (1976) 174—175 = Esbroeck, M. van — ETrin 9 (1975) 174—175 = Silanes, N. — JThS 26 (1975) 255 = Ogilvie, R. M. — RBPh 54 (1976) 617— 618 = Decker, D. de — BijFTh 36 (1975) 217 = Smulders, P.

R 517 *Lactantius Firmianus* ed. M. PERRIN (1973/74, 1641): StMon 18 (1976) 516 = Pifarré — Augustinus 21 (1976) 207 = Oroz — Aph 39 (1976) 150—151 = Solignac — Latomus 35 (1976) 942 = de Decker — ACl 45 (1976) 711—712 = Verheijen — LEC 43 (1975) 442—443 = Martin, Ch. — Esprit 86 (1976) 55 = Duval, Y.-M. — Irénikon 48 (1975) 126—127 = O. R. — BLE 76 (1975) 301—302 = Crouzel, H. — NRTh 97 (1975) 729 = Martin, Ch. — ETRin 10 (1976) 155—156 = Silanes, N. — BijFTh 36 (1975) 455 = Smulders, P.

R 518 LÄUCHLE, S. (1971/72, 2106): ThLZ 100 (1975) 917—919 = Ernst, W. — VigChr 29 (1975) 75—77 = de Clercq — AHC 8 (1976) 645—647 = Heggelbacher

R 519 LAMBERT, B. (1969/70, 1235): Sc 30 (1976) 327—328 = Grand — REAnc 76 (1974) 195 = Courcelle

R 520 LAMBERT, B. (1971/72, 1393): ZKG 86 (1975) 99—100 = Fredouille

R 521 LAMIRANDE, E. (1969/70, 816): RAgEsp 16 (1975) 401 = Fernández González, J.

R 522 LAMIRANDE, E. (1971/72, 871): RHR (1975) 229 = Nautin, P.

R 523 LAMIRANDE, É. (1975/76, 1132): REA 22 (1976) 355 = Veer, A. C. de

R 524 LAMZA, L. (1975/76, 429): ArGran 39 (1976) 367 = Segovia, A. — AB 93 (1975) 422—424 = Halkin, F.

R 525 LANATA, G. (1973/74, 1993): ZSavR 92 (1975) 288—290 = Herrmann, J. — RFC 103 (1975) 340—341 = Venturini, C. — JRS 65 (1975) 206—207 = Coles, R. — Iura 24 (1973) 284—286 = Nardi, E.

R 526 *Latinitas — Christianitas* ed. W.-D. HAUSCHILD (1975/76, 241): ThZ 32 (1976) 376 = Brändle, R. — KrS 132 (1976) 235—236 = Riniker, H.

R 527 LAUFS, J. (1973/74, 913): Augustinus 20 (1975) 389—390 = Capánaga — Gy 83 (1976) 499—501 = Schwarz — Maia 26 (1974) 151—152 = Pera, R. — Latomus 34 (1975) 837 = Paschoud, F. — REL 54 (1976) 465 = Doignon

R 528 LAURENTIN, A. (1975/76, 3032): NRTh 97 (1975) 731—732 = Dideberg, D. — RHR 187 (1975) 225 = Nautin, P.

R 529 LEANZA, S. (1975/76, 2130): Bibl 62 (1976) 575—577 = Gilbert — ThZ 32 (1976) 375 = Jenni, E.

R 530 LEHMANN, H. J. (1975/76, 1619): AB 94 (1976) 188—191 = Esbroeck, M. van

R 531 *Leo Magnus* ed. R. DOLLE (1973/74, 1660): ACl 44 (1975) 307 = Verheijen — EE 50 (1975) 295 = Aldama, J. A. de — REL 53 (1975) 461 = Doignon — REAnc 76 (1974) 205—206 = Courcelle — Durius 4 (1976) 273—275 = Martin Acera

R 532 *Leo Magnus* ed. A. CHAVASSE (1973/74, 1661): REA 21 (1975) 448—452 = Duval — RBen 85 (1975) 415—417 = Verbraken, P.

R 533 LEMAIRE, A. (1971/72, 2132): Seminarios 21 (1975) 103—107 = Rubio Morán, L. — Seminarios 22 (1976) 393—396 = Sánchez Chamoso, R.

R 534 *Leontius Constantinopolitanus* ed. M. AUBINEAU (1971/72, 1375): ThPh 48 (1973) 294—295 = Grillmeier, A.

R 535 *Lexikon der christlichen Ikonographie III* ed. E. KIRSCHBAUM (1973/74, 170c): OLZ 70 (1975) 572—574 = Bardtke — AB 93 (1975) 195—199 = Gaiffier, B. de

R 536 *Lexikon der christlichen Ikonographie V—VI* ed. W. BRAUNFELS (1973/74, 170e): TTh 15 (1975) 104—105 = Goosen, L. — CO 28 (1976) 299 = Gennip, P. A. van

R 537 *Lexikon der christlichen Ikonographie, VI* ed. E. KIRSCHBAUM u. a. (1975/76, 243): JAC 27 (1974) 176 = Toynbee — RBS 3/4 (1974/75) 178—179 = Jaspert — ZKTh 97 (1975) 322—324 = Meyer — RQ 70 (1975) 244—248 = Voelkl — ThLZ 100 (1975) 696—698 = Onasch — AB 93 (1975) 195—199 = Gaiffier, B. de — RHPhR 55 (1975) 317 = Prigent

R 538 *Lexikon der christlichen Ikonographie, VII* ed. E. KIRSCHBAUM u. a. (1975/76, 244): ZKTh 97 (1975) 322—324 = Meyer — RQ 70 (1975) 244—248 = Voelkl — AB 93 (1975) 195—199 = Gaiffier, B. de — RThAM 41 (1974) 211—212 = van Doren

R 539 LEY, H. DE (1973/74, 1678): CW 68 (1975) 405 = Bernabei

R 540 *Libanius* ed. B. SCHOULER (1973/74, 391): JHS 95 (1975) 218—219 = Liebeschuetz — CW 69 (1975) 212—213 = Reesor — RPh 49 (1975) 136 = Places, É. des

R 541 *Libri, editori e pubblico nel mondo antico...* ed. G. CAVALLO (1975/76, 246): Prometheus 2 (1976) 94—95 = Pintaudi

R 542 LINAGE CONDE, A. (1973/74, 288): Augustinus 20 (1975) 150—151 = Ortall — RHSpir 51 (1975) 379—384 = Vogüé, A. de — RBen 86 (1976) 148—150 — Augustinus 20 (1975) 150—151 = Ortall, J. — Helmántica 27 (1976) 190—192 = Ortall, J. — RaPortHist 15 (1975) 526—543 = Da Costa, A. de Jesús — Crisis 23 (1976) 194—196 = Ortall, J. — OrLab 21 (1975) 102 = Coelho,

G. — NRTh 98 (1976) 556 = Mols — MA 82 (1976) 587—589 = Gautier Dalché

R 543 LINAGE CONDE, A. (1975/76, 1376): RBen 85 (1975) 18 = Ledoyen, H. — Sc 29 (1975) 246 = Manning — StMon 18 (1976) 233 = Mattoso — NRTh 97 (1975) 644

R 544 *Three lives of English saints* ed. M. WINTERBOTTOM (1975/76, 2451): CR 25 (1975) 331—332 = Walsh

R 545 LÖFGREN, O. (1973/74, 469): AB 94 (1976) 207—208 = Esbroeck, M. van

R 546 LÖWE, H. (1973/74, 108): AHR 80 (1975) 946—947 = Urbansky, A. — DLZ 97 (1976) 240—245 = Eggert, W.

R 547 LO MENZO RAPISARDA, G. (1973/74, 638): REL 53 (1975) 588 = Mazières

R 548 LONGENECKER, R. N. (1975/76, 3002): JThS 27 (1976) 204—206 = Goulder — EvangQ 48 = Bruce, F.

R 549 LORENZ, S. (1975/76, 2361): REA 21 (1975) 447 = Petitmengin

R 550 LOT-BORODINE, M. (1969/70, 585): RHR 187 (1975) 11 = Guillaumont, A.

R 551 LOWE, E. A. (1971/72, 464): AJPh 96 (1975) 86—88 = Bieler, L.

R 552 LÜDEMANN, G. (1975/76, 2927): RHPhR 56 (1976) 423 = Prigent — ZKG 87 (1976) 351 = Brox

R 553 LUIKS, A. G. (1975/76, 2585): GTT 76 (1976) 185—187 = Noorda, S. J. — TTh 16 (1976) 429 = Wegmann, H.

R 554 LUKKEN, G. M. (1973/74, 2473): RSPhTh 59 (1975) 482 = Congar, Y. — Sp 51 (1976) 761—763 = Reynolds

R 555 MAAS, W. (1973/74, 2419): FZPT 22 (1975) 415—417 = Studer, B. — TTZ 84 (1975) = Sanser, E. — ArGran 38 (1975) 305 = Segovia, A. — TTh 15 (1975) 205 = Lascaris, A.

R 556 *Macarius* ed. H. BERTHOLD (1973/74, 1673): REB 33 (1975) 300—302 = Darrouzès — NRTh 97 (1975) 723—724 = Martin, Ch. — ThLZ 101 (1976) 130—134 = Völker — RechSR 64 (1976) 314 = Kannengiesser — VigChr 30 (1976) 77—80 = Quispel — RSPhTh 60 (1976) 531—537 = de Durand

R 557 MACQUEEN, D. J. (1973/74, 921): Augustinus 20 (1975) 393—394 = Capánaga, V.

R 558 MADEC, G. (1974/73, 639): REA 21 (1975) 213—215 = Testard — RSPhTh 59 (1975) 445—448 = de Durand — Aph 38 (1975) 486—490 = Solignac — Latomus 34 (1975) 798—800 = Duval — Vichiana 5 (1976) 172—174 = Jackson — RSLR 11 (1976) 288—291 = Pirrolato, L. F.

R 559 MAGI, L. (1971/72, 325): RSPhTh 59 (1975) 503—504 = Congar, Y. — RSLR 11 (1975) 294—299 = Trisoglio — NRTh 97 (1975) 179—180 = Mols, R.

R 560 MAGNE, J. (1975/76, 2928): BLE 77 (1976) 216—222 = Crouzel —
ThRe 72 (1976) 387—388 = Moll — ExpT 87 (1975—76) 245 =
Wainwright, G.

R 561 MAGNE, J. (1975/76, 1531): BLE 77 (1976) 216—217 = Crouzel —
ThRe 72 (1976) 285—287 = Kleinheyer — ExpT 87 (1975—76)
245 = Wainwiright, G.

R 562 *La maladie et la mort...* (1975/76, 173): OrChrP 42 (1976) 536—
541 = Žužek

R 563 MARCHI, G. P. — ORLANDI, A. — BRENZONI, M. (1971/72, 1830):
AB 93 (1975) 441 = Gaiffier, B. de

R 564 MARCHIORO, R. (1975/76, 854): EThL 52 (1976) 291 — Ang 53
(1976) 579 = Veselý, J. M. — Claretianum 16 (1976) 328 = Rovira, J.

R 565 MARGERIE, B. DE (1975/76, 2768): MSR 32 (1975) 159—160 =
Bailleux, E. — Augustinus 21 (1976) 196—198 = Capánaga, V. —
ArGran 38 (1975) 322—323 = Segovia, A. — ETrin 9 (1975)
325—326 = Pikaza, J. — SelLib 12 (1975) 361—364 = Vives, J. —
Itinerarium 21 (1975) 361—363 = Montes Moreira, A. — Eph
Mariol 26 (1976) 490 = Alonso, J. M. — JThS 27 (1976) 523—526
= O'Donovan, O. M. T. — OrChrP 41 (1975) 495—497 = Schultze,
B. — RSLR 12 (1976) 436—439 = Simonetti, M. — AugR 15
(1975) 491 = Mollica

R 566 *Marius Victorinus* ed. A. LOCHER (1971/72, 1579): CW 69 (1975)
69 = Sider — Augustinus 20 (1975) 198 = Orosio — ThZ 32
(1976) 310 = Brändle, R.

R 567 *Marius Victorinus* ed. P. HADOT (1971/72, 1580): Latomus 34
(1975) 239 = Ley, H. de

R 568 MARKUS, R. A. (1969/70, 831): JRS 65 (1975) 208—209 = Parker

R 569 MARKUS, R. A. (1973/74, 296): JEcclH 26 (1975) 432 = Bonner,
G. — ExpT 86 (1974—75) 313 = Graham, A. — CW 69 (1976)
497—498 = Ettlinger — NYRB 23 (1976) 14—18 = Brown

R 570 *Das Markusevangelium Saidisch,* ed. H. QUECKE (1975/76, 704):
ThLZ 101 (1976) 29—32 = Weiß, H.-F. — CE 48 (1973) 401—403 =
Godron — StPap 12 (1973) 105—109 = Orlandi, T.

R 571 MARROU, H. I. (1975/76, 174): CRAI (1976) 489 = Marrou,
H.-I. — Et 345 (1976) 430 = Holstein, H.

R 572 MARTI, H. (1975/76, 588): REA 21 (1975) 374 = Madec, G. —
RBen 85 (1975) 233 = Bogaert — LEC 43 (1975) 311 = Leroy —
ACl 44 (1975) 306 = Verheijen — VetChr 12 (1975) 483—485 =
Studer — Latomus 35 (1976) 947 = Duval — MH 33 (1976)
60—61 = Schäublin — Gn 48 (1976) 570—576 = Weissengru-
ber — Erasmus 27 (1975) 565—567 = Kemmer

R 573 MARTIN, J. (1971/72, 2133): CO 27 (1975) 216—217 = Krijn-
sen, C.

R 574 MARTIN, J. P. (1971/72, 2227): EJos 29 (1975) 114—115 = Guerra, S.

R 575 MARTÍNEZ SAIZ, P. (1973/74, 2194): ETrin 9 (1975) 430—431 = Silanes, N.

R 576 MARTÍNEZ Y MARTÍNEZ, G. (1975/76, 2861): ArGran 39 (1976) 396 = Segovia, A.

R 577 *Four Martyrdoms...* ed. E. A. E. REYMOND and J. W. B. BARNS (1973/74, 1994): AusCRec 54 (1975) 199 = Diamond, G. J. — AusBR 24 (1976) 50 = O'Hagan, A. P.

R 578 *Mater Ecclesia* ed. H. RAHNER (1971/72, 357a): VigChr 29 (1975) 231 = Pavan

R 579 *Maximus Confessor* ed. D. STĂNILOAE (1973/74, 1686): RHE 70 (1975) 936 = Anastasiou

R 580 MAXWELL, J. (1975/76, 2839): ArGran 39 (1976) 368—369 = Flórez, I.

R 581 MAYER, C. P. (1973/74, 933): REA 21 (1975) 363—364 = Madec, G. — Augustiniana 25 (1975) 188—192 = Verheijen, L. M. J. — REL 53 (1975) 589—593 = Fontaine — Augustinus 20 (1975) 394—396 = Capánaga, V. — ThPh 51 (1976) 310 = Sieben, H. J. — Latomus 35 (1976) 946 = Courcelle — VetChr 12 (1975) 485— 489 = Studer — RAgEsp 17 (1976) 333 = García López, C. — CD 188 (1975) 479—480 = Alvarez Turienzo, S. — ArGran 38 (1975) 305 = Segovia, A.

R 582 MAZAL, O. (1973/74, 2223): ByZ 69 (1976) 448—450 = Dieten, J.-L. van — HZ 223 (1976) 134 = Wirth, P.

R 583 MEES, M. (1975/76, 778): ArGran 39 (1976) 425 = Segovia, A. — AST 47 (1974) 202 = O'Callaghan, J. — CD 188 (1975) 474 = Salas, A. — AugR 15 (1975) 486 = Grossi — REAnc 77 (1975) 400 = Courcelle

R 584 MEGLIO, S. DI (1973/74, 34): VetChr 12 (1975) 508 = Girardi

R 585 MEIJERING, E. P. (1973/74, 753): Aph 39 (1976) 149 = Solignac, A. — JCS 24 (1976) 152—155 = Nomachi, A. — VigChr 29 (1975) 316—320 = Winden, J. C. M. van — GTT 76 (1976) 253 = Augustijn, C.

R 586 MEIJERING, E. P. (1975/76, 176): VigChr 30 (1976) 318—320 = Waszink — REA 22 (1976) 192 = Madec, G. — RSLR 12 (1976) 434—436 = Simonetti, M. — Augustinus 21 (1976) 406 = Orosio, P. — RFC 104 (1976) 91—95 = Trisoglio — ThLZ 101 (1976) 276—278 = Andresen, C. — ACl 45 (1976) 298 = Joly — CH 44 (1975) 243 = Grant — JThS 26 (1975) 272—273 = Armstrong, A. H. — KT 26 (1975) 274 = Heering, H. J. — ExpT 86 (1974—75) 344 = Young, F. M.

R 587 MEIJERING, E. P. (1975/76, 561): KT 27 (1976) 164—165 = Ru, G. de — TTh 16 (1976) 428 = Lascaris, A.

R 588 *Mélanges Christine Mohrmann* (1973/74, 109): RBen 85 (1975) 234—235 = P.-M. B.

R 589 *Mélanges d'histoire des religions*... ed. P. LÉVY, E. WOLF (1973/74, 111): RHR 186 (1975) 85—89 = Tardieu, M.

R 590 *Melito Sardensis* ed. J. IBANEZ, F. MENDOZA (1975/76, 2052): LicFr 28 (1975) 285 = Álvarez, S. — EJos 29 (1975) 261 = Jesús María, J. de — CD 189 (1976) 303—304 = Manrique, A. — ArGran 39 (1976) 305—306 = Segovia, A. — Burgense 17 (1976) 655—657 = Fernández González, J. — EAg 11 (1976) 143 = De Luis, P. — EFil 25 (1976) 198—199 = Estébanez, E. — TEsp 20 (1976) 195— 196 = Bernal, J. M. — RAgEsp 17 (1976) 118 = Sabugal, S. — IC 15 (1975) 390—391 = García Moreno, A. — NatGrac 23 (1976) 333 = González M. — Ang 53 (1976) 274 = Fuente, A. G. — ELul 20 (1976) 114 = Ramis, G. — OrChrP 42 (1976) 530 = Ortiz de Urbina, I.

R 591 MELONI, P. (1975/76, 3021): REA 22 (1976) 343 = Brix — EThL 52 (1976) 234 — GiorFil 28 (1976) 343—345 = Donnini — ArGran 39 (1976) 308 = Segovia, A. — Maia 28 (1976) 165 = Passaglia — Paideia 31 (1976) 191—193 = Torti

R 592 MEYENDORFF, J. (1975/76, 2733): NRTh 98 (1976) 720—721 = Jacobs, H.

R 593 MEYENDORFF, J. (1975/76, 2732): JRH 9 (1976—77) 205—207 = Runciman, St. — AHR 81 (1976) 372—373 = Rexine

R 594 MEYENDORFF, J. (1975/76, 2789): JThS 27 (1976) 544 = Chadwick, H. — JRH 9 (1976) 205—207 = Runciman, S.

R 595 MICHEL, A. (1975/76, 2632): RPL 76 (1976) 628—631 = van Steenberghen

R 596 MICHAÉLIDÈS, D. (1969/70, 1628): ThRe 71 (1975) 384—386 = Kolping, A.

R 597 MINNERATH, R. (1973/74, 2521): ReSR 50 (1976) 282 = Munier, C.

R 598 *Minucius Felix* ed. E. PARATORE (1971/72, 1606): Latomus 34 (1975) 834 = Braun — Vichiana 4 (1975) 279—285 = de Pascale

R 599 *Minucius Feliex* ed. G. W. CLARKE (1975/76, 2066): Clergy 61 (1976) 37 = Hockey, F.

R 600 *Miscelanea J. Zunzunegui* (1975/76, 179): REDC 32 (1976) 521— 522 = Echeverría, L. de

R 601 MITZAKIS, K. (1973/74, 2207): RESE 13 (1975) 486—487 = Mi-häescu

R 602 MÖHLER, J. A. (1969/70, 2033): ETrin 10 (1976) 138—139 = Sila-nes, N.

R 603 *Frühes Mönchtum im Abendland, I* ed. K. S. FRANK (1975/76, 372): REA 22 (1976) 320 = Brix — NRTh 97 (1975) 643 = Plumat, N.

R 604 MOLINER, J. M. (1971/72, 2177): EphMariol 26 (1976) 484 = Fernández, D.

R 605 MOLL, H. (1975/76, 2592): CBQ 38 (1976) 579—580 = Eno, R. B.

R 606 *Le monde grec* (1975/76, 182): Prometheus 2 (1976) 95—96 = Pintaudi — REG 89 (1976) 106—108 = Weil

R 607 MONDIN, B. (1969/70, 1041): EJos 29 (1975) 122 = Carrasco, J. A.

R 608 MOREAU, M. (1973/74, 943): Augustinus 20 (1975) 391—392 = Capánaga, V.

R 609 MOREAU, J. (1971/72, 340): BiblOr 31 (1974) 156—157 = Bakhuizen van den Brink, J. N.

R 610 MOREAU, J. (1975/76, 1165): CRAI (1976) 702 = Courcelle

R 611 MORTLEY, R. (1973/74, 1172): VetChr 13 (1976) 412 = Lomiento — Aph 38 (1975) 329—330 = Solignac, A. — RHR 187 (1975) 108 = Nautin, P. — JThS 26 (1975) 254 = Hall, S. G. — JRH 9 (1976) 93—95 = Thomas, G. S. R.

R 612 MÜHLENBERG, E. (1975/76, 3014): ArGran 38 (1975) 284 = Segovia, A. — ACl 44 (1975) 728 = Schwartz — OrChr (1976) 209— 211 = Davids — Irénikon 49 (1976) 254 = M. v. P. — OrChrP 41 (1975) 244 = Ortiz de Urbina, I.

R 613 MUÑIZ RODRIGUEZ, V. (1975/76, 1551): ArGran 39 (1976) 328— 329 = Segovia, A.

R 614 MURA, G. (1975/76, 260): ArGran 39 (1976) 311—312 = Segovia, A.

R 615 MURPHY, J. J. (1973/74, 433): QJS 61 (1975) 336—340 = Leff — NS 50 (1976) 267—272 = Gracia, J.

R 616 MURRAY, R. (1975/76, 2804): OrChrP 41 (1975) 497—499 = Ortiz de Urbina, I. — RHE 71 (1976) 123—127 = Brady, P. — BSOAS 39 (1976) 439—440 = Brock, S. — SJTh 29 (1976) 294—295 = Frend, W. H. C. — CFH 29 (1975) 157—158 = Hamilton, J. D. B. — Month (1975) 329 = Gallagher, C. — Clergy 60 (1975) 802—804 = Winter, M. M. — AB 93 (1975) 413—415 = Devos, P. — Mayeútica 1 (1975) 183—184 = Bangcaya, R. — Irénikon 49 (1976) 583—584 = N. E. — JThS 27 (1976) 219—223 = Brock, S. — RBi 83 (1976) 442—444 = Stroumsa, G. G. — RechSR 64 (1976) 471—473 = Graffin, F. — DR 94 (1976) 146—148 = Baker, A. — ExpT 86 (1974—75) 314 = Chadwick, H.

R 617 NAAMAN, P. (1971/72, 1808): AB 93 (1975) 214—215 = Devos, P.

R 618 *Nag Hammadi Codices III, 2 and IV, 2.* ed. A. BÖHLIG, F. WISSE (1975/76, 2869): NRTh 97 (1975) 989—990 = Jacques, X. — JThS 27 (1976) 213—215 = Kuhn — Mu 88 (1975) 244—246 = Janssens, Y. — RBi 83 (1976) 459—461 = Layton, B.

R 619 NAZZARO, A. V. (1971/72, 1787): Sileno 1 (1975) 227—228 = Nicolosi

R 620 NEIDL, W. M. (1975/76, 1552): TTh 16 (1976) 429 = Lascaris, A.

R 621 NEUFELD, K. H. — SALES, M. (1975/76, 93): BijFTh 37 (1976) 337— 338 = Fransen, P.

R 622 NEUNHEUSER, B. (1973/74, 2163): ScTh 7 (1975) 913—918 = Ponce, M. — EMerced 31 (1975) 424—425 = Tourón, E. — Salmant 22 (1975) 615—616 = Nicolau, M.

R 623 NEUSNER, J. (1971/72, 652): RHR 187 (1975) 229—231 = Guillaumont, A.

R 624 NEUSNER, J. (1975/76, 120): BSOAS 39 (1976) 165—166 = Brock, S. P.

R 625 NICOLAU, M. (1975/76, 2596): EAg 11 (1976) 312—313 = Garrido Sanz, A. — Salmant 23 (1976) 675—676 = Martín Pindado, V. — CD 189 (1976) 197 = Ozaeta, J. M.

R 626 NOCK, A. D. (1973/74, 309): Augustinus 20 (1975) 153 = Oroz, J. — EtThR 50 (1975) 77 = Bouttier

R 627 NOETHLICHS, K.-L. (1971, 343): RHR 188 (1975) 207 = Nautin, P.

R 628 NOUAILHAT, R. (1975/76, 1171): LEC 44 (1976) 267—268 = Nossent, G. — NRTh 98 (1976) 726—728 = Nossent, G. — EtThR 51 (1976) 530 = Lods — EThL 52 (1976) 234

R 629 *Novatianus* ed. G. F. DIERCKS (1971/72, 1618): Sc 30 (1976) 58—84 — ArBiBe 46 (1975) 337—338 = Macken, R. — Greg 56 (1975) 574 = Orbe, A. — RThL 7 (1976) 94—95 = Gryson, R.

R 630 *Novatianus* ed. V. LOI (1975/76, 2077): ArGran 39 (1976) 306 = Segovia, A. — EE 51 (1976) 413 = Vergés, S. — ETrin 10 (1976) 423—424 = Silanes, N. — Nicolaus 4 (1976) 433—434 = Moda — Latomus 35 (1976) 886—888 = Braun — EThL 52 (1976) 233 — Maia 28 (1976) 60—61 = Koli — Sileno 1 (1975) 215—218 = Pastorino — CC 127, 2 (1976) 606 = Ferrua, A. — NRTh 98 (1976) 838—839 = Martin, Ch. — JEcclH 27 (1976) 326—327 = Hanson, R. P. C. — ACl 46 (1976) 291—293 = Verheijen

R 631 NOWAK, E. (1971/72, 1474): MSR 32 (1975) 119—121 = Dumortier — EE 50 (1975) 294 = Aldama, J. A. de — RHR (1975) 109 = Nautin, P. — REG 88 (1975) 380—382 = Malingrey, A. M. — ThRe 71 (1975) 469 = Stockmeier — RSLR 12 (1976) 140 = Gribomont

R 632 *Numenius Apamensis* ed. E. DES PLACES (1973/74, 1729): JHS 96 (1976) 191—192 = Blumenthal — CR 26 (1976) 267—268 = O'Daly — RiStCl 22 (1974) 321—322 = d'Agostino — Gn 47 (1975) 538—543 = Baltes, M.

R 633 OBERLEITNER, M. (1969/70, 856): Gn 48 (1976) 613—615 = Ritter — Augustinus 20 (1975) 137—138 = Masino, V.

R 634 OBERTELLO, S. (1973/74, 1136): Prudentia 7 (1975) 117—120 = Duggan — JHPh 8 (1975) 523—525 = García

R 635 O'CALLAGHAN, J. (1975/76, 472): StPap 15 (1976) 166—167 = Llorca, B. — SelLib 13 (1976) 487—488 = Tuñí, J. O.

R 636 *Odes of Salomon* ed. J. H. CHARLESWORTH (1973/74, 537): BLE 76 (1975) 145 = Delcor — Mu 88 (1975) 234 = Denis

R 637 OHLIG, K.-H. (1971/72, 2219): Kairos 17 (1975) 150—153 = Brox, N.

R 638 OLD, H. O. (1975/76, 2736): JEcclH 27 (1976) 440—441 = Cuming, G. J.

R 639 OPELT, I. (1973/74, 1459): Perficit 6 (1975) 155 = Iglesias — Gn 47 (1975) 211—213 = Courcelle — VetChr 13 (1976) 196—197 = Pavan — Helmántica 27 (1976) 168 = Ortall, J.

R 640 *Sancti Cypriani Episcopi Opera. Pars I.* ed. R. WEBER, M. BÉVENOT (1971/72, 1160): Greg 56 (1975) 575 = Orbe, A.

R 641 *Opera Quodvultdeo Carthaginiensi episcopo tributa* ed. R. BRAUN (1975/76, 2246): REL 54 (1976) 398—400 = Fonttaine

R 642 *Oracles chaldaïques* ed. E. DES PLACES (1971/72, 580): CW 68 (1975) 326—327 = Kraft — CR 25 (1975) 241—242 = Griffiths — REAnc 74 (1972) 342—344 = Courcelle — RFC 101 (1973) 505—506 = Moreschini

R 643 ORBAN, A. P. (1969/70, 415): REspir 34 (1975) = Pablo Maroto, D. de

R 644 ORBE, A. (1971/72, 1511): ReSR 50 (1976) 284 = Ménard — VetChr 13 (1976) 214 = Marin — RHR 188 (1975) 107—108 = Tardieu

R 645 *Die großen Ordensregeln* ed. H. U. v. BALTHASAR (1973/74, 2525): NRTh 97 (1975) 643 = H. L.

R 646 *Origenes* ed. C. BLANC (1969/70, 1471): ChH 45 (1976) 374—375 = Henry — REG 89 (1976) 656—658 = Dorival — REG 88 (1975) 369

R 647 *Origenes* ed. R. GIROD (1969/70, 1472): EJos 29 (1975) 252 = Carrasco, J. A.

R 648 *Origenes* ed. A. COLONNA (1971/72, 1624): Maia 25 (1973) 245 = Mugellesi, R.

R 649 *Origenes* ed. E. FRUECHTEL (1973/74, 1732): RHE 71 (1976) 114—116 = Dehandschutter — RHPhR 56 (1976) 427 = Maraval — ZKTh 98 (1976) 452—456 = Lies — BiblOr 32 (1975) 270—271 = Hendrix — ReSR 50 (1976) 285 = Munier, Ch. — RechSR 63 (1975) 594—596 = Kannengiesser, Ch. — BLE 76 (1975) 134—137 = Crouzel, H. — ThPh 50 (1975) 307 = Sieben — Erasmus 27 (1975) 17—19 = Kemmer — OrChr 59 (1975) 190—192 = Davids — Kairos 17 (1975) 312—313 = Brox, N. — Gn 48 (1976) 408—409 = Opelt, I. — RBPh 54 (1976) 963 = Henry, R. — AugR 15 (1975) 473 = Puškarić

R 650 *Origenes* ed. G. DEL TON (1973/74, 1733): VetChr 12 (1975) 230 = Pavan — CuadMon 11 (1976) 250 = Hinojo, H. M. — SelLib 12 (1975) 456 = Avesani, G. — AugR 15 (1975) 231 = Cantelmi

R 651 *Origenes* ed. C. Blanc (1975/76. 2085): Irénikon 49 (1976) 119 =
O. R. — NRTh 98 (1976) 708—709 — Martin, Ch. — RBen 86
(1976) 343 = Bogaert — BijFTh 37 (1976) 432 = Smulders, P.

R 652 *Origenes* ed. M. Borret (1975/76, 2087): Irénikon 49 (1976) 582—
583 = O. R.

R 653 *Origenes* ed. H. Görgemanns, H. Karpp (1975/76, 2094): JAC 19
(1976) 199—200 = Kehl, A.

R 654 *Origenes* ed. M. Marl, G. Dorival et A. le Boulluec (1975/76,
2096): REL 54 (1976) 422—425 = Savon

R 655 *Origenes* ed. E. Junod (1975/76, 2092): Irénikon 49 (1976) 254 =
O. R. — NRTh 98 (1976) 711 = Martin, Ch. — RBen 86 (1976)
344 = Bogaert — BijFTh 37 (1976) 431 = Smulders, P.

R 656 *Origenes* ed. M. Simonetti (1975/76, 2093): CC 127 (1976) 92 =
Ferrua, A. — Ang 53 (1976) 298—299 = C. V. — RSLR 12 (1976)
470 = Ramella

R 657 *Origenes* (1975/76, 2086): ETrin 10 (1976) 438 = Aurrecoechea,
J. L.

R 658 *Origeniana* (1975/76, 183): EE 51 (1976) 574—575 = Vives, J. —
ArGran 39 (1976) 309—310 = Segovia, A.

R 659 Orlandi, T. (1973/74, 482): Aeg 55 (1975) 329—330 = Perni-
gotti, S. — BiblOr 33 (1976) 185—186 = Kuhn, K. H. — AB 94
(1976) 191—195 = Devos, P. — OrChrP 41 (1975) 238—240 =
Gribomont — Orientalia 44 (1975) 135 = Quecke, H.

R 660 Orlandis Rovira, J. (1973/74, 311): ScTh 7 (1975) 403—406 =
Tineo, P. — EJos 29 (1975) 129 = Egido, T. — Burgense 16 (1975)
388 = González Novalín, J. L.

R 661 Orlandis Rovira, J. (1975/76, 474): EFil 25 (1976) 482—483 =
Casado, A. M. — EAg 11 (1976) 538 = Aparicio, T. — Cistercium
28 (1976) 264 = Herrera, L. — ArGran 39 (1976) 370—371 = Segovia, A. — AHDE 46 (1976) 813—814 = Martínez Díez, G. —
CT 103 (1976) 704—705 = Hernández, R. — NatGrac 23 (1976)
336—337 = González, M. — SelLib 13 (1976) 488 = Solà, F.
de P. — ScTh 8 (1976) 792—794 = Ramos-Lisson — EThL 52
(1976) 494 — StMon 18 (1976) 220 = Lluch

R 662 Orphanos, M. A. (1975/76, 1331): ByZ 69 (1976) 453—455 =
Amand de Mendieta, E.

R 663 *Orthodoxy, life and freedom* ... ed. A. J. Philippou (1975/76, 184):
SJTh 29 (1976) 182—185 = Dragas, G.

R 664 Osborn, E. (1973/74, 1632): ThLZ 100 (1975) 46—48 = Wiefel —
VigChr 29 (1975) 67—70 = Winden, J. M. C. van — RHR (1975)
87 = Nautin, P. — REG 89 (1976) 178—180 = Malingrey, A.-M. —
ThRe 72 (1976) 110—112 = Andresen — Irénikon 48 (1975) 272 =
N. E. — Salmant 22 (1975) 386 = Oroz, J. — CO 28 (1976) 67 =
Franken, S. — Colloquium 7 (1975) 43 = Kenny, J. P. — JRH 9

(1976) 421—424 = Mortley, R. J. — HeythropJ 16 (1975) 324 = Meredith, A.

R 665 OSBORN, E. (1975/76, 2738): Irénikon 49 (1976) 423 = N. E. — EtThR 51 (1976) 530—531 = Lods, M. — AusBR 24 (1976) 54— 56 = Burge, E. L. — ExpT 87 (1975—76) 314 = Young, F. M. — ThSt 37 (1976) 510—512 = Walsh — REL 54 (1976) 527—529 = Rambaux — StPad 23 (1976) 405—407 = Segalla

R 666 OTTO, ST. (1973/74, 316): Gn 48 (1976) 206—208 = Brade, L. — Byz 69 (1976) 101—102 = Podskalsky, G.

R 667 PACAUT, M. (1975/76, 478): CaHist 21 (1976) 359—362 = Bligny, B. — RSPhTh 60 (1976) 291 = Congar, Y.

R 668 *Pachomius Monachus* ed. H. QUECKE (1975/76, 2155): JEcclH 27 (1976) 308—309 = Wilson — AB 94 (1976) 186 = Halkin, F. — OrChrP 42 (1976) 534 = Špidlík — Enchoria 6 (1976) 159—160 = Krause, M. — RBen 86 (1976) 344 = Bogaert

R 669 PAGELS, E. H. (1973/74, 2629): JAAR 43 (1975) 325—326 = Martin, L. H. — ThLZ 100 (1975) 598 = Fischer, K.-M.

R 670 PAGELS, E. H. (1975/76, 2950): NRTh 98 (1976) 707—708 = Jacques, X. — ExpT 87 (1975—76) 377 = Crowther, C.

R 671 ΠΑΠΑΔΟΠΟΥΛΟΣ, Σ. Γ. (1975/76, 947): OstkiSt 25 (1976) 327 = Biedermann, H.

R 672 PAPADOPOULOU-TSANANA, O. (1971/72, 1029a): Kairos 18 (1976) 311—315 = Bultmann, G. H.

R 673 PAREDI, A. (1973/74, 650): RHE 70 (1975) 770—772 = Gryson — Aevum 49 (1975) 405 = Cantalamessa — AtPavia 53 (1975) 416 = Roncoroni

R 674 *Paroles des anciens.* ... ed. J. C. GUY (1975/76, 894): EThR 51 (1976) 400 = Bouttier — StMon 18 (1976) 212 = García

R 675 PASQUATO, O. (1975/76, 1886): ArGran 39 (1976) 306—307 = Segovia, A. — CC 127, 4 (1976) 195—196 = Capizzi, C. — OstkiSt 25 (1976) 333 = Roberti, J.-C.

R 676 *Passione e miracoli de S. Mercurio* ed. T. ORLANDI, S. DI GIUSEPPE CAMAIONI (1975/76, 2496): AB 94 (1976) 425—428 = Devos, P.

R 677 *Patristic Evidence for Jewish-Christian Sects* ed. A. F. J. KLIJN, G. J. REININK (1973/74, 585): ThLZ 100 (1975) 131—134 = Rudolph, K. — IKZ 65 (1975) 145—146 = Parmentier, M. — ThZ 31 (1975) 239—240 = Prigent, P. — ThSt 36 (1975) 538—539 = Wilken — JES 12 (1975) 596—597 = Isenberg, S. R. — RSLR 11 (1975) 346 = Filoramo

R 678 *Patristica et Mediaevalia* (1975/76, 186): EFil 25 (1976) 482 = Casado, A. M. — Sapientia 31 (1976) 309—310 = Ponferrada, G.

R 679 PATSABOS, E. I. (1973/74, 2313): REDC 32 (1976) 468—469 = Rodriguez, I.

R 680 *Paulinus Nolanus* ed. by P. G. WALSH (1975/76, 2182): ThSt 37
(1976) 181—182 = Gover

R 681 *Paulinus Pellensis* ed. C. MOUSSY (1973/74, 1834): RBen 85 (1975)
227 = Verbraken — BLE 76 (1975) 307 = Crouzel, H. — RPh 49
(1975) 338 = André — ZKG 86 (1975) 244—245 = Haacke —
REL 53 (1975) 462—465 = Poinsotte — LEC 43 (1975) 214 =
Martin, Ch. — NRTh 97 (1975) 727 = Martin, Ch. — Latomus 35
(1976) 144—145 = Toudeur — ThLZ 101 (1976) 135—137 =
Treu — ACl 45 (1976) 710 = Verheijen — Irénikon 48 (1975) 127 =
O. R. — JThS 27 (1976) 543—544 = Chadwick, H. — REAnc 77
(1975) 406 = Courcelle — BijFTh 37 (1976) 332 = Fransen, P.

R 682 PEEL, M. L. (1973/74, 2630): RSLR 12 (1976) 292—294 = Filoramo — SelLib 12 (1975) 170 = Alegre Santamaría, X. — ThLZ 101
(1976) 927—930 = Tröger, K.-W.

R 683 PELIKAN, J. (1971/72, 2180): Prudentia 7 (1976) 73—75 = Bre-
ward, I. — HeythropJ 16 (1975) 454 = Every, G.

R 684 PELIKAN, J. (1973/74, 2376): CD 189 (1976) 129—130 = Uña, O. —
RRel 34 (1975) 171—172 = Maloney, G. A. — NRTh 98 (1976)
840—841 = Chantraine, G. — AHR 81 (1976) 119—120 = Rexine

R 685 PELLAND, G. (1971/72, 932): FZPT 21 (1974) 324—326 = Studer, B.

R 686 PELLEGRINO, M. (1971/72, 933): Ang 52 (1975) 150 = Veselý, J.-
M. — Augustinus 20 (1975) 385—387 = Capánaga, V.

R 687 PEÑA, I., CASTELLANA, P., FERNÁNDEZ, R. (1975/76, 2448): OrChrP
42 (1976) 295 = Poggi — Nicolaus 4 (1976) 258 = Moda — Irénikon 48 (1975) 588 = O. R. — Claretianum 16 (1976) 330 = Mainka,
R. — Byz 46 (1976) 585—587 = Pirard

R 688 PEÑAMARÍA DE LLANO, A. (1973/74, 1475): REL 54 (1976) 529 =
Golda

R 689 PERETTO, E. (1971/72, 1516): ETrin 9 (1975) 161 = Silanes, N. —
EBib 32 (1973) 417 = Villapadierna, C. de — Latomus 35 (1976)
159—160 = Braun — Irénikon 48 (1975) 274 = E. L.

R 690 PERLER, O., MAIER, J.-L. (1969/70, 871): AHC 7 (1975) 496—498 =
Gessel, W.

R 691 PERNVEDEN, L. (1966, 1656): Irénikon 49 (1976) 254 = M. v. P.

R 692 PETRAGLIO, R. (1975/76, 2506): EThL 52 (1976) 493

R 693 *Petrus Chrysologus* ed. A. OLIVAR (1975/76, 2208): EFil 25 (1976)
197—198 = Estébanez, E.

R 694 PEZZELLA, S. (1971/72, 1789) RSLR 11 (1975) 475—476 = Gallicet — JThS 26 (1975) 254—255 = Matthews, J. F.

R 695 PHILIPS, G. (1975/76, 2818): BijFTh 37 (1976) 334 = Fransen, P.

R 696 *Philosophie des Altertums und des Mittelalters*... éd. JOSEF SPECK
(1971/72, 835): CW 68 (1974—75) 454—455 = Harvanek, R.

R 697 *Philostorgius* ed. J. BIDEZ, F. WINKELMANN (1971/72, 1703):
VigChr 30 (1976) 240 = Meijering — NRTh 97 (1975) 722—723 =
Martin, Ch.

R 698 PINELL, J. (1971/72, 1943): EJos 30 (1976) 508 = Diego, M. J.

R 699 PINES, S. (1966, 369): Helmántica 27 (1976) 171—172 = Carrete
Parrondo, C.

R 700 PIZZOLATO, L. F. (1971/72, 941): AtPavia 53 (1975) 403—406 =
Roncoroni — RPh 50 (1976) 325—327 = Savon — CR 25 (1975)
151—152 = Frend — CHR 61 (1975) 628—629 = Musurillo

R 701 PIZZOLATO, L. F. (1973/74, 564): CR 26 (1976) 197 = Frend,
W. H. C.

R 702 PODSKALSKY, G. (1971/72, 2379): ByZ 69 (1976) 98 = Denzler, G.

R 703 POKORNÝ, P. (1975/76, 2791): ThLZ 100 (1975) 675—676 = Baum-
bach, G.

R 704 *Politique et théologie...* ed. CH. KANNENGIESSER (1973/74, 122):
AB 94 (1976) 209 = Halkin, F. — StMon 18 (1976) 519 = Pifarré,
C. M. — VetChr 13 (1976) 190—196 = Orlandi — ACl 45 (1976)
300—302 = Amand de Mendieta, E. — RechSR 63 (1975) 610—
613 = Kannengiesser — BLE 76 (1975) 303—305 = Boularand —
JThS 26 (1975) 470—471 = Louth — Greg 56 (1975) 171—172 =
Galot, J. — Irénikon 49 (1976) 121 = N. E. — NRTh 97 (1975)
733—734 = Martin, Ch. — Esprit 86 (1976) 15—16 = Duval,
Y.-M. — CO 28 (1976) 215 = Franken, S.

R 705 *La portée de l'Église des Apôtres pour l'Église d'aujourd'hui* (1975/76,
187): NRTh 97 (1975) 79—80 = L. D.

R 706 PORTOLANO, A. (1973/74, 2377): CC 126 (1975) 513 = Ferrua, A.

R 707 POTZ, R. (1971/72, 2141): NRTh 97 (1975) 177—178 = Martin, Ch.

R 708 *Prayers of the Eucharist* ed. R. C. D. JASPER, G. J. CUMING (1975/76,
2598): JEcclH 27 (1976) 326 = Davies, J. G. — ExpT 87 (1975—76)
156 = Wainwright, G.

R 709 *In principio...* ed. P. VIGNAUX, A. CAQUOT (1975/76, 3010):
Augustinus 21 (1976) 86 = Capánaga, V.

R 710 *Prosper Aquitanus* ed. P. CALLENS, M. GASTALDO (1971/72, 1713):
Sc 30 (1976) 58—84

R 711 PROVERA, M. (1973/74, 533): StudiumAv 16 (1976) 164 = Valero
Bajo, C.

R 712 *Prudentius* ed. E. BOSSI (1969/70, 1555): RSLR 11 (1975) 278—
281 = Gallicet

R 713 PRUEMM, K. (1971/72, 2427): OLZ 71 (1976) 367—371 = Tröger —
BijFTh 37 (1976) 218 = Menken, M.

R 714 PSEUTONGAS, B. S. (1975/76, 801): OrChrP 42 (1976) 270—271 =
Špidlík, T.

R 715 QUACQUARELLI, A. (1973/74, 325): BLE 76 (1975) 155 = Boularand — REA 21 (1975) 372 = Brix — StudiumAv 15 (1975) 611—

282   Recensiones

612 = Villacorta, M. F. de — ReSR 50 (1976) 283—284 = Munier, C. — Burgense 16 (1975) 613—614 = García Álvarez, J. — ScCat 104 (1976) 111—112 = Bellini, E. — RivRos 69 (1975) 275—276 = Aldinucci, M. — JThS 27 (1976) 231 = Hunt, E. D. — Latinitas 23 (1975) 192—194 = Zappocosta, V. — RechSR 64 (1976) 308 = Kannengiesser, Ch.

R 716 QUACQUARELLI, A. (1973/74, 2112): VigChr 29 (1975) 232—234 = Staats — Sc 29 (1975) 277 = Huyghebaert — Burgense 16 (1975) 393—394 = González Novalín, J. L. — StMon 18 (1976) 516 = Pifarré

R 717 QUACQUARELLI, A. (1975/76, 2742): BLE 76 (1975) 225 = Des jardins — StudiumAv 15 (1975) 612 = Villacorta, M. F. de — AST 47 (1974) 378—379 = Llompart, G. — EtThR 51 (1976) 241 = Ribaute, E. — CT 103 (1976) 168—169 = Fernández, P. — EF 77 (1976) 471—472 = Rebull, N. — CC 127 (1976) 611—612 = Ferrua, A. — RHPhR 56 (1976) = Moda — RechSR 64 (1976) 308 = Kannengiesser — Irénikon 48 (1975) 424 = O. R. — JThS 27 (1976) 486—487 = H. F. D., Sparks, M. J.

R 718 QUISPEL, G. (1973/74, 2635): BiblOr 32 (1975) 373—378 = Haardt, R. — JBL 94 (1975) 638—639 = Epp, E. J. — VigChr 29 (1975) 155—158 = van den Broek

R 719 QUISPEL, G. (1975/76, 2319): RHPhR 56 (1976) 426 = Prigent — Bibl 57 (1976) 444—446 = Quecke — JThS 27 (1976) 479—481 = Metzger — NTA 20 (1976) 239

R 720 Qumran and the History of the Biblical Text ed. F. M. CROSS — S. TALMON (1975/76, 190): JBL 95 (1976) 692—693 = Fitzmyer, J.

R 721 RAHNER, H. (1971/72, 2181): CD 189 (1976) 126—127 = Uña, O.

R 722 RAHNER, K. (1973/74, 2317): RHR 188 (1975) 203 = Nautin, P.

R 723 RANCILLAC, PH. (1969/70, 1330): CO 27 (1975) 143 = Aalst, A. J. van der

R 724 Reallexikon für Antike und Christentum Fasc. 65—67 ed. TH. KLAUSER (1973/74, 172): JThS 26 (1975) 463—467 = Greenslade, S. L.

R 725 Reallexikon für Antike und Christentum, Fasc. 68—69 ed. TH. KLAUSER (1975/76, 252): NRTh 97 (1975) 472 = N. P.

R 726 Reallexikon für Antike und Christentum Fasc. 70—71 ed. TH. KLAUSER (1975/76, 253): NRTh 97 (1975) 872 = N. P.

R 727 RECCHIA, V. (1973/74, 1363): RHPhR 55 (1975) 318 = Moda — RPh 49 (1975) 341 = Courcelle, P. — Latomus 34 (1975) 837 = Dagens — AtPavia 53 (1975) 411—413 = Roncoroni — StMon 18 (1976) 216 = Pifarré — Salmant 23 (1976) 271 = Guillén, F. — Aevum 49 (1975) 590 = Cremascoli, G. — ArGran 38 (1975) 305 = Segovia, A. — ETrin 9 (1975) 315 = Silanes, N. — Burgense 16 (1975) 345 = Hernando Pérez, J. — CC 126 (1975) 407—408 = Ferrua, A. — JThS 26 (1975) 256—257 = Chadwick, H.

R 728 Régamey, P. (1971/72, 2298): VyV 34 (1976) 127—128 = Rodríguez, I.

R 729 *Die Regel des Magister...* ed. A. Ohlmeyer (1975/76, 2247): ThRe
72 (1976) 292—294 = Hagemeyer

R 730 Regnault, L. (1975/76, 895): Esprit 86 (1976) 688 = Oury, G. M.

R 731 *Regole monastiche antiche* ed. G. Turbessi (1973/74, 2537): OrChrP
42 (1976) 309—311 = Poggi — VetChr 12 (1975) 509 = Girardi —
RHSpir 52 (1976) 191—192 = de Vogüé — StMon 17 (1975)
378 = Lluch — Irénikon 48 (1975) 588—589 = O. R. — CC 127,1
(1976) 310—311 = Ferrua, A. — NRTh 97 (1975) 642—643 = H.
L. — REDC 31 (1975) 482—483 = Linage Conde, A.

R 732 Reiling, J. (1973/74, 1430): RSLR 12 (1976) 236—241 — RHR 188
(1975) 202 = Nautin, P.

R 733 *Relations Between East and West in the Middle Ages* ed. D. Baker
(1975/76, 192): CO 28 (1976) 70—71 = Franken, S. — RHE 70
(1975) 927—928 = Pycke — AHR 80 (1975) 88 = Packard — REB
33 (1975) 322 = Gautier

R 734 *Repertorio de Historia de las Ciencias Eclesiásticas en España, II.*
(1971/72, 185): ArGran 39 (1976) 371—372 = Flores, I.

R 735 *Repertorium der griechischen christlichen Papyri I.* Hrsg. von K.
Aland (1975/76, 619): MEAH 25 (1976) 170 = Sáenz-Badillos,
A. — ArGran 39 (1976) 429 = Segovia, A.

R 736 Reymond, E. A. E., Barns, J. W. B. (1973/74, 1994): BiblOr 33
(1976) 188—191 = Elanskaya, A. I. — CE 49 (1974) 412—417 =
Bingen, J. — ThLZ 101 (1976) 666—667 = Schenke, H.-M. —
Aeg 56 (1976) 315—317 = Orlandi — BulArchCopte 21 (1971—73)
173—175 = Burmester — CHR 61 (1975) 621—623 = Bellett —
AB 93 (1975) 203 = Esbroeck, M. van — RHE 71 (1976) 292 =
Dauphin

R 738 Rieser, M. (1975/76, 491): LFilol 99 (1976) 57 = Varcl, L. — RPh
49 (1975) 341 = Courcelle

R 739 Riley, Hugh M. (1973/74, 2170): MThZ 27 (1976) 405—407 =
Gessel, W. — ThPh 36 (1975) 174—176 = Crehan, J. H. — ZKG 86
(1975) 391—395 = Nussbaum — RHR 189 (1976) 229 = Nautin,
P. — ArGran 38 (1975) 306—307 = Segovia, A. — Irénikon 49
(1976) 126 = N. E. — JThS 27 (1976) 488—489 = Halliburton,
R. J. — Mu 89 (1976) 252 = Mossay, J. — JEcclH 26 (1975) 396—
397 = Whitaker, E. C. — RSPhTh 60 (1976) 522—525 = de Durand — NRTh 97 (1975) 749 = Renwart — HeythropSt 17 (1976)
88—90 = Yarnold, E. J.

R 740 Ring, T. G. (1975/76, 609): ArGran 39 (1976) 310 = Segovia, A. —
MThZ 27 (1976) 211—212 = Stockmeier, P. — EAg 11 (1976)
318—319 = Campo, F. — REA 22 (1976) 308 = Braun — ThPh
51 (1976) 612 = Sieben, H. J.

R 741 Riou, A. (1973/74, 1697): BLE 76 (1975) 74 = Crouzel, H. —
Aevum 49 (1975) 591—594 = Croce — ETrin 10 (1976) 319—
320 = Silanes, N. — SelLib 12 (1975) 209 = Vives, J. —
StMon 18 (1976) 218 = Pifarré — ThPh 51 (1976) 310—311 = Sieben —
NRTh 97 (1975) 734—735 = Martin — MSR 32 (1975) 156 =
Bailleux, E. — CO 27 (1975) 143 = Aalst, A. J. van der

R 742 Rius Camps, J. (1969/70, 1504): RechSR 63 (1975) 597—600 =
Kannengiesser, Ch. — RSPhTh 60 (1976) 512—517 = de Durand

R 743 Rivera Recio, J. F. (1973/74, 329): EJos 30 (1976) 490 = Antolín, F.

R 744 Rizzo, J. J. (1975/76, 2475): AB 94 (1976) 415 = Halkin, F.

R 745 Rodríguez, I. (1975/76, 153): NatGrac 23 (1976) 476 477 =
González, M. — ArGran 39 (1976) 421—422 = Segovia, A.

R 746 Römer, F. (1973/74, 986): AB 93 (1975) 192 = Philippart

R 747 *Romanitas et Christianitas* ed. W. den Boer, P. G. van der Nat,
C. M. J. Sicking, J. C. M. van Winden (1973/74, 129): JAC 18
(1975) 188—196 = Kehl, A. — RHR 187 (1975) 244—245 = Nautin, P.

R 748 *Romanus Melodes* ed. M. Carpenter (1971/72, 1731): ClPh 70
(1975) 154 = Trypanis

R 749 Roover, A. de (1969/70, 2232): EBib 31 (1972) 119—120 = Leal, J.

R 750 Rordorf, W. (1971/72, 2037): NRTh 95 (1973) 115 = Martin, Ch.

R 751 Rordorf, W. (1971/72, 2038): REBras 36 (1976) 512 = Moser, A.

R 752 Rousseau, H. (1975/76, 2748): RHR 188 (1975) 90 = Nautin, P.

R 753 Royo Marín, A. (1973/74, 38): ScTh 7 (1975) 930—934 = Saranyana, J. I. — Burgense 16 (1975) 399—400 = Esquerda Bifet, J.

R 754 *Rufinus Aquileiensis* ed. F. Merlo, J. Gribomont (1971/72, 1738):
RSLR 10 (1974) 162—165 = Sixdenier

R 755 Ruppert, F. (1971/72, 2349): Irénikon 48 (1975) 421 = M. v. P.

R 756 Ryba, B. (1975/76, 2265): AB 94 (1976) 175 = Philippart

R 757 Saake, H. (1973/74, 2427): RechSR 63 (1975) 609—610 = Kannengiesser, Ch.

R 758 Saber, G. (1975/76, 1578): NRTh 98 (1976) 839—840 = Martin, Ch.

R 759 Sà Bravo, H. de (1971/72, 2351): RHE 70 (1975) 237 = Moral

R 760 Sage, A. (1971/72, 961): CuadMon 10 (1975) 478 = Matthei, M.

R 761 Sahas, D. J. (1971/72, 1492): RSPhTh 60 (1976) 148—150 = Carré

R 762 Salmon, P. (1973/74, 2115): Sc 30 (1976) 295 = Huglo — JThS 27
(1976) 234—235 = Moreton — RiAC 51 (1975) 354—355 = Saxer — RHSpir 52 (1976) 392—394 = Zimmermann — RechSR 63
(1975) 641—643 = Ruello — BLE 76 (1975) 227—229 = Martimort — REA 21 (1975) 357 = Brix — RSCI 29 (1975) 599 = Saxer

R 763 *Salvianus Massiliensis* ed. G. LAGARRIGUE (1971/72, 1742): Sc 30 (1976) 257—263 = Manning, E. — REAnc 76 (1974) 199 = Courcelle

R 764 *Salvianus Massiliensis* ed. G. LAGARRIGUE (1975/76, 2266): RBen 86 (1976) 168 = Verbraken, P. — RHE 71 (1976) 274 = Rouillard — StMon 18 (1976) 215—216 = Tasies — ACl 45 (1976) 713 = Verheijen — Esprit 86 (1976) 56—57 = Duval, Y.-M. — NRTh 98 (1976) 708 = Martin, Ch. — CaH 21 (1976) 380 = R., J. — REL 54 (1976) 404—406 = Weiss — CaHist 21 (1976) 380

R 765 *San Millán de la Cogolla en su XV centenario* (1975/76, 194): RBen 86 (1976) 155 = Ledoyen — AB 94 (1976) 508 = Gaiffier, B. de

R 766 SÁNCHEZ ABELLÁN, F. (1973/74, 2173): EAg 10 (1975) 149 = Campo, F. — SelLib 12 (1975) 208 = Solá, F. de P. — VyV 34 (1976) 547—548 = Rodríguez, I. — Burgense 17 (1976) 671—672 = Abad, J. A.

R 767 SAND, A. (1973/74, 2407): TTh 15 (1975) 445 = Negenman, J.

R 768 SANS, I. (1975/76, 195): ArGran 39 (1976) 317 = Segovia, A. — SelLib 13 (1976) 438 = Boada, J.

R 769 SANTOS OTERO, A. DE (1975/76, 744): Salmant 22 (1975) 171—172 = Martín Hernández, F.

R 770 *Sapientiae procerum amore* éd. par TH. W. KOEHLER (1975/76, 196): RSPhTh 60 (1976) 134 = Bataillon

R 771 *Sarmenta* ed. N. BROX, A. PAUS (1971/72, 145): RHR 187 (1975) 111 = Nautin, P.

R 772 SAUMAGNE, CH. (1975/76, 1503): CRAI (1975) 472 = Marrou — RBen 86 (1976) 173 = P. V. — RBen 86 (1976) 173 = Verbraken, P. — REA 22 (1976) 338 = Brix

R 773 SCAZZOSO, P. (1975/76, 1333): EThL 52 (1976) 233

R 774 SCAZOSSO, P. (1969/70, 1142): Irénikon 49 (1976) 124—125 = N. E.

R 775 SCHAEUBLIN, CHR. (1973/74, 2676): TTh 16 (1976) 88 = Davids, A.

R 776 SCHEIBLE, H. (1971/72, 1072): AtPavia 53 (1975) 408—410 = Roncoroni — Gn 48 (1976) 462—466 = Bieler — CW 68 (1975) 408 = Haering

R 777 *Schism, Heresy and Religious Protest* ed. D. BAKER (1971/72, 101): CO 27 (1975) 142—143 = Aalst, A. J. van der

R 778 SCHLIEBEN, R. (1973/74, 1150): ThPh 50 (1975) 619—620 = Sieben, H. J. — ThLZ 100 (1975) 686 = Schneider — ArGran 38 (1975) 291—292 = Segovia, A. — NAKG 55 (1974—75) 237—241 = Korteweg, Th.

R 779 SCHMITZ, J. (1975/76, 2548): ZKTh 97 (1975) 486 = Meyer — ThRe 72 (1976) 321—324 = Lengeling

R 780 SCHMOELE, K. (1973/74, 1178): ThRe 72 (1976) 289—290 = Stuiber — ZKTh 98 (1976) 220 = Beukers — ThSt 37 (1976) 155—

156 = Schatkin, M. — RHE 71 (1976) 212 = Halleux, A. de —
RechSR 63 (1975) 586—588 = Kannengiesser, Ch. — MThZ 27
(1976) 207—208 = Ziegenaus, A. — ArGran 38 (1975) 307 = Segovia, A. — JThS 26 (1975) 532 = Chadwick, H. — ThZ 32 (1976)
177 = Christ

R 781 Wilhelm Schneemelcher. Gesammelte Aufsätze... ed. W. BIENERT
und K. SCHAEFERDIEK (1973/74, 131): ZKG 87 (1976) 341—343 =
May — Irénikon 49 (1976) 123 = N. E.

R 782 SCHOENBORN, C. (1971/72, 1751): JOBG 23 (1974) 346—347 =
Hannick — NRTh 96 (1974) 204—207 = Martin — ByZ 68 (1975)
91—92 = Riedinger — ThRe 71 (1975) 37 = Frank — RHE 70
(1975) 800 = Aubert — StMon 18 (1976) 217 = Pifarré — Ang 52
(1975) 253—255 = Patfoort, A. RHR 188 (1975) 208 = Nautin, P.

R 783 SCHOLER, D. M. (1971/72, 87): OLZ 70 (1975) 355—360 = Nagel — RThPh 25 (1975) 60 = Kaestli, J.-D.

R 784 Gnostische und hermeneutische Schriften aus Codex II und Codex VI
ed. M. KRAUSE, P. LABIB (1973/74, 2586): JNES 35 (1976) 213—
214 = Grant, R. M. — BiblOr 32 (1975) 52—57 = Gordeon, C. —
OLZ 70 (1975) 5—13 = Schenke, H.-M. — Orientalia 42 (1973)
530—543 = Quecke

R 785 SCHUCAN, L. (1973/74, 1086): RHE 70 (1975) 343 = Ijsewijn —
Sc 29 (1975) 290 = Joly — REG 89 (1976) 180 = Irigoin

R 786 SCHWANZ, P. (1969/70, 2073): RHR 188 (1975) 89 = Nautin, P.

R 787 SCHWERTNER, S. (1973/74, 172a): ThLZ 101 (1976) 409—412 =
Matthiae, K.

R 788 Scientia Augustiniana (1975/76, 197): Augustinus 21 (1976) 193—
195 = Capánaga, V. — EAg 11 (1976) 177 = Campo, F. — ArGran
39 (1976) 310—311 = Segovia, A. — JEcclH 27 (1976) 185 = Cowgrey, H. E. J.

R 789 SCIPIONI, L. I. (1973/74,1716): RSCI 29 (1975) 584—588 = Per-
rone — RSPhTh 59 (1975) 441—445 = Durand, G.-M. de — ZKG
86 (1975) 395—398 = Turner — Irénikon 48 (1975) 276—277 =
N. E. — ThLZ 101 (1976) 678—680 = Molnár — RSLR 12 (1976)
113—116 = Gribomont — VetChr 13 (1976) 421 = Cannone —
JThS 26 (1975) 196—197 = Chadwick, H. — JEcclH 26 (1975)
199 = Frend, W. H. C.

R 790 SCORZA BARCELLONA, F. (1975/76, 1298): EE 51 (1976) 284—285 =
Segovia, A.

R 791 Scriptores Hiberniae Minores ed. J. F. KELLY (1973/74, 597a):
EFil 24 (1975) 130 = Chávarri, E. — StOv 3 (1975) 394—395 =
Hevia Ballina, A.

R 792 Scriptores Hiberniae minores, Pars I, B C. Ed. R. E. MCNALLY et
J. F. KELLY (1975/76, 803): ALMA 40 (1975/76) 156—177 = Löfstedt

R 793 *Scritti in onore di G. Bonfante* (1975/76, 198): Paideia 31 (1976) 219—222 = Pisani — REL 54 (1976) 562—564 = Flobert

R 794 SEILHAC, L. DE (1973/74, 1145): Irénikon 49 (1976) 123 = O. R. — REA 22 (1976) 380 = Folliet

R 795 *Semanas de Estudios Trinitarios...* (1973/74, 132): ScTh 7 (1975) 795—802 = Ibáñez, J.-Mendoza, F.

R 796 ŞESAN, V. (1973/74, 342): DLZ 96 (1975) 897—898 = Unger, W.

R 797 SHAHÎD, I. (1971/72, 1889): RHR 188 (1975) 213—215 = Guillaumont, A.

R 798 SIDER, R. D. (1971/72, 1793): Gn 48 (1976) 80—83 = Waszink, J. H.

R 799 SIGALAS, A. (1973/74, 39a): NRTh 97 (1975) 874 = Martin, Ch.

R 800 SIMONETTI, M. (1975/76, 510): BLE 77 (1976) 225—227 = Boularand, E. — OrChrP 42 (1976) 271—273 = Ortiz de Urbina, I. — StMon 18 (1976) 519 = Pifarré, C. M. — VetChr 13 (1976) 387—399 = Curti, C. — ArGran 39 (1976) 373—374 = Segovia, A. — Irénikon 49 (1976) 121 = N. E. — ScTh 8 (1976) 767—773 = Basevi — CC 2 (1976) 609 = Ferrua, A. — ThZ 31 (1975) 372 = Hamman, A. — EAg 10 (1975) 317—318 = De Luis, P. — Ant 50 (1975) 577—579 = Weijenborg — RechSR 63 (1975) 608 = Kannengiesser, Ch.

R 801 SINISCALCO, P. (1973/74, 2045): REA 21 (1975) 387 = de Veer — ACl 44 (1975) 750 = de Decker — Studium 70 (1975) 813—815 = Valgiglio — AB 94 (1976) 422—425 = Dolbeau, F. — RHE 71 (1976) 657 = Gryson — AugR 15 (1975) 232 = di Bernardino — REAnc 77 402 = Courcelle

R 802 SINISCALCO, P. (1975/76, 2493): AB 94 (1976) 422—425 = Dolbeau, F.

R 803 *Sinopsis de los cuatros evangelios...* ed. P. BENOIT, M. E. BOISMARD, J. L. MALILLOS (1975/76, 218): SVict 22 (1975) 238—240 = Artola, M.

R 804 SIRCH, B. (1975/76, 2549): NRTh 98 (1976) 343 = Plumat

R 805 SLOMP, J. (1975/76, 1300): SJTh 29 (1976) 199 = Thomson, J. G. S. S.

R 806 SMITH, M. (1973/74, 1180): CBQ 37 (1975) 48—67 = Quesnell — AHR 80 (1975) 620—622 = Koester, K. — RHR 190 (1976) 196—197 = Méhat, A. — RHPhR 55 (1975) 291—292 = Trocmé

R 807 SMITH, M. (1973/74, 1181): AHR 80 (1975) 620—622 = Koester — PalExQ 107 (1975) 166 = Elliott — JThS 27 (1976) 195—197 = Nineham

R 808 *Sophronius* ed. N. FERNÁNDEZ MARCOS (1975/76, 2291): AB 93 (1975) 422 = Halkin — Mu 89 (1976) 252 = Mossay, J.

R 809 Soto, J. M. (1975/76, 2849): EAg 11 (1976) 523—524 = Campo, F.

R 810 Spanneut, M. (1973/74, 411 a): ReSR 50 (1976) 183 — RPL 73 (1975) 213—215 = Étienne, J.

R 811 Spedalieri, F. (1975/76, 2810): SelLib 13 (1976) 465—466 = Solá, F. de P. — EphMariol 26 (1976) 479—480 = Fernández, D. — ReSR 49 (1975) 264 = Wenger

R 812 Spedalieri, F. (1975/76, 2811): OrChrP 42 (1976) 257 = Ortiz de Urbina, I.

R 813 Speigl, J. (1969/70, 328): Durius 4 (1976) 305—306 = Lérida Dominguez, J.

R 814 Špidlík, T. (1971/72, 1323): ETrin 9 (1975) 317—318 = Silanes, N.

R 815 Spitz, H. J. (1973/74, 2678): MLatJb 10 (1975) 306 = Becker-Werner

R 816 *Der römische Staat und die frühe Kirche* ed. W.-D. Hauschild (1973/74, 261): ThLZ 100 (1975) 688—689 = Diesner, H.-J. — TTh 16 (1976) 86 = Davids, A.

R 817 Steinmann, K. (1975/76, 2409): BStudLat 6 (1976) 344 = Viparelli, S.

R 818 Steinmann, J. (1967/68, 1636): Itinerarium 21 (1975) 233 = Montes Moreira, A.

R 819 Straeten, J. van der (1973/74, 493): REA 21 (1975) 215—216 = Dolbeau, F. — StMon 16 (1974) 475 = Olivar — RHE 71 (1976) 231 = Silvestre — RThAM 43 (1976) 259—261 = Silvestre

R 820 Straub, J. (1971/72, 382): Gn 47 (1975) 671—676 = Demandt, A.

R 821 *Der Streit um den Victoriaaltar* ed. Richard Klein (1971/72, 642): CW 68 (1974—75) 407—408 = Pohlsander, H. A.

R 822 Stritzky, M. B. von (1973/74, 1417): VigChr 29 (1975) 79 = Meijering — RHE 70 (1975) 560 = Halleux, A. de — ThPh 50 (1975) 308—309 = Sieben, H. J. — TTh 15 (1975) 328 = Lascaris, A.

R 823 Strothmann, W. (1971/72, 1451): ByZ 68 (1975) 404—409 = Davids, A.

R 824 Strothmann, W. (1973/74, 1493): AB 93 (1975) = Esbroeck, M. van

R 825 Stockmeier, P. (1973/74, 2387): ThLZ 100 (1975) 361—363 = Goltz, H. — AHC 7 (1975) 498—499 = Gessel, W.

R 826 Story, C. I. K. (1971/72, 1549): ThLZ 101 (1976) 207—209 = Tröger, K.-W.

R 827 Studer, B. (1971/72, 975): ZKG 86 (1975) 100—101 = Lorenz

R 828 *Studies in memory of D. T. Rice* ed. G. Robertson, G. Henderson (1975/76, 204): TLS 75 (1976) 1620 = Vickers

R 829 Stylianopoulos, T. (1975/76, 1993): EThL 52 (1976) 492 — ThRe 72 (1976) 382—384 = Beskow

R 830 SUTTNER, E. CHR. (1973/74, R 273): OstkiSt 24 (1975) 77—78 =
Dieten, J.-L. van (Erwiderung)
R 831 *Symmachus* ed. R. H. BARROW (1973/74, 348): JRS 65 (1975)
202—204 = Tomlin, R. S. O.
R 832 *Symposium Syriacum*ʒ972 (1973/74, 145): ArGran 38 (1975) 325—
326 = Segovia, A. — RHR 187 (1975) 112—113 = Guillaumont,
A. — JThS 26 (1975) 189—191 = Murray, R. — Orientalia 44
(1975) 131—134 = Köbert, R. — Byzan 44 (1974) 489
R 833 TAFT, R. F. (1975/76, 2604): ThST 37 (1976) 514—515 = Meyen-
dorff, J. — OstkiSt 25 (1976) 331—332 = Reifenberg
R 834 TARDIEU, M. (1973/74, 2651): JThS 27 (1976) 215—217 = Wilson — JBL 95 (1976) 687—688 = Whittaker — REA 21 (1975)
443—445 = Decret — Mu 88 (1975) 230—232 = Janssens, Y. —
RBi 83 (1976) 465—468 = Layton — Aeg 56 (1976) 319 = Roma-
gnolo
R 835 TEJA, R. (1973/74, 349): Durius 3 (1975) 229—230 = Muñoz Valle,
I. — Arbor 91 (1975) 143—145 = Acre, J. — HS 28 (1975) 197—
198 = Iglesias, L. G.
R 836 *La teologia dei Padri I—II* ed. A. HEILMANN, H. KRAFT, G. MURA
(1975/76, 260): RSLR 12 (1976) 294 = Vai — CC 127 (1976) 100 =
Caprile, G. — ETrin 10 (1976) 143 = Silanes, N.
R 837 *La teologia dei Padri V* (1975/76, 262): CC 127 (1976) 199 = Ca-
prile, G.
R 838 *Teologia del sacerdocio, t. 4* (1971/72, 154): RHR 188 (1975) 88—
89 = Nautin, P.
R 839 *Teología del Sacerdocio, 5* (1973/74, 146): Cistercium 27 (1975) 84 =
Gutierrez, D.
R 840 *Tertullianus* ed. E. EVANS (1971/72, 1766): Irénikon 48 (1975) 272—
273 = E. L.
R 841 *Tertullianus* ed. C. MORESCHINI (1971/72, 1765): Mn 29 (1976)
95—96 = Thierry
R 842 *Tertullianus* ed. M. TURCAN (1971/72, 1771): REAnc 76 (1974)
197 = Courcelle — Mn 28 (1975) 444—445 = Thierry, J. J.
R 843 *Tertullianus* ed. C. MORESCHINI (1973/74, 1899): VetChr 12 (1975)
222 = Otranto — RSLR 11 (1975) 348—349 = Polimeni, S. —
AugR 15 (1975) 238 = Folgado Flórez
R 844 *Tertullianus* ed. CHR. STÜCKLIN (1973/74, 1898): BLE 76 (1975)
299—301 = Crouzel, H. — RBen 85 (1975) 227 = Verbraken,
P. — REA 21 (1975) 445—447 = Petitmengin — NRTh 98 (1976)
839 = Martin, Ch. — CC 126 (1975) 447 = Ferrua, A. — ThZ 31
(1975) 179—180 = Benkö, St.
R 845 *Tertullianus* ed. J. P. MAHÉ (1975/76, 2322): Aph 39 (1976) 150—
152 = Solignac, A. — BLE 77 (1976) 222 = Crouzel — REA 22
(1976) 298—300 = Petitmengin, P. — Augustinus 21 (1976) 409 =

Orosio — NRTh 97 (1975) 730 = Martin, Ch. — Irénikon 48 (1975) 587—588 = O. R. — StMon 17 (1975) 432 = Olivar — RBen 85 (1975) 414 = Verbraken, P. — EAg 10 (1975) 508—509 = De Luis, P. — ETrin 9 (1975) 433—434 = Silanes, N. — AST 47 (1974) 370—371 = Vives, J. — BijFTh 36 (1975) 454 = Smulders, P.

R 846 *Tertullianus* ed. F. MELRO, J. MAIA (1975/76, 2324): Humanitas 25—26 (1973—1974) 327—331 = Schiappa de Azevedo

R 847 TERZOLI, R. (1971/72, 587): VetChr 12 (1975) 232 = Pavan — RHR 187 (1975) 231—232 = Dalmais, I. H. — ETrin 9 (1975) 316— 317 = Silanes, N.

R 848 TESELLE, E. (1973/74, 1003): AugSt 7 (1976) 179—180 = Mourant

R 849 TESTA, E. (1969/70, 604): EBib 31 (1972) 124—125 = Mielgo, C.

R 850 *The Greek New Testament.* ed. K. ALAND et alii (1975/76, 701): RBi 83 (1976) 631 = Boismard

R 851 *Texte zur Gesch. der Marienverehrung...* ed. W. DELIUS (1973/74, 2469): RHE 70 (1975) 179 = Halleux, A. de — VetChr 12 (1975) 508 = Pavan

R 852 *Texte der Kirchenväter* ed. A. HEILMANN und H. KRAFT (1975/76, 263): ThZ 31 (1975) 311 = Reicke — ThLZ 101 (1976) 766— 768 = Winkelmann, F. — GTT 76 (1976) 56 = Bakker, W. — LuthRundbl 23 (1975) 196—197 = Asendorf, U.

R 853 *Les Textes de Nag Hammadi* ed. J.-E. MÉNARD (1975/76, 207): JBL 95 (1976) 695 = Epp, E. J. — RSR 50 (1976) 93—94

R 854 THALER, A. (1975/76, 2550): ArGran 39 (1976) 398 = Segovia, A.

R 855 *Theodoretus* ed. G. H. ETTLINGER (1973/74, 1937): OrChrP 41 (1975) 499 = Ortiz de Urbina, I. — ChH 45 (1976) 99—100 = Norris — ThLZ 101 (1976) 764—766 = Treu — RBen 86 (1976) 168 = Bogaert — Augustinus 21 (1976) 409 = Orosio — Irénikon 49 (1976) 123—124 = N. E. — Greg 57 (1976) 772—773 = Pelland, G. — ExpT 87 (1975—76) 28 = Davies, J. G.

R 856 *Theodoretus* ed. A. KARABETSOS (1975/76, 2377): OrChrP 42 (1976) 314 = Špidlík

R 857 *Theophilus Antiochenus* ed. R. M. GRANT (1969/70, 1661): ThLZ 101 (1976) 850—851 = Berthold

R 858 TIMOTHY, H. B. (1973/74, 413): LEC 43 (1975) 90—91 = Leroy, F. J. — RPL 73 (1975) 203—204 = Brague, R. — StOv 3 (1975) 396—398 = Hevia Ballina, A.

R 859 *Τόμος ἑόρτιος...* ed. G. MANTZARIDIS (1975/76, 208): OrChrP 41 (1975) 245—248 = Schultze, B.

R 860 TORDEUR, P. (1973/74, 1835): CR 26 (1976) 125 = Hudson-Williams — AtPavia 53 (1975) 414—415 = Roncoroni — REAnc 76 (1974) 196 = Courcelle

R 861 TOSCANI, G. (1973/74, 663): Aevum 50 (1976) 187—189 = Scipioni, L. — ScCat 104 (1976) 119—120 = Rimoldi, A. — DTPh 78 (1975) 162—164 = Mezzadri, L. — ScTh 7 (1975) 900—903 = Ramos-Lissón, D.

R 862 *Tractatus tripartitus I* ed. R. KASSER et alii (1973/74, 2656): RSLR 11 (1975) 272—278 = Devoti — JEcclH 27 (1976) 181—183 = Stead — VigChr 29 (1975) 70—72 = Daniélou, J.

R 863 *Tractatus Tripartitus II* ed. R. KASSER et alii (1975/76, 2870): NRTh 97 (1975) 990—991 = Jacques, X. — RHR 190 (1976) 181—185 = Guillaumont, A. — BijFTh 37 (1976) 320—324

R 864 TRAPÈ, A. (1975/76, 1251): EAg 11 (1976) 307 = De Luis, P.

R 865 TREVIJANO ETCHEVERRIA, R. M. (1967/68, 1525): EBib 31 (1972) 120—122 = Villapadierna, C.

R 866 TRISOGLIO, F. (1973/74, 1393): JOBG 25 (1976) 297—298 = Kertsch — VigChr 30 (1976) 239 = Meijering — Mu 89 (1976) 253 = Mossay — REB 24 (1976) 360 — REG 89 (1976) 655—656 — JThS 27 (1976) 543 = Sykes, D. A. — RBPh 54 (1976) 963—964 = Henry, R. — REAnc 77 (1975) 403 = Courcelle

R 867 TROELTSCH, E. (1969/70, 912): Augustinus 20 (1975) 128—130 = Capánaga, V.

R 868 TSAMES, D. C. (1971/72, 1039): RHE 70 (1975) 311 = Halleux, A. de — OrChrP 41 (1975) 500—502 = Baggarly

R 869 *Die alten Übersetzungen...* ed. KURT ALAND (1971/72, 488): RechSR 62 (1974) 443—445 = Kannengiesser, Ch. — NRTh 95 (1973) 1141 = Jacques — REA 200 (1974) 357—358 = Brix — RBi 82 (1975) 610—620 = Boismard — ZRGG 28 (1976) 182—184 = Merkel, H.

R 870 VANNESTE, A. (1971/72, 2309): RHR 187 (1975) 234 = Nautin, P. — REA 22 (1976) 374 = Veer, A. C. de

R 871 VÁZQUEZ DE PARGA, L. (1975/76, 2478): AB 92 (1974) 392 = Gaiffier, B. de — REA 22 (1976) 422 = Fontaine

R 872 VECCHIOTTI, I. (1969/70, 1643): Aph 38 (1975) 324 = Kannengiesser, Ch. — RPL 73 (1975) 207 = Armogathe, J.-R.

R 873 VECCHIOTTI, I. (1973/74, 1712): Aph 39 (1976) 150 = Solignac

R 874 VEN, P. VAN DEN (1969/70, 1779): Irénikon 48 (1975) 422 = M. v. P.

R 875 VERBRAKEN, P. (1975/76, 1261): REL 54 (1976) 378—382 = La Bonnardière, A.-M.

R 876 VERHEES, J. (1967/68, 1966): Augustinus 20 (1975) 125—127 = Capánaga, V.

R 877 *Vetus Latina, VIII, 1—2* ed. H. J. FREDE (1975/76, 705): Maia 28 (1976) 188 = Ceresa-Gastaldo — RPh 48 (1974) 363 = Courcelle — REA 20 (1974) 358—362 = Veer, A. C. de

R 878 *Vetus Latina, XXV, 1—3* ed. H. J. FREDE (1975/76, 706): RBi 83 (1976) 632 = Boismard — NRTh 97 (1975) 975 = Jacques — RHE 71 (1976) 210 = Gribomont — REL 53 (1975) 465 = Fontaine

R 879 *La Vie latine de saint Pachôme* ed. H. VAN CRANENBURGH (1969/70, 1114): RechSR 63 (1975) 613—614 = Kannengiesser, Ch.

R 880 VIEILLEFOND, J.-R. (1971/72, 1540): RPh 49 (1975) 317—319 = Follet, S.

R 881 VIELHAUER, PH. (1975/76, 72): NRTh 98 (1976) 692—693 = Jacques, X. — CV 19 (1976) 85 = Pokorný, P. — BLE 77 (1976) 209—212 = Légasse — StMon 18 (1976) 249 = Iturrialde — DtPfrBl 76 (1976) 276 = Nestle, D. — JAC 19 (1976) 200—203 = Dassmann — CBQ 38 (1976) 603—605 = Cahill, P. J. — NedThT 30 (1976) 333 = Jonge, M. de

R 882 VILELA, A. (1971/72, 2278): Itinerarium 21 (1975) 107—109 = Montes Moreira, A. — MThZ 27 (1976) 184—187 = Schmaus, M.

R 883 VISMARA CHIAPPA P. (1975/76, 1273): PPol 9 (1976) 133—134 = Lazzarino del Grosso — CD 189 (1976) 303 = Manrique, A. — RBen 86 (1976) 361 = Verbraken, P.

R 884 *Vita S. Marini* ed. P. AEBISCHER (1975/76, 2488): AB 94 (1976) 212 = Gaiffier, B. de

R 885 *Vita di Martino*... ed. CH. MOHRMANN et alii (1975/76, 2491): CC 127 (1976) 607 = Ferrua, A. — RBen 86 (1976) 166 = Verbraken, P. — StMon 18 (1976) 213 = Olivar — VetChr 12 (1975) 193—203 = Mazzini — Irénikon 49 (1976) 120 = O. R. — NRTh 98 (1976) 644 = Martin, Ch.

R 886 VIVES, J. (1971/72, 2200): EBib 32 (1973) 429—430 = Yubero, D.

R 887 VOGT, H. J. (1973/74, 1779): JAC 18 (1975) 177—182 = Gögler — ZKG 87 (1976) 108—109 = Früchtel — Kairos 18 (1976) 74—76 = Brox, N. — ThPh 51 (1976) 305—307 = Sieben, H. J. — ThRe 77 (1976) 112—114 = Stockmeier — BLE 77 (1976) 132—135 = Crouzel — RHE 71 (1976) 212 = de Halleux — ACl 45 (1976) 299—300 = Amand de Mendieta — ArGran 38 (1975) 307 = Segovia, A. — Burgense 17 (1976) 319—322 = Trevijano Etcheverría, R. — SelLib 12 (1975) 435 = Vives, J. — JEcclH 26 (1975) 395 = Hanson, R. P. C. — RechSR 63 (1975) 601—604 = Kannengiesser, Ch. — Irénikon 49 (1976) 120 = N. E. — AugR 15 (1975) 479—485 = Vanyó — TTh 16 (1976) 219 = Davids, A.

R 888 VOSS, B. R. (1969/70, 404): Mn 28 (1975) 95—97 = Thierry, J. J. — Maia 25 (1973) 84—88 = Valgiglio, E.

R 889 VRIES, W. DE (1973/74, 361): REDC 31 (1975) 455—456 = García y García, A. — RSPhTh 59 (1975) 137—138 = Congar, Y. — NRTh 97 (1975) 79 = L. D. — RHR 188 (1975) 216—217 = Nautin, P.

R 890 WAELKENS, R. (1973/74, 1676): Aph 40 (1977) 669—672 = Solignac, A.

R 891 WAELKENS, R. (1975/76, 2031): RThL 7 (1976) 216—220 = Giblet—
BLE 77 (1976) 305—306 = Boularand — RHE 71 (1976) 127—
130 = de Halleux — ACl 45 (1976) 705 = Joly

R 892 WAGNER, G. (1973/74, 2127): OrChrP 41 (1975) 265—267 =
Raes — Sc 29 (1975) 314 = Masai — OstkiSt 24 (1975) 70—71 =
Paverd, F. van de — CO 28 (1976) 152 = Wal, A. van de

R 893 WARKOTSCH, ALBERT (1973/74, 399a): MThZ 27 (1976) 408—409 =
Gessel, W. — Aph 38 (1975) 331 = Solignac, A. — SelLib 12
(1975) 209—210 = Vives, J. — EAg 10 (1975) 157—158 = Espada,
A. — ThRe 71 (1975) 383—384 = Stockmeier — ZPhF 29 (1975)
634—637 = Dalfen, J. — RSLR 10 (1974) 437 = Filoramo —
CR 26 (1976) 302 = MacLeod — REAnc 76 (1974) 450 = Braun

R 894 WATTÉ, P. (1975/76, 1276): NRTh 97 (1975) 965—969 = Jacobs,
H. — RHE 71 (1976) 229 = Aubert — Greg 56 (1975) 788—789 =
Flick, M. — TTh 15 (1975) 457 = Soom, W. van

R 895 WEIJENBORG, R. (1969/70, 1289): ScTh 7 (1975) 897—899 = Alves
de Sousa, P. G.

R 896 WEISMANN, W. (1971/72, 2369): VetChr 12 (1975) 225 = Marin

R 897 WERMELINGER, O. (1975/76, 537): StMon 18 (1976) 521 = Olivar —
JEcclH 27 (1976) 416—417 = Markus — KrS 132 (1976) 235 =
Brändle, R. — AHC 8 (1976) 648—651 = Speigl, J. — NRTh 98
(1976) 349 = Mols, R. — RBen 86 (1976) 353—354 = P. V.

R 898 WERNICKE, K. (1973/74, 20): Augustinus 21 (1976) 87 = Capánaga, V. — CD 188 (1975) 477 = Díaz, G. — HS 28 (1975) 206—
207 = J. G. G. — AugR 15 (1975) 232 = Gavigan

R 899 WHITTAKER, M. — HOLTERMANN, H. (1973/74, 175a): ThLZ 101
(1976) 839—842 = Kratzsch, S.

R 900 WICKERT, U. (1971/72, 1183): Perficit 6 (1976) 220 = Iglesias,
M. — ReSR 50 (1976) 285—286 = Ménard, J.-É.

R 901 WIDHALM, G. M. (1973/74, 1121): RBen 85 (1975) 22 = Ledoyen,
H. — StMon 17 (1975) 169 = Olivar — RHE 70 (1975) 832 = Man-
ning — JEH 26 (1975) 173—174 = Knowles — Sc 30 (1976) 291 =
Masai, F.

R 902 WIENBRUCH, U. (1975/76, 1277): TGL 31 (1975) 572 = Goossens, J.

R 903 WILES, M. (1975/76, 2754) TTh 16 (1976) 437 = Lascaris, A. —
Clergy 61 (1976) = Acton, Ch. — ExpT 88 (1976—77) 90 = Davies, J. G.

R 904 WILES, M. — SANTER, M. (1975/76, 272): Colloquium 8 (1976)
42 = Chittleborough, K. — Clergy 61 (1976) 208 = Hockey, F. —
ExpT 87 (1975—76) 154 = Davies, J. G.

R 905 WILKEN, R. L. (1975/76, 108): CBQ 38 (1976) 610—611 = Reese,
J. M.

294 Recensiones

R 906 WILSON, M. N. G. (1975/76, 1340): AB 94 (1976) 209 = Halkin, F. —
VetChr 13 (1976) 419 = Girardi — JThS 27 (1976) 490—491 =
Amand de Mendieta, E.

R 907 WILSON, R. McL. (1971/72, 2444): OLZ 70 (1975) 43—45 = Beltz

R 908 WINDEN, J. C. M. VAN (1971/72, 1541): Irénikon 49 (1976) 118—
119 = N. E.

R 909 WIPSZYCKA, E. (1971/72, 398): ByZ 68 (1975) 115—117 = Liebeschuetz, W. — RHR 188 (1975) 93 = Nautin, P. — Byslav 37
(1976) 11—35 = Fichman, I. F.

R 910 Kleines Wörterbuch des Christlichen Orients ed. J. ASSFALG, P. KRÜ-
GER (1975/76, 239): OstkiSt 25 (1976) 201—205 = Biedermann,
H. M. — Mu 89 (1976) 245—247 = Garitte, G. — OrChr 60
(1976) 183 = Molitor

R 911 WOLBERGS, TH. (1971/72, 597): REAnc 76 (1974) 188—189 =
Courcelle, P. — Maia 26 (1974) 157 — AnzAlt 29 (1976) 82—84 =
Lackner

R 912 YAMAUCHI, E. (1969/70, 2203): RSLR 10 (1974) 436—437 = Filoramo — BiblOr 32 (1975) 260—261 = Quispel, G.

R 913 YAMAUCHI, E. M. (1973/74, 2663): SJTh 28 (1975) 88 = Frend,
W. H. C.

R 914 Zacharias Scholasticus ed. M. MINNITI COLONNA (1973/74, 1960):
JThS 26 (1975) 473—474 = Wilson — ByZ 69 (1976) 64—65 =
Hunger, H.

R 915 ZAPHIRIS, G. (1969/70, 1046): EBib 32 (1973) 315—317 = Gomá, I.

R 916 Zeichen des Glaubens ed. H. AUF DER MAUR, B. KLEINHAYER
(1971/72, 162): NRTh 97 (1975) 751—752 = Renwart, L.

R 917 Zeittafeln zur Kirchengeschichte ed. H. BORNKAMM (1971/72, 171):
NRTh 97 (1975) 149 = A. L.

R 918 Zeno Veronensis ed. B. LÖFSTEDT (1971/72, 1829): Sc 30 (1976)
58—84 — JThS 27 (1976) 223—224 = Grant

R 919 ZETTL, E. (1973/74, 1958): AB 93 (1975) 229 = Gaiffier, B. de —
Byzan 45 (1975) 181 — RHE 71 (1976) 214 = Halleux, A. de —
ByZ 69 (1976) 467—468 = Riedinger

R 920 ZIEGENAUS, A. (1971/72, 1584): RET 34 (1974) 284—286 = Capánaga, V. — ITQ 41 (1974) 74—76 = Kelly, B. — ThPh 50 (1975)
600—602 = Moll

R 921 ZINCONE, S. (1975/76, 1893): CC 126 (1975) 301—302 = Ferrua, A.

R 922 ZOLLITSCH, R. (1973/74, 2334): EThL 52 (1976) 214—215 =
Coppens, J.

R 923 ZUNTZ, G. (1971/72, 163): Burgense 16 (1975) 396—397 = Guerra,
M. — StOv 3 (1975) 342—344 = Hevia Ballina, A.

Register

Coleman, G. B.   762
Coles, R.   R 525
Coless, G.   2527
Colombás, G. M.   318, 1344
Colomina Torner, J.   2528
Colpe, C.   407, 2891
Colton, R. E.   1288
Colucci, M.   319
Coman, I.   831, 832, 1320, 1440, 1681, 1831, 2801
Condren, C.   1044
Congar, Y.   R 248, R 412, R 442, R 554, R 559, R 667, R 889
Conley, J. P.   1289
Conrat, M.   320
Constable, G.   82
Constantelos, D. J.   2641
Constanza   R 380
Contreras, E.   1568, 1624, 1625
Conzelmann, H.   763
Coolidge, J. S.   1938
Coppens, J.   R 227, R 922
Coquin, R. G.   321
Corbellini, C.   833, 834
Corbett, P. B.   2252
Coronas   R 479
Correa, D. J.   R 69
Correia, F. C.   R 228, R 282, R 302, R 328
Corsaro, F.   2183, R 281, R 380
Corsato, C.   1861
Corsi, P.   322
Corsini, E.   2503
Costanza, S.   834a, 2185, 2186, 2411
Courcelle, P.   49, 50, 835, 1045, 1046, 2710, R 20, R 45, R 220, R 281, R 285, R 308, R 326, R 342, R 352, R 383, R 385, R 390, R 412, R 516, R 519, R 531, R 581, R 583, R 610, R 639, R 642, R 681, R 727, R 738, R 763, R 801, R 842, R 860, R 866, R 877, R 911
Courthal, P.   2653
Courtois, C.   323, 1047
Covi, E.   1048
Cowgrey, H. E. J.   R 788
Cowley, P.   2828
Cox, J. J.   1530

Cozzolino, C.   2466
Cracco Ruggini, L.   324, 836
Craecker-Dussart, C. de   R 394
Cranenburgh, H. van   2156
Crehan, J. H.   2530, R 739
Cremascoli, G.   R 727
Cress, D. A.   1049
Crimi   R 387
Cristo, S.   2297, 2298
Crocco, A.   1050, 1396
Croce   R 741
Cross, F. M.   190
Crouse, R. D.   1051, R 374
Crouzel, H.   183, 211, 326, 327, 966, 1423, 2108, 2109, 2110, 2111, 2829, R 10, R 120, R 168, R 258, R 269, R 285, R 288, R 356, R 383, R 423, R 509, R 516, R 517, R 560, R 561, R 649, R 681, R 741, R 844, R 845, R 887
Crowther, C.   R 399, R 670
Crucitti-Raber, E.   328
Culianu, I. P.   2892, R 482
Cuming, G. J.   1788, 2598, R 25, R 638
Cummings, J. T.   1761, R 385, R 386
Cunill, O.   1344
Cunningham, M. P.   2231
Cupaiuolo   R 4
Currie, H. M.   1052
Curti, C.   R 800
Cusack, P. A.   1649
Cuscito, G.   329
Cutrone, E. J.   1517
Czesz, B.   1924

Da Costa, A. de J.   R 247, R 542
Dagens, C.   1650, 1651, R 727
Dahl, N. A.   2711
Daley, B.   2022
Dalfen, J.   R 893
Dalmais, I. H.   2043, 2277, R 847
Dal Pra, M.   572, 573
Daly, R. J.   2112
Damme, D. van   2830
Dando, M.   1652
Daniélou, J.   330, 786, 1479, 1710, R 862
Daniels, D. E.   1053
Dankbaar, W. F.   R 494
Daris, S.   225, 632

O. R. (= Rousseau, O.) R 221, R 236,
R 254, R 269, R 285, R 412, R 476,
R 517, R 651, R 652, R 655, R 681,
R 687, R 717, R 731, R 794, R 845,
R 885
Rousseau, P. 1837, R 154
Roux, R. R. 2749
Rovira, J. R 564
Rowland, R. J. 2179
Rubio, L. R 412
Rubio Morán, L. R 533
Rudolf R 488
Rudolph, K. 155, 2965, R 677
Ruello R 762
Ruether, R. 496
Ruhbach, G. 168, 1614, R 414
Ruiz, S. de 1225
Ruiz R 237
Ruiz Jurado, M. 598
Ruiz Retegui, A. 1226
Runciman, S. R 593, R 594
Ruppert, F. 2847
Rusch, W. G. 1785
Russell, R. P. 1227, 1228
Russell R 167
Russo R 469
Rutherford, R. 2600
Ryba, B. 2265
Rybczyński, H. 2645

Sabatier, P. 702, 705, 706
Saber, G. 1578
Sabugal, S. R 237, R 502, R 590
Sacchi R 175
Sáenz, P. 1623
Sáenz-Badillos, A. R 735
Säve-Söderbergh, T. 2966
Saffrey, H. D. 1615, 1616, 2221, 2222
Sage, M. M. 1503
Sakkos, S. 950, 951
Salamon, M. 497
Salas, A. R 583
Salaverri, J. 1229
Salbego, L. 1230
Sales, M. 93
Saltman, A. 1777
Salvaneschi, E. R 374
Salvatore, A. 1481, 1482

Samek Lodovici, E. 1231
Samir, K. 802, 2162
Samuel, V. C. 2282
Samulak, T. 2483
Sánchez, R. R 135
Sánchez Chamoso, R. R 533
Sánchez Polanco, P. R 237
Sánchez Salor, E. 498, 499, 1294
Sanders, G. 500, 812
Sans, I. 195, 2759
Sansegundo, L. 1344
Sanser, E. R 239, R 493, R 555
Sanspeur, C. 2009
Santer, M. 272, 1515, R 239, R 318
Santos Otero, A. de 744
Saranyana, J. I. R 753
Sauget, J.-M. 622, 1579, 1914
Saumagne, C. 1503
Savon, H. 871, R 654, R 700
Saxer, V. 2373, R 26, R 159, R 485,
R 762
Scaglioni, C. 1887
Scalon, C. 1285
Sauser, E. R 414
Scanzillo, C. 1508
Scazzoso, P. 1333, 1556
Schadel, E. 978
Schäfer, T. 2146
Schäublin, C. 1773, R 572
Schatkin, M. 2289, R 378, R 780
Scheler, D. R 218
Schenke, H.-M. 2967, 2968, 2969, R 8,
R 299, R 736, R 784
Schetter, W. 203
Scheuer, J. R 415
Schiappa de Azevedo R 846
Schieffer, R. 501, R 191, R 354
Schiemenz R 507
Schierse, F. J. 2622
Schlachter, G. 977
Schmalzriedt, E. 157
Schmaus, M. 1232, 1233, R 370, R 882
Schmid, W. 67, 157, 1990
Schmidt, A. 1287
Schmidt, K. 1386
Schmidt, M. 1234
Schmithals, W. R 114
Schmitt, C. 1617

Patristische Texte und Studien

Im Auftrag der Patristischen Kommission
der Akademien der Wissenschaften in der Bundesrepublik Deutschland
herausgegeben von
Kurt Aland und Wilhelm Schneemelcher

Band 7
Die Schriften des Johannes von Damaskos

Band I: Institutio elementaris. Capita philosophica (dialectica).
Als Anhang: Die philosophischen Stücke aus Cod. Oxon. Bodl. Auct. T. I. 6
Herausgegeben vom Byzantinischen Institut der Abtei Scheyern
besorgt von P. Bonifatius Kotter.
Groß-Oktav. XVI, 198 Seiten. 1969. Ganzleinen DM 48,–. ISBN 3 11 002661 9

Band 12
Die Schriften des Johannes von Damaskos

Band II: Ἔκδοσις ἀκριβὴς τῆς ὀρθοδόξου πίστεως. Expositio fidei.
Herausgegeben vom Byzantinischen Institut der Abtei Scheyern
besorgt von P. Bonifatius Kotter.
Groß-Oktav. LV, 291 Seiten. 1973. Ganzleinen DM 128,–. ISBN 3 11 004033 6

Band 17
Die Schriften des Johannes von Damaskos

Band III: Contra imaginum calumniatores orationes tres.
Herausgegeben vom Byzantinischen Institut der Abtei Scheyern
besorgt von P. Bonifatius Kotter.
Groß-Oktav. XVI, 229 Seiten. 1975. Ganzleinen DM 128,–. ISBN 3 11 005971 1

Band 22
Die Schriften des Johannes von Damaskos

Band IV: Liber de haeresibus opera polemica.
Herausgegeben vom Byzantinischen Institut der Abtei Scheyern
besorgt von P. Bonifatius Kotter.
Groß-Oktav. XXII, 486 Seiten. 6 Stemmata. 1981. Ganzleinen DM 275,–. ISBN 3 11 007858 9

Preisänderungen vorbehalten

WALTER DE GRUYTER · BERLIN · NEW YORK